公共外交译丛

主编 **周汉民**　　副主编 **吴坚勇 祝伟敏 温泽远 刘芹**

# 新经济

THE NEW

ECONOMIC

DIPLOMACY

# 外交

Decision-making *and* Negotiation
in International Economic Relations, 4th Edition

## 国际经济关系中的决策与谈判
### （第四版）

**Nicholas Bayne　　Stephen Woolcock**

〔英〕**尼古拉斯·贝恩**　〔英〕**斯蒂芬·伍尔科克** —— 主编

**禹一奇** —— 译

上海人民出版社

**图书在版编目(CIP)数据**

新经济外交:国际经济关系中的决策与谈判:第4
版/(英)尼古拉斯·贝恩(Nicholas Bayne),(英)
斯蒂芬·伍尔科克(Stephen Woolcock)主编;禹一奇
译.—上海:上海人民出版社,2023
(公共外交译丛)
书名原文:The New Economic Diplomacy:Decision-
making and Negotiation in International Economic
Relations,4th Edition
ISBN 978-7-208-18319-3

Ⅰ.①新… Ⅱ.①尼… ②斯… ③禹… Ⅲ.①国际经
济关系-研究 Ⅳ.①F114

中国国家版本馆 CIP 数据核字(2023)第 095770 号


**责任编辑** 王 冲
**封面设计** 人马艺术设计·储平

**新经济外交:国际经济关系中的决策与谈判(第四版)**
[英]尼古拉斯·贝恩 斯蒂芬·伍尔科克 主编
禹一奇 译

出 版 上海人民出版社
 (201101 上海市闵行区号景路 159 弄 C 座)
发 行 上海人民出版社发行中心
印 刷 苏州工业园区美柯乐制版印务有限责任公司
开 本 720×1000 1/16
印 张 27.25
插 页 4
字 数 349,000
版 次 2023 年 8 月第 1 版
印 次 2023 年 8 月第 1 次印刷
ISBN 978-7-208-18319-3/D·4140
定 价 118.00 元

# 总　序

　　人文交流一直是习近平新时代中国特色社会主义外交思想的重要组成部分，是中国外交的重要支柱。党的十八大报告首次明确了我国公共外交的新目标，即"扎实推进公共外交和人文交流，维护我国海外合法权益"。党的十九大报告则进一步指出，要"加强中外人文交流，以我为主、兼收并蓄。推进国际传播能力建设，讲好中国故事，展现真实、立体、全面的中国，提高国家文化软实力"。

　　"公共外交"这一术语起源于1965年的美国，各国对它的界定大同小异。综合国内外的不同表述，我曾将公共外交定义为：政府和公众（包括社会组织、企业、媒体和个人等）从各自角度，向外国公众（也包括公职人员）表达本国国情，说明本国政策，回答关于本国的问题，同时了解对方观点的国际交流活动。公共外交的目的是增进外国公众对本国的了解，改善对本国的民意，形成更为友好的国际舆论环境；进而影响外国政府对本国的政策。[1]外国把中国的公众作为公共外交的对象，我特别强调了中国的公众也是公共外

1

交的重要承担者，中国文化的家国观赋予了中国公众这种使命感。

西方国家的公共外交和我国的公共外交的一项重要区别，是他们在公共外交活动中，在巧妙宣扬本国的体制和文化时会贬低别国的文化和粗暴干涉别国的内政，甚至挑拨其他国家之间的关系。这是我们研究西方公共外交理论时一个不可忽视的着眼点。

政府外交是外交战线的主渠道，公共外交则是国家总体外交的重要组成部分。在某些特定的历史时期，公共外交因其多元性、广泛性、丰富性和灵活性，在影响外国民意方面显得更有成效。如今，世界正经历百年未有之大变局，中华民族正处于伟大复兴的战略全局，这既带来了前所未有的机遇，也带来了诸多风险和挑战。通过公共外交更好地向世界讲好中国故事，说明中国的真实情况、争取世界各国对中国梦的理解和支持，成为了实现中华民族伟大复兴的基础工程。加强和促进公共外交要以服务国家改革发展和对外战略为根本，以促进中外民心相通和文明互鉴为宗旨。

如何做好公共外交是一门严肃的学问和生动的实践，我们需要用心跨越文化藩篱，需要表达方式的国际化和艺术性，也就是要做到"中国立场，国际表达"，站在中国的立场上，用国际社会能够理解的方式，真实地对外表达自己。与此同时，还应做到在世界舆论战中熟悉西方媒体的游戏规则，加强国际交往中的话语力。这一切的前提是能真正做到知彼知己，能深入了解国外的社情民情，尤其是要能洞悉欧美世界的公共外交实践及其背后的理论支撑。但非常遗憾的是，我国对海外公共外交著述的翻译和研究存在较大的不足，除了日本北野充主编的《公共外交："舆论时代"的外交战略》和英国詹姆斯·帕门特（James Pamment）的《21世纪公共外交：政策和事件的比较研究》等之外，我们鲜少能够读到用中文译介的域外公共外交著作。

在这样的形势之下，我欣喜地看到上海公共外交研究院开始有计划、系统性地遴选、翻译具有一定代表性的图书，试图多维度、多层面地展示国外公共外交的最新研究成果。当前，中国已经进入公共外交新阶段，但相比于政府外交，我国的公共外交尚处在起步阶段。而西方国家的公共外交研究起步较早，理论思考相对比较成熟。翻译引进国外经典和前沿的研究著述可为我国蓬勃发展的公共外交研究和实践提供一定的理论参照。我相信，"公共外交译丛"的出版，对于理论界和外交界拓展理论和战略思维都会产生积极的影响。

上海公共外交研究院专家咨询委员会主席

2022 年 4 月

注释：

1. 赵启正：《公共外交与跨文化交流》，中国人民大学出版社 2011 年版。

# 目 录

# 本书作者简介

**尼古拉斯·贝恩爵士**（Sir Nicholas Bayne，**高级圣迈克尔和乔治勋爵士**），伦敦政治经济学院（LSE）国际贸易政策部门的研究员。1999年，他与斯蒂芬·伍尔科克共同创立了伦敦经济学院经济外交硕士课程。从1961年到1996年，他是英国外交部的成员，曾担任驻加拿大高级专员、外交和联邦事务部经济司司长以及英国驻经济合作与发展组织（OECD）代表。

**斯蒂芬·伍尔科克博士**（Dr Stephen Woolcock），伦敦政治经济学院国际关系系高级讲师。自1999年以来，他一直是伦敦政治经济学院国际贸易政策部门的负责人和课程协调员，负责他与尼古拉斯·贝恩同创立的经济外交硕士课程。在加入伦敦政治经济学院之前，他是伦敦查塔姆研究所的高级研究员（1979—1983年和1989—1993年）；哈佛大学保罗-亨利·斯巴克研究员（1984—1985年）；以及英国工业联合会国际事务副主任（1986—1989年）。

**邓肯·格林博士**（Dr Duncan Green），英国乐施会的战略顾问，也是伦敦政治经济学院国际发展实践的教授。他是《改变如何发生》（*How Change Happens*, OUP: 2016）的作者，并撰写了关于发展问题的每日博客《从贫困到权力》（From Poverty to Power），可从以下网址获得：http://oxfamblogs.org/fp2p/。他与塞琳·沙维利亚特合作撰文的

1

章节表达了他们自己的观点，但不一定反映乐施会的政策。

**塞琳·沙维利亚特**（Celine Charveriat），欧洲环境政策研究所的执行主任。此前，她是国际乐施会的宣传和活动总监。她是世界贸易组织（WTO）和《联合国气候变化框架公约》（UNFCCC）等多边进程方面经验丰富的倡导者和专家。她与邓肯·格林合作撰文的章节表达了他们自己的观点，但不一定反映乐施会的政策。

**基尚·S. 拉纳**（Kishan S. Rana），外交基金会的名誉教授。作为印度外交部成员（1960—1995年），他曾担任驻阿尔及利亚、捷克斯洛伐克、肯尼亚、毛里求斯和德国的大使/高级专员，并曾在英迪拉·甘地总理办公室任职，并担任驻旧金山总领事。他是多本外交书籍的作者，最近的一本是《前沿外交》（*Diplomacy at the Cutting Edge*，2015年）。他还是案例研究集《经济外交：印度的经验》（*Economic Diplomacy: India's Experience*，2011年）的合著者。

**克雷格·范格拉斯特克**（Craig VanGrasstek），据《经济学人》（2000年1月22日）报道，"对贸易政治保持敏锐的眼光"。自1981年以来他一直担任贸易顾问，并自2000年起在哈佛大学肯尼迪政府学院教授该科目。范格拉斯特克博士的客户包括世界贸易组织、经合组织、联合国贸易和发展会议以及许多其他国际组织、政府机构和私营企业。他是《世界贸易组织的历史和未来》（WTO 2013）以及其他书籍、章节、期刊文章和专著的作者。他还负责向各国就与美国的自由贸易协定谈判和加入世界贸易组织提供建议；设计和执行贸易政策方面的能力建设方案；制定国家贸易战略；协助企业和政府解决贸易争端。他拥有普林斯顿大学政治学博士学位，曾在五个大洲的40多个国家工作过。

**张晓通**，武汉大学经济外交研究中心执行主任，武汉大学政治科学与公共管理学院副教授：xtzhang@whu.edu.cn。他曾担任中国驻欧盟使团贸易专员，并在中国商务部担任过多个职务。

**布拉兹·巴拉库伊（Braz Baracuhy）**，巴西外交官，巴西外交部农业和商品贸易司司长，曾任日内瓦世界贸易组织多哈回合谈判代表。他之前在外交部长政策规划办公室任职，负责经济外交，并在北京的巴西驻华大使馆担任过经济参赞。本章仅代表其个人观点，不一定反映外交部的官方立场。

**范吉利斯·维塔利斯（Vangelis Vitalis）**，目前是新西兰常驻日内瓦的世界贸易组织代表，担任农业谈判主席。他还是经合组织贸易与环境委员会主席。此前，他曾在经合组织秘书处担任经济学家，还曾担任新西兰驻欧盟和北约大使；新西兰与俄罗斯联邦、白俄罗斯和哈萨克斯坦关税同盟的自由贸易协定谈判的首席谈判代表；以及缔结《东盟–澳大利亚–新西兰自由贸易协定》和《马来西亚–新西兰自由贸易协定》的首席谈判代表。本章所包含的观点仅代表作者个人观点，并不代表新西兰外交和贸易部的观点。

**特迪·索布拉马尼恩（Teddy Soobramanien）**，英联邦秘书处贸易部的经济顾问（国际贸易政策）。此前，他曾担任布鲁塞尔 Trade. Com Facility 的国际贸易专家（2007—2013 年）、日内瓦国际贸易中心的高级贸易政策顾问（2006—2007 年）、毛里求斯驻日内瓦代表团的世界贸易组织谈判高级顾问（2002—2006 年）和世界贸易组织秘书处对外关系官员（2001—2002 年）。他于 1995 年加入毛里求斯外交、国际贸易和区域合作部，曾担任高级贸易政策分析师。

**肯·海登（Ken Heydon）**，伦敦政治经济学院的访问学者。1999 年至 2006 年，他担任经合组织贸易理事会副主任。在担任澳大利亚公务员期间（1962—1999 年），他曾担任国家评估办公室副主任（1990—1999 年）和总理首席私人秘书（1976—1979 年）。

**斯蒂芬·皮克福德（Stephen Pickford）**，查塔姆研究所国际经济学高级研究员。他自 2007 年起担任英国财政部的国际金融常务董事（以及英国负责七国集团和二十国集团的财务代表，也是欧洲经济和金融委员会的成员），2010年从财政部退休。1998年至2001年，他担任国际货币基金组织和世界银行的英国执行主任，以及英国驻华盛顿大使馆的经济公使。

**乔安娜·德普莱奇博士**（Dr Joanna Depledge），剑桥大学政治学和国际研究系的兼职讲师。她关注气候变化谈判已经20年了，曾经担任联合国气候变化秘书处的工作人员，她深度参与了《京都议定书》的谈判及其后续工作。她广泛发表了关于气候变化政治的文章，并对其他全球环境问题保持兴趣，特别是臭氧消耗问题。

注释：

邓肯·格林、基尚·S.拉纳、布拉兹·巴拉库伊、特迪·索布拉马尼恩、肯·海登和斯蒂芬·皮克福德都为本书的第三版撰写了章节。基尚·S.拉纳还为本书第二版撰写了一章。

# 第四版前言

本书介绍的经济外交是已故伦敦政治经济学院国际关系系高级讲师迈克·霍奇斯的创意。他首先想到将学术界的分析能力与决策者的经验结合起来，研究国家如何组织和开展国际经济关系。迈克找到了当时刚从英国外交部退休的尼古拉斯·贝恩，他们开始计划开设一门经济外交研究生课程以反映这一想法。但不幸的是，迈克于1998年6月突然离世，他的计划尚未付诸实施。

斯蒂芬·伍尔科克那时刚刚成为伦敦政治经济学院国际关系系的讲师。他与尼古拉斯·贝恩联手，继续迈克·霍奇斯的事业。1999年至2000年，我们启动了一个完整的研究生课程，由斯蒂芬·伍尔科克与尼古拉斯·贝恩联手开设学术讲座，并以此为框架，邀请来自政府、国际组织和私营部门的业内人士举行系列讲座。这门经济外交选修课已经确立，即将进入第18个年头。

早些时候，我们决定以这门课程为基础撰写一本书。《新经济外交》第一版于2003年出版，每一章都对应一次学术讲座或一次决策者讲座。经过修订和更新，本书的第二版于2007年出版，结构沿袭第一版。本书的第三版于2011年出版，吸纳了严重的金融危机。现在正是出版第四版的良机，以反思金融危机及其应对措施对经济外交产生的持续影响。这个新版本由劳特利奇出版社（Routledge）出版，因为我们之前的出版商阿什盖特出版社已并入泰勒–弗朗西斯集团（Taylor & Francis Group）。

第四版是完全独立的，不需要回溯到之前的版本。但是，记录下第四版与前几版的主要区别以及重要的连续性也是值得的。

本书的开篇与上一版相似。由我们自己撰写的前四章介绍了经济外交这个主题，回顾了经济外交面临的挑战，提供了一个分析工具箱，并解释了政府如何组织这个过程。除此之外，还有邓肯·格林（这次是与塞琳·沙维利亚特合作）和基尚·S.拉纳撰写的一些章节（和以前一样），探讨了与非政府组织和商业部门的互动。

此后的结构发生了变化。与国家行动相比，第三版给了国际组织更多的篇幅。第四版颠覆了这种平衡，以反映过去五年可观察到的趋势。本书有七章内容是探讨特定国家或国家集团实施的经济外交的各个方面，从拉纳执笔的章节关注印度开始，然后是美国、中国、巴西、欧盟、作为小型发达经济体的新西兰（另一个创新）以及小型和贫穷的发展中国家。相比之下，只有五章涉及国际谈判：七国集团/八国集团和二十国集团峰会、特惠贸易协定、金融外交、气候变化和国际投资。我们最后联合执笔的章节总结了全书并展望未来。

除了我们自己外，本书的六位作者也为第三版撰写了章节；基尚·S.拉纳还为第二版撰写了章节。本书作者的地理分布继续扩大。我们有来自澳大利亚、巴西、印度和毛里求斯的作者再次作出贡献外，本书还欢迎来自中国和新西兰的作者首次加入，以及一位新的美国作者。每章末尾的参考文献越来越多地使用电子资源，以及从上一版开始引入的有用网站清单。

在第四版的修订过程中，我们承担了更多的情感债务。我们要再次感谢那些帮助我们撰写本书和准备课程的人。赞助者名单现在已经非常长，无法再列出所有从一开始就参与其中的人。因此，我们将重点介绍自第三版问世以来帮助过我们的人。

我们首先要感谢的是在过去五年帮我们分担了在伦敦政治经济学院教授和管理课程的同事。这些人包括肯·海登（他也贡献了一章）、莱奥纳尔多·巴奇尼、奥卢·法桑、马丁娜·兰格、詹姆斯·莫里森、希拉里·帕克、劳厄·波尔森和泰勒·圣·约翰。其次，我们最诚挚地感谢所有同意在讲座方案中为我们发言的决策者和学术界同仁。我们最感谢的是那些除了讲座之外，还为这本新版书籍撰写章节的作者，他们的名字列在"本书作者简介"中。此外，我们也非常感谢自2011年以来参与该课程方案的所有其他演讲者：菲尔·埃文斯、马修·古德曼和琼·麦克诺顿（他们都为本书的早期版本撰写了章节）；彼得·蔡斯、约翰·库克、罗伯特·福克纳、安雅·福雷沃尔德、亚历杭德罗·雅拉、尼克·乔伊西、弗洛里安·科贝勒、尤利乌斯·朗根多夫、唐娜·李、多米尼克·马丁、杰伦·默克、尼古拉斯·尼格利、若阿基姆·赖特尔、克里斯托弗·罗伯茨和杨江。我们也要感谢所有参加过讲座和研讨会的学生，这些学生为我们的经济外交思想的发展作出了贡献。

最后，我们要特别感谢希尔斯廷·霍尔盖特，感谢她对本书前三版的支持和对第四版的赞助。我们感谢最初在阿什盖特出版社和后来在泰勒-弗朗西斯集团参与本书出版的所有人，特别是布伦达·夏普和罗布·索斯比。自本书第一版问世以来，我们还要感谢多伦多大学七国集团和二十国集团研究小组的约翰·科顿和马德琳·科克。我们感谢所有这些支持者，正因为他们才使得我们在伦敦政治经济学院的课堂里发展并验证的想法继续向更多人传递。

尼古拉斯·贝恩
斯蒂芬·伍尔科克
汉普顿宫、布鲁塞尔和伦敦
2016年5月

# 缩略语

| | |
|---|---|
| AANZFTA | 《东盟–澳大利亚–新西兰自由贸易区协定》 |
| ACP | 非洲、加勒比和太平洋地区国家集团（非加太集团） |
| ADB | 亚洲开发银行 |
| AfDB | 非洲开发银行 |
| AIG | 美国国际集团 |
| AIIB | 亚洲基础设施投资银行 |
| AILAC | 拉丁美洲和加勒比气候变化协会 |
| ALBA | 美国人民应对气候变化联盟 |
| ALDE | （欧洲议会的）欧洲自由民主联盟党 |
| APEC | 亚太经济合作组织 |
| ASEAN | 东南亚国家联盟 |
| ASSOCHAM | 印度商会 |
| B20 | 与 G20 峰会有关的商业小组 |
| Bank | 世界银行的简称 |
| BASIC | 巴西、南非、印度、中国 |
| BATNA | 谈判协议的最佳替代方案 |
| BCBS | 巴塞尔银行监管委员会 |
| BDI | 德国工业联合会 |

| BFA | 博鳌亚洲论坛 |
| --- | --- |
| BI | 无形的英国力量 |
| BIMSTEC | 环孟加拉湾技术和经济合作倡议 |
| BIS | 国际清算银行 |
| BIT | 双边投资协定 |
| BRICS | 金砖国家 |
| BTB | 品牌背后的运动 |
| CAFOD | 天主教海外发展基金 |
| CAMEX | 外贸商会 |
| CAP | （欧盟的）共同农业政策 |
| CCP | 共同商业政策 |
| CDM | 京都议定书的清洁发展机制 |
| CEO | 首席执行官 |
| CEPR | （伦敦政治经济学院的）经济表现中心 |
| CER | 澳大利亚–新西兰更紧密的经济关系 |
| CETA | 《欧盟–加拿大综合经济贸易协定》 |
| CFTA | 非洲大陆自由贸易区 |
| CII | 印度工业联合会 |
| CNA | 巴西全国农业联合会 |
| $CO_2$ | 二氧化碳，主要的温室气体 |
| CONTAG | 全国农业工人联合会 |
| COP | 《联合国气候变化框架公约》缔约方大会 |
| CRA | 金砖国家应急储备安排 |
| CSI | （美国的）服务业联盟 |
| CSO | 公民社会组织 |
| CUSFTA | 《加拿大–美国自由贸易协定》 |
| CVF | 易受气候影响脆弱国家论坛 |

| | |
|---|---|
| DDA | （世界贸易组织的）多哈发展议程 |
| DFAIT | （加拿大的）外交贸易部 |
| DFID | （英国的）国际发展部 |
| DG | 欧盟委员会总司 |
| DPA | （印度的）发展伙伴关系管理局 |
| DSM | 争端解决机制 |
| EBA | 欧洲银行业管理局 |
| EBRD | 欧洲复兴开发银行 |
| EC | 欧盟委员会 |
| ECB | 欧洲中央银行 |
| ECJ | 欧洲法院 |
| ECOFIN | （欧盟的）经济和金融事务理事会 |
| EEC | 欧洲经济共同体 |
| EEU | 欧亚经济联盟 |
| EEZ | （海洋法中的）专属经济区 |
| EFSF | 欧洲金融稳定基金 |
| EGA | （世界贸易组织的)《环境商品协定》 |
| EIF | 提供与贸易有关的技术援助的强化综合框架 |
| EIOPA | 欧洲保险和职业养老金管理局 |
| EP | 欧洲议会 |
| EPP | （欧洲议会的）欧洲人民党 |
| ESCAP | 亚洲及太平洋经济社会委员会 |
| ESM | 欧洲稳定机制 |
| ESMA | 欧洲证券及市场管理局 |
| ETI | 道德贸易倡议 |
| EU | 欧洲联盟 |
| FAB | 公正、有魄力、有法律约束力的 |

| | |
|---|---|
| FCL | （国际货币基金组织的）灵活信贷额度 |
| FCO | （英国的）外交和联邦事务部 |
| FDI | 外商直接投资 |
| Fed | 美国联邦储备委员会 |
| FFFSR | 化石燃料补贴改革之友 |
| FICCI | 印度工商联合会 |
| FSAP | （国际货币基金组织的）金融部门评估规划 |
| FSB | 金融稳定委员会 |
| FSF | 金融稳定论坛，欧盟2010年创立的金融稳定委员会或金融稳定基金的前身 |
| FTA | 自由贸易协定 |
| FTAAP | 亚太自由贸易区 |
| FTZ | 自由贸易区 |
| Fund | 国际货币基金组织的简称（也可参见 IMF） |
| G4 | 四国集团（美国、欧盟、巴西和印度）是世界贸易组织的主要谈判代表 |
| G5 | 五国集团 |
| G7 | 七国集团 |
| G8 | 八国集团 |
| G10 | 十国集团 |
| G13 | 十三国集团 |
| G20 | 二十国集团 |
| G33 | 三十三国集团 |
| G77 | 七十七国集团 |
| G90 | 九十国集团 |
| G110 | 一百一十国集团 |
| GAB | （国际货币基金组织的）《借款总协议》 |

| | |
|---|---|
| GATS | （世界贸易组织的）《服务贸易总协定》 |
| GATT | 《关税及贸易总协定》 |
| GDP | 国内生产总值 |
| GE | 通用电气 |
| GPA | （世界贸易组织的）《政府采购协议》 |
| GSP | 普惠制待遇 |
| GTI | ［葡萄牙语的缩写］（巴西用于农业贸易的）非正式技术小组 |
| GYLA | 格鲁吉亚青年律师协会 |
| HIPC | 重债穷国计划 |
| IAIS | 国际保险监督员协会 |
| IBSA | 印度、巴西、南非 |
| ICONE | （巴西的）国际贸易谈判研究所 |
| ICSID | 国际投资争端解决中心 |
| IEA | 国际能源署 |
| ILO | 国际劳工组织 |
| IMF | 国际货币基金组织 |
| INGO | 国际非政府组织 |
| IOSCO | 国际证监会组织 |
| IPCC | 政府间气候变化专门委员会 |
| IPE | 国际政治经济学（学科） |
| IPF | 东盟-澳大利亚-新西兰一体化伙伴关系论坛 |
| IPR | 知识产权 |
| IR | 国际关系（学科） |
| ISO | 国际标准组织 |
| IT | 信息技术 |
| ITA | （世界贸易组织的）《国际技术协议》 |
| LDC | 最不发达国家 |

| LOTIS | （无形的英国力量的）服务贸易自由化委员会 |
| LSE | 伦敦政治经济学院 |
| MAI | （经合组织的)《多边投资协定》 |
| MEA | （印度的）外交部或多边环境协议 |
| MEP | 欧洲议会议员 |
| Mercosur | ［西班牙语］南方共同市场 |
| MERT | （新西兰的）对外关系与贸易部，后来改为外交贸易部 |
| MES | （世界贸易组织内中国的）市场经济状况 |
| MFA | 外交事务部 |
| MFAT | （新西兰的）外交贸易部 |
| MFN | 最惠国待遇 |
| MNC | 跨国公司 |
| NAB | （国际货币基金组织的）新借款协议 |
| NAFO | 西北大西洋渔业组织 |
| NAFTA | 《北美自由贸易协定》 |
| NAMA | （世界贸易组织的）农业和非农产品市场准入 |
| NAZCA | 非国家行为体气候行动区 |
| NCSJ | （美国的）苏联犹太人问题全国会议 |
| NDC | （对气候变化政策的）国家自主贡献 |
| NEPAD | 非洲发展新伙伴计划 |
| NGO | 非政府组织 |
| NIEO | 国际经济新秩序 |
| NTM | 非关税措施 |
| NTR | （美国的）正常贸易关系 |
| ODI | 对外直接投资 |
| OECD | 经济合作与发展组织 |
| OI | 国际乐施会 |

| | |
|---|---|
| OIF | 法语国家及地区国际组织 |
| OLP | （欧盟的）普通立法程序 |
| OPEC | 石油输出国组织 |
| P4 | 《跨太平洋战略经济伙伴关系协议》——文莱、智利、新西兰和新加坡 |
| PACJA | 泛非气候正义运动 |
| PLL | 预防性和流动性额度 |
| PNTR | （美国的）永久性正常贸易关系 |
| PPP | 公私伙伴关系或购买力平价 |
| PTA | 优惠贸易协定 |
| QE | （央行实行的）量化宽松 |
| QMV | （欧盟的）合格多数投票 |
| Quad | （关贸总协定的）四方贸易部长会议（美国、欧共体、日本、加拿大） |
| R&D | 研究和发展 |
| RCEP | 《区域全面经济伙伴关系协定》 |
| RFA | 区域融资安排 |
| RTA | 区域贸易协定 |
| S&D | （欧洲议会的）社会主义者和民主人士进步联盟 |
| SDG | 可持续发展目标 |
| SDR | （国际货币基金组织的）特别提款权 |
| SEM | 单一欧洲市场 |
| SPS | （世界贸易组织的）卫生和植物卫生措施 |
| SRM | （欧洲银行联盟的）单一清算机制 |
| SSM | （欧洲银行联盟的）单一监督机制 |
| SVEs | 小型脆弱经济体——世界贸易组织谈判中的团体 |
| TBT | （世界贸易组织的）技术性贸易壁垒 |

| | |
|---|---|
| TFEU | 《欧盟运作条约》(《里斯本条约》) |
| TiSA | （世界贸易组织的)《服务贸易协定》 |
| TPA | （美国的）贸易促进授权 |
| TPC | （欧盟）贸易政策委员会 |
| TPP | 《跨太平洋伙伴关系协定》 |
| TRIMs | （世界贸易组织的)《与贸易有关的投资措施协议》 |
| TRIPS | （世界贸易组织的)《与贸易有关的知识产权协议》 |
| TRQ | 关税配额 |
| TSIA | （欧盟的）贸易可持续性影响评估 |
| TTIP | 《跨大西洋贸易与投资伙伴关系协定》 |
| UK | 英国 |
| UN | 联合国 |
| UNCED | 联合国环境与发展会议 |
| UNCITRAL | 联合国国际贸易法委员会 |
| UNCTAD | 联合国贸易和发展会议 |
| UNECA | 联合国非洲经济委员会 |
| UNEP | 联合国环境规划署 |
| UNFCCC | 《联合国气候变化框架公约》 |
| US | 美国 |
| USTR | 美国贸易代表处 |
| WEF | 世界经济论坛 |
| WTO | 世界贸易组织 |
| WWF | 世界自然基金会 |

# 第一章 什么是经济外交？

尼古拉斯·贝恩、斯蒂芬·伍尔科克

本书描述了各国在21世纪初如何开展国际经济关系——各国如何做好本国决策，如何进行国际谈判，以及这两个过程如何相互作用。虽然国家是本书主要关注的对象，但由于多年来非国家行为体对国家决策的影响力与日俱增，有关非国家行为体的内容在书中也有涉及。本书并非关注政策内容，而是关注决策和谈判的方法和过程，并非一本为谈判者准备的指导手册，而是为了解释为什么政府和其他经济外交参与者以这种方式行事。

为强调冷战结束后的25年里外交活动发生了很大的变化，这本书命名为《新经济外交》。在第二次世界大战后的半个世纪里，经济外交一直由少数国家政府的常驻官员主导。[1]当时的经济外交是在东西方竞争的限制下形成的。现在，随着21世纪全球化的推进，非政府参与者增多，除了常驻官员，部长和政府首脑也活跃起来。最初，经济外交仅限于在边境采取的措施。现在，"境内"开展的外交活动越来越多，影响国家决策。最重要的是，在覆盖全世界的单一经济体系中，积极参与的国家越多，市场一体化程度就越高，呈现一种稳定的态势。以中国为首的新兴大国取得了巨大的进步，而北美、欧洲和日本等成熟经济体则失势，在遭受金融崩溃和经济衰退之后这种现象尤为明显。任何已形成或是新出现的国际经济趋势都将影响本书的内容构成。自 2011 年以来，新兴大国经历各种困难，联合各国的二十国集团峰会也失去了动力。欧盟面临着反复出现的危机，其中最新的危机就是英国脱欧。

经济外交是指国际经济决策过程，我们关注决策过程有以下几个原因。首先，它填补了目前学术研究的空白。国际政治经济学（IPE）学科更关注结构性因素，如国家的相对权力或国家经济内部的影响力结构，并不关注决策过程。但是，正如约翰·奥德尔教授在其著作《谈判世界经济》( *Negotiating the World Economy*，Odell 2000 ) 中指出，在权力关系平衡的情况下，决策和谈判的过程可以决定结果。有关经济决策过程的研究还揭示了政府是如何努力提高政策效率，以及如何应对深化民主问责制的压力。自冷战结束以来，世界上大多数地区的国家一直把促进繁荣的经济外交视为首要任务。2001 年 9 月 11 日恐怖袭击之后，世界出现了新的安全问题，并且这些问题持续存在，特别是在叙利亚和伊斯兰世界的其他地区，乌克兰也有类似的情况。如果从更宽泛的角度来定义安全问题，那么无论是金融危机与随之而来的经济衰退暴露的问题，还是气候变化产生的威胁，都对国际体系构成挑战，人们仍然需要重视经济外交。

经济外交不仅仅是学术研究的课题，也是当今现实世界中国家和非国家行为体所从事的活动。在某些方面，经济外交就像性：如果你曾亲身经历，谈起来便容易得多。因此，尽管本书的大部分内容是由伦敦政治经济学院的尼古拉斯·贝恩和斯蒂芬·伍尔科克执笔，并得到了同事肯·海登的帮助，但其中的部分重要内容来自经验丰富的经济外交官。从第五章开始的实践章节提供了有关经济外交如何运作的案例研究和说明。

第一章涵盖以下内容：

- 首先界定经济外交的范围和内容；

- 确定有用的理论和分析工具，用以解释经济外交形成的主要因素；
- 解释多层次外交和"论坛选购"是经济外交的进一步维度；
- 基于经济外交的三种矛盾关系，本章提出了一种独特的解释方法。

第一章以简要回顾全书结构收尾，展现了学术章节与实践章节如何相互结合。

## 定义经济外交

我们选择"经济外交"作为描述本书研究主题的术语，它的好处是，"外交"是一个宽泛而富有弹性的术语。也正是因为其释义广泛，所以需要进一步对其进行定义，以明确本书包括什么，不包括什么。[2]

经典的"外交"概念定义是："国家和其他在世界政治中有地位的主体由官方代理通过和平手段开展对外关系"（Bull 1995：156）。而今一种较新的定义是"外交是指国家间以及国家与其他行为体之间关系的管理"（Barston 2006：1）。为了公正地对待经济外交，我们需要延伸这些定义，消除与"外交"相关的误导性刻板印象。

在这些刻板印象中，外交工作只能由外交部工作人员进行；它适用于非正式谈判和自愿合作，不适用于基于规则的体系和法律承诺；这是一种软弱且不明确的活动，在这里，调解意味着无意义的妥协；外交是一种精英主义，它由特权官员组成的机构进行管理；它隐秘且不透明，外交官在秘密会议上达成协议，他们的出现只是为了对外宣布协议。本书提到的以上刻板印象都不会在经济外交中出现。如下文各节所示，经济外交的范围和内容要广泛得多，也更有目的性。

### 国际和国内

经济外交与国际经济问题密切关连。原则上，这将简化分析。第二次世界大战后建立的国际经济制度布雷顿森林体系是基于约翰·鲁杰提出的"内嵌式自由主义"（Ruggie 1982）。这意味着该体系为国家之间的经济关系制定规则，但不触及国家自主权。只要一个国家的国内政策不对其他国家产生负面影响，政府就可以随心所欲地推行任何就业、税收或产业政策。例如，1948年《关税及贸易总协定》（GATT，以下称《关贸总协定》）成立时，受其约束的贸易问题与不受其约束的非贸易问题之间有明显的差别。只要国内政策不区别对待进口货物，《关贸总协定》的规则就不会限制国家政策自主权。

但由于过去70年经济相互依存度不断攀升，国内政策与国际政策之间泾渭分明的区分已经消失。1990年以来，全球化的发展使得经济外交深入国内决策，以便赢得国际影响力。始于2007年的国际金融危机就是一个典型案例。美国房地产政策引发了这场经济危机，而房地产市场是国内经济板块占比最大的部门。因此，全球化带来了更多的问题和参与者，使得经济外交更加复杂。

### 国家和非国家行为体

从最广泛的定义来看，经济外交主要关注政府行为。经济外交不局限于外交部门和一定范围的政府部门，所有负责经济事务并在国际上运作的政府机构都参与经济外交活动，尽管这些参与者并不会这样描述经济外交。部长和政府首脑、议会、独立公共机构和地方机构都在发挥各自的影响力。

各种各样的非国家行为体通过影响政府政策的制定以及作为代表各自立场的独立行为体参与经济外交。过去，企业往往是经济外交中最活跃的利益集团，它们主要是在幕后发挥影响力，尽管最近金融行业已被迫走到了聚光灯下。如今，民间社会的非政府组织（NGOs）也走到了舞台中央，积极寻求宣传，向政府施压。作为国际谈判的论坛，国际组织至关重要。但本书没有把国际组织当作独立的行为体。相反，本书关注的是各国政府是如何利用国际组织，将它们吸收、纳入本国决策过程。

**手段和问题**

经济外交包含各种手段，它涵盖了非正式谈判、自愿合作、软性监管（如行为准则）以及制定和执行有约束力的规则等一系列措施。尽管经济外交或许具有对抗性，但通过相互说服和双方签订协议，通常可以取得进展。然而，我们认为，通过采取的经济外交手段给"经济外交"下定义并非上策，最好是通过体现外交内容的经济问题下定义。因此，我们沿用奥德尔在确定经济谈判范围时使用的定义："与商品生产、运输或交换、服务、投资（包括官方发展援助）、货币、信息及其监管有关的政策"（Odell 2000：11）。这个问题的涵盖范围很广，一本书是无法涵盖全部内容的。因此，这本书是有选择性的，集中讨论有关贸易、金融和全球环境的核心问题。这些都是具有高度政治性的话题，引起了广泛关注，也很好地体现了经济外交中不同主体之间的相互作用。

尽管这是我们对"经济外交"的首选定义，但"经济外交"仍存在其他定义。本书旨在考量"经济外交"的不同定义。其中一种定义采纳了经济治理的广义概念，即采取经济措施（包括制裁等惩罚行动）以实现政治目标（Baldwin 1985，Hanson 1988，Blanchard and Ripsman 2008）。[3] 具体参见克雷格·范格拉斯特克执笔的第七章。这个定义更接近欧洲术语中的"大战略"，而非在国际经济问题上更具体的谈判，而我们认为此种谈判是经济外交的核心。其他学者认为促进出口和投资是经济外交的主要功能，如范·贝吉克（Van Bergeik 2009）和基尚·S. 拉纳（本书第六章和 Rana 2015），尽管我们将出口和投资称为商业外交。[4] 奥卡诺-海曼斯（Okano-Heijmans 2013）的定义很好地综合了商业和经济外交，也包括政治因素。然而，我们认为国内流程是经济外交的基本组成部分，但这个定义并未涵盖国内进程。

本书还必须在所研究的国家中进行甄选。早期的版本聚焦欧洲、北美和日本等工业国家实行的经济外交。这些国家在国际体系中最具影响力，它们的决策实践也相对公开，易于研究。但这仅是 21 世纪初不完整的世界图景，许多大型成熟经济体正在失势。因此，沿用第三版的写作思路，第四版更多地关注印度、中国和巴西等新兴大国，为小型经济体和发展中国家提供了更大的空间。

**市场的影响**

经济外交的一个显著特点是对**市场发展变化**非常灵敏。由此可以区分经济外交与政治外交，也可以把经济外交从外交政策分析研究中分离出来。经济一体化趋势不断加强，为生产和投资开辟了全球市场。国家监管政策可以改变不同地区市场的竞争力，因此市场也可以惩罚不符合预期的国家政策。市场发展将影响问题各方，进而影响其谈判立场，并可能提供其他谈判解决方案。正如奥德尔所言，市场是经济外交的内生因素，因为市场是这一过程的有机组成部分（Odell 2000：47—69）。有人认为市场总能提供更有效的解决方案，这种说法随着美国等工业国家的金融体系崩塌而不攻自破，那些银行家目中无人，监管机构疏于职守，最终导致了这场金融灾难。目前，政府和监管机构正寻找在不扼杀金融机构的前提下，能约束金融机构并防止其成为国家负担的程序。

# 经济外交理论与分析工具

本书第三章将着重介绍经济外交理论，并列出详细的参考书目，在此仅总结要点。首先要明确的是，没有哪种经济外交理论能够为国家在特定情况下如何执行政策提供现成的答案，这点至关重要。预测理论或许可以检验国际关系学或国际政治经济学的正确性，因此，这些学科受到影响，认为应该发展预测理论。但预测理论只有在作出明显简化的情况下才能发挥作用。例如，将国家视为政策偏好明确、稳定的单一行为体。这类理论在经济外交中非常具有挑战性，因为经济外交不仅涉及国际、国内因素互相影响，也涉及经济、政治问题互相作用。我们假设国家是单一行为体，谈判代表完全了解国家政策偏好，这些偏好稳定且不受市场发展的影响，然而这样的假设毫无意义。

理论概念的另一种用法是整合使用各种分析工具，使其更容易理解和解释经济外交过程。这类工具将有助于厘清影响决策和谈判的复杂因素。这样做是为了明确主要的解释性因素，并用于分析各种案例，以此概括经济外交的性质。

从现有的国际关系和国际政治经济研究文献中可以找到一系列的分析工具。本书主要关注利益和权力结构，可以应用于国家间的经济关系。谈判理论还可以衍生出其他特别有价值的工具，这些工具可以用来确定影响经济外交的 6 个不同因素：3 个系统性因素、2 个国内因素和 1 个基于观念的因素。主要的系统性因素来源于国际体系，如下：

● **相对经济实力**　实力往往可以决定经济谈判的结果，现实主义理论认为它是一个重要的决定因素。但事实上，光有实力是不够的，这取决于如何以及在什么情况下运用经济实力。

● **国际组织和制度**　现在覆盖面广的国际网络可以给各国提供合作的、非强制的解决经济问题的方案。政体理论分析了如何实现这一点。

● **市场**　与其他形式的外交不同，全球市场是经济外交谈判过程中不可或缺的组成部分。约翰·奥德尔（Odell 2000）提出的理论解释了如何实现这一点。

这些因素相互关联，但它们将国际体系中的国家视为单一行为体，与现实生活相悖。下面将介绍反映国家复杂结构的两个国内因素：

● **利益和交涉**　不同社会群体的不同利益将在很大程度上决定国家对经济问题的态度。这些都是由各国政府作为代理人在国际上作出部署的。在这种背景下，理性主义理论有助于进一步分析政府之间如何交涉以达成协议。

- **体系和双层博弈**　在实践中，政府很少作为单纯的代理人行事，而是需要调和相互冲突的内部压力，并为此完善体系。鲍勃·帕特南的双层博弈隐喻解释了这一过程与国际谈判之间的互动关系。

系统性因素和国内因素仍然不足以解释结果，还需要参考以下观念上的因素：

- **思想和信仰**　谈判者不仅受制于系统、社会和机构的压力，基于各种想法或世界观，他们还会有自己的信念。因此，谈判包括信仰和交涉，**建构**主义理论可以解释这一过程。

概括而言，我们的目标不是要找出一个可以用来预测结果的简约理论。本书的研究表明，现有的理论可以提供部分解释，但绝非完整的解释。相反，本书旨在汇集各种分析工具，以帮助人们理解经济外交中起作用的各种因素，并得出与实践者提供的论证保持一致的宽泛结论。为了说明这一点，本书后面的学术章节将一些分析工具应用于具体案例。尼古拉斯·贝恩在第四章介绍了政府的做法，在第十三章中介绍了八国集团和二十国集团的峰会；斯蒂芬·伍尔科克在第十章介绍了欧盟（EU），在第十七章介绍了投资；肯·海登在第十四章介绍了特惠贸易协定。

### 经济外交的多个层次

如前所述，帕特南的双层博弈隐喻和其他理论区分了国际和国内两个层次，并研究了两者之间的相互作用。在国家决策过程中，各个主体由上至下划分层次，相互影响，如政府和非政府、国家和地方。在国际谈判中，经济外交的多个层次之间也存在双边、区域、诸边和多边之间类似的互动关系。单边主义也应该作为"零选项"视为特殊的层次。这些不同的层次及其相互作用成为了本书的主题。下面简要定义这几个层次。

单边主义

单边主义乍一看似乎与经济外交无关，因为它不涉及谈判。单边行动属于国内政治决策，如贸易自由化或贸易保护。但单边自由化或保护主义会扩大或限制其他国家的投资人或出口商入市的机会。显而易见，这会对其他经济体产生影响。由此，他国可能采取模仿或报复的对等政策。在某些情况下，政府会故意采取或威胁采取单边措施，敦促其他国家改变政策。

双边主义

双边关系仍然是经济外交的重要组成部分，包括两国就各种问题进行的非正式往来，以及正式的双边贸易或投资协定。双边经济外交仍然是最简单的外交技巧，易于向国内利益方解释。但实力更强的一方在双边经济外交中容易占据优势，经济外交关系容易出现对抗现象。双边交易也有助于在区域甚至全球层面商定更复杂的协议。双边主义在决定如何解释区域或多边规则方面可能很重要，例如双边主义在巴西和美国关于棉花关税的经济争端中发挥了重要作用。[5]

区域主义

人们会质疑多边体制的有效性，区域层面在经济外交中的重要性会随着时间的推移而出现波动。虽然区域经济协议常常受政治利益的驱动，但也提供了更快打开市场的方式。如果自由化发生在发展水平大致相同、政策偏好相似的国家组成的区域集团中，那么这些国家可能更容易为了国家利益而接受自由化。对商业利益而言，进入更大的区域市场可能被视为进入更广阔市场的替代方案，或被视为加入国际竞争的垫脚石。区域性协议通常涉及具有法律约束力的承诺和争端解决机制。区域性协议甚至可能涉及主权集中，比如欧盟或其他一体化程度不高的区域性组织，目的是对国际谈判或全球市场产生更大的影响。区域性解决办法取得一些进展（参见第十一章和第十四章）。亚太地区的《跨太平洋伙伴关系协定》（TPP）和《区域全面经济伙伴关系协定》（RCEP）制定了雄心勃勃的计划。各地区正在就涉及最大经济体的交易进行谈判，特别是欧盟与日本、加拿大签订的协议以及欧盟与美国签订的《跨大西洋贸易和投资伙伴关系协定》（TTIP）。

诸边主义

相比区域主义或多边主义，诸边层面的经济外交引起的关注较少。但经合组织、八国集团峰会和二十国集团峰会以及英联邦等诸边机构在经济外交中有两个重要目的。首先，诸边机构给各国政府提供了一个协调国内与国际经济目标的论坛，各国政府可以自发进行合作。其次，诸边机构能够让志同道合的政府达成一致立场，并在更广泛的多边环境中继续推进或适应达成的立场。经合组织是做筹备工作的论坛，为达成服务和农业协定奠定了基础，而服务和农业是世界贸易组织的两大关键要素。世界贸易组织内部已经就政府采购和信息技术产品达成了诸边协议，但并非所有成员都愿意参与。自金融危机以来，二十国集团峰会要求金融稳定委员会和巴塞尔银行监管委员会制定改革措施，以防止危机再次发生。

多边主义

最后，多边经济外交规定所有国家都要参与，这是非常繁琐的。多边经济外交包含多种管理制度，这些制度体现在世界贸易组织、国际货币基金组织和世界银行以及联合国的经济工作之中，也体现在广泛的专业组织中。多边经济外交非常适合制定规则，在20世纪90年代就取得了巨大进步，特别是在贸易和环境领域。但这也导致多边机构陷入争议：非政府组织抨击多边机构不透明、不民主；发展中国家抱怨多边体系将发展中国家置于不利地位；甚至发达国家也有不满，它们难以接受国内政策受到越来越多国际规则的干涉。因此，虽然多边经济外交一旦取得成功会得到很高的奖励，但风险也同样很高。世界贸易组织的多哈发展议程（DDA）以包容性方式结束，然而国际货币基金组织的治理改革则经历了数年阻滞。联合国气候变化谈判也是在削弱其约束力之后，才最终于 2015 年 12 月达成协议。

**多层次经济外交**

经济外交的多个层次意味着政府可以通过多种方式利用各层级之间的互动关系。各国将针对特定政策问题选择适合的经济外交层面：区域层面适合开展贸易，利于进入邻国市场；诸边层面适合讨论诸如避税和逃税等专业主题；多边层面规定所有国家都要参与，因此适合研究全球环境问题。对于同一主题，不同国家可能偏好不同层级。正如第十七章给出的解释，虽然欧盟支持多边投资体制，但美国首先倾向通过经合组织实行诸边政策，然后再采用双边途径。

不同层级的外交都具有可行性，这鼓励政府参与"论坛选购"，可以在最具前景的领域寻求进展。在特定的政策领域，我们分析经济外交常能得出这一点。自发适用的诸边原则可能在区域层面转化为具有约束力的制度。反过来看，区域协议可以为多边条约提供既定模式，或者可以制定适用范围更广的监管标准，例如食品安全方面的区域协议。简而言之，在一个层面达成的协议将对其他层面的决策产生影响，开展新一轮协商通常会有多种模式或先例可供借鉴。

## 经济外交中的三大紧张关系

本章至此已经选用的理论和分析工具都是基于其他学者的研究。但本书也采用了一种独特的分析方法，特别是尼古拉斯·贝恩执笔的第二章、第四章和第十三章。尼古拉斯·贝恩观察了经济外交官自身的行为方式，并以此为基础发展了以上的分析方法。基本观点是，政府正试图调和经济外交中的三种紧张关系，以促使政策相互加强而不是相互冲突。这三种紧张关系如下：

- 第一，政治与经济之间的紧张关系；
- 第二，国际与国内压力之间的紧张关系；
- 第三，政府与其他势力之间的紧张关系。

### 经济与政治之间的紧张关系

第一种主要是国际经济和国际政治之间的紧张关系。在理想社会中，国家能够区分政治和经济。但国家是政治实体而非经济实体，因此政治在追求国际目标的过程中会不断地侵犯经济。政府努力从选择的目标和采用的方法协调政治和经济的关系。

在过去 70 年中，虽然这一紧张关系产生的影响大小不同，但紧张关系始终存在。在第二次世界大战后的一段时间里，美国推出了一些重大举措，将政治和经济目标结合起来。布雷顿森林体系和《马歇尔计划》的主要政治目的是阻止未来发生战争，并帮助西欧抵抗共产主义入侵。为达成以上政治目标，美国人相应地调整了经济政策，从而让政治和经济成功实现相互促进（Gardner 1980，Marjolin 1989）。同样，七国／八国集团峰会在应对冷战结束和振兴非洲方面也取得了成功（Bayne 2017）。如今，成熟工业国家与巴西、中国和印度等新兴大国之间的紧张关系显而易见，且难以调和。工业国家勉强选择放弃七国集团发挥的政治优势，并允许二十国集团在一定程度上反映新兴大国的经济进步（Bayne 2011）。

各国政府为了调和这种紧张关系已经制定了多种方法。大多数经济学家认为，无论其他国家采用何种方式应对，各国都可以从消除外部竞争壁垒中受益。但这也存在政治障碍，因为政府认为其他国家正在利用其正在实施的改革。不过倒是可以通过互惠谈判消除贸易壁垒来克服这一障碍，如《关税及贸易总协定》或世界贸易组织。国家发现互惠谈判虽然在经济上不是最理想的选择，但在政治上更容易达成，因为不管它们开出怎样的条件，显然都会得到一些回报。而这里提到的政治障碍主要来自国内压力，因此我们需要了解经济外交的第二种紧张关系。

### 国内和国际压力之间的紧张关系

第二个主要矛盾是经济决策中国内和国际压力之间的关系。这种根本性的紧张关系是当今所有经济外交的基础。自第二次世界大战结束以来，国际上对国内经济在贸易、直接投资和资金流动方面的渗透稳步增长。冷战结束后，国际渗透愈发明显，相互依存已然成为全球化现象。

首先，这种紧张关系使国内决策复杂化。在政治外交中，外交部显然占主导地位。然而，经济外交通常由其他部门牵头，外交部可能要努力提高话语权。随着越来越多的经济问题在国际上曝光，更多的政府机构开始参与经济外交。因此，经济外交必不可少的第一步是在国家政府内部进行商榷并达成共识。政府需要协调各方利益，以能够采取果断行动为要旨。

随后，各国政府官员坐下来，开始国际谈判，这些官员已经在国内经历了谈判。每个政府都希望在国际舞台上取得符合国内谈判的成果。但在国际谈判过程中，通常需要调整本国立场，以期与其他国家达成一致。为了实现某些领域的目标，可能需要在其他领域作出让步。如果国际谈判代表认为新立场仍能推进国家目标，那么他们必须赢得国内各方利益。政府需要制定有效的流程来实现这一点，该流程将受到国内的制度安排影响。

然而，许多政府可能相信国际条约能给本国带来经济利益，而政府签订条约的合法性来自国内选民的支持。因此，各国政府必须使国内立法机构确信带来的经济好处，然后经由立法机构，从而赢得选民的支持。国内的选民或许本能地担心容易受到可控范围以外力量的影响。全球化不断推进，国际经济发展所涉及的选民人数不断增加，由此对决策者产生越来越大的压力，要求他们承担更大的责任。但是，经济外交更加民主可能会引发效率和问责之间的冲突。经济外交的政治化可能导致僵局。

最后，这种紧张关系会影响国家在正式规则和“软性”自愿合作之间作出选择。基于规则的体系似乎更可预测、更持久，也可以更有效地防止滥用。如果市场是全球性的，那么管理市场的规则也应该在国际上商定通过。基于规则的国际体系要求政府放弃部分主权，但其实国际上对各国经济的渗透可能已经损害了国家主权。然而，建立国家政策偏好仍然是国内政府的主要职能。如果这些偏好发生变化，国际规则可能无法适应国内新变化，也将失去合法性。在这种情况下，要求较低、更为灵活的自愿合作手段则更为可取。

### 政府与其他势力之间的紧张关系

到目前为止，分析的重点主要集中在政府，包括行政和立法机构。自1990年以来，经济外交的第三个主要矛盾是政府和其他势力之间的紧张关系。国际因素对国内经济的渗透并非由政府主导，而是由商人、投资人和金融家这些私营部门的代理人主导。随着全球化的推进，其他团体和社会运动也开始参与经济外交。他们还联合开展跨国经营，因此，这些人的活动远不止想要影响国家政府。

政府通过消除贸易壁垒、放松管制和私有化给予私营企业更多机会，并将权力转移给它们以刺激经济活动。这种权力转移对经济外交产生了深远的影响，提出了政府应该保留什么责任、私营企业应该承担什么责任以及政企如何合作的问题。这也涉及政府如何处理市场压力的问题。政府在财政、货币或监管政策方面作出的决策将影响市场如何看待该政府的信誉。在金融危机之后，这种紧张关系愈演愈烈。

经济外交中诸如环境和世界贫困等许多问题，都激励着积极性高、表达清晰的非政府组织。其中一些非政府组织具有建设性且见多识广，可以为政府提供大量专业建议。但其他非政府组织则具有破坏性并鼓吹无政府主义，在国际经济会议上召集敌对势力对抗政府。非政府组织不再信任正式的民主问责制，因此可能会试图绕过国家政府。它们主张提高透明度，并声称它们参与其中，才能促进民主。政府在回应非政府组织的负面批评时，也在寻求与建设性的非政府组织合作，让每一方都能保持各自的独立性。

## 本书的结构

在导论第一章之后,本书的第二章至第六章,即第一部分研究了经济外交的性质。其中第二章将分析全球化发展以及最近金融和经济危机合力产生的压力,并评估政府应对危机的方式。如前文所述,第三章回顾了相关的理论方法,并提出了一套分析工具。第四章分析了政府如何作出国内决策,以及国内决策与国际谈判如何相互作用。这些学术章节与从业者执笔的两章相得益彰,经济外交官从一手经验出发,解释商业和民间团体在经济外交中的作用。在第五章中,邓肯·格林和塞琳·沙维利亚特展示了乐施会等非政府组织如何准备和组织游说活动。在第六章中,作为印度外交官的基尚·S.拉纳积累了丰富的经验,解释了经济外交如何支持私营企业。

本书的第二部分结合学术与实践的观点,探讨了不同国家和国家集团如何开展经济外交。在第七章中,克雷格·范格拉斯特克以美俄贸易关系为例,解释了美国实行的经济外交。在第八章中,张晓通提出了中国经济外交的新概念,他曾在政府部门担任行政工作,目前从事学术研究。在第九章中,布拉兹·巴拉库伊基于在日内瓦担任贸易谈判代表的经验,从世界贸易组织讨论农业的角度研究了巴西的经济外交。第十章斯蒂芬·伍尔科克考察了欧盟在贸易政策、环境和金融监管方面实行的经济外交。第十一章新西兰驻世界贸易组织大使范吉利斯·维塔利斯表明了新西兰等小国必须制定独树一帜的经济外交战略,以实现本国的目标。第十二章英联邦秘书处的毛里求斯人特迪·索布拉马尼恩解释了大多集中在非洲的贫穷小国如何应对国际贸易体系发生的变化。

第三部分提供了一套由学界和业界共同完成的谈判案例研究。在第十三章中,尼古拉斯·贝恩分析了七国集团和八国集团是否可以为二十国集团峰会提供有益经验。在第十四章中,曾效力经合组织秘书处的肯·海登分析了特惠贸易协定的利弊。供职于英国财政部的史蒂芬·皮克福德积累了丰富的工作经验，他在第十五章探讨了金融外交和国际货币基金组织的表现。在第十六章中，剑桥大学的乔安娜·德普莱奇对气候变化谈判提出了看法。在第十七章中，斯蒂芬·伍尔科克将国际投资作为多层次外交进行案例分析。虽然以上所有章节经常提到诸边和多边机构，但本书关注的重点并非机构本身，而是国家和其他行为体利用诸边和多边机构实现国家的目标。

## 结　论

经济外交是一个难以捉摸的话题。新问题总是接踵而来，大环境也会突然发生改变。20 世纪 90 年代结束时，在亚洲、俄罗斯和巴西危机之后，世界金融体系摇摇欲坠，然而贸易体系看起来却很强劲。21 世纪头十年，金融系统慢慢恢复了平静，而世界贸易组织的西雅图会议却是灾难性的，贸易体系需要时间才能恢复元气。2001 年 9 月 11 日的恐怖袭击和美国入侵伊拉克分散了人们对经济外交的注意力。21 世纪头十年，经济外交取得的进展微乎其微，而世界经济增长却很活跃。但 80 年来最严重的金融和经济危机打破了平静的假象。这场危机使工业国陷入困境，经济复苏缓慢，而且各个地区复苏的节奏不平衡。新兴大国起初在这场灾难中基本未受影响，但后来似乎失去了曾经的经济活力。就像四分之一世纪前冷战的结束一样，这场危机正逐渐将经济外交推向一个全新的方向。因此，本书的最后一章，即第十八章，将总结经济外交未来的走向。

注释：

1. 我们在本书中通常使用欧洲人所说的"部长"和"官员"，而非美国人所说的"政客"和"官僚"。

2. 马歇尔（Marshall 1999：7—8）区分了"外交"一词的六种不同含义。贝里奇和詹姆斯（Berridge and James 2003）对"经济外交"给出了两种定义。这本书采用贝里奇和詹姆斯的第一个定义，李和哈德森（Lee and Hudson 2004）对此作了进一步的探讨。

3. 这是贝里奇和詹姆斯（Berridge and James 2003）对经济外交给出的第二个定义。

4. 贝里奇和詹姆斯（Berridge and James 2003）对商业外交给出了不同于经济外交的定义。

5. 参见 *Business Week*，6 April 2010，www.businessweek.com/news/2010-04-06。

## 参考文献：

Baldwin, D. A. 1985. *Economic Statecraft*. Princeton: Princeton University Press.

Barston, R. P. 2006. *Modern Diplomacy*. 3rd edition. London: Longmans.

Bayne, N. 2011. The Diplomacy of the Financial Crisis in Context. *The Hague Journal of Diplomacy*, 6 (1–2), 187–201.

Bayne, N. 2017. Reconciling Economics and Politics: From the Marshall Plan to the G20 Summit. *International Journal of Diplomacy and Economy* [forthcoming].

Berridge, G. R. and James, A. 2003. *A Dictionary of Diplomacy*. 2nd edition. London: Palgrave Macmillan.

Blanchard, J.-M. F. and Ripsman, N. M. 2008. A Political Theory of Economic Statecraft. *Foreign Policy Analysis*, 4, 371–398.

Bull, H. 1995. *The Anarchical Society: A Study of Order in World Politics*. 2nd edition. London: Macmillan.

Gardner, R. N. 1980. *Sterling-Dollar Diplomacy in Current Perspective*. New York: Columbia University Press.

Hanson, P. 1988. *Western Economic Statecraft in East-West Relations: Embargoes, Sanctions, Linkage, Economic Warfare and Détente*. London: Royal Institute of International Affairs.

Lee, D. and Hudson, D. 2004. The Old and New Significance of Political Economy in Diplomacy. *Review of International Studies*, 30, 343–360.

Marjolin, R. 1989. *Architect of European Unity: Memoirs 1911–1986*. London: Weidenfield and Nicholson. Translated by William Hall from *Le Travail d'une Vie*, 1986.

Marshall, P. 1999. *Positive Diplomacy*. Basingstoke: Palgrave.

Odell, J. 2000. *Negotiating the World Economy*. Ithaca: Cornell University Press.

Okano-Heijmans, M. 2013. *Economic Diplomacy: Japan and the Balance of National Interests*. Leiden: Martinus Nijhoff.

Putnam, R. D. 1988. Diplomacy and Domestic Politics: The Logic of Two-Level Games. *International*

*Organization*, 42 (4), 427–460.

Rana, K. S. 2015. *Diplomacy at the Cutting Edge*. New Delhi: Manas.

Ruggie, J. G. 1982. International Regimes, Transactions and Change: Embedded Liberalism in the Postwar Economic Order. *International Organization*, 36 (4), 379–415.

Van Bergeik, P. A. G. 2009. *Economic Diplomacy and the Geography of International Trade.* Cheltenham: Edward Elgar.

# 第二章　新经济外交中的挑战与回应

尼古拉斯·贝恩

本章分析了过去25年经济外交的进展。它确定了这一时期采取的新战略，并评估了其影响。本章依次探讨了以下内容：

- 塑造经济外交的两股强大力量——冷战结束和全球化的推进——对政府提出了苛刻的要求；
- 为满足这些要求而制定的经济外交战略；
- 2007年金融危机前，经济外交战略取得的成果；
- 金融危机及其余波给经济外交战略带来的改变。

最后，本章评估了该经济外交战略如何有效地调和经济外交的三种紧张关系，第一章提出经济外交的三种紧张关系是政治与经济之间的关系、国内与国际压力之间的关系，以及政府与其他行为体之间的关系。

## 塑造新经济外交的力量

### 冷战结束

当冷战结束、苏联解体后，经济外交发生了深刻的变化。1989年，中欧和东欧的国家摆脱了共产主义。柏林墙倒塌，两德重新统一。1991年，苏联解体。当时，加盟共和国纷纷宣布独立，苏联分崩离析。当西方政府认识到正在发生的历史性变化时，它们希望帮助那些脱离苏联阵营的国家建立起有效的民主制度和市场经济。欧洲联盟向中欧和波罗的海邻国抛出成员国资格的橄榄枝。但是，苏联的其他加盟共和国却没有加入欧盟的机会，俄罗斯的经济和政治转型愈发艰难。

冷战结束产生的影响波及欧洲以外的国家。迄今为止，西方的开放体制和东方的中央计划体制曾经在国际经济体系中相互竞争。许多发展中国家曾把自己定位在这两者之间的某种体制。共产主义在欧洲崩溃后，各国只能选择西方国家青睐的以市场为基础的制度，别无他选。在此之前，许多共产主义国家和一些发展中国家并未参加国际性经济组织。现在，国际货币基金组织、世界银行和新的世界贸易组织都像联合国一样，成为真正的全球性机构。

这个良性过程会产生一些不良的副作用。给予前共产主义国家的财政支持有时是以牺牲对其他发展中国家的援助为代价的。只要西方国家面临敌对超级大国的安全威胁，就会抑制这些国家之间的经济摩擦。外部政治威胁一旦消失，西方国家之间的经济摩擦更难解决。

**全球化的推进**

自 20 世纪 50 年代以来，各国之间，尤其是经合组织各成员国在经济上相互依存，稳步增长，但迄今为止，冷战却限制了国家间经济上相互依存的关系。现在，相互依存关系在全球范围内发展，并被重新命名为"全球化"。全球化成了当时占主导地位的经济潮流。[1]

各国政府向外部竞争开放经济：有时是通过国际谈判，更多时候是通过符合自身利益的单边行动。贸易壁垒逐渐消失：首先是减少跨国贸易壁垒；然后是直接投资，外国公司成为本国经济的一部分；最后是外汇交易和资本流动。因此，世界贸易的增速大约是世界产出的两倍；外国直接投资流量的增速是贸易的两倍；外国证券投资的增速是直接投资的两倍。这种趋势一直延续到金融危机爆发，当然每年的增长都有所不同（Cable 1999：fig 1.1）。

因此，国际活动在一个国家经济中的占比越来越大。效率提高也增加了与他国摩擦的空间。全球化也将经济权力从政府部门转移到私营企业。全球范围经营的商业公司独享优势，这是依赖全国选民的政府和依赖国内市场的国企无法比拟的。公司将业务拓展到世界各地，寻求资本、技术和合格人才。复杂的产品往往依赖许多国家之间的"全球价值链"。航空、电信和信息技术等新技术助推了这一进程。新技术缩小距离，加快交易，加速变化。

各国政府试图在本国创造竞争环境。这不仅决定了宏观经济政策（诸如紧缩预算和低通胀策略），还决定了就业和教育政策。政府将许多以前由国家控制的活动"私有化"，并采用私营部门的其他做法。这样一来，政府的效率更高，但是手中的权力和资源却被削减。这些变化给许多国家带来了巨大的财富，呈现一片欣欣向荣的景象。美国和东亚国家，在不同方面表现突出。

全球化也有阴暗面。国际金融市场超出了当局的控制，因此，当危机发生时，很容易产生多米诺骨牌效应。消除壁垒不仅为诚实的公民创造了机会，也为犯罪分子创造了可乘之机。贩毒、洗钱、逃税和资助恐怖主义都成为经济外交的主题。

最重要的是，全球化被证明是一个达尔文式的过程。成功会得到奖励，错误将受到惩罚。小国和穷国的利益遭受了极大的损害。少数国家从全球化中获利，但许多国家却无利可图，并面临被边缘化的风险。由于所有这些原因，选民们对全球化的影响惶惶不安。他们担心自己无法控制外部力量的影响，因此，政府有时不得不屈服于民众的压力。一些非政府组织也开始把全球化视为一种恶性影响。

## 经济外交的新战略

全球化对经济外交提出了苛刻的要求：

- 经济外交的范围大大增加；新主题变得活跃，常常引起民众的强烈关注；

• 经济外交深入国内政策，政府内外出现了更多的行为体；

• 发展中国家和前共产主义国家纳入世界体系范畴，因此，国际组织必须为所有成员国服务；

• 政府的相对权力和资源正在缩减；他们常常试图用更少的钱办更多的事。

因此，各国政府都在寻找改善决策和谈判的方法。目的是弥补权力的相对损失，处理与国内利益不可分割的国际问题，以及管理一个面向所有国家的全球体系。在寻找方法的过程中，一个新战略应运而生，包括四个要素：

• 邀请部长们参与；

• 引入非国家行为体；

• 提高透明度；

• 利用国际组织。

我们将逐一讨论每一个要素。

**邀请部长们参与**

第一个因素是提高部长们的参与度，从而提高经济外交的政治地位。以前，国际经济谈判都是由官僚进行的。部长们很少聚在一起举行正式仪式。现在，部长们定期在世界贸易组织、国际货币基金组织和世界银行开会，作出实质性决定。这些会议得到了非正式团体的支持，如七国集团的金融会议。国际组织的领导人过去常常由前政府官员担任，现在的领导人都有过当部长的经验。[2]

部长们不仅在国际会议上作出了贡献，而且对国内决策过程也产生了影响。他们通常是民选的立法机构成员，这赋予他们民主的合法性。因此，部长之间达成的协议具有很强的权威性，并受到人民的支持。但部长们对国内事务的关注增加了无法达成一致的风险。官僚和政治层面也必须紧密协调，这可能会给欧盟带来特别的困难。

政府首脑（包括总理和总统）承担最重要的责任，同时拥有明确的协调国内外政策的能力，他们作出了更大的贡献。20 世纪 70 年代，七国集团峰会和欧洲理事会开始运作，它们几乎是当时屈指可数的此类组织。现在，经济峰会在多边、诸边和区域层面不断发生。即使在峰会之间，政府首脑也越来越多地介入国内外的经济外交活动。

### 引入非国家行为体

第二个因素是让政府以外的参与者参与进来（O'Brien and others 2000）。随着政府权力的缩小、资源的缩减，各国政府试图让非国家行为体共担责任。例如，在发展方面，政府鼓励使用私人资本投资，并与乐施会（Oxfam）和无国界医生组织（Médécins sans Frontières）等慈善机构合作。在环境问题上，政府邀请学术专家、智囊团和宣传团体参与政策制定。

在这方面，政府面临的挑战是与其他非国家行为体分散负担，但同时可以掌控议程。政府希望借助外力投入经济外交，并传播经济外交成果，但同时希望保留对外谈判的职权。政府发现与私营企业打交道更简单，因为已经具备旨在促进政府间达成协议的平行渠道。非政府组织经常利用大规模示威活动对政府施加压力，这些活动可能会演变为暴力事件（Green and Griffith 2002）。然而，当非政府组织发起的公开抗议辅以与政府和国际机构的直接对话，非政府组织会对政府决策产生更大的影响。

### 提高透明度

第三个因素是努力提高透明度：提供更好、更清晰的信息，加大宣传力度。这方面的压力来自部长们和非政府组织，他们都在寻求媒体的关注，以此赢得公众的支持。非政府组织吐槽政府谈判秘而不宣，希望公众可以更多地监督政府。政府试图对此作出回应，以消除公众对全球化的焦虑。国际货币基金组织和世界贸易组织等国际组织试图更好地解释他们的活动。商界提倡以透明的方式替代正式的规则。也就是说，如果信息完全公开，就可以依靠市场产生良好的结果。在跨境避税等问题上，政府也倾向采用提高透明度的方法。

信息透明是一件好事，但可能会阻碍达成一致。谈判就像谈恋爱：在各方准备好公开承诺之前，需要私下互相试探。各国政府可能提出一个试探性的提议，只有在得到对方积极回应后，一方才会确认提议。如果在公开场合谈判，各国政府更难达成一致。

### 利用国际组织

第四个因素是更多地利用国际组织。各国政府的个人权力不断缩小，集体行动就变得富有意义。20 世纪 90 年代是 50 年来国际组织建设最活跃的 10 年，它们在贸易、金融和环境领域成立新组织并改革旧组织。其目的是使发展中国家在经济体系中发挥建设性作用。但巴西、中国和印度等新兴大国希望获得与经济实力相匹配的政治影响力，然而这一过程并不顺利。

该战略的第四个要素不仅影响了国际组织的数量和范围，还改变了政府利用国际组织以支持国内目标的方式。他们希望国际组织不仅能扩大其国际影响力，还能证明其国内行动的合理性，并助力政府分担政治上的困难决策。由于政府减少了在国内进行干预的能力，它们对外部规则变得更加开放。然而，当政府更优先考虑国内利益时，它们增加了国际谈判失败的风险。

## 战略的结果：承诺与挫折

新战略起初取得了一些引人瞩目的成就，看起来是对推进全球化的有效回应。随后，新战略遭遇了各种障碍。在贸易和环境方面，多边谈判失去了动力，而在金融方面，虽然已经达成一致需要改革，但没有落实到位。本章的这一部分依次探讨每个政策领域。

### 国际贸易

新战略的第一个重大成就是在 1994 年初完成了《关贸总协定》

的乌拉圭回合贸易谈判（Preeg 1995，Ostry 1997，Croome 1999）。《乌拉圭回合协议》将相对薄弱和作用有限的《关贸总协定》转变为一个更正式、更强大的世界贸易组织。乌拉圭回合谈判涵盖了所有的贸易领域，包括农业和服务业，并制定了适用于所有成员的规则，包括发达国家和发展中国家。新的争端解决机制成为多边经济体系中运作的唯一司法程序。《乌拉圭回合协议》比以前的贸易制度要求更高，并将国际规则深入到政治敏感领域，如农业、健康和安全标准。东欧国家加入了世界贸易组织（俄罗斯后来也加入了），发展中国家也接受了成员国的新义务，甚至还包括非成员国。中国开始了加入世界贸易组织的谈判，并利用"入世"谈判来推动国内经济的市场开放改革。世界贸易组织后来达成了关于信息技术产品、电信和金融服务的协议。

世界贸易组织的各国部长在西雅图会晤，准备从 2000 年开始启动新一轮谈判，但预期并不乐观。经过五年时间，许多发展中国家发现《乌拉圭回合协议》负担沉重，对发展中国家存在偏见。工业国在非政府组织的压力下，希望将劳工和环境标准列入议程，然而这些标准将给发展中国家的出口增加新障碍。西雅图会议是一场灾难，在没有达成任何协议的情况下无果而终。发展中国家对发达国家的提议感到不满，而工业国则未能理解全球化的要求（Bayne 2000，Bhagwati 2001）。

2001 年 11 月，下一届世界贸易组织部长级会议成功启动了《多哈发展议程》（DDA）。当时美国的恐怖袭击引发了政治上的威胁，进而刺激各国达成经济协议。工业国接受了新一轮谈判应该聚焦发展中国家的关切，但很快发现发展中国家是强硬的谈判对象。以巴西和印度为首的新兴大国，后来又有中国加入，成立了一个有效的集团——二十国集团（与二十国集团峰会没有关系），它不屑与美国和欧盟为伍。2003 年，《多哈发展议程》搁浅一年，谈判重启后，仍无很大进展。尽管非正式部长级小组作出了努力，但谈判一拖再拖，无疾而终。

世界贸易组织仍然能够有效地解决贸易争端，但无法继续推动贸易自由化。各国更容易谈成区域贸易协议，因而优先考虑区域贸易协议（Heydon and Woolcock 2009）。有些区域贸易协议涉及国家有限，比如包含美国、加拿大和墨西哥的《北美自由贸易协定》（NAFTA）；而其他区域贸易协议涉及国家众多，比如包含 21 个环太平洋经济体的亚太经济合作组织（APEC），包括澳大利亚、中国、日本、俄罗斯和《北美自由贸易协定》的成员国。[3] 欧盟是迄今为止最雄心勃勃的国际组织。到 2006 年，欧盟已经有 27 个成员，包括 9 个来自东欧的成员国，以单一的商品和服务市场运作。然而，每个大洲都有一个或多个区域贸易网络，结果是各种承诺重叠，一些国家以牺牲他国为代价获利。

### 全球环境

新战略的第二大成就是环境领域。1992 年 6 月，在里约召开了联合国环境与发展会议（UNCED）上，许多问题汇聚到一起。里约会议达成了《联合国气候变化框架公约》（UNFCCC）和一项关于生物多样性的平行条约，以此补充先前签订的关于保护臭氧层的《蒙特利尔议定书》。这类全球环境问题需要所有国家达成一致，签订协议；这些只有在冷战结束后的全球化条件下才有可能实现。

但是，实现各国在里约作出的各种承诺比预期的要难。欧洲和北美之间存在不可调和的分歧："绿色"非政府组织敦促政府采取行动保护地球，以此推动欧洲制定相关政策；然而，在美国和加拿大，有影响力的能源和食品行业反对以任何形式限制生产。与此同时，发展中国家认为工业国家应对环境问题负责。它们不愿意限制自己的经济增长，并为任何环境承诺寻求经济补偿。

在气候变化方面，1997 年的《京都议定书》（Kyoto Protocol）规定工业国家有义务减少温室气体排放，对发展中国家则未作规定。然而，美国参议院不会批准，乔治·W.布什总统后来公开反对《京都议定书》。即使政府间气候变化专门委员会（IPCC）接连出具报告，提供科学依据，证实人为引发的全球变暖，当时世界上最大的温室气体排放国美国国内并没有批准《京都议定书》，因此，这个国际机制停滞不前。当美国在奥巴马总统的领导下改变政策时，发展中国家的立场也发生了变化。以中国为首的新兴大国已经成为温室气体的主要排放国。任何新协议必须得到新兴大国的承诺。

《联合国气候变化框架公约》缔约方年度会议经过漫长的准备工作，于2009年12月召开。这次哥本哈根峰会需要建立一个新机制，因为《京都议定书》的部分承诺将在2012年到期。哥本哈根峰会的目的是商定一个在21世纪晚些时候稳定温室气体的全球目标；一个对所有关键国家进行单独排放限制的框架；以及一个富国资助穷国的方案，以缓解减排产生的影响。但会议未能达成既定目标。此次会议只达成了一个无约束力协议，虽然与联合国进程相关，但并不稳定。减少温室气体排放至安全水平的前景仍不明朗。

**金融与经济：亚洲危机**

起初，全球化有利于宏观经济运行。1997年春天，国际货币基金组织预测世界各地的经济将迎来强劲增长，通货膨胀将得到抑制，"世界经济将摆脱危险的紧张关系"（IMF 1997）。但一场严重的金融危机打破了这一美好图景，这场危机波及整个东亚，并造成大规模经济困难。此后，危机进一步蔓延，俄罗斯拖欠国债，巴西则需要国际货币基金组织的巨额财政援助。

此前的金融危机都是由政府引发的，比如墨西哥金融危机。而1997年的亚洲危机是第一次由私营部门引起的金融危机。东亚国家经济活跃，随着美元贬值，银行通过用外汇为当地交易提供资金而获利，因此私人资本纷纷涌入。但是若美元走强，交易很难达成，私人资本再次外逃。国际货币基金组织为泰国、印度尼西亚和韩国等陷入困境的国家筹集了 1 150 亿美元。虽然亚洲国家正在推行谨慎的宏观经济政策，但是国际货币基金组织照例仍然要求接受援助的国家采取紧缩的财政和货币政策。这些国家的弱点是缺少金融监管，而国际货币基金组织在这方面远不如世界银行专业。[4] 国际货币基金组织的这项战略饱受诟病，亚洲国家也感到不满（Feldstein 1998，Blustein 2001）。此后，这些亚洲国家赚取了巨额的外贸盈余，积累了大量的外汇储备，就是为了避免将来求助国际货币基金组织。

亚洲金融危机刺激七国集团国家设计"新的国际金融架构"，以便国际货币基金组织和世界银行能够采用该架构（Eichengreen 1999，Evans 2000，Kenen 2001）。新架构制定了更严格的标准，以提供经济数据并执行财政与货币政策。新架构为国际货币基金组织引入了新的资金来源，以援助那些可能受金融危机风险波及的国家。新架构有几项制度创新。二十国集团财长小组将"具有系统重要性"的新兴市场与七国集团的成熟经济体联系在一起。[5] 七国集团的政府、央行和监管机构齐聚一堂，成立了新的金融稳定论坛（FSF）。国际货币基金组织启动了一项金融部门评估规划（FSAP），5 年时间审查了 111 个国家。巴塞尔银行监管委员会（BCBS）开始独立谈判，目的是制定一套新版银行资本充足率规定，即《巴塞尔协议 II》。这一协议采取的措施范围广泛，但仍无法避免即将到来的金融危机。

不过，最初金融市场恢复了平静，世界经济强劲增长。自 2001 年的恐怖袭击之后，美国经济仍然保持繁荣，并迅速重拾信心。在欧盟内部，大多数成员国（即"欧元区"）采用欧元作为共同货币，由新的欧洲中央银行（ECB）管理欧元。东亚受金融危机影响的国家重整旗鼓，并恢复经济上的扩张。各国对能源和原材料的需求不断增长，尤其是中国，这推动了石油和商品出口国的发展。中国、印度和巴西等新兴大国在这一时期为世界经济增长贡献了 80% 的力量，它们正在赶超七国集团。

**发展与最贫穷国家**

除非采取改正措施，否则全球化似乎只对发达国家有利，而对贫穷国家不利。20 世纪 90 年代，联合国会议制定的目标是到 2015 年，减少世界贫困人口，增加儿童入学率，降低儿童和孕产妇死亡率。2000 年，联合国首脑会议将这些目标统一为千年发展目标；东亚取得了令人瞩目的进展，但是非洲却进展缓慢（DFID 2000）。然而，援助国家需要解决财政赤字问题或将资金投到东欧，因此对贫穷国家的援助在 20 世纪 90 年代有所下降。用于投资的民营资本有所增加，但很少流向非洲的贫穷国家。

2001 年 9 月发生在美国的恐怖袭击催生了新的政治动机。美国发誓要从根本上消除恐怖主义的根源，包括贫困和经济边缘化，其他援助国也有意加入。八国集团峰会领导人与私营企业和非政府组织合作，优先考虑发展倡议；鼓励使用信息技术加速发展，并创建抗击艾滋病、疟疾和肺结核的全球基金。2001 年，非洲领导人发起了《非洲发展新伙伴计划》（NEPAD），以完善政治和经济治理并刺激整个非洲大陆的发展。八国集团峰会通过了《非洲行动计划》，为非洲人共同努力提供支持。美国、欧盟和加拿大承诺在未来 5 年内每年增加 120 亿美元的援助，其中一半资金指定用于非洲（Bayne 2005：127—137）。

许多倡议进展缓慢，援助工作协调不力。虽然到 2005 年取得了一些可喜的成果，比如，非洲平均增长率达到 5%，但仍需为八国集团的方案注入新动力。格伦伊格尔斯峰会同意 100% 减免贫困国家对国际组织和其他政府的债务，承诺每年增加 500 亿美元的援助一直到 2010 年，并再次将其中的一半专门用于援助非洲。此后，八国集团对非洲的关注度有所降低，然而中国等新兴大国增加了对非洲的贸易、援助和投资，在不附加政治条件的情况下向非洲提供支持。最重要的是，非洲人学会了靠自身努力谋求发展。

# 金融危机及其后果

## 金融灾难下的经济外交

与 10 年前的亚洲金融危机类似，始于 2007 年的金融动荡也是由私营部门引发的（Davies 2010，Bayne 2011）。东亚国家大量的外汇储备存放在西方市场压低了利率，而出口廉价商品刺激了消费和信贷需求。为了满足这一需求并实现利润增长，银行推出了新的金融工具，目的是让银行自身和客户相信所有形式的债务都是安全的。金融灾难由此产生，部分原因是贪婪，但主要原因是无能。银行没有意识到自己在做什么，因而犯下致命的错误。银行担保万无一失，当局信以为真。然而，金融部门出现了既定的经济外交战略管理不善或彻底颠覆的情况。

**让部长参与其中**是其他领域的普遍做法，但在金融领域却行不通。各国政府将金融体系的责任委托给独立的中央银行或监管机构，它们认为与政治分开最有利于金融稳定，就像货币政策那样。只要银行在创造就业机会、赚取利润并缴纳高额税收，那么财政部就不会干预。大多数中央银行把重心放在货币政策上，并没有太重视金融稳定。自主的金融监管机构通常是新成立的，是整个架构中最为薄弱的支柱。金融监管机构维护自身的自主权，不欢迎外来干预。政府各部门各自为政，并未质疑市场是良性的这一主流观点。

**引入非国家行为体**是经济外交其他领域的普遍做法。非政府组织在发展和环境方面是最引人注目的参与者。但在金融领域，鲜有非政府组织嗅觉灵敏，跟踪金融系统。相反，银行和其他商业运营机构产生的影响占了上风。政府担心在市场上处于不利地位，因此不愿挑战它们。中央银行和监管机构依靠市场监管来约束银行和其他运营机构。因此，私人金融利益获得了知识上的主导地位，并对这一地位充分加以利用。

**提高透明度**，在其他领域是通行做法，但金融领域却难以实现。中央银行和监管机构倾向秘密运作，以免扰乱市场。拥有大量资源的银行可以开发新型、复杂且不透明的金融工具，但是监管机构人手不足，很难理解不断涌现的金融工具，只能选择相信市场经营者，甚至连美国联邦储备委员会主席艾伦·格林斯潘也承认这一点（Greenspan 2008）。

**依赖国际组织**反而导致金融衰退。国际货币基金组织的亚洲战略遭到人们攻击，再加上机构的工作人员不愿采取干预措施，致使基金组织名誉受损。基金组织的金融部门评估规划影响有限，美国和中国拒绝躬身入局。在金融稳定论坛上，美国表示不鼓励原创，其他国家也没有提出反对意见。修订资本充足率规定（《巴塞尔协议 II》）很大程度上是由私人银行的意志所决定的（Davies and Green 2008：32—48，110—126）。国际清算银行（BIS）强调了债台高筑的危险性，但人们忽视了这个警告。[6]

这些对公认战略的背离不可避免地引发灾难。银行对美国抵押贷款支持的资产失去了信心，而这些资产在国际上被广泛持有。同业拆借突然失灵。2007 年 8 月 9 日，欧洲央行不得不拿出 1 280 亿欧元用于资产流动，以解冻欧元区的银行系统。此后，各国央行，尤其是欧洲央行、美联储和英格兰银行，与信贷紧缩斗争了一年多，有时还会协同行动。央行为资产流动投入越来越多的资金，采取降息的措施，其中美联储表现得最为激进。它们提供资金，援助面临倒闭的银行，例如英国的北岩银行和美国的贝尔斯登公司。监管机构也给予支持，但各国央行的风头仍然盖过了监管机构（Bayne 2008，Davies and Green 2010）。虽然财政部活跃在幕后，但是台前不太引人注目。美国财政部提倡基于市场的解决方案，但这些方案并不总是奏效。

类似的模式在国际上盛行。由中央银行牵头的金融稳定论坛重获新生。2008 年 4 月，金融稳定论坛已经制定了详细的加强金融监管计划。然而，各国财政部齐聚国际货币基金组织会议，却未能达成任何决定。2008 年 6 月，在北海道召开的八国集团峰会几乎没有注意到这个问题。当时临近美国总统大选，美国的主动性有所减弱，而欧洲央行的独立地位又阻碍了欧洲政府采取行动。如果各国财政部能早些采取行动，可能会避免出现最坏的后果。

### 政府回归和重启首脑会议

中央银行虽然付出了巨大的努力，但最终 2008 年 9 月发生的灾难还是让所有努力付诸东流。美国的房利美和房地美、美林证券和美国国际集团（AIG）都面临资不抵债的窘境，需要援助。[7] 然而，事实证明，雷曼兄弟已经无药可救，并且雷曼兄弟的破产将世界金融体系推向了灾难的边缘。整个欧洲都出现了类似的破产现象，尤其是在英国。银行显然面临偿付能力问题，而不是中央银行可以解决的流动性短缺问题。银行体系的崩溃引发了一场全球性的严重的经济衰退。这是自 20 世纪 30 年代大萧条以来最严重的经济危机。

金融灾难引发政府出手干预，除非是战时，这种情况史无前例。各国政府向金融机构注资，国有化主要银行，为储户提供存款担保，并采取行动清理阻塞银行资产负债表的有毒资产。中央银行将利率几乎降至零，并采取未经检验的措施让银行再次放贷。随着恐慌在大西洋两岸蔓延，此次金融危机促使政府首脑亲自干预。法国总统尼古拉·萨科齐召集了第一次欧元区峰会，并邀请英国首相戈登·布朗解释他如何通过大规模注资来拯救岌岌可危的英国银行。欧元区国家采取了类似的计划，欧盟其他国家紧随其后。美国同样决定动用国会投票通过的 7 000 亿美元巨资向银行注资，而非按最初计划购买有毒资产。这些大胆的举措将金融体系从危机边缘拽回来，恐慌开始消退。

在英国首相布朗和法国总统萨科齐的共同推动下，美国总统乔治·W.布什于 2008 年 11 月 15 日在华盛顿召开了第一次二十国集团峰会。[8] 这一会议形式让主要新兴大国能够平等地参与决策，而且这些新兴大国在很大程度上没有受到金融危机的影响。事实证明，二十国集团峰会非常有效，因此很快成为一个固定的形式。峰会在 2009年和 2010 年分别举行了两次会议，此后每年举行一次会议。早期峰会支持规模庞大的财政刺激计划，以遏制经济衰退，并重振世界经济。峰会向巴塞尔银行监管委员会和改名的金融稳定委员会下达了金融监管改革的指示，并按照二十国集团的成员国增加了这两个机构的成员数。早期峰会大幅增加了国际货币基金组织的可用资源，并同意改革其决策结构。这些举措将赋予新兴国家更多权力，代价是减少欧洲的代表权，当然欧洲的代表数确实过多。2009 年 9 月的匹兹堡峰会"将二十国集团峰会指定为国际经济合作的首要论坛"，八国集团峰会因而黯然失色。早期峰会在国际货币基金组织的支持下启动了一个雄心勃勃的"强劲、可持续、平衡增长框架"项目。该项目旨在协调宏观经济政策并解决国际收支失衡问题，这也是危机的根源所在。因此，这些早期的二十国集团峰会成功顶住了严峻的经济和金融压力。

## 危机之后：国内政策至上

由于采取了紧急措施，世界经济在 2010 年复苏。但此后经济增长依旧迟缓，未能恢复之前的活力。在经济外交中，战略平衡发生了改变。

过去，经历大动荡之后常常会开启新一轮制度建设，就像冷战结束后一样。但此次金融危机之后却没有出现这种状况。二十国集团峰会应运而生，巴塞尔金融监管机构成为有效工具。但是，利用国际机构作为经济外交战略要素开始失势，国内政策取而代之、占据首要地位。政府不再利用国际规则鼓励国内改革。相反，政府首先制定国内政策，然后再寻求与国际规则的联系，以巩固国内政策。这种做法为达成多边共识增加了难度。因此，由一两个主要国家和其他小国签订的双边和区域协定骤增。

经济外交战略中的其他元素仍然存在，但发生了一些变化。各国部长仍然积极参与，但通常以国家为基础行事而非通过国际机构行事。相较之前，政府首脑更加频繁地干预经济。例如，欧盟选择前总理担任欧洲理事会和委员会主席。非国家行为体给金融领域带来了麻烦，受到严格的纪律约束，但在其他领域仍然具有影响力。电子通信的进步提高了大多数国家的透明度。中国对世界经济的影响越来越大。本节阐述了金融监管、宏观经济、贸易、环境和发展方面的趋势。

### 金融监管

巴塞尔银行监管委员会和金融稳定委员会在二十国集团峰会的监督下，成功改革金融监管，防止再次发生金融危机。两家委员会为银行和其他金融运营商制定了综合标准，不仅涉及资本充足率（称为《巴塞尔协议 III》），还涉及资产流动性、资本与负债比率、衍生品处理、薪酬和奖金以及跨境业务。它们努力解决迄今为止被认为"大而不倒"（too big to fail）的机构问题，政府必须解救它们。它们裁定"具有系统重要性的金融机构"必须持有更多资本，并确保可以在政府不承担任何成本的情况下清算（Green 2016）。

巴塞尔机构制定的规则没有约束力，需要国家贯彻执行。美国根据 2010 年签署的《多德-弗兰克法案》引入了复杂的监管规则。英国将金融监管全部交由英格兰银行。欧元区建立起新的"银行业联盟"，金融部门活跃的所有国家采取了类似行动。银行抗议监管负担太重，但随着早期丑闻浮出水面，抗议偃旗息鼓。许多银行以欺诈手段操纵利率和外汇市场，违反洗钱和避税规则。拖欠债务者需承担巨额罚款，以美国当局开出的罚单为最，到 2015 年中总计罚款 2 400 亿美元。完全重现上一次金融危机似乎不太可能。但高额负债持续存在，金融系统岌岌可危。

## 宏观经济学：国际货币基金组织和二十国集团

国际货币基金组织从金融危机中走了出来，处于更有利的地位。基金组织现在拥有更多的资源。二十国集团峰会同意基金组织改革管理方式，以加强中国等新兴国家的地位，这些国家准备让基金组织在构建促进增长框架中发挥关键作用（Pickford 2015）。虽然二十国集团成员同意交换经济政策方面的信息，但在协调行动时却心存顾虑。5年后，这一进程产生的结果令人失望（Bayoumi and others 2016：1—16和下文第十五章）。与此同时，诸如欧元区、美国等主要参与者采取行动，挑战国际货币基金组织的权威。

全球财政刺激政策应对了私人过度负债引发的问题，但付出的代价是公共债务不断攀升。许多政府突然开始解决财政赤字膨胀的问题。在欧元区，希腊、爱尔兰和葡萄牙等实力较弱的经济体不得不向经济实力更强大的合作伙伴寻求帮助，以偿还债务。欧元区制定规则时没有预见到这一点，因此必须从头开始建立新的金融工具——欧洲稳定机制（ESM）。如果借款人采取严格的纠偏措施方案，那么贷款额将十分可观。欧元区经济衰退持续的时间比其他地区更长，直到2015年油价下跌才使经济衰退有所缓解（Saccomanni 2016）。

国际货币基金组织最初承担了三分之一的救助贷款，并与欧盟委员会、欧洲央行组成"三驾马车"，监督贷款条件的执行情况。然而，这一救助过程造成欧元区的债务国和债权国关系剑拔弩张，并且还表明欧洲银行不堪一击，欧洲稳定机制不得不向西班牙和塞浦路斯的银行提供援助。葡萄牙和爱尔兰最终恢复了偿付能力，但国际货币基金组织越来越怀疑欧元区债权国制定的紧缩政策，基金组织对此几乎没有影响力。国际货币基金组织向希腊提供配额35倍的贷款，这是迄今为止有记录以来的最大倍数。基金组织非欧洲成员国对此感到不满，基金组织也不愿向希腊进一步提供援助资金，而希腊需要六年内推出三个纾困计划。否则，希腊可能会脱离欧元区，并破坏欧元区的完整性（Bayne 2012 and 第四章）。

美国经济恢复稳定增长，美联储开始加息。但国会与奥巴马意见相左，拒绝批准国际货币基金组织改革管理方式；虽然美国总统在2010年已同意改革方案，但直到2015年底国会通过才生效。这不仅削弱了国际货币基金组织，而且疏远了像中国从改革方案中受益的新兴大国。中国推动了亚洲基础设施投资银行（AIIB）等新金融机构的发展，这些机构可以与国际货币基金组织和世界银行竞争。美国曾试图劝阻其他七国集团国家加入亚投行，但没有成功。

自2000年以来，中国经济增长速度极快。为应对经济衰退，中国实行了财政刺激措施，将整个经济体的信用水平提高。2012年，习近平主席和李克强总理承诺，让市场发挥"决定性作用"，将经济从投资转向消费。然而，这种转变存在风险。2014年后经济增长放缓，年均增长降至7%以下，贸易量下滑。中国成功让国际货币基金组织确认人民币为储备货币，但人民币兑美元贬值。资本外逃增加，外汇储备下降，2015年股市泡沫破裂。尽管为救市付出了种种努力，但是2016年影响进一步蔓延（*Economist* 2016a）。

正如国际货币基金组织指出的（Donnan and others 2016），中国出现的市场趋势会给全球带来影响。中国对原材料庞大的进口量有所减少，商品生产商亲历出口量下降。巴西和俄罗斯经济衰退，新兴国家的经济增长普遍趋缓，而印度是唯一的例外。2015年，美国利率有望上升，于是资本开始从新兴经济体外流。美国是七国集团中唯一经济稳定的国家；欧元区、日本和加拿大的经济仍然岌岌可危，而英国则因离开欧盟而陷入泥潭。二十国集团峰会发展势头减弱，除非中国能够恢复经济增长态势，否则峰会将与实现稳增长的目标渐行渐远（参见第十三章）。

### 国际贸易

在金融危机之前，国际贸易的增速稳定在全球 GDP 的 2 倍。金融危机之后，国际贸易和全球 GDP 的增速旗鼓相当（Donnan 2016）。除了中国经济增速放缓之外，乌拉圭回合达成的协议无法继续推进自由贸易的进程，需要采取更多的举措。世界贸易组织新任总干事罗伯托·阿泽维多并没有从整体上重启《多哈发展议程》，而是聚焦有利于发展中国家的特定议题。在 2013 年巴厘岛部长级会议上，阿泽维多成功促成了一项有关贸易便利化的协定；在内罗毕会议上，农业方面取得了进展（参见第九章）。世界贸易组织还更新了早期的信息技术协定，将中国、韩国等国家纳入其中。但多边层面要取得进展似乎只能局限在小范围，无法建立更广泛的链接（VanGrasstek 2013：549—567）。

因此，双边和区域协定受到更多关注，美国、中国和欧盟都积极参与（参见第十四章）。美国寻求与包括日本、加拿大在内的十一个环太平洋经济体建立《跨太平洋伙伴关系协定》（TPP），同时寻求与欧盟建立《跨大西洋贸易与投资伙伴关系协定》（TTIP）。两个协定的目的都是为世界贸易组织尚未完全覆盖的领域制定规则，比如，投资方面。美国已经从国会获得"贸易促进权"，并于 2016 年初成功缔结《跨太平洋伙伴关系协定》。尽管美国否认这一点，但人们普遍认为美国缔结《跨太平洋伙伴关系协定》的动机是与中国争夺在该地区的影响力。

中国推动建立区域全面经济伙伴关系，与东南亚国家联盟（ASEAN）的 10 个国家以及澳大利亚、印度、日本、新西兰和韩国（参见第十一章）联系起来。[9] 由于印度是新加入的谈判国家，因此谈判进程缓慢。中国还再次提出将亚太经贸合作组织转变为亚太自由贸易区（FTAAP）的想法。早在 2006 年，美国也赞成这一想法，但现在美国提出反对意见，因为这将分散《跨太平洋伙伴关系协定》的注意力。

东欧国家加入欧盟后，欧盟优先考虑与加拿大、韩国、印度和日本等主要经济体签订外贸协定。欧盟最雄心勃勃的提案于 2013 年启动，即与美国缔结《跨大西洋贸易与投资伙伴关系协定》。美国人希望"用一桶汽油"签订协定，但事实证明这比预期要难得多。欧洲农民抵制农业方面采取的举措，而非政府组织反对"投资者与东道国之间"的争端解决机制，担心《跨大西洋贸易与投资伙伴关系协定》会破坏欧盟的监管标准。美国不愿就金融服务进行谈判，欧洲企业对此深感失望。

欧盟努力将贸易自由化向东推进，这成为引发乌克兰政治动荡的催化剂。乌克兰亲欧派在基辅展开反政府示威活动，要求腐败的总统亚努科维奇下台。2014 年初，亚努科维奇逃往莫斯科。俄罗斯总统弗拉基米尔·普京认为这对俄罗斯产生了威胁。普京吞并克里米亚，并在乌克兰沿俄罗斯边境的省份挑起武装叛乱，此类叛乱一直持续到 2016 年。七国集团国家作出反应，暂停俄罗斯参加八国集团峰会并对俄罗斯实施经济制裁。俄罗斯陷入严重的经济衰退，再加上油价暴跌，经济衰退时间进一步延长。

### 环境

哥本哈根会议的失败是气候变化外交遭遇的一次严重挫折。《京都议定书》第一承诺期到期后，加拿大、日本和俄罗斯纷纷拒绝在第二承诺期中削减温室气体排放。然而，减排之势逐渐恢复。2011 年在南非德班召开的《联合国气候变化框架公约》第 17 次缔约方大会同意在 2015 年之前谈判达成一项全面协议，并于 2020 年之前生效，该协议将基于各国之前作出的减排承诺。综上，各国作出的承诺旨在确保到 2100 年全球气温上升不超过 2 摄氏度，即 2015 年联合国政府间气候变化专门委员会建议的气温升幅上限。此外，2010 年，在坎昆举行的缔约方大会上成立了绿色气候基金，旨在将富裕国家承诺的部分资金用于帮助贫穷国家应对气候变化（参见第五章）。

经过漫长的筹备期，2015 年《联合国气候变化框架公约》第 21

次缔约方会议在巴黎圆满闭幕（参见第十六章）。虽然迄今为止中美两国都拒绝作出相关承诺，但已在 2014 年同意采取联合行动，而 2015 年七国集团埃尔茂峰会则承诺到 2050 年减排 40% 至 70%。《巴黎协定》承诺将气温升幅控制在 2 摄氏度以内，并尽可能应地势低洼国家要求，将气温升幅控制在 1.5 摄氏度以内。该协定囊括了各国气候行动计划，然而这些计划最多只能将气温升幅控制在 2.7 摄氏度左右。该协定的机制要求根据共同报告程序每五年审查一次承诺完成情况，此项定期审查制度用于确保承诺得到及时兑现（*Economist* 2015）。然而，《联合国气候变化框架公约》将经济外交推向了极限，因此巴黎会议是否成功仍有待检验。

与此同时，（二氧化碳排放主要来源的）石油和天然气市场的变化使气候外交愈发复杂化。名为"水力压裂法"的新技术可释放页岩中的石油和天然气，这为美国带来巨大利益。2013 年，美国超越沙特阿拉伯和俄罗斯，成为世界上最大的石油和天然气生产国。石油供应增加，中国需求减少，油价在 2014 年从超过 110 美元 / 桶大幅下跌到 60 美元 / 桶以下。油价下跌惠及石油进口国，刺激经济增长。但在短时间内，这给依赖石油收入的石油生产国带来麻烦，主要能源企业受挫和全球消费及投资意愿下降。

沙特阿拉伯确信美国的新供应商无法承受如此低价，说服石油输出国组织将产量维持在现有水平，以迫使美国供应商退出市场。但这一策略起初产生了反作用。美国油井继续生产，2016 年初，油价一度跌破 30 美元（石油储备处于新高），随后再次回升至 40 美元以上。国际能源机构预测，尽管石油供应过剩现象仍将持续，但油价将趋于平稳（Raval and others 2016）。油价走低更难劝说各国减少温室气体排放，能源领域的经济外交也因国际机构缺席而受阻（Downie 2015）。

**发展**

八国集团鹰谷峰会结束 10 年后，才可能客观地评估《非洲发展新伙伴计划》和八国集团非洲行动计划产生的影响。在此期间，由于经济和政治治理能力不断提升、各方援助增加及初级商品需求增强，非洲的平均经济增长率一直稳定在 5%。因此相对大多数国家而言，非洲国家更平稳地度过了金融危机。此外，非洲国家努力实现经济多元化，以弥补石油和大宗商品收入的下降，此类收入下降导致 2015 年和 2016 年的平均增长预期低于 3%。同时，非洲国家努力减少对援助转移的依赖，现在私人直接投资流动已超过援助转移。非洲国家也积极调动国内融资渠道。

虽然八国集团帮助非洲本轮经济复兴，但主要还是靠非洲人自己。然而，想要非洲经济能够持续增长，还需作出更多努力。区域一体化需要将欧盟规定的体系转变为非洲人自己掌握的体系，建立由 26 个非洲国家组成的非洲大陆自由贸易区这一决定就是朝着这个目标迈出的一步（Economist 2016b，第十二章）。如果一国总统长期执政，极端伊斯兰运动不断传播恐怖主义，民主是不完整的。2014—2015 年，非洲国家在防治包括埃博拉在内的传染病方面取得了进展，但国家卫生保健系统仍然饱受资源短缺问题困扰。2015 年，许多非洲国家仍未能实现千年发展目标，因此必须继续奋力实现取而代之的可持续发展目标。

# 结　论

本章探讨了经济外交如何应对自 1990 年以来涌现的新挑战，这些挑战来自冷战结束、全球化进程和金融危机产生的影响。各方对政府的要求与日俱增，而政府的权力却不断缩小，因此，政府调整了在国内决策和国际谈判中使用的策略。金融危机后，多边机构逐渐失势，区域集团或国家行动开始占上风，政府面临的情况发生了更多变化。以下结论总结了新经济外交在多大程度上调和了经济与政治、国际与国内压力、政府与其他势力之间的基本紧张关系。

### 经济与政治之间的紧张关系

冷战结束后采取的新方案起初似乎成功地调和了这种紧张关系，这些方案旨在使所有国家以与其经济实力相匹配的地位参与到世界体系中。主要的多边经济机构触手遍及全球，同时贸易、金融和环境领域也引入了新制度。富裕国家承诺，将致力于防止最贫穷国家滑向边缘化的境地。

然而，工业化国家仍然试图主导世界体系，选择忽视发展中国家对世界贸易组织的不满，而支持国际货币基金组织对陷入财政困境的亚洲国家作出错误判断。美国是产生污染最多的国家，却试图阻碍国际社会达成环境协议。工业化国家对巴西、中国、印度和南非等新兴大国未能展示出大国姿态，因此经济与政治之间的紧张关系持续存在。世界贸易组织通过了一项帮助发展中国家的谈判议程，但始终无法达成协议。中国等新兴大国为气候变化机制作出了实质性的贡献，但只要美国仍然拒绝作出国际承诺，新兴大国同样也不会承诺。

新兴国家采取更为审慎的政策，因此比工业化经济体更平稳地度过了金融危机。二十国集团峰会赋予了新兴经济体管理国际体系的平等责任。新兴国家支持在早期峰会上确认它们新政治地位的措施，作为回报，也支持复苏世界经济的行动。由此来看，政治和经济似乎又恢复了平衡。

七国集团希望新兴大国能够维护原有的、推动新兴国家快速发展的国际体系。然而，不合常理的是，七国集团的行为时常把新兴大国往外推。美国阻挠了旨在提高新兴大国在国际货币基金组织地位的改革，这一举动促使中国推动建立平行金融机构。美国和中国在地区贸易中奉行的政策也相互冲突。欧盟被内部问题分散了注意力，日本也是如此。二十国集团峰会在 2010 年之后失去了早期的强劲势头。然而，中国在 2016 年担任二十国集团主席国，巴西和印度也紧随其后。新兴大国有望恢复峰会在调和经济与政治方面的作用。

在调和经济与政治紧张关系方面，其他地区取得了一些成功。非洲人为本地区制定了更高的管理标准，而八国集团峰会与非洲保持联系交流，持久地改善了非洲大陆经济增长的情况。非洲人掌控了新方案，该方案产生了可与第二次世界大战后的《马歇尔计划》相媲美的结果。早些时候，欧盟向冷战结束后脱离共产主义的东欧和波罗的海国家抛出橄榄枝，欢迎它们加入欧盟，这刺激了当地的政治与经济改革，并推动了东欧和波罗的海国家完全融入欧盟。然而，欧盟对俄罗斯采取的政策并不全面，最终未能达成目标。虽然俄罗斯加入八国集团峰会，但这也无法阻止普京后来藐视国际法，进而吞并了克里米亚。由此造成的政治对抗，外加中美两国之间日益激烈的竞争，使得经济合作雪上加霜（Economist 2016）。

**国际与国内压力之间的紧张关系**

虽然全球化进程让国际因素不断深入影响国内决策，但最初很好地处理了这种紧张关系。世界贸易组织为许多国内政策制定了国际规则，例如补贴和知识产权。一些国家利用外部压力推动国内改革，譬如中国就很好地借助了加入世界贸易组织的东风。七国集团峰会和经合组织将环境因素纳入国内政策制定时的考量范围，以帮助各国执行有关气候变化或生物多样性的国际协议。

然而问题逐渐显现。大多数工业化国家认为，新的国际规则只会确认国内现行的做法。当欧盟和美国发现必须改变它们的政策时，就会感到来自国内的阻力。发展中国家希望国际体系向有利于本国的方向转变，这种幻想也逐渐破灭。随着工业化国家开始抵制国际规则，发展中国家也开始反对这些规则。

因此，围绕贸易和环境问题展开的多边谈判均遭受了严重的阻碍和分歧。在贸易方面，发达国家和发展中国家相互指责对方没有拿出足够的筹码。对谈判代表而言，区分中国和印度等主要新兴国家与较小或欠发达经济体是巨大的挑战。然而，这却是达成《多哈发展议程》的必要条件。在金融领域，国际货币基金组织并未对英美两国青睐的宽松监管方式提出质疑，因此金融危机接踵而至（IMF/IEO 2011）。举办八国集团峰会并未产生积极影响，因为峰会对敏感的国内问题三缄其口（Bayne 2005：224—228）。

金融崩溃的应对措施有效遏制了危机，但并未持久地改善这一局面。基于《巴塞尔协议》而建立的各机构制定了金融监管新标准，这些标准在各国国内落地，没有人希望危机重现。二十国集团峰会同意采取紧急行动遏制经济衰退，但其协调宏观经济政策的计划并未获得支持。美国、中国、欧元区、日本和其他地区的政策均根据国内标准而制定，基本不受外部压力的影响。国际货币基金组织在初期还能施加影响，但已日渐式微。

先制定国家政策，然后与国际框架相关联，这是最可能取得进展的方法（Vines 2016）。事实证明这是重启气候变化国际合作的最佳方法，也是非洲复兴的关键所在。在贸易方面，世界贸易组织谈判最多称得上进展缓慢，更容易向国内游说团体解释区域性和双边贸易协定而成为了优先选择。《全面特惠贸易与投资协定》占据了中心地位，并受到以美国、欧盟、日本和中国为首的所有国家的追捧，这些协定的内容有时会出现重合的情况。在欧洲的区域谈判中，根深蒂固的国家立场往往会妨碍各国达成一致。这种情况在欧元区最为严重——权力从欧盟委员会转移到国家领导人手中，尤其是德国，这一过程被称为"集中式的跨政府主义"（Wallace and Reh 2015）。来自国内的阻碍导致欧元区债权国和债务国之间产生激烈冲突，而英国则通过公投决定脱欧。事实证明，要调和这种紧张关系十分困难。

**政府与其他势力之间的紧张关系**

在后冷战时期的大部分时间里，通过增强非国家行为体在经济外交中的影响力，政府与其他势力之间的紧张关系得以缓解。许多政府在国内决策和国际谈判中采取了拉拢企业、非政府组织和其他势力的策略，以便利用它们的资源并扫除潜在的反对势力。

在许多情况下，非国家行为体积极推进了经济外交。例如，有一个构建完备的非政府组织团体不断施加压力，要求免除低收入国家的债务，最终成功实现了 100% 的免除债务。学界专家、企业和非政府组织都为气候变化相关讨论作出了贡献，而达成协议之前的大多数障碍来自政府。但在其他领域，非国家行为体的表现却差强人意。一系列非政府组织和工会错误地抨击世界贸易组织和八国集团峰会等机构是国际资本主义的产物。这导致国际会议现场频发阻挠性、常常是暴力示威游行，以及由金融危机引发的抗议运动。

私人银行和金融机构造成了最为严重的损害，它们滥用了政府对市场机制的偏好，削弱了监管程序。各国政府应对金融危机的直接反应是重申政府的统治权，以此作为拯救银行和其他机构免于破产的代价。政府强制规定银行的大部分职能接受外部监管，从而为政府和私营企业在金融领域建立了一种新的平衡。然而，在其他领域，国家和非国家行为体之间的关系更具建设性。国家制定规则要求提升透明度，以防止逃税和滥用外国投资，这种关系的建设性尤为明显。各国政府在应对气候变化方面严重依赖学界建议，而在应对流行病、自然灾害和难民危机方面则严重依赖慈善机构。

综上所述，经济外交的新战略最初的确取得了良好成效，但是后期陷入了僵局。若像金融领域忽视经济外交新战略，那么灾难将接踵而至。金融危机和经济衰退的应对方法重塑了该战略，并改变了各方之间的平衡关系。在调和经济与政治关系方面已取得了不俗的进展，但新威胁随之出现。而协调国内外的压力无疑变得更加困难。非国家行为体在金融领域的雄风不再，但在其他领域得到了长足发展，而其本身是一柄双刃剑，既能带来积极影响也会起到阻碍作用。总而言之，经济外交仍需要注入新的活力，以重获冷战结束后取得的良好成果。关于这部分的展望将在最后一章进行讨论。

注释：

1. 有关全球化的文献汗牛充栋。这一分析借鉴了 Cable 1999 和 Held and others 1999 的早期研究成果，Hirst and Thompson 1999, Gilpin 2001 和 Woods 2001 随后进行了补充。欲了解后续评估结果，请参阅 Bhagwati 2004，Wolf 2004 和 Stiglitz 2006。

2. 这一点显然适用于世界贸易组织、国际货币基金组织和经合组织。来自美国的世界银行行长并非前财政部长，而往往是曾经担任高级职务的政治人物，如保罗·沃尔福威茨和罗伯特·佐利克。

3. 亚太经合组织成员包括中国香港和中国台湾地区。

4. 据说，陷入困境的国家可以二选一：可以求助于国际货币基金组织，而基金组织会迅速给出建议，只不过是错误的建议；或者求助于世界银行，世界银行给出的建议倒是正确的，但为时已晚，毫无用处。

5. 二十国集团成员包括美国、日本、德国、法国、英国、意大利、加拿大（七国集团），以及阿根廷、澳大利亚、巴西、中国、印度、印度尼西亚、墨西哥、俄罗斯、沙特阿拉伯、南非、韩国、土耳其和欧盟。详见 Hajnal 2014。

6. 国际清算银行 2000—2009 年的年度报告可在 www.bis.org 网站上查阅。

7. 房利美和房地美是联邦国民抵押贷款协会和联邦住房贷款抵押公司的简称，这两家公司都是美国政府资助的企业。

8. 七国集团财长在 10 月 10 日就一项行动计划达成一致，但该行动计划需要得到更高级别、更广泛的支持。

9. 东盟成员国包括文莱、柬埔寨、印度尼西亚、老挝、马来西亚、缅甸、菲律宾、新加坡、泰国和越南。详见本书第十一章。

## 参考文献：

Bayne, N. 2000. Why Did Seattle Fail? Globalisation and the Politics of Trade. *Government and Opposition*, 35 (2), 131–151.

Bayne, N. 2005. *Staying Together: The G8 Summit Confronts the 21st Century*. Aldershot: Ashgate.

Bayne, N. 2008. Financial Diplomacy and the Credit Crunch: The Rise of Central Banks. *Columbia Journal of International Affairs*, 62 (1), 1–16.

Bayne, N. 2011. The Diplomacy of the Financial Crisis in Context. *The Hague Journal of Diplomacy*, 6 (1–2), 187–201.

Bayne, N. 2012. The Economic Diplomacy of Sovereign Debt Crises: Latin America and the Eurozone Compared. *International Journal of Diplomacy and Economy*, 1 (1), 4–18.

Bayoumi, T., Pickford. S. and Subacchi, P. (eds.). 2016. *Managing Complexity: Economic Policy Cooperation after the Crisis*. Washington, DC: Brookings, 1–14.

Bhagwati, J. 2001. After Seattle: Free Trade and the WTO. *International Affairs*, 77 (1), 15–30.

Bhagwati, J. 2004. *In Defense of Globalization*. Oxford: Oxford University Press.

Blustein, P. 2001. *The Chastening: Inside the Crisis That Rocked the Global Financial System and Humbled the IMF*. New York: Public Affairs.

Cable, V. 1999. *Globalisation and Global Governance*. London: Royal Institute of International Affairs.

Croome, J. 1999. *Reshaping the World Trading System: A History of the Uruguay Round*. 2nd edition. Geneva: World Trade Organization.

Davies, H. 2010. *The Financial Crisis: Who Is to Blame?* Cambridge: Polity Press.

Davies, H. and Green, D. 2008. *Global Financial Regulation: The Essential Guide*. Cambridge: Polity Press.

Davies, H. and Green, D. 2010. *Banking on the Future: The Fall and Rise of Central Banking*. Princeton: Princeton University Press.

DFID 2000. *Eliminating World Poverty: Making Globalisation Work for the Poor*. White Paper Presented to Parliament by the Secretary of State for International Development. London: Stationery Office.

Donnan, S. 2016. Trade: A structural shift? *Financial Times*, 3 March, 11.

Donnan, S., Giles, C. and Wildau, G. 2016. IMF calls for global action to lift demand as China exports fall. *Financial Times*, 9 March, 8.

Downie, C. 2015. Energy Governance: Can the G20 Drive Reform? in *The G20 and the Future of International Economic Governance*, edited by M. Callaghan and T. Sainsbury. Sydney, NSW: New South Publishing, pp. 119–131.

*Economist* 2015. The Paris agreement on climate change. 19 December, 94–95.

*Economist* 2016. Diverging policy-making. 9 January, 65.

*Economist* 2016a. China's economy. 16 January, 12, 21–23 and 76.

*Economist* 2016b. Trade within Africa. 27 February, 45–46.

Eichengreen, B. 1999. *Towards a New International Financial Architecture*. Washington, DC: Institute for International Economics.

Evans, H. 2000. *Plumbers and Architects*. FSA Occasional Papers. London: Financial Services Authority.

Feldstein, M. 1998. Refocusing the IMF. *Foreign Affairs*, 77 (2), 20–33.

Gilpin, R. 2001. *Global Political Economy: Understanding the International Economic Order*. Princeton: Princeton University Press.

Green, David. 2016. Regulation and International Standards, in *Managing Complexity: Economic Policy Cooperation after the Crisis*, edited by T. Bayoumi, S. Pickford and P. Subacchi.

Washington, DC: Brookings, pp. 299–326.

Green, Duncan and Griffith, M. 2002. Globalisation and Its Discontents. *International Affairs*, 78 (1), 49–68.

Greenspan, A. 2008. The Financial Crisis and the Role of Federal Regulators. Hearing before the US House of Representatives Committee on Oversight and Government Reform, 23 October. Available at: www.house.gov.

Hajnal, P. 2014. *The G20: Evolution, Interrelationships, Documentation*. Farnham: Ashgate.

Held, D., McGrew, A., Goldblatt, D. and Perraton, J. 1999. *Global Transformations: Politics, Economics and Culture*. Cambridge: Polity Press.

Heydon, K. and Woolcock, S. 2009. *The Rise of Bilateralism: Comparing American, European and Asian Approaches to Preferential Trade Agreements*. Tokyo: UN University Press.

Hirst, P. and Thompson, G. 1999. *Globalisation in Question*. 2nd edition. Cambridge: Polity Press.

IMF 1997. *World Economic Outlook, May 1997*. Washington, DC: International Monetary Fund.

IMF/IEO 2011. *IMF Performance in the Run-Up to the Financial and Economic Crisis: IMF Surveillance in 2004–2007*. Independent Evaluation Office of the IMF. Available at: http://imf-ieo.org/eval/complete/pdf/01102011/Crisis_Report_English.pdf.

IPCC 2015. *The Fifth Assessment Reports of the Intergovernmental Panel on Climate Change*. Available at: http://www.ipcc.ch/report/ar5/wg2.

Kenen, P. B. 2001. *The International Financial Architecture: What's New? What's Missing?* Washington, DC: Institute for International Economics.

O'Brien, R., Goetz, A. M., Scholte, J. A. and Williams, M. 2000. *Contesting Global Governance: Multilateral Economic Institutions and Global Social Movements*. Cambridge: Cambridge University Press.

Ostry, S. 1997. *The Post-Cold War Trading System: Who's on First?* Chicago: University of Chicago Press.

Pickford, S. 2015. The International Organizations: Can the G20 be a Catalyst for Reform? in *The G20 and the Future of International Economic Governance*, edited by M. Callaghan and T. Sainsbury. Sydney, NSW: NewSouth Publishing, pp. 89–102.

Preeg, E. 1995. *Traders in a Brave New World*. Chicago: Chicago University Press.

Raval, A., Hume, N. and Sheppard, D. 2016. IEA sees "light at end of tunnel" for oil prices. *Financial Times*, 13 March, 21.

Saccomanni, F. 2016. Policy Cooperation in the Euro Area in Time of Crisis, in *Managing Complexity: Economic Policy Cooperation after the Crisis*, edited by T. Bayoumi, S. Pickford and P. Subacchi. Washington, DC: Brookings, pp. 113–138.

Stiglitz, J. 2006. *Making Globalization Work*. London: Penguin/Allen Lane.

VanGrasstek, C. 2013. *The History and Future of the WTO*. Geneva: World Trade Organization.

Vines, D. 2016. On Concerted Unilateralism, in *Managing Complexity: Economic Policy Cooperation after the Crisis*, edited by T. Bayoumi, S. Pickford and P. Subacchi. Washington, DC: Brookings, pp. 17–47.

Wallace, H. and Reh, C. 2015. An Institutional Anatomy and Five Policy Modes, in *Policy-Making in the European Union*. 7th edition, edited by H. Wallace, M. A. Pollack and A. R. Young. Oxford:

Oxford University Press, pp. 72–112.

Wolf, M. 2004. *Why Globalisation Works*. New Haven: Yale University Press.

Woods, N. (ed.) 2001. *Political Economy of Globalisation*. New York: St Martin's Press.

## 有用的网站：

Bank for International Settlements: www.bis.org.

Financial Stability Board: www.financialstabilityboard.org.

G20 Research Group: www.g20.utoronto.ca.

Inter-governmental Panel on Climate Change: www.ipcc.ch.

International Monetary Fund: www.imf.org.

Organization for Economic Cooperation and Development: www.oecd.org.

World Bank: www.worldbank.org.

World Trade Organization: www.wto.org.

# 第三章　影响经济外交的因素：一个分析工具箱

斯蒂芬·伍尔科克

本章基于国际政治经济领域的一些核心文献，为分析国际经济谈判提供了一个建议性的分析工具箱。这个工具箱不包含经济外交理论。任何时候，影响国际经济谈判的变量都很多，因此要提出相关理论极具挑战性。特别是谈判涉及各方之间的动态互动，而谈判各方的偏好也有所不同，这就导致多数谈判将会出现势均力敌的情况或结果，特别是多方参与的大型多边谈判，比如，多边贸易回合、国际金融或气候变化。[1]

然而，理论可以服务于两个目的。虽然复杂的国际经济谈判中用到的预测理论给我们带来了巨大的挑战（该挑战不在本书讨论范围之内），但我们可以利用此理论了解事件和谈判。本章正是在应用层面对国际经济谈判作出贡献。本章旨在为读者总结一些相关理论的方法，借鉴主流国际关系和国际政治经济学理论的某些方面，但重点关注这些理论在经济谈判中的应用。正是从这个意义上讲，这些理论提供了一个分析工具箱。本章使用贸易中的《多哈发展议程》简化版案例，以阐明各种理论方法与经济外交的关联性。

本章的结构如下。首先，本章总结了影响经济外交的一些关键因素和最直接相关的理论方法。这部分开始会介绍相对经济实力，这与国际关系的现实主义理解密切相关。然后阐释国际制度的作用，广义的国际制度包括正式的国际组织（如世界贸易组织、国际货币基金组织等）和非正式的私人组织或多边利益攸关方机制。此处与国际合作的相关理论有关。接着，本章转向利益集团，如代表特定行业、服务部门或公民社会的非政府组织，其中基于效用最大化的理性主义理论至关重要。但经济利益并非在真空中运作，而是与市场有着密切的相互关系，因此市场是经济外交的内生因素。换言之，任何关于决策和谈判的讨论都必须考虑市场发展。

在任何谈判中，利益可能在塑造各方偏好方面发挥了重要作用，但必须分析由谁决定如何平衡相互竞争的利益关系。因此，本章讨论了国内制度框架，在此框架内形成各方偏好。谈判者与拥有否决权或有权批准或拒绝谈判内容的机构或组织之间的关系尤其重要，委托–代理文献对这种关系作出了贡献。这里列举的主要因素大致遵循了国际政治经济学领域理论思维的嬗变，从基于现实主义的系统理论，如霸权稳定理论，到基于理性主义的制度理论和开放市场经济学（Keohane 2009）。基于权力和利益的方法大多无法全面解释政策制定和国际合作，所以国际政治经济领域的文献也发挥了思想的作用（Goldstein et al. 1993）。因此，本章还讨论了建构主义方法如何帮助我们加深对经济外交的理解。

介绍了这些核心因素之后，本章将更详细地讨论两个主要的分析工具，并阐释如何将这些工具应用于经济外交。这两种方法是理性主义和两级方法（two-level approaches），并以《多哈发展议程》中贸易谈判的简化处理为例加以阐释。[2]

最后，我们提出一些更深入探讨经济外交的方法。第一种方法是关于在历史背景下讨论任何特定谈判的必要性。许多经济外交谈判是一个拉锯的过程，有时会持续几十年。决策往往也是路径依赖的，这就意味着决策者和谈判者常常借鉴先例作为指导。第二种方法考虑到了任何谈判与其他论坛或其他层面的谈判之间的关系。《多哈发展议程》的说明性案例清楚地表明，若为实现目标付出的努力在多边层面受挫，那么谈判者将转而诉诸特惠协议，如《跨太平洋伙伴关系协定》或《跨大西洋贸易和投资伙伴关系协定》。第三种方法更像是一种工具，帮助人们理解任何特定谈判中的动态变化。这就是使用谈判分析，将谈判过程分成从架构到实施的各个阶段，以指出各种因素在不同阶段可能产生不同的影响。

本章使用《多哈发展议程》的说明性案例，并不意味着我们所讨论的工具和分析方法无法同样用于分析其他政策领域的谈判，如金融、环境或投资领域。我们的目的是让本章提出的方法能够为本书其他章节提供分析基础，这些章节更详细地讨论了具体案例或政策领域。但请记住，不要在单一政策领域研究的基础上概括归纳，因为在不同的政策领域内，各因素的相对平衡会产生差异。例如，在金融领域，经济或市场力量的平衡可以说仍然偏向"跨大西洋经济"，然而在贸易领域，这种平衡已经转向了亚洲。就机构而言，世界贸易组织和国际货币基金组织在代表和决策方面存在显著差异。就利益攸关方投入而言，与金融领域相比，民间社会在环境和贸易领域采取了更多的行动。

# 主要变量

## 相对经济实力

是否具备确定大会议程和影响谈判结果的能力，这显然取决于参与谈判的国家或经济体的规模。大体量的经济体在其财政资源方面会更有影响力。无论是它的市场规模，还是"提议"进入该市场的吸引力，都增加了其市场分量。相较于小体量经济体产生的污染，大体量经济体对环境的影响（如尾气排放）会赋予该国谈判者更大的影响力。经济体越大、越发达，谈判的管理能力就越强；利益攸关方投入得越多，这些国家的谈判代表就掌握更多的信息。

国际关系的现实主义理论建立的前提是相对权力决定主权国家之间的国际关系。衡量相对权力始终存在困难。在政治经济学方面，重商主义者认为实现政治、军事和经济权力与财富密切相关（Heckscher 1994）。经济财富和经济增长被视为政治和军事力量的先决条件，而军事和政治力量则是经济谈判的潜在筹码。

政治、军事力量可能会影响经济谈判，意识到这一点很重要，但我们在这里主要关注现实主义思想如何影响经济谈判。在这方面，现实主义建立在谈判者关注的是相对收益的假设之上，也就是关注的是利益的分配，而不是绝对收益，而绝对收益意味着所有各方都有收益，但不一定相等。因此，现实主义的方法是期望谈判各方只有在获得更多的利益或至少达到利益平衡的情况下，才会签署协议。相对而言，对另一方或其他多方更有利的协议将遭到拒绝（Grieco 1990）。我们可以找到很多例子，以佐证相对收益如何成为国际谈判的一个因素。例如，现实主义思想可能会影响与中国保持何种经济关系的政策辩论。一些人认为中国从国际贸易中获得的利益不成比例，这将意味着中国实力的增强。在《多哈发展议程》中更具体的说明性例证里，互惠性起到核心作用，并且从整体上成为贸易制度的规范。互惠性关注的是相对收益，而不是贸易自由化可能带来的绝对收益。《关贸总协定》或世界贸易组织的规范和目标是全球互惠——也就是在多边谈判中实现"广泛的利益平衡"。贸易或其他经济外交的辞令也反复提到需要"公平的竞争环境"，这意味着收益的平衡，因而相对收益更受关注。

现实主义方法需要与自由主义方法区别开来，后者赞成绝对收益，而不考虑收益的相对平衡。换句话说，自由主义的观点是只要各方都能受益，就赞成与中国贸易自由化，不考虑收益的相对分配。比较优势是国际贸易中核心的自由主义原则之一，该原则意味着无论国家的竞争力如何，出口什么商品以及出口量多少，所有国家都能从自由贸易中获益。相对收益无法明确发挥作用的一个例子就是实行单边措施，如单边贸易自由化。整体而言，贸易谈判实践和经济外交决策往往取决于如何定义互惠性，狭义的互惠性更关注相对收益。

除了相对收益外，假设现实主义理论倾向假定国家是单一行为者。鉴于国际经济的性质，这是一个相当有限制性的假设。国家，也就是政府，显然不是唯一的行为体，在每个国家内部，都有不同的部委、政府部门或监管机构制定政策。在全球经济中，将国际经济视为不同国家经济的集合也不再可行。投资和生产的全球化已经削弱了市场的国家属性。经济外交的一个主要因素是全球生产或全球供应链，这会影响公司和政府的偏好，另外还要考虑国家要素的资质，也要关注国家产业或供应商的竞争力（Organization for Economic Co-operation and Development [OECD] 2013）。

将相对经济实力的变量应用于《多哈发展议程》，我们可以看到，最终达成谈判是因为相对转向有利于新兴大国，特别是中国。在《多哈发展议程》之前，国际贸易议程主要受美国影响，接着受美国领导的经合组织成员联盟或美国和欧盟（EU）双重影响（Woolcock 2012）。应用相对经济实力时，人们可能会认为，如果发达经济体提供进入大型发达市场的机会，那么这些国家具备充分的谈判资本，能够影响基于互惠互利的谈判结果。在过去十年左右的时间，市场力量已经向新兴市场转移，特别是中国市场。此外，新兴市场的开放程度相对低于经合组织的经济体。新兴市场的经济规模更大、开放程度更低，因此新兴市场在相对市场力量中显著获益。人们认为，这种相对转变成为影响 2003 年世界贸易组织坎昆部长级会议结果的一个重要因素。在此次会议上，欧盟和美国试图确定一项议程，该议程自 2001 年《多哈发展议程》启动以来始终没有达成结果（Narlikar 2004）。但是，此举遭到了新兴国家和发展中国家（二十国集团贸易）的联合阻挠。[3]

相对市场力量和相对收益对一些甚至所有的谈判者都很重要，因此，现实主义理论是相关的。为了显示政策领域之间的差异，可以说"跨大西洋经济"在金融领域仍然占主导地位，因为美元是关键货币，而且金融市场的监管仍然大范围掌握在经合组织政府手中。相比之下，全球环境政策与贸易领域都需要新兴市场积极参与，原因之一是新兴市场对碳排放产生影响。

### 国际机制

国际政治经济领域的文献将国际机制视为（国家之间的）干预性变量。机制理论在时间上遵循霸权稳定理论延伸出的更加结构化的方法。霸权稳定理论认为国际合作和政策制定由霸权国决定，如布雷顿森林体系下的霸权国就是美国。虽然美国的经济实力有所下降，但是国际合作仍在继续，而此时提出的机制理论可以解释国际合作何以延续。机制的经典定义包括正式和非正式的规则、规范和决策程序（Krasner 1983）。国际机制可以促进国际合作，方法是降低交易成本，从而实现反复磋商，而在磋商过程中，基于过去合作的基础，可达成进一步协议，例如，基于《关贸总协定》，贸易自由化逐步扩大。另外一篇关于全球经济机构的文献讨论了正式的机构，如世界贸易组织和国际货币基金组织，还讨论了如何达成正式和非正式的决定，以及哪些国家真正拥有否决权。[4]

机制的概念还包括不太正式的合作形式，如私人或多方利益相关者机制中的合作形式。这些机制在经济外交中发挥着日益重要的作用，因为当国家不能或不愿意单独出面时，这些机制可以帮助规范市场。此类机制囊括并利用私营企业和公民社会非政府组织的知识和信息。比如，在商品的环境标准领域，贸易领域的生态标签就提供了一种方法，可替代强制性法规（Hemmati 2012）。

从贸易和《多哈发展议程》的角度来看，国际机制的重要性不言而喻。美国在制定《关贸总协定》的规则和规范方面发挥了重要作用，例如，建立最惠国地位和国民待遇及互惠原则。这些原则今天仍然影响着多边贸易谈判。世界贸易组织"每一成员拥有一票"的决策程序影响了《多哈发展议程》的谈判结果，除此之外，世界贸易组织关键成员之间较小范围内达成的非正式决策也有一定影响。根据单一承诺的准则，各国必须就谈判的各个方面达成一致才能结束磋商，人们认为这对能否最终缔结《多哈发展议程》产生了重大（负面）影响（Wolfe 2009）。

### 利益

大多基于国家的方法将国家视为单一的行为体，而基于社会的方法则强调一系列不同利益的重要性（Ikenberry，Lake and Mastandano 1988）。毫无疑问，工业或服务业公司或部门、工会和公民社会的非政府组织之间的竞争性利益决定了经济外交中的偏好和决策。我们可以认为国家偏好就是这些利益的集合。

理性分析有助于研究这些利益，并假定国家或谈判中的各方在这些不同利益的偏好之间寻求平衡，以实现效用最大化。实现效用最大化的方式是经济福利或其他收益的最大化，如增加贸易收益。但它也可以包括政府或政党的政治效用，其形式是保留或获得权力，这要归功于关键选区的支持，这些选区将会从谈判结果中获益或不受负面影响（Odell 2000）。经济和政治效用函数不一定保持一致。国内决策的政治经济通常是这样的：经济外交的利益分散在整个经济中，但成本却相对集中。因此，政治效用可能规定采取支持措施，以降低这些利益集团的成本，否则这些利益集团就会试图阻止任何谈判（Grossman and Helpman 1994）。在贸易领域，农业保护是一个经典案例，因为以农业为主的选区往往拥有不相称的政治影响力（Davis 2004）。

因此，理性分析假定政策制定者在成本效益分析的基础上作出决定，从而实现效用最大化。的确，许多经济谈判开展之前或开展过程中，会进行事前研究或可行性研究，以权衡各种方案的经济成本和效益。但即使有详细的计量经济模型，这类研究也不属于精确的科学。这在很大程度上也取决于协议是否得到充分执行以及市场的发展。因此，根据谈判的问题，理性的方法或多或少基于所谓的有限理性，即缺乏关于影响的全部信息。这就意味着经济外交是由更多其他的主观判断所决定的，也就是想法或社会构建的偏好可能影响谈判结果。这一点将在下文经济外交的建构主义方法中讨论。

以《多哈发展议程》为例，理性分析方法需要评估各方偏好，看各方是否赞成自由主义或保护主义的进攻性或防御性利益。通过评估各部门的利益平衡可以大致确定影响谈判的因素。如果公民社会的利益有可能影响到公众舆论，从而影响选民代表的投票或意见，那么谈判者也可能密切关注这些利益。如上所述，一些部门可能具有特别的政治影响力，如农业或公共服务。在这种情况下，政治效用函数可能比经济效用最大化更重要。

最后，值得注意的是，类似的偏好很可能扎根于国内政策。自由化和市场监管之间的利益平衡将体现在国内政策中。这些政策可能成为法律，例如，就平衡环境保护和经济增长而言，政策上的偏好上升为环境法规。这种法典化意味着降低国际谈判的灵活性，因为强有力的政策否决者往往抵制改变既定政策。以欧盟为例，欧盟法规体现了平衡，即所谓的"欧盟既有法规"，若要改变法规，则需要有效多数成员国同意。关于国家偏好平衡的广泛共识显然会对各方在国际谈判中的谈判立场产生影响，并将形成谈判的起点，可能会限制谈判的范围。

### 体制与国内决策

谈判方的偏好不是凭空产生的。体制将决定由谁以及由何种方式决定利益平衡。体制也将决定如何审查谈判或委托代理关系。在经济外交中，委托人通常是立法机关，也可能是具备有效权利否决谈判内容的个人或组织，而代理人是首席谈判代表或其工作的代理机构。

在考虑政府机构之前，必须意识到利益也可能以不同方式勾连起来。一些个体公司试图影响经济外交，但在许多情况下，这些公司通过行业或专业贸易协会施加影响。也会有综合性机构，例如那些代表整个行业的组织，在某些情况下是成立已久的机构。这是在大多数欧洲国家和日本会出现的情况，社团主义传统倾向选择这种类型的组织。然而在美国，多元主义或各种思想和利益的竞争更为明显，私营部门的代表权更加易变，因为各家公司会组成功能性更强的联盟。公民社会的非政府组织也各不相同，有拥有大量资源的大型组织，也有很小的团体，有相同目标也会形成联盟（参见本书第五章）。所有这些利益集团都以不同程度活跃在国际舞台上。

至于影响决策的正式体制安排，一般来说，宪法规定了政府行政部门和立法部门的各自作用，在联邦制国家，规定了联邦或中央政府负责的政策领域。越来越多的政策领域涉及州/省或中央下级政府的政策安排和自治管辖。在美国，宪法决定了国会和行政部门各自的作用。以贸易为例，美国国会授权政府进行谈判，但必须由国会通过或正式批准已达成的协议（Cohen and Volker 2000；以及本书第七章）。然而，在其他州，是由政府的行政部门授权所有谈判，立法机关予以批准。[5]就欧盟而言，条约明确了欧盟或成员国对任何特定政策领域是否具有权限。例如，欧盟在贸易和投资方面享有专属权限，但在金融谈判或国际环境谈判方面则不享有专属权限（Woolcock 2012a）。在欧盟有权限的情况下，先由欧洲理事会成员国授权欧盟委员会进行谈判并同意授权，再由欧洲理事会和欧洲议会批准谈判结果。决策的性质和欧盟谈判的代表者取决于决策的主题，也取决于是欧盟专属权限还是共享权限。这说明了体制安排的重要性。

体制还决定了谈判者在谈判过程中对代理人的审查程度。严格审查将意味着代理人要为他们的每一个决定负责，但也会增加潜在否决者的数量，从而降低谈判的灵活性。实际的安排往往不同于法律上的体制决策规定。例如，在欧盟，正式的决策条款规定，成员国理事会在大多数贸易问题上只需要有效多数就能通过决定，但实际上是全体一致才能通过。

**观念因素**

鉴于在经济外交中有可能在有限理性的条件下作出决策，观念或信念会在一定程度上影响决策结果。观念将以不同的方式决定决策结果。经济外交行为体的世界观会影响他们对决策结果的判断。如果一个行为体对国际经济关系主要持有自由主义的观点，那么其行为将与那些更倾向重商主义、相对收益观点的人不同。即使委托第三方展开全面的成本效益研究，委托人总会怀疑贸易或投资自由化协议产生的影响，而且往往是相当大程度的怀疑。在这种情况下，持自由主义观点的决策者认为自由化会给谈判各方带来福利收益，很容易错误地支持自由化。然而，持重商主义观点的决策者为了确保本国不会在谈判中比他国作出更多让步，往往过于谨小慎微。如果世界观决定决策结果，而且世界观由社会决定，那么基于观念的宣传就显得很重要。

关于国际经济关系的建构主义文献为观念或信念研究提供了理论基础。与理性主义理论不同的是，建构主义理论认为偏好不是恒定的，而是由社会决定的，并且可以发生变化。建构主义方法允许谈判决策时考虑规范性价值，也可以捎带考虑信念和个人作用。建构主义方法也同样适用于谈判的过程。在任何谈判中，谈判者很少会只是简单地陈述国家利益，而绝口不谈更广泛的共同目标，以支持国家利益。例如，一个谈判者要为本国商品或投资寻求更多的市场准入，就会借用自由主义的经济价值观以论证自由化将符合共同利益。因此，谈判时，可以利用基于逻辑的论证去说服并影响对方的偏好。建构主义文献还允许诸如公平或公正等概念去影响谈判结果，这在理性论证模式下是不可能发生的（Wilkinson 2009）。

不同于理性主义在谈判过程中基于讨价还价，建构主义者还认同说服的作用。建构主义的谈判方法不是在交易让步的基础上寻求妥协，而是在共享知识、相互理解的基础上达成令人满意的共识。达成共识与妥协相比有许多好处。如上所述，想要达成共识，就会考虑公平因素，而不只是根据相对经济实力决定决策结果。这一点很重要，因为公平是一个重要因素。例如，谈判双方是发达经济体的大国和发展中国家或最不发达国家的小国，此时公平显得十分重要。如果在逻辑论证基础上达成协议，那么也更有可能制定前后一致的决策结果。如果谈判基于实证进行公开辩论，那么可以暴露不连贯或不一致的行为。相反，基于承诺或威胁的谈判产生的结果只能在需要达成平衡的协议或谈判方面有意义，但在实现经济或环境目标方面可能没有意义。文献指出需要满足某些条件才能产生有效的商议和游说（Habermas 1984）。例如，谈判者必须诚实地阐述他们的利益和观点，并对游说保持开放态度。当谈判者受到国内需求和期望的限制时，保持开放的态度可能会有难度。有效的审议行动还要求所有各方都有发言机会，在实际情况下，这样的审议活动还需要时间收集信息，并充分讨论这些信息的影响。

在实践中，经济外交往往包括游说和讨价还价两个方面。在谈判的某些阶段，如在早期阶段或在详细事务工作组中，游说可能更重要。大多数谈判需要专家工作组讨论问题的实质和协议的范围。在这种情况下，进行多场辩论是必不可少的。然而，谈判后期往往会涉及各方是否妥协或如何措辞，这时谈判就变得非常艰难。论坛也很重要。在大型多边场合，较少出现游说和辩论的情况。然而，在较小范围的场合，如国家元首或政府首脑的经济峰会，有更多辩论和游说的空间，参与者有权对达成的任何协议采取行动时，更是如此。

## 从应用到协商过程

这一部分将论述在协商过程中如何应用理性主义和两级／国内制

度研究法这两大主要方法。这两种方法通过一个简化的双议题案例进行说明，即农业和工业关税，或《多哈发展议程》中的非农业市场准入（NAMA）（见文本框）。[6]

---

### 《多哈发展议程》谈判中的核心问题

**农业方面**：谈判涵盖了农产品贸易谈判的三大支柱，即市场准入（关税和关税税率配额）、国内支持和出口补贴。像巴西这样的农业出口国，主张通过削减关税和补贴以实现自由化。粮食净进口的发展中国家和新兴市场对农业的立场比较暧昧，赞成保留对农业提供的支持，特别是那些家无隔夜粮的贫苦农民（ICTSD 2003）。印度的情况更是如此，中国也一直在增加对农业的支持，结果是就补贴占总产值的份额而言，这些国家对农业的支持已与经合组织国家趋同。

美国和欧盟希望保留农业补贴，但（欧盟）这几年一直在减少价格支持，转而提供更多的收入支持。这就使取消出口补贴变得更容易，并整体降低了补贴水平。其他一些经合组织国家，如日本、瑞士、挪威等，仍然保持了很强的农业保护力度（Tangerman 2012）。

**工业关税**（在《多哈发展议程》中由非农业市场准入覆盖）：由于商品平均约束关税（大约3%）较低，经合组织经济体倾向降低新兴市场的商品关税，因为新兴市场代表着未来的增长市场。一些新兴市场的约束关税仍然很高：印度约为40%，巴西接近30%。新近加入世界贸易组织的中国虽然关税有所降低，但仍然占据重要分量。实际实施的关税更低，但有关国家希望保留"政策空间"，可以选择提高关税。其他发展中国家和最不发达国家也希望保留政策空间和关税收入，并不热衷削减最惠国关税，因为这降低了它们的收入，也减少了与许多更发达国家签订特惠协议而享有的优惠幅度。

---

### 用理性主义方法理解谈判过程

如果人们采用理性主义的方法来理解《多哈发展议程》谈判，就要从考虑谈判方偏好开始。鉴于供应能力结构，谈判方偏好相对固定。巴西明显偏向出口农产品，并支持自由化。欧盟的偏好是由相对竞争较小的农业部门决定的，尤其是在农产品方面。[7]美国也承诺为农业提供支持。然而，这些偏好并非长期固定不变。欧盟共同农业政策（CAP）的改革是从价格支持转向对农民收入的支持，也就是欧盟保留的出口补贴，就需要弥合因价格支持而引发的高价格与世界市场价格之间的差距，意味着出口补贴偏好的重要性越来越低。世界农产品价格普遍提高，市场发展方面也减少了对补贴的需求。如上所述，在新兴市场农业政策中，补贴的作用也越来越大（Tangerman 2012）。

在货物贸易方面，各方的偏好也相当明确。经合组织发达经济体的关税较低，但一些新兴市场的约束关税相对较高（见文本框）。鉴于谈判者将考虑长期发展，经合组织国家的谈判者设想某一时刻欧盟和美国以及中国和印度对农业补贴的偏好会发生逆转。然而，变化具有渐进性（需要几十年而不是几年时间），使用理性方法仍然可以作出有效的基本假设，即偏好相对固定。因此，理性分析往往能很好地贴合各方的偏好。

就谈判过程而言，理性主义分析是以讨价还价为基础的。这可以通过议题联动来实现，有助于确保各方产出相对均衡的结果（Sebenius 1983）。如果需要在一个领域作出让步才能达成协议，那么可以通过其他领域的收益补偿这些让步带来的损失。当谈判者们为实现共同利益而合作时，可以最大程度地促成谈判。这被称为"价值创造"，因为各方都在努力使结果为各方带来更大的利益（Odell 2000）。

价值主张策略更关注相对收益，或者在更极端的情况下，一方希望另一方作出让步以达成协议，但自己又不愿意（或由于国内限制而无法）作出让步。在这种策略中，谈判者可能希望表明自己得到了比另一方"更划得来的交易",甚至可能拒绝有利于本国的结果,如果该结果似乎更有利于另一方或其他国家。如果谈判一方采取了价值主张策略,那么其他谈判方也会这样做。在这种情况下,合作较少,更有可能出现对峙和僵局。在实践中,大多数经济外交兼具价值主张和价值创造性质,谈判伊始可能采取价值主张策略,而在谈判结束时可能更多采取价值创造策略。谈判主席试图让谈判各方取得进展的话,其目的是让谈判方从主张价值转向创造价值。

谈判者如何沟通会对结果产生重要影响。对于价值创造而言,谈判者之间需要建立信任。只有在谈判各方如实地陈述各方真正的国内约束和偏好时,才能建立起这种信任。如果谈判者因否决者的立场而歪曲委托人的偏好性质或受限范围,以此绘制出一幅黯淡的图景,从而使谈判的另一方做出更多的让步,这就无法培养谈判者之间的信任。只要信息充分,谈判者就会发现此类歪曲的陈述,各方会丧失所有的信任。

说到信任就自然引出透明度问题,以及如何权衡透明度与灵活性。在通过价值创造战略寻求共同收益时,谈判者可能需要探索超越一位或多位国内否决者(即利益集团)可以接受的可能性。然而,价值创造意味着,即使要牺牲某些利益,也要灵活地探索出总体上互惠的结果。如果谈判者有义务完全公开每一步行动,受到威胁的利益集团就会想方设法游说去限制谈判的灵活性,从而限制探索价值创造的范围。谈判者借助灵活性,必须判断何种总体结果将使经济和政治效用最大化,并确信在国内辩论时最终将获得支持。

图3.1给出了一个简化图解,说明理性主义分析如何模拟巴西和欧盟在《多哈发展议程》中的谈判。

在这个模型中,巴西赞成农业自由化(垂直面),欧盟赞成降低商品的约束关税(水平面)。该图显示了阻力点,或称"红线",低于阻力点的谈判结果对欧盟或巴西来说无法接受。如果双方都追求价值

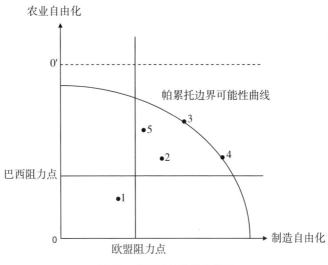

图 3.1 简化的讨价还价模型

创造策略，有可能趋向帕累托边界。这将意味着给双方带来绝对收益，但收益的分配可能有所不同。点 5，即巴西在农业自由化方面得到的收益相对多于欧盟对巴西商品减少约束关税方面得到的收益。点 4，即欧盟的收益更大。点 3 和点 4 代表帕累托结果。根据讨价还价的过程，帕累托边界上的位置可以随之变化。在这种双问题、双国家模型中，就相关问题讨价还价采取不断修正的形式。《多哈发展议程》谈判可能采取的形式是：巴西接受部门协议，降低欧盟感兴趣的特定商品行业的关税，或对（欧盟来说）一些较敏感的巴西农产品出口增加关税率配额。就《多哈发展议程》而言，当然牵涉更多的问题和更多的谈判方，但原则相同，只不过情况更复杂。

谈判受到谈判方可接受方案或谈判协议的最佳替代方案（也称 BATNA）的影响。如果一方对目前的谈判有一个很好的可接受方案，这将意味着该方会设定一个较高的阻力点，因为它们也许可以在其他谈判中得到很多它们孜孜以求的东西。以《多哈发展议程》为例，各方有谈判特惠贸易协定的可接受方案，以此得到追求的部分自由化，而非全部。在 2008 年和 2011 年《多哈发展议程》谈判失败后，确实有迹象表明全面特惠贸易协定的谈判更加活跃。2011 年以后，甚至世界贸易组织的主要成员都准备进行这样的谈判，而这种行为在这之前都是禁忌。[8] 在上述案例中，巴西的谈判协议最佳替代方案的收益低于欧盟，因为在特惠协议中没有涉及农业补贴。[9] 在现实中，事实证明欧盟与巴西的贸易并不理想，因为作为南方共同市场的一部分，巴西在同意重新启动与欧盟的特惠协议谈判方面迟迟没有推进。

在任何商谈过程中，时机和情势都是影响因素。很早让步的话，对方可能只是把好处"收入囊中"，而没有作出任何互惠性的妥协。因此，出现了不轻易让步的倾向。但如果迟迟不肯让步，可能会破坏协议的前景，因为到最后一刻才让步的话将很难从经济（和政治）成本和收益的角度进行评估。某位或某些谈判者可能会选择规避风险，从而拒绝讨价还价，而不是铤而走险发现它不是一个"好"协议，或让委托人觉得难以接受。这可以说正是 2003 年坎昆世界贸易组织部长级会议上发生的实际情况，当天欧盟在议程上作出让步已经相当晚（Kerremans 2004）。

因此，理性主义分析为谈判方的偏好提供了很好的参考。这些偏好可能不是一成不变的，但足够稳定，足以在未来几年或几十年的时间内决定谈判的方向。当然，需要扩大简化模型，把各种问题和谈判各方纳入考虑范围，因此，在现实中，评估不同变量影响的任务往往会更加复杂。就《多哈发展议程》而言，在谈判的早期阶段尤为复杂，当时议程上还有许多问题。但随着谈判的推进，冲突的焦点变得越来越清晰，包括农业和非农产品市场准入之间的平衡问题。事实上，可以说是谈判者试图简化进程，以便能够更容易地评估不同变量的影响。就《多哈发展议程》而言，到 2008 年，谈判的主要焦点确实是农业和非农产品市场准入之间的平衡问题，而服务等其他问题则搁置不谈。正如 2008 年的谈判记录所显示的，在强调农业特别保障条款的情况下，就出现了议题联动。这对 2008 年最终未能在日内瓦达成协议产生了影响。理性分析法很好地注意到问题的增加（Wolfe 2009）。

**两级方法**

谈判者或代理人仍然必须获得国内委托人批准最终协议。因此，为了理解经济外交，我们有必要分析国际和国内层面之间的相互影响。所有国际谈判或政策制定都明显受到国内因素和机构决策的影响。两级谈判方法（Putnam 1988）试图捕捉国内和国际层面之间的动态关系。在这个模型中，谈判者不是坐在一张，而是国内和国际两张谈判桌旁。[10]

两级之间的互动是双向的。一方面，谈判者可以利用国内限制、赢面较小或低阻力点/红线以提升国际地位。另一方面，也可以利用国际层面改变国内层面。例如，如果政府希望进行国内改革，但遭到反对派的阻挠，它可能会借国际层面以推动国内变革。这是帕特南（Putnam）模型的独到见解。在贸易谈判时，贸易方谈判可以增加有利于国内重要利益集团的议题。如此一来，这些利益集团很可能会支持尽快结束谈判，以此抵消防御性利益集团提出的反对意见。政府也能够以需要加强国际合作为由，实现国内改革。欧盟的农业政策也体现了这种国际和国内的互动关系。在《关贸总协定》乌拉圭回合谈判中，必须改革共同农业政策，以便与欧盟伙伴达成协议。在随后的几年里，欧盟贸易谈判代表支持进一步改革，以提升《多哈发展议程》的灵活性。

两级模型预想国内利益方和机构决定每个谈判方的赢面大小。赢面被视为谈判方对谈判结果的接受范围。显而易见，赢面大意味着与另一方或多方的赢面重叠的范围更大，从而能够达成协议。如果由于否决方的性质或立法的限制，一方的赢面小于另一方，那么该方将倾向在国际层面拥有更强的谈判地位（第一级）。如果谈判者希望促成协议，那么他们将不得不在国内（第二级）谈判桌上争取更大的赢面。

在《多哈发展议程》的说明性案例中，可以使用两级方法来说明非农业市场准入谈判中的制造业自由化目标与防御性农业利益之间的平衡如何决定欧盟的赢面。它也可以用来说明"国内"体制安排如何影响欧盟的立场。欧盟委员会作为首席谈判代表，对欧洲理事会和欧洲议会负责并向其报告。在农业贸易问题上，负责农业事务的欧盟委员会委员连同（通常更自由或更不受约束的）负责贸易事务的委员代表欧盟进行谈判。即使正式条约条款规定有效多数即可通过，但对于欧盟的偏好、如何应对谈判期间的情势变更以及接受最终协议的决定都是由欧洲理事会或工作组全体一致才能通过。有关欧盟决策的详细信息，请参见本书第十章。

巴西的政府部门可以说是有更大的灵活性（参见本书第九章）。巴西国会最终必须同意谈判的结果，但审查程度与欧盟不同，欧盟成员国政府希望确保不会因为欧盟委员会作为代理人努力谈判达成结果而对各自的偏好产生不利影响。因此，欧盟成员国代表会实时监控欧盟委员会。

两级方法为所有经济外交案例提供了一个非常实用的通用模型，用于评估影响谈判结果的各种因素的相对重要性。因此，两级方法的优势之一是结合了理性和体制因素，因为赢面由利益以及政策制定或批准人决定，即体制因素。两级方法还可以纳入建构主义分析的因素，即参与者或谈判者可以试图影响谈判时对方国家委托人或己方委托人的观点。两级方法并不预设偏好一成不变。但帕特南模型考虑到经济峰会后有了进一步的发展（参见本书第十三章）。峰会的谈判可以说比经济外交的许多其他领域更具易变性，根据主办峰会的国家元首或政府首脑的偏好，峰会议程可能涉及广泛的主题。在许多其他谈判中，现有体制限制了可能出现结果的范围并影响了其性质。例如，贸易谈判中存在世界贸易组织的规范和规则或已经作出的承诺。

因此，理性主义和国内/两级方法，外加建构主义方法，为分析经济外交提供了有用的工具。当然，还有一些其他方法有助于把谈判置于更大的背景下考虑，或帮助确定谈判的关键阶段。这些是历史和多层次或多论坛的视角，还有谈判分析，将每次谈判分成多个阶段，从而有助于阐明各种因素在不同时段的相对重要性如何变化。

## 历史分析

许多经济外交是一个迭代过程，持续数年甚至数十年。因此，有必要基于历史背景看待谈判。谈判者有时会采用更长期的策略。例如，如果无法在短期内实现谈判目标，至少尽可能确保该主题进入议程讨论范畴。谈判各方可能达成共识，未来讨论某个问题，或者可能将棘手的难题推迟到未来的某个日期讨论。这可能与提高透明度的努力有关，公开关键国家的国家政策等信息。这些信息可以成为具体谈判的基础。农业贸易政策清楚地说明了这一点。多年来，农业贸易自由化的谈判成果令人失望。1980年初，那些倡导自由化的谈判者成功地将农业纳入《关贸总协定》议程，同时推动经合组织加强透明度工作。经合组织的工作被视为国际社会努力解决农业贸易保护问题的组成部分，首次提供有关农业补贴水平的详细数据，从而促进了《关贸总协定》乌拉圭回合谈判的实质性进展。乌拉圭回合谈判结束时确定了进一步谈判农业问题的日期（2000年），这也是启动多哈发展议程的原因之一。

经济谈判也受路径依赖的影响，换言之，会受到早期谈判结果的影响。因此，谈判者的工作很少是从零开始的，往往是从上次结束的地方继续商谈。这样做降低了交易成本，可能只需要调整之前的偏好，无需在政府内部或与政府以外的利益攸关者开展广泛的磋商（参见本书第四章）。贸易协定再次充分说明了这一点。特惠贸易协定中的谈判立场非常相似，协定中常常包含完全相同的措辞。双边投资条约也是如此（参见本书第十七章）。因此，评估一个国家在特惠贸易协定谈判中的偏好时，首选方法是查看之前谈判协议中的偏好，以资参考。

## 多层次或多论坛谈判

讨论多层次经济外交的理论出发点是上文介绍的谈判协议的最佳替代方案概念。如果谈判者在一个层面上不成功，而且谈判协议的最佳替代方案屈指可数，那么谈判者就会尝试另一层面，也就是寻求替代方案。在多边贸易的说明性案例中，有替代方案：就双边层面而言，更容易计算任何特定结果的成本和收益；就区域层面而言，各国可以与邻国进行谈判，在经济上可能与邻国的相互依赖性相对较高；就诸边层面而言，不考虑地理位置，与同声相应的国家进行谈判（Crump 2009）。本书第十七章将详细阐释投资领域的多层次经济外交。同样地，也可以用《多哈发展议程》进行说明。或许可以说，《多哈发展议程》之所以陷入困境，部分原因是像美国这样的主要参与者有一项替代世界贸易组织的方案（世界贸易组织中的 BATNA），即全面特惠协议的谈判。[11] 随着《多哈发展议程》在 21 世纪第一个十年中期原地踏步，人们普遍转向谈判特惠贸易协定。2013 年，人们普遍意识到《多哈发展议程》无法实现时，特惠贸易协定成为了贸易谈判的主流模式。除了双边特惠贸易协定之外，还有诸边倡议，例如，同气相求国家之间的服务贸易协定（TiSA）和信息技术产品协定（ITA）的延伸，更不用说《跨太平洋伙伴关系协定》和《跨大西洋贸易和投资伙伴关系》。

## 谈判分析

这种方法并非将谈判置于更广泛的背景之下，而是将整个谈判周期分解为多个阶段，以便更容易地确定影响每个阶段的因素

（Devereau，Lawrence and Watkins 2006；Sebenius 1992）。这些阶段包括以下内容：

- 框定范围：可以看作确定谈判的主要目标或待解决的问题。在《多哈发展议程》中，这将决定它是否真的关乎发展，还是一个更传统的互惠多边贸易谈判。《多哈发展议程》谈判困难的部分原因是一开始没有阐明这个问题。

- 设定议程：清晰划定谈判范围。设定议程是任何谈判的重要组成部分，将决定是否存在达成平衡协议的余地。它将涉及议题的增减，直至各方认为平衡协议有希望满足他们的偏好。

- 技术性调研：在这个阶段，官员们将就潜在协议的特征交换初步意见。它为官员们提供了一个收集有关谈判内容的知识和信息的机会。

- 谈判本身：可能从试图达成广泛的政治协议开始，包括如何实现或多或少的平衡性妥协。这通常由首席谈判代表进行，以部长级谈判最终达成协议。

- 文本谈判：在经济外交中，难处往往在于细节，所有细节必须在文本中加以规定。最终文本也将决定协议的约束力。基于"尽力而为"措辞的协议，其约束力小于包含当事方"应当"或"将要"做或不做某事等措辞的协议。

- 批准：这一阶段可能需要相当长的时间，并且涉及接受由委托人和/或立法机构协商的内容。

- 实施和执行：任何协议最终都必须得以实施。这很可能涉及立法机关，因为需要法律以执行协议。鉴于当今经济外交的性质，一系列监管机构、部委和机构也可能参与实施任何协议，法律系统和法院也可能参与其中。

这些阶段是连续的，每个阶段都环环相扣。例如，当各方试图增加或减少议题时，常常需要修改谈判的议程或范围。这会不可避免地导致谈判复杂化，因此需要就议程达成一致并坚持下去。但就《多哈发展议程》等许多经济谈判而言，情况并非如此。2001年多哈会议的最初议程有意模棱两可，以便各方能够同意开始谈判，而《多哈发展议程》的头两年半都在试图就更具体的事项达成一致。协议的措辞决定了其执行力，从而决定了谈判难度。模糊的最大努力措施很少可以执行，因此谈判各方更容易达成一致。最后，批准阶段不能与谈判阶段分离，因为谈判者总是意识到需要让谈判的内容得到批准。

识别谈判的各个阶段有助于阐明分析。变量将在某些阶段发挥比其他阶段更重要的作用。例如，观念或建构主义分析可能在框定阶段更有意义。设定议程通常需要联系问题，因此理性主义方法在此可能有更多的解释价值。在技术性的调研阶段，谈判可能提供了最佳的说服机会，因为通常时间允许而且观点仍在形成中。因此，分析谈判过程的建构主义方法在这一阶段可能会有所帮助。在谈判阶段本身，通常是讨价还价和说服相结合，而在批准阶段，体制性方法在解释结果时往往更有效。

## 结　论

本章找到了用于分析经济外交的部分相关理论文献。因此，本章为希望使用推荐方法分析经济外交具体案例的读者提供了一套工具。这套工具不是偏好某种特定的方法，而是选定了理性分析和两级方法作为可能是最实用的方法，即使这些方法需要通过其他理论和观点，特别是建构主义方法来补充。本章通过借鉴世界贸易组织《多哈发展议程》谈判的案例，特别是农业和非农业市场准入问题，说明了如何应用这些方法。必须强调的是，这仅仅是为了便于说明情况。全面分析经济外交需要更细致地处理实质内容，但这超出了本章的范围和目标。关于如何应用这些理论，本书的其他章节提供了更深入的见解，无论是在一般意义上，还是处于美国、中国、欧盟、较小的发达经济体和较小的发展中经济体等各种体制环境中。第十四章和第十七章还说明了不同层次的经济外交以及这些层次如何相互作用。

注释：

1. 人们建议，可以在分析一系列案例研究的基础上发展经济外交的中层理论，这些案例研究可用于检验可归纳的假设是否适用于给定环境参见 Landau 2000；Odell 2000。

2. 关于《多哈发展议程》的一般性解读的文章参见 Jones 2010。

3. 1986 年，以印度和巴西为首的一批发展中国家企图阻止《关贸总协定》乌拉圭回合谈判，但遭遇失败，可以说是因为这些国家缺乏市场力量。

4. 关于全球经济制度的文献与此相关。例如，一般性读物参见 Kahler 1995；Martin and Simmonds 1998；最近关于国际货币基金组织改革的辩论参见 Lesage et al. 2013；以及关于世界贸易组织的文献参见 Melendez-Ortiz 2012。

5. 瑞士的立法机构有权授权，可能是唯一的例外。

6. 希望了解《多哈发展议程》谈判复杂性的读者可以从以下关于谈判不同阶段的文章开始：关于 1999 年西雅图谈判的文章参见 Bayne 2000；关于坎昆世界贸易组织的文章参见 Baldwin 2006；Kerremans 2004；Narlikar 2004；Evenett 2007；Narlikar and Wilkinson 2004；关于 2008 年谈判险些失败的文章参见 Ahnlid 2012；Ismail 2008；Odell 2009；Wolfe 2008，2009。

7. 在高附加值农产品方面，欧盟具有更大的比较优势，因此倾向加强地理标志的国际规则，认为这有助于促进专业食品和农产品的生产和出口。

8. 这是禁忌，因为人们认为主要经济体之间的特惠贸易协定会破坏多边主义。这说明多边主义优于特惠协议的信念影响了政策。请参阅上文对观念和信念的讨论。

9. 为了阐明这一点，如果欧盟在与某一方签订的特惠贸易协定中减少国内补贴，所有其他农业出口国都会受益，且无需向欧盟提供任何对等优惠。因此，就互惠交易而言，这种做法意义不大。

10. 几乎没有疑问，经济外交谈判官在与国内利益集团就国家立场以及如何应对谈判进展上所花费的时间，与他们在国际谈判中所花费的时间相同，甚至更多。

11. 从 2001 年小布什政府的贸易促进授权批准开始，美国开始积极推行
"竞争性自由化"政策，这意味着在任何论坛或任何级别进行谈判都能提供最好
的前景参见 Evenett and Meier 2008。

## 参考文献：

Ahnlid, A. 2012. Improving the Effectiveness of Multilateral Trade Negotiations: A Practioner's Perspective on the 2008 WTO Ministerial Meeting. *International Negotiation*, 17, (1), 65–89.

Baldwin, R. 2006. Failure on the WTO Ministerial Conference at Cancun: Reasons and Remedies. *World Economy*, 29, (6), 677–696.

Bayne, N. 2000. Why Did Seattle Fail? Globalization and the Politics of Trade. *Government and Opposition*, 35, (2), 131–151.

Cohen, S. and Volker, P. 2000. *The Making of US International Economic Policy: Principles, Problems and Proposals for Reform*. Westport, CT: Praeger.

Crump, L. 2009. *Linkage Theory and the Global-Multilevel System: Multi, Regional and Bilateral Trade Negotiations*. 22nd Annual IACM Conference Papers. Available at: papers.ssm.com.

Davis, C. L. 2004. International Institutions and Issue Linkage: Building Support for Agricultural Trade Liberalization. *American Political Science Review*, 98, (1), 153–169.

Devereau, C., Lawrence, R. Z. and Watkins, M. D. 2006. *Case Studies in US Trade Negotiations: Making the Rules*. Washington, DC: Peterson Institute of International Economics.

Evenett, S. J. 2007. Five Hypotheses Concerning the Failure of the Singapore Issues in the Doha Round. *Oxford Review of Economic Policy*, 23, (3), 392–414.

Evenett, S. J. and Meier, M. 2008. An Interim Assessment of the US Trade Policy of Competitive Liberalisation. *World Economy*, 31, (1), 31–66.

Goldstein, J. et al. 1993. *Ideas and Foreign Policy: Beliefs, Institutions and Political Change*. Ithaca, NY: Cornell University Press.

Grieco, J. 1990. *Cooperation among Nations: Europe, America and Non-Tariff Barriers to Trade*. Ithaca, NY: Cornell University Press.

Grossman, G. and Helpman, E. 1994. Protection for Sale. *The American Economic Review*, 84, (4), 833–850.

Habermas, J. 1984. *The Theory of Communicative Action*. Boston: Beacon Press.

Heckscher, E. 1994. *Mercantilism*. London: Routledge.

Hemmati, M. 2012. *Multi-Stakeholder Processes for Governance and Sustainability*. London: Earthscan.

ICTSD 2003. Agriculture: Real Negotiations Start as the EC, US Table Joint Modalities Text. *Bridges Weekly Trade News Digest*, 7, (28), August 2003. Available at: www.ictsd.org.

Ikenberry, G. J., Lake, D. A. and Mastandano, M. 1988. Approaches to Explaining American Foreign Economic Policy. *International Organization*, (Special Issue), 42, (1), 1–14.

Ismail, F. 2008. An Assessment of the WTO Doha Round July-December 2008 Collapse. *World Trade Review*, 8, (4), 579–605.

Jones, K. 2010. *The Doha Blues: Institutional Crisis and Reform in the WTO*. Oxford: Oxford University Press.

Kahler, M. 1995. *International Institutions and the Political Economy of Integration*. Washington, DC: The Brookings Institution Press.

Keohane, R. 2009. The Old IPE and the New. *Review of International Political Economy*, 16, (1), 34–46.

Kerremans, B. 2004. What Went Wrong in Cancun? A Principal-Agent View on the EU's Rationale Towards the Doha Development Round. *European Foreign Affairs Review*, 9, (4), 363–394.

Krasner, S. 1983. *International Regimes*. Ithaca, NY: Cornell University Press.

Landau, A. 2000. Analyzing International Economic Negotiations: Towards a Synthesis of Approaches. *International Negotiation*, 5, 1–19.

Lesage, D., Debaere, P., Dierckx, S. and Vermeiren, M. 2013. IMF Reform after the Crisis. *International Politics*, 50, 553–578.

Martin, L. and Simmons, B. 1998. Theories and Empirical Studies of International Institutions. *International Organization*, 52, (4), 729–757.

Melendez-Ortiz et al. 2012. *The Future of the WTO: Confronting the Challenges*. ICTSD, Geneva, July 2012. Available at: http://www.ictsd.org/downloads/2012/07/the-future-and-the-wto-confront-ing-the-challenges.pdf.

Narlikar, A. 2004. The Ministerial Process and Power Dynamics in the WTO: Understanding the Failure from Seattle to Cancun. *New Political Economy*, 9, (3), 413–428.

Narlikar, A. and Wilkinson, R. 2004. Collapse at the WTO: A Cancun Post-Mortem. *Third World Quarterly*, 25, (3), 447–460.

Odell, J. S. 2000. *Negotiating the World Economy*. Ithaca, NY: Cornell University Press.

Odell, J. S. 2009. Breaking Deadlocks in International Institutional Negotiations': The WTO Seattle and Doha Ministerial Meetings. *International Studies Quarterly*, 53, (2), 273–299.

OECD 2013. *Interconnected Economies: Benefiting from Global Value Chains*. Paris: Organisation for Economic Cooperation and Development.

Putnam, R. D. 1988. Diplomacy and Domestic Politics: The Logic of Two Level Games. *International Organization*, 42, (3), 427–460.

Sebenius, J. 1983. Negotiating Arithmetic: Adding and Subtracting Issues and Parties. *International Organization*, 37, 281–316.

Sebenius, J. 1992. Negotiation Analysis: A Characterization and Review. *Management Science*, 38, (1), 18–38.

Tangerman, S. 2012. Agriculture, in *The Ashgate Research Companion to International Trade Policy*, edited by K. Heydon and S. Woolcock. Farnham: Ashgate, pp. 145–166.

Wilkinson, R. 2009. Language, Power and Multilateral Trade Negotiations. *Review of International Political Economy*, 16, (4), 597–619.

Wolfe, R. 2008. The Special Safeguards Fiasco in the WTO: The Perils of Inadequate Analysis and Negotiation. *World Trade Review*, 8, (4), 517–544.

Wolfe, R. 2009. The WTO Single Undertaking as a Negotiating Technique and Constitutive Metaphor. *Journal of International Economic Law*, 12, (4), 835–858.

Woolcock, S. 2012. The Evolution of the International Trading System, in *The Ashgate Companion to International Trade Policy*, edited by K. Heydon and S. Woolcock. Farnham: Ashgate, pp. 47–65.

Woolcock, S. 2012a. *European Union Economic Diplomacy: The Role of the EU in External Economic Relations*. Farnham: Ashgate.

# 第四章　各国政府如何在实践中开展经济外交

尼古拉斯·贝恩

本章考察了经济外交实践，聚焦各国政府所做的事情。虽然本章主要解释国内决策，但也着眼于国内决策如何与国际谈判产生互动。本章确定了公共部门的主要参与者：常任官员、部长和政府首脑、独立监管机构以及立法机构成员。本章还提到了私营部门的主要参与者，如企业和公民社会非政府组织，第五章和第六章将对此进行更全面的讨论。本章叙述了政府国内决策的标准进程，展示了国内进程如何契合国际进程。此外本章还表明了国家差异在某些方面如何影响这一进程，第七章至第十二章也将讨论这个问题。

本章将通过案例研究来说明，首先以1995年加拿大渔业危机为例。后续研究着眼于世界贸易组织的金融服务、贫穷国家的债务减免以及欧元区的宏观经济紧张局势。在阐述这些案例时，我将更多地利用自身的专业经验和我后来对经济外交的观察，而不仅仅基于其他人的研究。最后，我提出了三种主要的理论方法——建构主义、理性主义和双层博弈理论——在多大程度上有助于解释这个决策过程的运作方式。

## 加拿大渔业危机

北大西洋纽芬兰附近的大浅滩（Grand Banks）以其取之不尽的鳕

鱼和其他鱼类资源而远近闻名，吸引了来自四面八方的捕鱼船队。但在 20 世纪末，这些鱼类被严重过度捕捞。《联合国海洋法条约》允许各国将距离本国海岸 200 海里以内的海域划为专属经济区（Exclusive Economic Zone，EEZ）。加拿大以此为由禁止外国拖网渔船进入大浅滩，但鱼类数量仍然没有恢复。因此，从 1992 年起，加拿大暂停在其专属经济区内捕捞鳕鱼和其他两种鱼类，这给加拿大大西洋地区的渔民造成了极大的困难。然而，有 3 个地区属于大浅滩专属经济区以外的国际水域，加拿大试图通过西北大西洋渔业组织（North-West Atlantic Fisheries Organization，NAFO）限制这 3 个地区的捕鱼活动。西北大西洋渔业组织的成员承诺暂停捕捞这三种目标鱼类，并为捕捞其他商业鱼类限额，尤其是大菱鲆。它们也商定了渔网的最小网眼尺寸，以保护未成熟的鱼类。

参与大浅滩捕鱼的最大欧洲舰队来自西班牙。然而，渔业属于欧盟的管辖范围，因此欧盟委员会在西北大西洋渔业组织中代表欧盟，就所有成员国必须遵守的规则达成一致。加拿大确信，西班牙拖网渔船没有遵守欧盟委员会制定的规则。1993 年，加拿大新政府成立，让·克雷蒂安担任总理，布莱恩·托宾担任渔业部长。他们决心维护大浅滩的秩序。整整一年，托宾在西北大西洋渔业组织与欧盟委员会谈判，要求欧盟成员国遵守规则，但无功而返。加拿大突然要求欧洲拖网渔船停止在其专属经济区以外的海域捕鱼，否则后果自负。当然，欧盟拒绝了。

于是托宾指示加拿大海岸警卫队在国际水域逮捕了一艘西班牙"埃斯泰号"拖网渔船，并将其拖入纽芬兰的一个港口。西班牙和整个欧盟谴责了加拿大在公海上的海盗行为。但是，"埃斯泰号"的渔网网眼被发现的确过小，托宾找到了西班牙渔民违背规定的铁证。西班牙海军派出了一艘军舰来保护其拖网渔船继续捕鱼，而加拿大海军也驶入同一片海域。最后，克雷蒂安总理批准托宾逮捕西班牙第二艘拖网渔船。克雷蒂安告诉妻子："明天早上我将与西班牙开战。"
（Chrétien 2007）

我当时是英国政府驻加拿大的代表。[1]如果加拿大与欧洲的关系破裂，英国将失去一切。但公开支持加拿大对抗西班牙并不能解决问题，当下亟须一种不同的方法以避免冲突。幸运的是，并非所有加拿大人都赞成与西班牙开战。外交和贸易部（DFAIT），包括克雷蒂安的外交顾问，都可以看到开战会损害加拿大更广泛的利益。外交和贸易部提议与欧盟委员会举行谈判，但欧盟仍然谴责加拿大的海盗行为，并称整个欧盟都支持西班牙。然而，也不是所有的欧洲人都对此满意，因为欧盟有自己的制度来保护欧洲水域的鱼类种群，而在捕鱼事件上，西班牙渔民不断地违反规定。其他渔业国家，如法国、爱尔兰和英国，从这次事件中看到了实施更严格捕鱼规范的机会。

我同克雷蒂安的外交顾问一直保持良好的关系，并建议他再次尝试通过谈判解决问题。加拿大人提议增加捕鱼配额以换取对渔民实行严格的约束。这个提议在布鲁塞尔得到了支持，因此西班牙人被孤立了。各方商定了各项条款，并将其交回各国首都，以便在之后 24 小时内获得批准。然后克雷蒂安的顾问打电话给我，告诉我一个致命的消息：第二天早上将有另一艘拖网渔船被逮捕。我劝他把逮捕行动推迟一天，否则到那时协议就无法达成了。克雷蒂安被说服了。这一天过去后，所有欧洲国家政府，甚至西班牙，都接受了这项协议。加拿大和西班牙从未开战（Bartleman 2005）。

这一事件说明了本章要探讨的经济外交的许多方面，从三方的紧张局势开始。冷战期间，西方国家在政治上保持了团结，以应对苏联的威胁，因此经济争端从未被逼到极限，但这种克制已逐渐瓦解。加拿大和西班牙都把国内利益置于其国际义务之上。两国政府都屈服于来自私人游说团体的压力，即来自纽芬兰和加利西亚渔业社区的压力，反而将更广泛的问题搁置一边。由于这三方的紧张局势无法调和，冲突似乎不可避免。

实现最终和平需要加拿大和欧盟在决策过程中作出改变。在加拿大，外交和贸易部从渔业部赢回了足够的主动权，致力于通过谈判达成解决方案。在欧盟，其他成员国起初谴责加拿大的海盗行为，但随后抵制西班牙渔民的滥捕行为。一旦欧盟恢复与加拿大的谈判，西班牙就不得不接受大多数国家的观点。如果没有克雷蒂安的顾问与我之间建立的信任，仅靠谈判是不够的。这为我们每个人都提供了一个了解对方决策的重要窗口。克雷蒂安的顾问向我透露了另一次逮捕计划，而我适时提出了反对意见。我向他解释了布鲁塞尔很可能通过协议的前景，让他知道短暂延迟逮捕会让正确的决策占上风。我们确保了和平的结果，避免了冲突。

# 经济外交的参与者

本章的核心内容是从一系列行动的角度出发分析国内决策。为了理解这些行动，有必要介绍一下经济外交的主要参与者，可分为五类：

- 政府官员；
- 部长，即政治家，包括政府首脑；
- 立法机构成员；
- 独立的监管机构；
- 贸易公司、公民社会非政府组织和其他私营部门行为主体。

随着时间的推移，不同参与者的相对重要性发生了变化。部长和非国家行为体普遍变得更有影响力，这归功于第二章解释的采用新战略。相比之下，政府官员的地位有所下降，但仍是在国际环境中进行经济外交的最大单一群体。

## 政府官员

政府官员是经济外交的专业人士。他们提出政策，供部长们作出正式决定。他们捍卫整个政府和上级部委的利益。在这个过程中，他们可能会与其他部门的同事意见相左，而与其他国家相同部门的同事更亲近。他们更愿意达成一致意见而不是产生分歧，当发生纠纷时，他们会寻求私下解决，因为他们知道公开的违规行为更难解决。许多从事经济外交的官员会花很长时间进行国际谈判，并且非常了解外国同行。他们开始相互理解和信任，这使他们很容易被对方说服。这种交往常常可以揭示弥合分歧的方法。

如果同行间的说服还不够，另一种方法是利用外国各部门之间的分歧。经济外交中的国家立场通常来自有关部门各种观点的折中办法。在实践中，一些国家比其他国家更守纪律，因此一个机敏的经济外交官可以利用外国各部门间的分歧来改变对方国家立场。而国际谈判桌可能不是发现这些分歧的最佳场所。因此各国政府在其主要经济伙伴中设立常驻代表团，以更接近他们所期望利用的国内进程。也正因如此，大使馆中的经济外交官主要与外国的财政部、中央银行、贸易部、私营公司以及游说团体打交道，而不是与其外交部打交道。例如，早在 20 世纪 70 年代，作为一名英国驻巴黎经济外交官，我与法国财政部官员的联系最密切。这些官员当时正在与外交部进行权力斗争，这意味着他们会很高兴地告诉我法国外交部想隐瞒的事情。然而，派遣国政府也面临两难的境地。因为经济外交官任职的时间越长，他们的理解力和交往范围就越广。但是，这些经济外交官冒着"入乡随俗"的风险。也就是说，他们受所在国的影响比派遣国政府的影响更大。

### 部长和政府首脑

由于民众的授权，部长比官员拥有更大的权力。政府首脑需承担更广泛的责任，因而拥有更大的权力。部长与官员的不同之处在于，他们是竞争性的而非和解性的。部长们喜欢明确的决定，如果这能促进他们的利益，他们不怕引起争议。部长们喜欢在公开场合工作以吸引有利于自己的宣传报道，但对媒体的批评很敏感。[2]

部长和政府首脑通常在国际谈判的最后阶段进行干预。在官员们尽职尽责地处理事情之后，部长们会介入解决悬而未决的问题，并为最终结果负责。这一阶段的谈判往往是最敏感的，也是媒体最关注的。部长们的目标是保持良好的形象：他们不希望成为达成广受欢迎的协议的唯一障碍。机敏的部长可以利用这一点来说服外国同行签署协议。

部长和政府首脑非常珍惜自己的权威。他们不喜欢迫于外部压力而采取政策，这会让他们看起来软弱无能，并招致批评。但是，当他们出于自己的原因决定推行经济改革时，展示其他国家正在实施类似政策对他们来说可能是有用的，尤其是在改革进行得很痛苦的时候。如果他们能够证明，本国的政策变化将刺激其他国家采取有益的行动，那就锦上添花了。这种策略是利用国际因素来推动国内决策。

### 立法机构成员

在经济外交中作出的正式承诺必须获得议员、参议员、众议员和其他立法者的批准，这些协议才能生效。立法机构成员很少出现在国际谈判桌上，但他们的首肯必不可少。他们关注选民关心的事，绝大部分是国内问题。他们喜欢有明确限制的简单协议，对复杂的开放式安排持怀疑态度。

在英国和加拿大等议会制国家，立法者通常会支持部长们的任何决定。然而，美国宪法赋予国会更多独立权力，对国际谈判产生直接影响。例如，除非美国国会遵守谈判结果而不进行修改，否则其他国家在多边贸易谈判中都会裹足不前。美国谈判代表经常以"国会不接受"作为拒绝一项提案的理由。

让不情愿的立法机构满意可能是经济外交中最困难的问题之一。虽然其他国家和非国家行为体往往容易受到国际影响，但立法机构一般不受国际影响。赢得立法机构支持的一种常见方法是有旁支付（by side payments），即通过平行措施来补偿协议中被认为会带来的不利因素。但是，经济外交参与者们很难随时可以利用有旁支付这种方法。

**独立的监管机构**

到目前为止所提到过的经济外交参与者都参与了各种外交活动。下一类参与者是独立的监管机构，他们在经济外交方面尤其具有影响力。例如，食品安全机构在贸易谈判中占有重要地位。中央银行和金融监管机构在货币和银行业问题上起主导作用（Davies and Green 2008）。

监管机构有两个显著特点。首先是独立性。政府官员依靠部长，部长依靠立法机构，立法者依靠选民；但以央行为例，它们被刻意设立为独立的机构，这样就能顶住政治压力，不放宽不受欢迎的措施。其次是关注范围较小。这些机构通常有一个明确的职责范围，而不愿意考虑这个范围以外更广泛的问题。这两个特点可以使监管机构在自己的领域中发挥非常强大的作用。但这些机构往往不愿与其他经济外交参与者（除了其他监管机构）合作。一旦这些机构开始的方向错误，就很难纠正。

**私营部门参与者**

私营企业团体和公民社会非政府组织通常不出现在谈判桌上，但它们与国家行为体一样重要。公司的前景直接受到谈判所采取措施的影响，而金融市场的反应可以决定这些措施是否有效。公民社会非政府组织会热情地致力于自己的事业，并采取一切可能的手段来推动其事业。这两个团体都会尽最大努力让政府支持它们的目标。它们往往比各国政府更容易形成跨国联盟。

尽管有这些共同点，但企业团体和公民社会通常遵循不同的策略。企业团体更喜欢在幕后施压，不求在公众场合张扬。企业团体可以调动大量资源，例如为支持其论点的研究提供资金。它们往往能够接触到最高政治级别的人员。相比之下，公民社会非政府组织往往从大众运动开始，以赢得民众的支持，从而积极推动宣传。有些人会触犯甚至违反法律，进行阻挠或暴力示威。但大多数人采用的策略是将公众压力与幕后说服相结合。

# 标准国内进程

本章的这一部分考察了政府在经济外交中的决策过程。这一过程分为七个阶段，括号中列出了主要参与者：

1. 发起提案（政府官员和部长）；

2. 外部磋商（政府官员和私营部门参与者）；

3. 内部协调（政府官员和监管机构）；

4. 政治决定（部长）；

5. 民主合法化（立法机构）；

6. 国际谈判（政府官员和部长）；

7. 批准协议（立法机构）。

以上阶段是简化后的呈现。实际上某些阶段可能同时发生，而不是按顺序发生。随着决策的推进，这些阶段很可能全部或部分地重复，原因要么是国内有新的事态发展，要么是与国际谈判相互影响。经济外交很少是一个线性的过程，而更多是一个迭代循环的活动，可以在同一个阶段重复多次。

## 1. 发起提案

国内进程的第一阶段是确定有关主题的牵头部门。该部门的成员将进行国际谈判，其部长将在立法机构作出答复，由此产生的任何费用都将从该部门的预算中拨出。在政治外交中，牵头部门几乎总是外交部。然而，在经济外交中，至少在发达国家中，牵头部门通常是负责该政策领域的内政部门，如财政部、环境部等。由于全球化影响，经济外交的主题在不断增加，然而这一原则并没有受到很大影响。当一个国内政策议题，如就业或教育，成为国际关注的议题时，通常会有一个内政部门负责牵头。有时，一个部门会试图从一个主题的传统负责部门手中接过领导权，但如果没有政府首脑的政治支持，这种做法很少成功。

当经济外交被用于政治目的时，外交部就会在经济外交中发挥主导作用，就像俄罗斯入侵乌克兰后西方国家对俄罗斯实施的制裁一样。在其他领域，外交部即使不处于主导地位，也仍然是一个关键角色。这是因为外交部传递外交使团提供的情报和建议，而这些情报和建议往往对国际协议至关重要。

目前没有单一的规则来分配国际贸易谈判中的主导权，因为国际贸易谈判处于对外政策和国内政策的分界线上。在许多国家，国际贸易谈判归属负责工业或经济的部门。但在有些国家，如日本，则是由外交部负责谈判；而在另一些国家，如巴西、加拿大和澳大利亚，是将外交事务和国际贸易的责任整合到一个部门。美国和欧盟各自将贸易谈判委托给一个单独的机构：美国贸易代表处（USTR），它是美国总统行政办公室的一部分；以及欧盟贸易专员，他得到欧盟委员会贸易总司（DG Trade）的支持（Destler 2005；Wallace 2015）。

首脑会议在经济外交中的作用越来越大，这意味着政府首脑可以在具体问题上亲自牵头，并把责任委托给自己的工作人员。七国集团和二十国集团峰会是由一个"峰会的筹备官"领导的小团队筹备的，他们可以利用政府首脑的权威以促成协议的达成。这通常可以提高决策的速度，克服官僚主义的障碍。但主要部门可能会士气低落，因为其专业技能和专业知识被白白浪费了，而总统的工作人员则会超负荷工作。

### 2. 外部磋商

一旦选定议题，牵头部门就会启动两个并行的进程：与政府以外的参与者进行外部磋商，并与其他政府部门和机构进行内部协调。这两个进程相互作用。自实施新经济外交战略以来，外部磋商的影响力大大增加。

政府部门通常会征询商界的意见，听取直接影响民生的意见，以及测试市场对政府政策的看法。反过来，企业通常组织良好，通过全国性的行业联合会、行业协会或个体企业（参见第六章）以表达自己的观点。来自商界的压力可能是相互矛盾的。小公司可能与大公司有不同的利益。农民希望农产品价格走高，但食品加工业希望投入价格保持在低水平。一些商业领域成功地"俘获"政府部门，以至于这些部门变得依赖企业。这尤其适用于世界各地的农业游说团体，也适用于2007—2008年金融危机爆发前许多国家的金融服务业。

各个政府部门越来越多地与各种各样的非营利机构，即公民社会非政府组织进行协商。这些组织包括工会，尽管它们的影响力正在下降；游说团体和慈善机构发挥了更大的影响力，特别是在发展、环境和消费者利益方面（参见第五章）。非政府组织可以是强有力的、能言善辩的倡导者：在一些国家，环境游说团体已经掌握了政府的政策，甚至以"绿党"的身份进入政界。但是，非政府组织之所以变得活跃，通常是因为它们不满足于政府所采取的路线，同时它们也经常反对商业利益。因此，政府在与它们接触时必须谨慎。非政府组织可能是直言不讳且坚定的，但在整个国家只代表少数人的观点。

各个部门也会咨询专家意见，包括专门研究政策问题的学者和智囊团。经济外交中的问题往往是复杂的、专业性强的，因此各部门无法在内部具备所有必要的专业知识。因此专家学者会发挥很大的影响力。例如，将《关贸总协定》转变为世界贸易组织的想法来自密歇根大学的一位学者约翰·杰克逊教授。[3]

所有这些参与者——企业、非政府组织和专家——不仅在国内决策过程中向政府提出自己的观点，而且致力于对国际谈判产生直接影响。在许多领域都已经建立了这样的渠道，比如政府间气候变化专门委员会，它调动了所有最好的科学建议。二十国集团峰会现在由B20

（针对商界）、C20（针对非政府组织）和T20（针对学术界）等组成
（Hajnal 2014）。

### 3. 内部协调

内部协调的目的是让整个政府在官方层面达成一致意见。该流程的第一步是由牵头部门决定自己的战略并解决内部分歧。例如，在经济部门中，负责世界贸易组织贸易谈判的部门可能急于看到贸易壁垒的降低，但负责纺织业的部门可能希望保持贸易壁垒，这样国际和国内压力之间就会出现紧张关系。在外交事务和国际贸易是由同一个部门处理的地区，如巴西，该部门必须协调其政治和经济目标。

牵头部门接下来要设法说服其他有关部门采纳其观点。一场复杂的谈判，如涵盖农业、工业和服务业的多边贸易谈判，几乎可能涉及每个政府部门。但即使是在更精确的领域，比如气候变化，负责环境政策的部门也会带头征求经济、财政、发展和外交等部门的意见。每个部门都有各自的关注点：经济部关注商业机会和成本；财政部关注现金价格；发展部关注对贫穷国家的影响；而外交部关注更广泛的外交政策影响。每个部门都会与外部力量——商界、非政府组织、学术界和其他方面——有自己的联系。例如，能源行业与经济部门联系更紧密，而不是环境部门。

在许多问题上，中央政府以外的公共机构已成为协调进程的重要组成部分。独立的监管机构在食品、健康和环境安全以及金融领域扮演关键角色。中央银行一直参与国际货币事务，现在央行已成为金融监管的主要权威机构。在联邦系统中，有时负责的机构是地方一级的。因此，美国的州保险监管机构和德国各州的食品安全局都参与了经济外交。这些独立机构的作用越来越大，有时会使决策复杂化，因为它们不愿考虑自己狭义职权范围之外的因素。

举个简单的例子，牵头部门会通过信函邀请其他部门商定一个共同的立场。如果意见有冲突，将由牵头部门或中立机构召集和主持官

员会议予以解决。在英国，内阁办公室经常担任经济外交中的中立主席和秘书处。大多数其他政府都有类似的机构。

任何有关立场问题的部门间谈判通常都会达成一个折中办法。没有一个部门会实现其所有目标，每个部门都必须调整或放弃一些目标。一旦达成共识，各部门应该放弃那些共识以外的目标，让政府各部门发表同样的观点。这加强了谈判立场，并极大促进了有效的经济外交。如果一个国家不能实现本国各部门间保持一致，其他国家就会利用其不团结。这就让德国和美国这样的国家处于不利地位。它们的联邦制结构和对高级官员职位的政治任命制度使它们容易发生这种"地盘之争"。[4]

然而，严格的一致也有其不利之处。如果只是在各方都能捍卫的立场上艰难地达成协议，那么在谈判中就很难对其进行调整。这尤其会影响到欧盟。要在欧盟委员会各总理事会和 28 个成员国之间找到一个共同立场是非常困难的，以至于欧盟的决策过程往往已经用尽了欧盟谈判代表所希望的所有灵活性（欧盟经济外交将在第十章中进一步解释）。

作为协调进程的一部分，牵头部门将寻求媒体参与，因为提高透明度是新经济外交中另一个受欢迎的策略。对于政府来说，这是另一个棘手的决定。一方面，媒体的支持在协议达成之后非常重要，以便民众支持国际协议。因此，提前让媒体做好准备是值得的。但是，如果政府的立场在这个早期阶段就为公众所知，那么在谈判的后期可能更难改变。传统做法是非定向地向信任的联络人说明谈判立场：他们将获得信息并可以发布，但这些联络人不应代表政府，也不应是固定的立场。然而，当互联网上信息泛滥，又时常发生机密文件泄露事件时，政府在保持谈判灵活性的同时，又要让媒体满意就变得越来越难了。

### 4. 政治决定

到这个阶段为止，常任官员在很大程度上推动着国内决策进程。

下一个阶段将提升到政治层面，并涉及部长。这个阶段部长的行动可以分为三个不同的活动。

作为最低要求，官员们要将他们的工作提交给部长批准，以赋予其政治权威。如果官员们同意某一立场，那么通常只需首席部长写信给同事或在内阁进行报告，就可以简单获得部长级的批准。[5]

部长们的第二种行动是解决争端。官员们可能无法达成一致，或者部长们可能不同意官员的建议。在这种情况下，部长们必须亲自开会。大多数政府都有这样的机构，例如在英国，有一个内阁部长委员会制度。部长们将有不同于官员的判断标准，并将对议会和民众施加的压力作出更积极的反应。如果在部长级讨论之后仍然存在分歧，那么政府首脑就会参与进来，解决问题并充当仲裁者。然而，政府首脑的时间非常宝贵，各部门将尽最大努力在不涉及政府首脑的情况下解决问题。

第三种行动是部长自行提出倡议。本章到目前为止分析的是正在进行中的经济外交，在这种外交中，只有在官员处理了现有问题之后，才会寻求部长级权力。但部长们可能会决定推出新政策，并在这一进程更早的时候自行干预。特别是，政府首脑可以利用其权威来推动议题的进展，而不是等待成为仲裁者。部长们更多参与的是另一个在新经济外交中受到青睐的战略。

### 5. 民主合法化

在非民主政府中，由部长或政府首脑作出决策来解决问题。但在民主国家，还需要进一步的程序，以使政府商定的立场具有合法性，并满足其对选民的责任。政府需向选举产生的立法机构提交一份报告，立法机构通常通过投票方式来支持政府的决定。在实行议会制的国家里，这一步通常在经济外交进程中的较后期出现。但在其他地方，特别是在美国，民选机构可能会更早地参与进来。

民主合法化使经济外交中最关注国内政治的参与者能够参与进

来。政府要在立法机构赢得授权选票，必须获得执政党或联合执政党的支持，这些政党必须相信该决策将对他们的选举地位产生积极影响。但选举政治取决于历史和惯例，而不是逻辑。例如，农村选区在选举中所计的权重往往超过其人口数量所分配的权重。这使得美国、日本、法国、印度和许多其他国家决心抵制任何会损害其农民利益的国际措施。在农业谈判中达成协议总是很困难的，即使所有的经济论据都证明协议的合理性（参见第九章）。

立法机关的议事程序通常会附上供媒体使用的正式声明和简报材料。政府会正式宣布其立场并承担相应责任。而议会和媒体的反应将对部长产生比政府官员更大的影响。因此，非国家行为体，如企业和非政府组织，除了与官员直接接触外，还会试图通过议会和媒体影响政府决策。

美国国会在经济外交方面拥有非常广泛的权力。美国政府必须努力调动国际舆论来抵消国内压力。一种方法是加强外部磋商。这样，跨国公司就有大量的机会提出自己的观点，并能看到这些观点在政策中得到反映。在奥巴马总统的领导下，环保非政府组织和工会也取得了进展。如前所述，另一种方法是给予政府官员更大的政治影响力。在美国，部长和官员之间并不像其他地方那样有明确的区别。除了内阁级别的部长外，每个部门的高级职位都由政治任命的官员担任，而不是由常任官员担任，因为他们与执政当局有联系。这往往会使部门之间的关系变得竞争激烈，因此部门间的纪律薄弱，白宫往往不得不介入解决"地盘之争"。

### 6. 国际谈判

到这一阶段，政府已准备好进行谈判。虽然这是国际进程的核心，但在国内层面，早期的几个阶段将不断迭代。随着谈判的进行，内部协调将会频繁进行，通常是每天都会进行，同时会存在定期的外部咨询、在关键阶段更新政治权威，甚至立法机构介入等行动，尤其是在美国。如果国内的决策过程很复杂，国际谈判代表将很少有"代理空间"，即在没有国内明确授权的情况下采取行动的能力。

### 7. 批准协议

当各国政府结束谈判并达成国际协议后，批准协议就完成了国内程序。这涉及正式重复所有早期阶段。首先，牵头部门谈判代表向其他有关部门汇报协议内容并征求其同意。首席部长向其他内阁成员介绍情况，再次确认先前授予的政治权力。此后，协议呈送议会，通常进入立法程序，以便政府能够履行之前作出的承诺。政府还会发起媒体宣传活动，以确保大众能接受该协议。

没有哪国政府希望看到达成的国际协议无法在国内获得批准。因此，各国政府会提前采取预防措施，以避免这种危险情况发生。有时可能是正式的预防措施，例如，美国政府申请贸易谈判的预先授权，这意味着国会可以批准或拒绝一项协议，却不能修改其条款。经验丰富的国际谈判者会通过调整策略以应对批准阶段遇到的任何问题，甚至试图将这些问题转化为自己的优势（Putnam 1988）。即使有这些预防措施，但谈判者们向国内申请批准协议时，都是一场博弈。

---

**案例一：世界贸易组织的金融服务**

本章的下一小节涉及金融和债务领域的 3 个案例研究。国际谈判中所有的关键参与者将以不同的组合形式出现在以下 3 个案例中。这些案例阐释国内决策过程，并展示如何利用国内决策过程以促进达成国际协议，反之亦然。第一个案例揭示了私营企业的影响力。

作为世界贸易组织的一部分，《服务贸易总协定》（General Agreement on Trade in Services，GATS）于 1995 年生效。它首次规定了服务贸易的多边规则和消除贸易壁垒的策略。但《服务贸易总协定》只是提供了一个框架，其内容还需要由世界贸易组织成员国

---

在具体服务领域作出的承诺来填补。金融服务便是关键领域之一，其中包括银行、保险及其他相关活动。然而，关于金融服务协议的谈判因缺乏进展而暂停，部分原因是欧洲各国和美国政府之间的分歧。然而，由于在这一领域没有国际制度的约束，包括英国在内的欧盟出于自身利益的考虑，希望达成此种协议。只有在协议允许美国进入发展中国家新市场的情况下，美国才会接受某项协议。然而，许多发展中国家对这样的承诺总是犹豫不决。

### 私营部门参与进来

美国和欧洲政府在很大程度上依赖代表私营企业的团体给出的建议。在美国，关键团体是服务业联盟（Coalition of Service Industries, CSI），在英国是无形的英国力量（British Invisibles, BI）。离开英国驻外部门后，本人担任民间机构英国力量的服务贸易自由化委员会（LOTIS）主席一职。[6]基于各方共同支持改善市场准入的金融服务协议，我所代表的英国委员会以及其他欧洲机构同意与美国结成联盟。各国决定制定一份希望消除的阻碍银行业和保险业发展的清单。美国和欧洲的企业和贸易协会融合各方知识成果，起草了一份面向21个目标国家的"金融服务贸易壁垒共同清单"。[7]这份清单提交给了在日内瓦的美国和欧盟代表团，成为他们商定谈判战略的基础。

在搞定本国政府后，服务贸易自由化委员会和其他民间团体将注意力转向选定的发展中国家。我们在日内瓦游说发展中国家的代表团，并派出代表团访问其首都，以此宣传金融服务开放市场的优势。我们知道，目标国家内部正在辩论如何利用外国投资改善木国经济，并从全球化中获益。我们则利用国际谈判来影响这些辩论。

1997年12月，世界贸易组织金融服务协议成功缔结。它实现了服务贸易自由化委员会全体成员的目标，因为所有目标国家都作出了承诺。诚然，大多数国家只是承诺不会使现有制度变得更糟，而非承诺采取积极行动使其变得更好。然而即使这样，这项协议仍有价值，因为许多国家的制度在 5 年谈判中已经自由化。如果没有私营部门在幕后参与，永远得不到这个结果（Dobson and Jacquet 1998）。

### 印度和中国

这一案例研究也揭示了印度与中国截然不同的经济外交方式。印度在国内垄断保险业，所有的外国公司都无法进入，我们的私营部门团体曾希望印度能结束垄断。世界贸易组织谈判也未能在这方面取得进展。但西方保险公司说服了实力雄厚的印度工业联合会（Confederation of Indian Industry，CII），让他们相信印度的成员企业需要外国保险公司提供的先进服务，而印度本土公司无法提供这种服务。印度最初抵制国际压力，后来印度工业联合会在国内进行游说，印度政府放松了对保险业的垄断。抵制外部压力一直是印度对外贸易政策（Efstatho poulos 2015）的一大特点。印度经常发现很难克服根深蒂固的地方利益，但更有可能出于纯粹的国内原因进行经济改革。

当时中国正在就加入世界贸易组织的条件进行谈判，最终于 2001 年成功入世。与印度不同的是，中国政府以积极的态度欢迎外部压力。朱镕基总理当时利用国际谈判推动中国经济进行广泛的国内改革。国际谈判包括金融服务部门，美国和欧洲企业就金融服务领域再次联合建议政府和欧委会。在加入世界贸易组织的第一个 10 年里，中国一直努力消化为确保入世而采取的政策。2015 年，中国参与了世界贸易组织的《信息技术产品协议》，并启动了中美和中欧双边投资协定的谈判。由此，中国经济外交出现了新动向（Mitchell 2015）。

## 案例二：减免低收入国家的债务

案例二聚焦七国集团和八国集团峰会讨论的贫穷国家债务减免问题。此处选择了非政府组织、立法机构和政府首脑各自发挥作用的 3 个事件。

近 20 年来，在国际货币基金组织和世界银行的主持下，各国财政部长及其官员定期商讨减轻贫穷国家对各国政府和国际机构的债务。但由于财政部长及官员会本能地坚持债务国全额偿还债务，这些谈判常常以破裂告终。因此，这个问题上升到了峰会层面，出席峰会的各国政府首脑对道德和人道主义讨论往往持更加开明的态度。债务减免的讨论促使慈善机构、宗教团体和其他非政府组织结成广泛联盟，共同发起"千禧年免债运动"（Dent and Peters 1999）。这场运动的目标是可能会接受免债的峰会，虽然七国集团的一些成员国更容易接受这一举措。法国、加拿大和英国在 1988 年多伦多峰会上首次提出了这一话题，该峰会同意减免贫穷国家三分之一对各国政府的债务。由于争取到了美国和意大利的加入，这一债务减免比例在 1991 年伦敦峰会上升到了二分之一，在 1994 年那不勒斯峰会上升到三分之二。但国际货币基金组织和世界银行等机构的债务减免直到 1996 年在"重债穷国计划"启动后才得以实现（Bayne 2005：26—31）。

### 1998 年峰会和 1999 年峰会

1998 年在伯明翰举行的第一次八国集团峰会上，英国首相托尼·布莱尔提倡放宽"重债穷国"制度，提高生效速度。"千禧年免债运动"有相同的目标，在峰会举办地开展了一次大规模的和平示威。事实上，由于德国和日本的抵制，伯明翰峰会进展甚微。尽管免债运动的倡导者们对此感到失望，但已经瞄准下一届峰会的轮值主席国德国，德国将在下一届峰会之前举行大选。主张加大债务减免力度的德文信件纷纷涌入德国财政部以及总理赫尔穆特·科尔和反对党领袖格哈德·施罗德的办公室。这一战略超出了人们的预期：施罗德当选为德国联邦总理，并宣布德国将实行更加宽松的债务减免政策。日本紧随其后，以免被孤立。由此可见，非政府组织的干预非常有效（*Economist* 1999）。

但德国财政部并不买账，继续拖延时间。非政府组织的第二次干预是在政府首脑层面。布莱尔当时与施罗德关系非常密切，向他透露了正在发生的事情。施罗德把债务减免的职责从财政部转移到自己的总理团队，并借机罢免了引起麻烦的财政部长奥斯卡·拉方丹（Oskar Lafontaine）。此后，债务减免在德国顺利推行。此外，1999 年举办的科隆峰会也大大改善了面向贫穷国家的免债制度。如今，国际社会已完全免除了贫穷国家的政府债务，国际货币基金组织和世界银行也实施了更大力度的债务减免，尽管仍是部分减免（Bayne 2005：69—74）。

### 2002 年峰会

七国集团及其他国家出资 25 亿美元成立信托基金，以减免贫穷国家的世界银行债务。到 2002 年，信托基金仍需 10 亿美元。美国国会并不会批准美国出资，因此，除了美国，七国集团其他成员国都同意出资。如何能让美国国会同意呢？卡纳纳斯基八国集团峰会解决了这一难题。

美国国会投票决定投入 100 亿美元用于帮助俄罗斯清除核武器和化学武器。布什希望七国集团其他成员国也配套出资 100 亿美元。七国集团政府首脑正准备照做时，却发现俄罗斯在国内百般阻挠。峰会期间，普京总统与小布什总统直接进行交谈，并承诺排除阻碍，从而使七国集团其他成员国宣布投入配套的资金。美国国会随后欣然同意美国出资世界银行信托基金。各国首脑在峰会上达成这种跨议题协议，这让小布什总统能够与美国国会共用一笔有旁支付资金（Bayne 2005：130—133）。

### 2005 年峰会

2005 年的八国集团鹰谷峰会再次由英国首相布莱尔主持，在此期间，债务减免进入了最终阶段。会议议程的重点是援非政策、贸易准入和非洲债务减免。这次峰会再次引发了一场大规模的非政府组织运动，其口号是"让贫穷成为历史"，引起了公众的强烈兴趣。八国集团峰会事先商定了一项新的债务减免一揽子方案，全面减免贫穷国家对国际金融机构的债务；但在峰会召开时，援助额目标仍存在争议。在官方层面，美国、德国和日本不会同意到 2010 年将每年的援助总额增加到 500 亿美元，其中一半用于非洲。因此，布莱尔亲自游说美国总统小布什、德国总理施罗德和日本首相小泉纯一郎。最终，三国首脑都同意了这项政策，因为没有哪个人愿意被视为这项影响深远政策的绊脚石。对于政府首脑来说，正是由于债务减免问题引起了民众的广泛关注，即使政府官员给出了更为技术性的保留意见，他们仍然选择通过新的债务减免政策（Bayne 2007：263—280）。

### 案例三：欧元区宏观经济的紧张局势

本章的前两个案例非常明确，并以成功的解决方案而告终。然而，欧元区的问题要复杂得多，并且揭示了经济外交也会出错的事实（Saccomanni 2016）。

### 欧元区的创立

1999 年，大多数欧盟成员国（现在 28 个成员国中的 19 个）成立了货币联盟——欧元区。欧元区由独立的欧洲中央银行（European

Central Bank，ECB）管理，欧元成为统一货币。[8]欧元区的创始条约意在建立一个永恒的联盟，未曾设想会有成员国脱欧。这项条约没有任何条款提及援助陷入困境的国家，而且明令禁止欧洲央行直接为欧元区各国政府提供资金。欧元区的货币政策完全是集体性的，但财政政策却是在各国范围内实施，并且遵守某些共同规则。一开始，欧元区成员国需要将政府债务保持在国内生产总值（GDP）的60%，年度预算赤字保持在国内生产总值的3%；但各成员国并非总是遵守此标准，就连德国也做不到（Hodson 2015：170—175）。

在 21 世纪初，欧元区的利率趋同，因此希腊的借款利率几乎与德国一样低。一些国家通过借贷大量资金以资助本国的住房建设，如西班牙和爱尔兰；有的国家将这些借贷资金用于进口商品，如葡萄牙和希腊（Coggan 2011）。2008 年金融泡沫之所以破灭，一部分原因也是这些债务引起的。但由于欧洲央行迅速采取行动，一开始欧元区成员国的境况比美国或英国好一些（Davies and Green 2010）。欧元区成员国推出了专门的财政刺激手段来应对经济衰退，但一旦经济恢复增长，就恢复了原先严格的财政比率。

**希腊危机及其后果**

2009 年末，希腊宣布预算赤字已膨胀至国内生产总值的 13%，在没有援助的情况下，希腊无法实现融资。然而，以德国为首的欧元区其他成员国并不愿出手相助。国际金融市场认为，由于最初提供给希腊的贷款数额太少，希腊无法避免陷入违约的境地。因此，欧元区在短时间内建立了新的欧洲金融稳定基金（European Financial Stability Facility，EFSF）。任何陷入困境的欧元区国家都可以向其申请贷款，前提是必须遵守欧洲金融稳定基金严格的纠正措施，以此恢复本国的偿债能力。国际货币基金组织承诺为欧洲金融稳定基金提供资金支持，以便欧盟委员会、欧洲央行和国际货币基金组织共同确保纠正措施得到执行。这些措施恢复了欧元区的平静之后，临时性的欧洲金融稳定基金转变为永久性的欧洲稳定机制（European Stability Mechanism，ESM）。但德国坚持认为，政府债务的私人持有者必须共同分担欧洲稳定机制的救助成本。这使得国际市场对所有看起来不堪一击的欧元区国家产生了反感。

爱尔兰和葡萄牙很快就需要上述援助计划，并愿意遵守严格的附加条件。但希腊仍处于困境，于是制定了第二个救助计划。该计划要求私人债券持有者接受 50% 的债务减记。希腊的银行需要新的资金，而其他地方的银行则面临越来越大的压力。西班牙和塞浦路斯也亟须欧洲稳定机制融资以拯救国内银行，因为两国政府无法筹集到足够的资金。意大利和斯洛文尼亚等其他国家看上去也风雨飘摇。直到 2012 年中，欧洲央行宣布，只要成员国接受相应的纠正措施，它将无限制地购买任何陷入困境的欧元区国家发行的债券，这场危机才得以遏制。

虽然这一承诺从未得到检验，但是欧洲央行的举措取得了预期效果。爱尔兰和葡萄牙走出了欧元区的救助名单。资金回流到银行，新成立的"银行联盟"为各国银行提供支持，就连希腊的境况也似乎正在改善。但好景不长，2015 年初，反对紧缩政策的希腊左翼激进联盟赢得大选。他们相信欧洲债权人会继续无条件地提供资金，以防止希腊退出欧元区。但他们的博弈以失败告终。几个月的谈判毫无结果，希腊经济一路倒退，直到政府耗尽资金。最终，希腊被迫引入资本管制，接受欧元区的第三个救助计划，遵守与之前一样苛刻的条件（Hodson 2015：175—180）。

### 识别紧张局势

在这个案例中，尽管经济外交取得了一些进展，但令人大失所望。通过以上案例，可以总结出以下五个问题：

- 欧元区的局限性；
- 巨大的国内压力；
- 从集体行动转为国家行动；
- 政府和银行之间的理解不足；
- 对外部压力的熟视无睹。

**欧元区的局限性**

在希腊危机期间，希腊似乎看上去常常要被迫退出欧元区。许多经济学家认为，如果希腊能发行自己的货币，那么将更容易恢复经济增长，重获偿债能力，也不必遭遇如此严重的困境。然而，欧元区成员国的身份注定是不可逆转的。如果有一个国家因无法负担经济压力而被迫离开欧元区，那么其他国家也会发生同样的事情，欧元区的完整性会遭到破坏。希腊民众大力支持希腊加入欧元区，但如果经济状况进一步恶化，情况也可能会有所变化，后果不堪想象。

**巨大的国内压力**

希腊危机爆发时，欧元区的选民正饱受经济衰退之苦，未曾想过帮助其他成员国渡过难关。一些较为谨慎的国家，尤其是德国，也包括荷兰、芬兰和斯洛伐克，国内都强烈反对将稀缺资源用于陷入困境的国家。债权国政府屈从于公众舆论，试图通过坚持对困境国家采取严厉的纠正措施以限制救助成本。但这些措施重点关注纠正预算赤字，对恢复经济增长毫无帮助。对于困境国家的选民来说，忍受外部强加的持续紧缩政策，而且看不到缓解的前景，这无疑是很痛苦的。于是，这些选民转而反对本国政府。所有这些政府在危机期间至少更迭过一次。爱尔兰和葡萄牙的继任政府一直坚持到退出救助计划。但是，希腊遭受了最艰苦的磨难，历经四届政府，结果仍不明朗。

### 从集体行动转为国家行动

在如此强大的国内压力下，集体决策变得非常困难。在货币政策方面，欧洲央行的权威总是占据主导地位。但是，财政政策仍然是国家的责任，欧盟委员会只是处于边缘地位。"欧元集团"的财政部长或欧洲理事会政府首脑通过各自政府间的密切交流，制定关键决策，这个过程被称为"紧密型跨政府主义"（Hodson 2015：187—191；Wallace and Reh 2015）。财政部长沃尔夫冈·朔伊布勒和总理安格拉·默克尔领导的德国成为主导力量，德国的观点决定了欧元区的决策。德国优先考虑平衡预算和结构性改革，抵制刺激经济增长的措施，也反对为欧元区债券提供连带担保。因此，欧元区的经济增长仍然疲软，2015 年欧元区的总体国内生产总值仍低于 2008 年的水平。

### 政府与银行之间的互动

作为政府债券的最大持有者，欧元区内外的商业银行是这场经济危机中的主要非国家行为体。总体而言，各国政府并不了解银行对政府的决定将如何反应。随着这场危机逐渐恶化，非欧洲银行纷纷减持债务，存款则从欧元区的高风险国家转移到更安全的地区。这让那些脆弱国家的银行更加雪上加霜，银行需要政府的援助，然而政府也没有资金来源。欧洲央行解决了德国的反对意见后，也能适时提供有效的支持。当各国政府成立新的银行联盟时，它们都十分愿意由欧洲央行负责监管，但坚持认为，应由国家出资来清算陷入困境的银行，绝不能让其成为纳税人的负担。随着意大利等国家的坏账浮出水面，银行再次感到忧心忡忡。

### 对外界影响的熟视无睹

国际货币基金组织为最初的希腊救助计划以及爱尔兰和葡萄牙的救助提供了三分之一的资金。它向希腊提供的提款额度高达其配额的 35 倍，是迄今为止自有记录以来的最大倍数。但是国际货币基金组织开始批评欧元区的紧缩战略。它支持建立一个规模更大的欧洲稳定机制，为欧元区的债券提供联合担保。但它所有的提案都遭到了否决。因此，国际货币基金组织在第二轮希腊救助计划中仅提供了六分之一的资金，并对第三轮希腊救助计划持保留态度。它认为希腊的债务现在已经大到无法全额偿还，因此债务减免势在必行。但德国和其他欧元区国家抵制减免债务（Spiegel and Chazan 2016）。

国际货币基金组织对欧元区的质疑日益增长，这也反映了其非欧洲成员国的看法，这些国家不喜欢国际货币基金组织把注意力放在欧元区问题上。2012 年，在危机最严重的时候，国际货币基金组织从欧洲和非欧洲成员国筹集了约 4 500 亿美元，以防欧元区经济危机波及更广泛的世界经济（美国和加拿大没有参与此次资金筹集）。但这些资金的发放可能取决于欧元区按照国际货币基金组织董事会的建议调整其政策，但欧元区不太可能接受这一建议（Bayne 2012；IMF 2012）。

## 总　结

这些结论将前一章确定的三种分析方法应用于经济外交实践。这些结论研究了建构主义、理性主义和双层博弈理论（按此顺序）如何阐释不同行为体的运作模式，如何分析决策顺序的生效方式，以及如何研究各案例的突出层面。

### 建构主义

说服与互信是建构主义的核心概念，与经济外交实践的诸多方面密切相关。政府官员很好地利用了这两个概念，无论在国内还是在国际上，他们都能与对方发展密切的联系，并建立相互信任。由于很少出席正式签订协议的场合，企业、非政府组织和学术组织等非国家行为体一般依靠说服来推进自己的目标。在决策过程中，建构主义的说服力在外部协商和内部协调中最为显著，在协商协调过程中，各参与者逐渐趋于妥协。一旦部长和立法机构参与决策过程，说服的作用就相形见绌了。

在加拿大的案例研究中，克雷蒂安的外交顾问和我之间的相互信任是确保达成和平协议的关键。但是，在其他地区，无论是在加拿大和西班牙之间，在欧盟成员国之间，还是在加拿大政府内部，都缺乏信任。在世界贸易组织的金融服务谈判中，私营部门团体的说服力也是确保谈判成功的关键。债务减免案例研究表明，七国／八国集团的领导人参与说服过程远远多于采用理性主义的讨价还价。这是因为在峰会过程中，各国首脑不能强迫他人接受自己的观点。然而，英国首相布莱尔在科隆峰会和鹰谷峰会之前的干预说明了个人说服能在多大程度上决定谈判结果。相比之下，尽管那些主要参与者不得不花很长时间坐在谈判桌前，但欧元区危机从一开始便暴露了各国之间信任度很低的事实。事实上，决策的达成并不是因为谈判者达成了一致意见，而是因为弱国根本别无选择。只有欧洲央行赢得了各国的信任，尽管德国对此也心存疑虑。

**理性主义**

理性主义的核心概念是讨价还价和达成协议。它们与说服一样，是经济外交实践中不可或缺的一部分。一旦政府官员通过说服手段争取到了最大利益，通常他们会讨价还价以达成正式协议。独立监管机构起初也常常利用说服手段，但它们的主要目的是商定细则。相比政府官员，部长们没有那么多时间来培养相互信任和说服其他参与者，因此他们一般会通过干预经济外交，以达成协议或解决争端。政府首脑在国内决策和七国峰会以外的会议（如欧洲理事会）中也是如此。同样，无论是在民主合法化阶段还是在批准阶段，立法者都要参与确认正式协议，尽管他们会尽其所能说服他人，捍卫自身利益。

理性主义从多方面阐释了加拿大渔业案例的相关情况：北大西洋渔业组织（NAFO）内部最初的协议怎样以失败告终；加拿大和欧盟之间的新协议如何打消西班牙的不配合，并解决了渔业问题。在世界贸易组织中，一旦核心参与者接受了私营部门团体有说服力的论点，各国政府的谈判代表就能达成普遍接受的金融服务协议。随着越来越多的七国集团国家接受债务减免原则，想要在这方面取得进展，就需要连续达成协议，以锁定更有利的条款。然而这些只是政府首脑出于本国愿想作出的决策，还必须得到国际货币基金组织和世界银行的正式确认。在 2002 年八国集团峰会上达成的协议中，理性主义的联系概念至关重要。在欧元区危机中，虽然建构主义无力解释，但理性分析几乎可以解释事态曲折发展中的每一步。有关价值主张的策略很常见，但价值创造的策略却很少。

### 双层博弈隐喻

鲍勃·帕特南教授将双层博弈隐喻作为联系国内决策和国际谈判的工具。[9] 各方的国内（层次 1）立场（用帕特南的话来说便是"获胜集合"）必须相互兼容，才能在国际（层次 2）上达成一致。双层博弈理论阐述了在一个层次采取的行动是如何影响另一个层次的决定，从而达成协议，这对理解经济外交大有用处。这就是帕特南所说的"回应"。

"回应"可以适用于经济外交的所有参与者（尽管很少有立法者）。当大使馆能够渗透到派驻国家的国内政治事务中时，外交部官员就有了特殊的机会。同样，政府首脑也有条件利用"回应"这一工具，因为他们同时承担着国内和国外的责任。当非国家行为体比其母国政府有更紧密的国际联系时，它们便可以利用这一优势。在标准谈判过程中，经济外交的参与者可能在任何阶段尝试"回应"。但通常来说，经济外交的参与者在谈判后期进展可能不畅时，才会采用"回应"手段。

在渔业案中，擅长和解的加拿大外交事务与国际贸易部从好斗的渔业部手中接管了国内渔业领导权之后，加拿大的对外立场发生了变化。于是，其他欧盟成员国将与加拿大签订的第一层次协议作为手段，在第二层次协议中对西班牙进行打击——这个例子很清楚地展现了"回应"的作用。在世界贸易组织谈判中，私营部门团体有着密切的国际联系，这使它们能够联合起来，赢得本国政府的支持。"回应"也能用来解释印度和中国为改变国内政策所采取的不同策略。就债务减免而言，布莱尔曾在1999年出面干预，要求免除充满敌意的德国财政部职责。2005年，他又一次劝说小布什、施罗德和小泉纯一郎推翻本国官员的建议。2002年，小布什利用峰会关于清除俄罗斯核武器的决定，说服美国国会授权政府为世界银行提供资金。

在分析为应对欧元区危机而采取的政策时，双层博弈隐喻不那么奏效。债权国十分重视国内舆论，因此它们基本上不受来自债务国和国际货币基金组织等外部组织压力的影响。显而易见，"回应"的成功案例几乎没有；为了实现"回应"，各国也作出过各种尝试，比如发行欧元区联合债券，但这些债券惨遭德国封锁。自2011年金融危机刚刚结束以来，这种严格区分国内和国际决策层的做法是经济外交中的一大隐患，且这一隐患随着国际机构的衰落和国家行动的增加可见一斑。本书的最后一章将回顾"回应"的结果。

注释：

1. 英联邦国家（如英国和加拿大）之间互派的使节叫做高级专员而不是大使。

2. 此处对部长和官员之间的区别的敏锐分析，今天仍然适用，参见 Joel Aberbach, Robert Putnam, Bert Rockman（1981）。

3. 世界贸易组织的设计几乎完全采纳了约翰·杰克逊教授在《重组关贸总协定体系》（*Restructuring the GATT System*）（Jackson 1990）中提出的建议。

4. 相比之下，英国的文官政治中立制度在这方面堪称纪律严明。1983 年至 1989 年，担任英国外交大臣的杰弗里·豪记录了欧洲同事对英国的羡慕之情，他们会说："你们英国人就像克里姆林宫一样，每个人的说法都一模一样"（Howe 1994：447）。

5. 欧盟的部长理事会复刻了这种做法，在该理事会中，每次会议都以未经讨论的决定开始，这种情况被称为"A 点"。

6. "无形的英国力量"最初是由"英国无形出口委员会"发展而来，现在被称为"英国城市"。

7. 目标国家和地区包括 3 个经济合作与发展组织成员国（墨西哥、韩国和土耳其）、3 个中欧国家（捷克共和国、匈牙利和波兰）和 15 个发展中经济体，包括巴西、印度和中国香港。

8. 到 2015 年，欧元区成员国包括：奥地利、比利时、塞浦路斯、爱沙尼亚、芬兰、法国、德国、希腊、爱尔兰、意大利、拉脱维亚、立陶宛、卢森堡、马耳他、荷兰、葡萄牙、斯洛伐克、斯洛文尼亚和西班牙。欧元区以外的欧盟国家是：保加利亚、克罗地亚、捷克共和国、丹麦、匈牙利、波兰、罗马尼亚、瑞典和英国。

9. 我观察了鲍勃·普特南如何完善自己的论点，他的论点首次出现在我与他合著的一本有关七国集团峰会的书中。比较 1984 年鲍勃·普特南和尼古拉斯·贝恩共同提出的观点与 1988 年鲍勃·普特南的观点，详见第十三章。

## 参考文献：

Aberbach, J., Putnam, R. D. and Rockman, B. 1981. *Bureaucrats and Politicians in Western Democracies*. Cambridge, MA: Harvard University Press.

Bartleman, J. 2005. *Rollercoaster: My Hectic Years as Jean Chrétien's Diplomatic Advisor*. Toronto: McClelland & Stewart.

Bayne, N. 2005. *Staying Together: The G8 Summit Confronts the 21st Century*. Aldershot: Ashgate.

Bayne, N. 2007. Impressions of the Gleneagles Summit, in *Financing Development: The G8 and UN Contribution*, edited by M. Fratianni, J. J. Kirton and P. Savona. Aldershot: Ashgate, pp. 263–280.

Bayne, N. 2012. The Economic Diplomacy of Sovereign Debt Crises: Latin America and the Euro-Zone Compared. *International Journal of Diplomacy and Economy*, 1 (1), 4–18.

Chrétien, J. 2007. *My Years as Prime Minister*. Toronto: A. A. Knopf.

Coggan, P. 2011. *Paper Promises: Money, Debt and the New World Order*. London: Allen Lane.

Davies, H. and Green, D. 2008. *Global Financial Regulation: The Essential Guide*. Cambridge: Polity Press.

Davies, H. and Green, D. 2010. *Banking on the Future: The Fall and Rise of Central Banking*. Princeton, NJ: Princeton University Press.

Dent, M. and Peters, B. 1999. *The Crisis of Poverty and Debt in the Third World*. Aldershot: Ashgate.

Destler, I. M. 2005. *American Trade Politics*. 4th edition. Washington, DC: Institute for International Economics.

Dobson, W. and Jacquet, P. 1998. *Financial Services Liberalization in the WTO*. Washington, DC: Institute for International Economics.

*Economist* 1999. For debt relief much thanks. 20 March, 65.

Efstathopoulos, C. 2015. *Middle Powers in World Trade Diplomacy: India, South Africa and the Doha Development Agenda*. Basingstoke: Palgrave Macmillan.

Hajnal, P. I. 2014. *The G20: Evolution, Interrelationships, Documentation*. Farnham: Ashgate.

Hodson, D. 2015. Policy-Making under Economic and Monetary Union: Crisis, Change and Continuity, in *Policy-Making in the European Union*. 7th edition, edited by H. Wallace, M. A. Pollack and R. A. Young. Oxford: Oxford University Press, pp. 166–195.

Howe, G. 1994. *Conflict of Loyalty*. London: Macmillan.

IMF 2012. IMF Managing Director Christine Lagarde welcomes pledges by members to increase fund resources by over US$430 billion, Press Release No. 12/147, 20 April. Available at http://www.imf.org/external/np/sec/pr/2012/pr12147.htm.

Jackson, J. J. 1990. *Restructuring the GATT System*. London: Royal Institute of International Affairs.

Mitchell, T. 2015. Officials playing BIT part behind pomp of Xi's Washington visit. *Financial Times*, 9 September, 7.

Putnam, R. D. 1988. Diplomacy and Domestic Politics: The Logic of Two-Level Games. *International Organization*, 42 (4), 427–460.

Putnam, R. D. and Bayne, N. 1984. *Hanging Together: The Seven-Power Summits*. Cambridge, MA: Harvard University Press.

Saccomanni, F. 2016. Policy Cooperation in the Euro Area in Time of Crisis, in *Managing Complexity: Economic Policy Cooperation after the Crisis*, edited by T. Bayoumi, S. Pickford and P. Subacchi. Washington, DC: Brookings, pp. 113–138.

Spiegel, P. and Chazan, G. 2016. Creditor infighting threatens Greek bailout. *Financial Times*, 7 March, 6.

Wallace, H., Pollack, M. A. and Young, R. A. (eds.) 2015. *Policy-Making in the European Union*. 7th edition. Oxford: Oxford University Press.

Wallace, H. and Reh, C. 2015. An Institutional Anatomy and Five Policy Modes, in *Policy-Making in the European Union*. 7th edition, edited by H. Wallace, M. A. Pollack and A. R. Young. Oxford: Oxford University Press, pp. 72–112.

# 第五章　经济外交中的非政府组织

邓肯·格林和塞琳·沙维利亚特

从许多方面来看，以"非政府组织"这个术语开始并不适合。它描述一个特定机构不是什么，而非它是什么，因此该类别具体包含哪些机构非常混乱——商业协会？教堂？工会？还是家庭？"非政府组织"一词没有普遍认可的法律定义，因此在许多司法管辖区，这类组织也被称为"公民社会组织"等其他名称。尽管一些评论员认为"公民社会组织"更接近草根组织，而"非政府组织"则更专业，但本章将交替使用这两个术语。为了便于讨论，本章将使用一个相对有限的定义：此类组织追求某种更广泛、带有政治因素的社会目标，但其本身不是公开的政治组织，如政党。

但无论定义多么模糊，近几十年来，非政府组织的数量、规模和影响力都与日俱增。在政策制定者的心中，此类组织已经成为"公民社会"更广泛复兴内容的一部分，被称为"介于国家和市场之间公民行动的非强制性空间"（Lewis 2014：17）。2009 年，印度共有 330 万个非政府组织，相较 15 年前（约 100 万个）有所上升，而在 2007 年巴西共有 22 万个非政府组织，埃及则有超 2.4 万个。在加纳、津巴布韦和肯尼亚，非政府组织提供了 40% 以上的医疗保健和教育服务（Edwards 2014：210）。

大多数非政府组织是在地方层面工作的小型组织，通常仅仅提供服务，鲜少对经济外交领域造成影响。本章关注的是一小部分致力于国际发展问题的大型非政府组织，并详细探讨了国际乐施会为影响气候变化公共政策所做的工作。本章将讨论乐施会的"倡导"是如何随着时间的推移而不断演变发展的，结尾部分将简要讨论当前乐施会所面临的部分挑战。

即使在如此有限的定义范围内，此类国际非政府组织在结构、宗旨和影响力方面也是极为多样化的。乐施会在国际上拥有 17 个成员，在 90 多个国家开展业务，年收入总额超 10 亿欧元。[1] 但大部分非政府组织规模要小得多，仅在地方或国家层面上运作。非政府组织活跃在绝大多数发展中国家，往往直接提供卫生和教育等关键服务，并且越来越多地参与宣传工作。许多非政府组织根植于特定的宗教信仰——例如位于英国的基督教援助协会、伊斯兰救济组织或天主教海外发展基金。然而，救助儿童会或乐施会等其他组织则与宗教信仰无关。一些组织关注的领域广泛，而另一些组织则专注于某一问题，如水援助组织。非政府组织的政治和组织文化差异巨大，有激进派也有改革派，部分组织采取分散运动，但也有高度组织化和集中化的组织，其每一次公开声明均经过仔细审查以确保政策的连贯性（乐施会倾向后者）。

## 国家非政府组织

国际社会几乎不熟悉国家层面的非政府组织所做的许多工作，它们支持穷人团结一致捍卫自身权利，推动当局改善基层情况，如安装路灯、铺设道路、建设学校或诊所，或自行提供基层服务，同时提供小到洗手、大到劳工权利等方方面面的公共教育项目。然而近年来，至少从全球媒体的报道中可得知，公民社会最突出的作用是助力民选政府取代独裁政权。自 20 世纪 80 年代以来，连续不断的公民社会抗议浪潮推动了拉丁美洲各地的军政府被推翻、东欧和中亚的共产主义和独裁政权倒台、菲律宾和印度尼西亚的独裁者下台、南非种族隔离制度结束，以及"阿拉伯之春"混乱的起义（其中许多起义后来遭到逆转）。

根据美国政府资助的基金会"自由之家"（Freedom House）的一项研究，在截至21世纪头十年的中期，在67个由专制或独裁政权向相对"自由"政权过渡的国家中，公民抵抗是其中50个国家进行过渡的关键因素（Freedom House 2005：6）。公民抵抗的手段包括抵制、大规模抗议、封锁、罢工和非暴力反抗。尽管许多其他压力也促成了政治过渡（包括反对派或军方参与、外国干预等），但强大而富有凝聚力的非暴力公民联盟无疑具有极大的影响力。

格鲁吉亚青年律师协会（GYLA）就是一个例子，该协会成立于1992年，大约有1 000名律师。协会的业务涵盖为穷人提供免费的法律咨询服务，同时关注政府的渎职行为。作为"Kamra"（意为"受够了"）运动的创始成员，该协会在2003年发起的推翻总统爱德华·谢瓦尔德纳泽（Eduard Shevardnadze）腐败政权的抗议活动中发挥了关键作用，该协会根据政府200名选举监督员提供的证据赢得了针对政府选举舞弊的法庭诉讼。

与国家机器的稳定运转相比，公民社会的活动则时好时坏，在面对抗议和危机时往往开始发挥作用，而在取得胜利后往往又会消失于公众眼前——比如赢得法律修订，或选举出一个更进步的政府，并迅速招募了公民社会的关键领导人。在这种情况下，许多非政府组织发现很难从反对战略转变为参与战略。相较而言，其他非政府组织，特别是由宗教机构资助的非政府组织，则要稳定得多，它们存续时长超过几乎所有政府，但即便如此，它们也经历了活跃和沉寂的周期。

公民社会不像大规模抗议那么万众瞩目，但同样重要的是，它可以证明公众对政策改革的广泛支持，从而帮助政治领导人进行创新，并抵制来自那些宁愿维持现状的人的压力。例如，在20世纪90年代末，尼加拉瓜的玛丽亚·埃琳娜·夸德拉妇女运动收集了5万个签名，呼吁改善该国出口加工区的工作条件，促使劳动部长执法，并说服工厂主采用自愿行为守则。

在更为封闭的政治体系中，公民社会也发挥着重要的作用，尽管作用不太明显。在越南进行的一项研究显示，国家和非政府组织在当地培训与教育方面的投资、通信的改善（例如，由世界银行资助的公路升级使村庄和地区当局之间的联系更容易）以及中央政府向地方当局施压以鼓励民众参与减贫工作，这些形成了一个良性循环。这样一来，村民和地方当局都有了信心，开始更公开地交换意见和想法。特别是妇女，在接受了务农技术培训并更定期地离开村庄拓宽眼界后，拥有了更多发言权（Leisher 2003）。

非政府组织的迅猛扩张引起了国家的强烈抵制，这些国家希望消除公民社会的政治空间。卡内基基金会的一份报告发现，近年来，超过 50 个国家已制定或认真考虑通过立法或其他措施来限制非政府组织的组织和运作能力。这些国家努力的核心是采取措施阻碍或阻止外国向公民社会组织提供资金，包括设置行政和法律障碍、开展针对接受外国资助的非政府组织的宣传活动，以及骚扰或驱逐支持公民社会的外援团体（Carothers and Brechenmacher 2014）。根据国际公民社会网络暨公民社会组织（Civicus）的说法：

> 最初这仅是对 2001 年"9·11"恐怖袭击事件的膝跳反应，但历经十年发展后俨然已具有自身独特的意义。全球范围内涌现一系列限制公民自由表达观点、结社和集会权利的法律和监管措施。和平示威者、活动人士、记者、人权维护者和普通公民因为挑战根深蒂固的权力结构而不断遭受动机不纯的起诉、骚扰、虐待及生命威胁。当局给出的理由五花八门，从反恐到国家安全，从文化相对主义到国家主权，再到政府而非民众对发展进程拥有所有权。

（*Civicus* 2010）

# 联盟和参与

在实践中，公民社会是一个复杂的政治和社会生态系统，不同组织之间的联盟既富有成效，又令人担忧，不仅存在地盘之争，而且经常被怀疑已受政府"招安"，较大的非政府组织还被指责为本不应代表的群体"发声"（并为其索取资金）。

此类紧张局势的根源之一究竟是采取"局外人"对抗策略，比如是采取大规模的街头抗议，还是采取不太明显的"局内人"参与方式，比如游说。一项研究（Miller and Covey 1997）在此范围内定义了五个节点：合作-教育-说服-诉讼-抗争。基于群众动员的局外人策略通常需要明确且不变的信息，但这些信息会疏远官员和政治领导人，并限制局内人与决策者接触。一项对埃及和约旦妇女权利联盟的研究得出结论，在此类"封闭"的政治空间中，参与非正式的"后台"政治与参与正式的渠道同等重要，甚至更为重要。政策制定在很大程度上依赖非正式关系，而非严格意义上的正式的公民-国家参与行为。宣传的"正式"层面（如通过请愿、会议和媒体报道）在引发变革方面的作用次于非正式行为，联盟领导人和关键参与者之间的非正式、秘密谈判和调解过程往往促进了变革（Tadros 2011）。

相反，"局内人策略"会通过妥协来混淆视听，破坏动员工作，引起人们对背叛和"招安"的担忧。然而，局内人和局外人策略相结合有时会非常奏效。在向超市和服装公司进行内部游说、要求它们在供应链中尊重劳工权利时，公司代表不止一次要求其中一位作者"多做一点公开宣传"，这样他们的工作才能得到董事会的更多支持。

非政府组织也无法脱俗于社会中更广泛存在的不平等现象。男性通常是掌权者，基于种族或种姓的强大群体也是如此。当女性、原住民或艾滋病毒阳性人群发现自身的具体关切不断从各种组织的议程中消失时，这些边缘化群体的非政府组织往往开始脱离服务普通大众的非政府组织。

除了得到参与带来的个人利益（和成本）之外，一个强大的公民社会还会迫使各政党竞争公众的支持，并促进社会进步，而非采取"招安"措施。在加纳，政治领导、独立媒体和强大的公民社会组织网络帮助建立了各利益集团的政治体系，这些利益集团包括城市青年、可可种植农户、当地权威精英、专业人士、商业精英以及工会工人。当执政党在 2000 年和 2008 年的总统选举中失利后，加纳出现了有序的过渡阶段，这证明了国家向更稳定的状态不断发展。2012 年，执政党保留了权利，但选举竞争依旧激烈。加纳国内识字率、获取信息水平和社会组织水平的稳步提高可能有助于其他国家效仿。

公民社会可以在"让民众参与民主"方面发挥关键作用。[2] 即使是最干净和最透明的选举制度也可能遭到非民主机构的破坏，如企业游说者、裙带政治网等。公民社会的监督和行动可以起到制衡作用。近年来，公民社会组织一直在努力确保政府支出能够解决不平等和贫困问题。这样的"预算监测"工作需要费力地分析政府作出的承诺和其兑现情况，并大力宣传以影响预算分配方式。在以色列，非政府组织 Adva Centre 由来自不同社会运动的活动家创立，致力于为米兹拉希犹太人、妇女和阿拉伯公民争取平等权利。该组织综合运用了分析、议会游说、大众教育和媒体宣传等手段进行活动。

廉价通信技术的迅速普及使非政府组织能够"走向全球"。并非所有的非政府组织都像乐施会一样起源于北半球。农民之路（Via Campesina）将世界各地的农民运动和无地运动联系起来，而国际非政府组织监督机构社会观察（Social Watch）则将 50 个国家的公民团体联系起来。社会观察的总部设在乌拉圭，监督各国政府兑现消除贫困和不平等的国际承诺的进展（以上组织的网站列在本章结尾）。

近年来，在八国集团首脑峰会、世界银行和世界贸易组织的会议上，非政府组织的南北联盟成功地将一些问题推到了政治议程的首位。国际刑事法院和《国际武器贸易条约》等具有里程碑意义的倡议是由相关公民和非政府组织共同努力率先提出的，而持续进行的运动则旨在提升跨国公司对劳工权利的尊重，并减少对当地社区和环境造成的破坏。

部分人担忧非政府组织引起的巨大关注是一种"物化"，淡化了工会和政党在历史上作出的更重要的贡献。西方各国政府和民间慈善家向非政府组织投入了大量资金，尤其是向他们认可的那些组织：通常为中产阶级主导的位于城市的现代组织，如信贷协会、妇女团体、法学会、商业协会或地方发展非政府组织。他们有时会向非政府组织提供援助，而这些组织只不过是受过一定教育的人在很难找到其他工作时获取资金的工具而已。在这个过程中，他们忽视了亲属、族裔、宗教或年龄群体，尽管这些群体往往扎根于数量更多的人群中，尤其是在最贫穷的社区。

被资助者忽视可能并不是一件坏事。一些捐助国政府有意利用资金来化解威胁既得利益的激进社会运动。而其他捐助者则通过使非政府组织成为管理者而非发起者，削弱了组织的潜力，因为注资常常会将非政府组织的活动领域推向"提供服务"一端，而远离更具对抗性的倡导和运动领域。两位该领域的权威人士表示：

> 为强化民间社会而提出的捐赠项目，连同其蓝图、技术解决方案和成就指标，都有可能抑制并最终摧毁民间社会最重要的目标，即想象世界可以变得不同的自由。

（*Howell and Pearce 2001: 237*）

## 国际非政府组织和倡导

像乐施会这样的国际非政府组织的主要工作仍然是所谓的"规划"。乐施会英国分部把工作平均分配，一部分是应对粮食危机、冲突、极端天气或地震的人道主义救援工作，另一部分是长期发展工作，旨在增强"人们享受的真正自由"，这是阿马蒂亚·森对发展作出的经典定义（Sen 1999：3）。

但近几十年来，乐施会和其他国际非政府组织在"倡导"方面投入了越来越多的资源。倡导是在国家层面或其他行为体层面（如私营公司和国际机构）影响决策者并改变其政策、做法、态度或行为的过程。"竞选"通常指动员公众或影响他们对某些问题的态度和行为，而"游说"则是直接去找政策制定者，让他们就某个特定问题采取行动。为简单起见，我们将使用"倡导"作为"竞选"和"游说"的统称。

这一演变的动机是非政府组织渴求成功，但无数次遭遇失败，产生了挫败感。更大的政治和经济浪潮横扫了优质项目，比如20世纪80年代和90年代的结构调整计划、不成熟的贸易自由化，以及近期影响越来越大的气候变化。此类国际倡议的关注重点（尽管并非全部）在于经济政策：在全球范围内关注债务减免、援助或气候变化等问题；在富裕国家，关注欧盟的共同农业政策（Common Agricultural Policy）或美国的棉花补贴对发展产生的负面影响等问题；以及在发展中国家，关注对小农户的支持或双边及区域贸易协定的条款问题。

此类倡导的目的既宏大又复杂。根据国际乐施会的一份内部文件：

> 持久的变革意味着政策决策者必须深信该变革具有必要性。政策决策者需要可靠的论点、对人们生活产生影响的证据来说服他们，而且往往是通过公众和政治压力来说服他们。变革也需要一个能够维系变革的基础设施、适当的政治和法律框架、高质量的政策决策以及一个有发言权的公民社会。此外，持久的变革还需获得广泛且强烈的公众支持。[3]

最后这句话提及了需要获得广泛的公众支持，它代表了从以前更多基于精英的倡导模式开始演变，过去的模式关注贸易、债务、援助等方面的具体政策变化，而非明确试图影响公众的态度和信仰。乐施会的结论是，向低碳经济转型这样的重大范式变革，需要更广泛和更深层次的思维转变，需要超越政府内外的游说者和政策"专家"之间更多的技术性讨论。

乐施会的文件还描述了一个基于七要素可变组合的"全球运动力量"：

**研究**：高质量的研究是我们制定政策和开展运动的基础。

**全球游说**：接触并影响主要首都和多边组织决策者。

**刷存在感**：基于旨在产生变革的权力分析，在关键国家和地区开展运动和倡导活动。这一点与国际乐施会组织更广泛的联盟发展计划和加强全球社会正义运动的计划有关。

**媒体报道**：有针对性的媒体／社交媒体工作，在重点媒体市场传递强有力的活动信息。

**联盟**：为促进全球社会正义作出贡献并成为其一部分，以产生更大的影响。

**活动领导者、支持者和积极分子**：建立一个赞同并支持我们所推动的政策、实践和理念变革的全球运动支持者阵营。

**大众传播**：在名人和大众媒体的支持下，通过更密切和更有激情的传播，不仅接触到被说服的人士，而且还接触到普通公众。

## 设计倡导策略

在乐施会，发起一场运动首先从所谓的"权力分析"开始。根据乐施会的内部指导方针，这一过程分为以下三个主要阶段进行：

**第一阶段：明确目标**

明确界定政策变化的目标：它与减贫有什么关系？它会给贫困人口的生活带来哪些改变？

需要作出何种改变来实现该目标（哪些法律、政策、惯例、市场、关系需要改变）？是国际性、区域性协议、国家法律、公司惯例还是以上提及的都需要改变？如需改变几个要素，其中是否有某一要素会阻碍对其他要素进行改变？或是否有某一要素可以作为变革的催化剂？变革的障碍是什么？

**知识方面**：a）该变革是否挑战传统智慧？是否有大量的文献和学界人士反对所建议的政策改革目标？是否存在有效且公认的反驳意见？b）这种改变是否违背了相当一部分人口和/或掌权精英的价值观和信仰？c）该问题是否存在一定程度的不确定性（例如，我们谈论的是未来可能发生还是不可能发生的事情）？

**政治方面**：在可能实现的政策变化中，是否存在明显的输家，这些输家是否有组织？他们是否有政治影响力及影响力来源是什么（财力、投票权、投资权、就业来源）？谁会从改革中获益？他们是足以抗衡输家力量的潜在盟友吗？其政治影响力的来源是什么？若政治家作出了正确的抉择，我们能提供何种程度的回报？

**财务方面**：政策变化目标的成本/效益分析是什么？不采取行动是否会有相关的成本？

**实践方面**：改革是否可行/可实施？实施条件是什么？这些条件是否可以实现？谁必须采取行动来实现这些条件？改革需要多长时间才能到位？是否存在与具体改革目标相关的政治机会？是否有任何改革的必要（例如国际协议失效，或预算限制）？当前是否存在与政策改革目标直接或间接相关的改革进程、重大事件、辩论或讨论论坛？改革的时间线是什么？是否有可能导致全新方向的政府变革？是否有任何改革的拥护者能够充当催化剂或与其他利益攸关方（如更进步的制药公司）决裂？

**第二阶段：明确目标：谁有权利推动变革发生？**

谁是决定需要改变的规则、惯例和结构的决策者和机构？决策是在什么层次上作出的（市长、地区政府的行政部门、大使馆、发展机构、首都／内阁顾问、部长、总统）？决策过程中咨询了谁？谁在改革过程中拥有正式和非正式权力？

在所有目标人物中，哪些人具有决定性的影响力（即提议改革的权力、接受／反对改革的权力、影响辩论基调和方向的权力）？

在这些人中，哪些人最容易接近？哪些人对公民社会最敏感或抱有最积极的态度？又有哪些人对公民社会抱有最消极的态度（"不理解公民社会的原因"）？哪些人是"墙头草"，他们是犹豫不决还是可以被说服？谁影响了这个关键群体中的个人？他们通常是我们运动的主要目标。

**第三阶段：确定影响目标人物的工具**

哪些工具最适合特定目标人物？是什么鼓励／威胁某一目标人物采取行动？可能的工具包括令人信服的研究；游说；重要顾问和值得信赖的同事提出的建议；正面／负面的宣传；外国政府、著名学者、记者、政治家、议员、首席执行官、宗教领袖、国际组织的私下或公开批评；来自有政治影响力的组织（如商业协会、农民、工会）的压力；来自大规模示威或社交媒体的公众压力；消费者的压力。[4]

**第四阶段经常被忽视**：确保掌握上述所有内容，并在整个过程中辅以基线和明确的成功指标。在此类权力分析中，强调关键假设也很重要，这使得权力分析可以不断更新并完善，因为预测是一门艺术而非科学。

在实践中，倡导规划可能并不总是那么严谨，但这些方法正在得以传播。在2009年哥本哈根气候峰会的筹备阶段，本章其中一位作者花了一个下午的时间参加了英国政府外交和联邦事务部气候变化小组的内部研讨会。英国政府聘请了前绿色和平组织（Greenpeace）的活动人士，对其工作人员进行倡导技巧培训，并基于上述思路制定了一项战略。

## 非政府组织倡导何时能取得成功？

答案是，通常不会成功。但取得成功时，通常可以找出一些促成成功的因素。

**强有力的叙事和研究**

在最好的情况下，非政府组织使用的是政治家的语言，即讲故事、建立一个直截了当的叙事，并用那些令人印象深刻的"杀手锏"来进行说明，而这些正是政府公务员需要在决策者的演讲中加入的内容。在这方面，笔者最难忘的经历是提出了一个简单的计算方法：欧洲每头奶牛每天可从共同农业政策中获得约 2 美元的补贴，比世界上一半人口的收入还要多。这个"奶牛事实"迅速走红，成为一个无处不在的表情包，向公众展示了欧盟在发展问题上的双重标准。

最近的一个例子是，世界上最富有的 85 个人积累的财富相当于全球最贫穷的一半人口（约 35 亿人）积累的全部财产。[5] 这一发现被社交媒体有力放大，并主导了 2014 年世界经济论坛的达沃斯会议，也帮助推动了极端不平等问题加入许多论坛的政治议程。2015 年和 2016 年达沃斯会议的后续报告也产生了类似的影响。

笔者感到不安、或许违反直觉的经验是，只要不被视为对系统构成威胁，好的研究有时在中国、俄罗斯和越南等政治体系中更具有说服力，在这些国家，政府技术专家和政治领导人更不易受政治压力和协商谈判的影响，而这些则是民主国家的特征。然而，痛苦的经验表明，研究对倡导的重要性往往被夸大了。决策往往是基于权力、机构惯性、公认的智慧和既得利益，而非通过冷静审查证据而作出的。

**需要根据受众量身定制语言和信息**

以下是水援助组织如何针对坦桑尼亚不同的倡导目标而调整其支持水和卫生设施投资的论点：

**财政部长：**"对清洁饮用水和低成本卫生设施的少量投资将

在儿童和成人的健康和生存方面产生巨大的回报。"

**议员**："当被问及时，穷人会表示获得水是他们的三大优先事项之一，如果不是最优先事项的话。"

**卫生专业人士**："在发展中国家，65% 的婴儿死于腹泻疾病，如霍乱，而这可以通过提供安全饮用水和卫生设施来预防。与治疗性药物相比，卫生设施等环境改善的影响更大，成本更低。"

**广播媒体和新闻界**："王爱（音译）今年 6 岁，他的母亲每天早上步行 5 公里到最近的清洁水点为全家取水。然而，当王爱和他的朋友们口渴时，他们就喝附近河床里的水，那也是牛羊饮水的地方。王爱家没有厕所，他们在天亮前使用河床就地解决。王爱有两个哥哥和一个姐姐，他之前还有两个姐姐，但都在四岁前死于痢疾。王爱去拜访住在附近镇上的堂哥，那里有良好的供水系统，每户人家都有厕所。他看到堂哥一家身体健康，姑妈也没有因为生病而失去婴儿。他希望在他的村子里也有类似的设施。"

**公众**："清洁水可以拯救生命：每个村庄至少应该配备一口水井和够用的厕所。今天，请与您当地的议员谈一谈，了解您能如何助力将救生设施带到您自己的村庄，看到您的孩子茁壮成长。"[6]

传递信息的人往往和信息一样重要。对大多数人而言，非洲活动人士谈论发展挑战的分量远超欧洲或北美学者，不管他们的出版物列表有多长。政府部长会听取其他政府部长、世界银行或大学时代导师的意见；行业领袖可能会听取（并相信）业界大咖或宗教领袖的意见，而非听取书呆子的研究人员或热心活动家的意见。

### "不寻常的可疑分子"联盟

倡导工作很少由单个组织进行，人多就意味着安全（和力量），团结就有力量。优秀倡导者的技能之一是知道如何构建有效的联盟，并且知道如何区分哪些是消磨灵魂的空谈俱乐部，哪些才是强大的变革引擎。类似的组织有时会有效地联合起来，如小农户或妇女储蓄团体，但当"不寻常的可疑分子"和"尴尬盟友"联合起来时，往往会发生更有趣的事情：例如，民间社会组织与私营公司、中产阶级慈善家、有同情心的国家机构或以信仰为基础的组织结成联盟。这种方式产生了大量的"多方利益攸关者倡议"，如（关于超市和服装供应链的）道德贸易倡议，或（关于石油和天然气收入的）采掘业透明度倡议。

### 机会之窗

变革往往出现在失败、危机、领导层变动、自然灾害或冲突等引起的"关键时刻"，这就是所谓的"机会之窗"。在这种时候，决策者和公众可能会痛苦地意识到现状的不足，并四处寻找新的想法。一场准备充分的倡议运动可以及时发现并应对这样的时刻，并产生惊人的效果。

最近的一个例子与托宾税有关。1972 年，诺贝尔经济学奖得主詹姆斯·托宾（James Tobin）首次建议对不同货币之间的所有金融交易征收小额税收（Tobin 1978）。他认为，这将抑制短期投机行为，并为发展援助等公益事业筹集大量资金。这个想法并未取得任何进展，但却在政治辩论的边缘持续发酵了三十余年。

直到 2008 年的全球金融危机和一些鼓舞人心的倡议出现，才使托宾税走出冷宫。由于债务偿还的压力，各国财政部长迫切希望为现金紧张的政府找到新的收入来源，而反对征税的银行和外汇交易员等人突然成了"政治贱民"。这一冲击改变了权力和政治格局，也彻底改变了经济政策中被认为是"合理"或"现实"的"奥弗顿之窗"（Overtun window）。

一个由工会、教会团体和非政府组织组成的联盟巧妙地将托宾税重新命名为"罗宾汉税"，并在欧洲各地发起了公共宣传活动，由顶级电影人和演员拍摄了一系列搞笑视频。2011 年，欧盟委员会曾提议在全欧洲范围内对金融交易征税。虽然该提议最终缩减至 11 个国家，但它仍然计划于 2016 年正式生效。作为第一个真正的国际税，它代表着历史性的突破。[7]

**实施差距**

由于在法典中增加新法律十分困难，许多运动都将注意力集中在那些已经存在但尚未得到实施的法律和政策的执行上。决策者更难公然反对他们自己已经批准的事情。对寻求更根本"变革性"变化的活动人士而言，在现有立法和政策的杂草中埋头钻研可能没有什么吸引力，而且要求有很高的技术含量。但如果处理得当，这将为更大的变革奠定基础。

---

### 案例研究：国际乐施会的气候变化运动

乐施会在 2006—2016 年间开展的关于气候变化的运动很好地体现了国际非政府组织倡导的演变和挑战。以下部分基于库格曼（Cugelman）和奥特罗（Otero）2010 年合著的《对英国乐施会气候变化行动的评估》而展开。该评估涵盖时期截至 2009 年在哥本哈根举行的《联合国气候变化框架公约》（UNFCCC）第 15 次缔约方大会（COP15）（即哥本哈根峰会）。这份评估已经更新，包括对 2015 年 12 月第 21 次缔约方大会（即巴黎峰会）之前工作的初步反思。

以气候变化、贫困和发展之间的联系开展运动的决定，对乐施会来说既是一个激进的出发点，也是一个留在舒适区的选择。激进的出发点是因为该组织迄今为止在环境问题的倡导方面做的工作很少。该组织内部出现一些声音认为，它可能会攀附于北部的浪潮，从而放弃贫困与发展工作。而认定此行为是留在舒适区的原因是，作为首要目标的联合国气候变化谈判促成了一系列全球峰会。乐施会通过在世界贸易组织和八国集团进程中的工作来影响全球峰会，

---

这已经成为乐施会的常用手段。

乐施会之所以决定将国际运动的重点放在气候问题上，部分原因是《联合国气候变化框架公约》进程为其提供了机会。但主要原因是乐施会对气候变化谈判完全失败或仅从环境角度考虑的前景感到震惊。早在2006年，几乎所有媒体对气候变化的关注都集中在消瘦的北极熊和白化的珊瑚礁上，而不是地球上最贫穷和最脆弱的人，他们才是最先受到影响且受影响最为严重的受害者。

此时，乐施会自身的人道主义计划和发展计划正在努力应对气候变化带来的影响。其人道主义计划正在处理更多中等规模的天气突发情况，如风暴、洪涝、干旱等。面对贫困社区日益增加的冲击，发展计划则在培养复原力和减少灾害风险方面做得更多。因此，乐施会将其对广泛的公民社会组织运动的贡献集中在强调气候变化对人类造成的影响以及对适应计划和资金的需求上，也希望这些信息能够加强对富裕经济体采取紧急行动以减少排放的要求。这种"以人为本"的做法体现在2007年的巴厘岛缔约方大会（COP 13）上，长期受苦的活动家们穿着令人窒息的北极熊服装，高举"也救救人类！"的标语，以此表达诉求。

乐施会在哥本哈根峰会前夕的基本活动"询问"是为了达成一项公正、有魄力、有法律约束力的（"FAB"）协议：

• **公平**：履行职责，按照能力减少排放；提供资金，帮助发展中国家适应减排；

• **有魄力**：将全球变暖幅度控制在2％以下；帮助贫困人群适应不可避免的影响；

• **有法律约束力**：制定具有法律约束力的协议，以确保其执行。

当时，乐施会关注适应力并非毫无争议。"适应"一词在北半球一些致力于"减缓"的公民社会组织眼中是一个忌讳的表达。[8]他们认为，任何有关适应气候变化的言论，充其量是在转移人们的注意力。而最糟糕的情况是，违背了必须通过减缓二氧化碳排放增长从源头上遏制气候变化。发展的呼声得到加强，特别是来自撒哈拉以南非洲的泛非气候正义运动（PACJA）和来自孟加拉国的可持续农村生计运动（两者均得到乐施会及其他机构的支持），有助于改变公民社会团体围绕《联合国气候变化框架公约》的辩论。

乐施会决定开展一场面向公众的气候变化运动，这体现了对前面讨论的公众"态度和信仰"给予更多的关注，而群众动员则是这场运动的核心。在与发达国家进步政府的讨论中，他们呼吁开展更多的公众运动，为自己的发展创造政治空间。这表明，乐施会在应对诸如气候全球问题时，还需要应对新出现的、尖锐的紧张局势：乐施会在环境方面讲述了通过向低碳经济转型实现"新繁荣"的故事，然而其分支机构所在国家的公众尚未买单这种叙事。至此，这些公众捍卫高排放的现状，成为强大的惰性来源。呼吁公众"想想世界上最贫穷的人"这件事本身不太可能改变这种状况，尽管如此，乐施会认为，自己的公众支持者可以为政府采取果断行动的运动增加更强有力的言论。

事实证明，气候运动发起了大规模的动员活动。这包括全球"行动日"，在140个国家举办了4000场活动；峰会期间在哥本哈根举行了10万人的游行；并向《联合国气候变化框架公约》负责人递交了1000万份签名的请愿书。这一民众动员为倾向内部式的宣传工作提供了政治杠杆，国际乐施会的团队在峰会上与大约30个政府代表团举行了会议。乐施会工作人员凭借自身的专业知识，在6个官方代表团中占有一席之地——这是他们情报和影响力的宝贵源泉。

宣传成功的关键因素之一还在于建立跨部门联盟。如前所述，这些异类的伙伴联盟可以比志同道合的非政府组织联盟更有效。基于这些联盟之间的共同点，乐施会在峰会前和峰会期间与可口可乐（Coca Cola）、联合利华（Unilever）、耐克（Nike）、瑞士再保险（Swiss Re）、李维斯（Levi Strauss）公司等建立了联合活动和联合立场。

所有这些运动取得了什么成果？显然，并没有取得突破性进展——哥本哈根峰会被解读为联合国进程的一次重大挫折，对欧盟来说更是奇耻大辱，因为在会谈最后几个小时欧盟被美国和新兴大国边缘化了。从2015年巴黎峰会后的后见之明来看，哥本哈根峰会似乎更像是承认21世纪国际经济外交中两个关键现实的痛苦但必要的一步。首先，无论国际环境协定的内容如何，美国国会往往不愿意批准具有约束力的此类协定。[9]其次，随着经济实力发生巨大的转变，以及多哈回合贸易谈判取得进展，新兴国家将发挥自己的外交实力，成为所有国际经济论坛上真正的交易商（Woll 2008：244—255；本书第九章）。

然而，当时我们在哥本哈根的工作人员非常失望，他们的情绪掩盖了一系列不那么重要的运动所取得的成就。最重要的贡献也许是在帮助南半球政府和公民社会组织方面。哥本哈根峰会向来自最不发达国家的无力承受和资源不足的代表团提供了技术支持。峰会还扶持了非洲、亚洲和拉丁美洲的公民社会组织，使发展和适应问题得到重视。例如，2009年7月，孟加拉国的可持续农村生计组织举办了一次来自最脆弱国家的公民社会会议。会议公报要求将气候融资的重点放在最贫穷的国家。孟加拉国政府接受了这一要求，并参与起草了条约，随后出现在《哥本哈根协定》中。[10]这一方针在2010年坎昆会议（第十六届缔约方会议）上得以重申，并成为谈判的一项关键原则。与努力改变大型排放国政策相比，这类行为更容易引起关注。

该运动有助于将气候融资提上欧盟和联合国议程。最成功的一项倡议可能是一个数字——据粗略估计，为适应气候变化，全球每年至少需要融资 500 亿美元。乐施会的凯特·雷沃思（Kate Raworth）在 2007 年进行的这项计算显示了"杀手锏"的重要性，也表明了在议程尚可调整的情况下，尽早参与讨论以影响辩论的重要性。[11]

如果你一直等到所有的详细研究都完成，那可能就错过了施加影响的最佳时刻。该数字公开后，包括乐施会在内的非政府组织联盟向欧洲各国政府施压，要求它们给出"大数目"，为贫困国家的缓解气候变暖和适应气候变化需求提供资金。这将成为哥本哈根会议之前与发展中国家建立信任的重要战略。英国前首相戈登·布朗在 2009 年 6 月表示，他预计到 2020 年每年将获得 1 000 亿欧元的资金，欧洲随后便通过了这项计划。克林顿政府接着又把这笔资金提到了 1 000 亿美元，成为该协议的公认数字。

就态度和信仰而言，该运动的主要影响是提高公众在采取紧急行动必要性方面的意识。乐施会的民意调查显示，与哥本哈根会议之前的两年相比，有更多人将"气候变化"与其目前对穷人和国家的影响关联起来。但人们清醒地意识到，北半球国家和新兴国家的公众对采取紧急行动的理解和愿望自 2009 年 12 月达到顶峰后有所回落，因为在民意调查中，公众认为经济危机以及其他环境问题是更紧迫和更直接的威胁。[12]

乐施会在 2008 年和 2009 年与许多盟友密切合作，在 30 多个最易受气候影响的国家举办了"气候听证会"，有 160 万人参与其中。就在哥本哈根会议之前，乐施会在约翰内斯堡举办了泛非气候听证会，随后在哥本哈根举办了全球听证会，德斯蒙德·图图大主教和玛丽·鲁滨逊大主教以及来自乌干达和孟加拉国的社区领袖都参加了听证会，随后向世界各地参与地方基层气候听证会的所有组织汇报了全球听证会的成果。这些听证会往往受到政府的欢迎，成为全国性的活动，来自贫穷和弱势社区的人们可以在会上表达他们对气候变化的经验和愿望，并通过出席的国内外媒体让更多人听到他们的声音。许多与会者发现，这种做法赋予了他们个人力量，让他们从认为天气模式的莫名变化是"上帝对我们社区'罪恶'的惩罚"转变为认为气候变化是可以解决的，是一个正义问题。因此，听证会的影响超越了哥本哈根峰会本身。这些听证会提供了丰富的人类故事和人类影响的经验，以及人类在适应已经发生的变化方面的作用。

运动评价还得出了一些其他的结论：

• 作为一个在发展中国家社区工作的组织，乐施会的（实际的或想象的）基石是其可信度的关键；

• 支持"推动者"成为盟友比反对"阻挠者"更有成效；

• 一些噱头，比如在波兹南（第 14 次缔约方大会）和哥本哈根制作融化的冰雕，在气候问题上给电视新闻和报纸头版带来了强大的人类形象；

• 乐施会的媒体技能继续向公众和决策者传达紧迫性和人类正义的信息作出了重大贡献；

• 除此以外，它的关键作用是充当"召集人"，建立联盟与合作关系，促成交易，为支持新倡议筹集资金；

• 与私营部门的合作产生了重大影响，特别是支持进步公司倡导私营部门对《联合国气候变化框架公约》谈判方采取更有力的行动，并鼓励它们自己更勇敢地与客户沟通。

### 从哥本哈根到巴黎

哥本哈根会议之后，乐施会的气候变化运动调整了其变革理论，优先考虑以下问题：

● 重新关注气候变化与粮食之间的关系，以便使公众更切实地了解气候变化问题，并抵消许多政府和非政府组织对能源部门的排他性关注。

● 弥合1 000亿美元气候融资方案的实施缺口，为创建绿色气候基金和利用创新的融资机制进行长期艰苦的斗争，并在国家层面推动捐助国兑现气候融资承诺，并推动受援国利用气候融资支持贫困人口，这项活动持续了五年时间。

● 注重影响私营部门，将其作为通过自身实践重塑世界经济的关键角色，同时也作为政府的影响者。2013年，发起了品牌背后（BTB）运动，此运动通过使用公开信息来计算并公布大型食品和饮料公司在气候等问题上的表现，包括减少温室气体排放和帮助农民适应气候变化有关的表现，从而对这些公司施加影响。

● 通过推动环境和发展非政府组织、贸易工会、信仰组织与社会运动之间的新联合议程，重塑南北联盟战略。

● 测试新战略，该战略更亲近"外部"的非政府组织和非暴力反抗，而不是乐施会惯常偏爱的内部倡导。

在哥本哈根峰会失败的5年后，巴黎峰会似乎取得了巨大成功。缔结《巴黎协定》之后，许多非政府组织宣布取得了历史性的胜利，而乐施会的观点则较为谨慎。世界已经觉醒，并聚到一起，开始面对缓解气候变暖的挑战。但国际社会仍在很大程度上忽视了世界"适应不良"所带来的挑战。[13]

2015年，全球知名民意调查公司"环球扫描"（Globescan）调查了主要公司的可持续发展官员，他们称在将近10年的运动中，乐施会已成为在气候变化领域第三大最具影响力的非政府组织，仅次于世界自然基金会（WWF）和绿色和平组织（Greenpeace）。但这种影响力的提升是否转化成了具体的变化？在我们看来，答案暂时是肯定的，有待进一步更严格的评估。

关于气候变化的辩论术语已经发生改变。现在已明确认定气候变化是一个人类发展的问题，而不仅仅是一个环境挑战；气候变化已成为《2014年人类发展报告》（UNDP 2014）的主题。政府间气候变化专门委员会（IPCC 2015）的第五次评估报告和世界经济论坛（WEF 2016）的全球风险报告都表明，人们越来越意识到气候变化与粮食安全之间的联系。

法国总统弗朗索瓦·奥朗德（François Hollande）决定将气候融资作为总统任期的试金石，随后气候融资成为巴黎的焦点。上文所述的哥本哈根承诺的1 000亿美元中，在第二十一届缔约方会议（COP 21）之前经合组织估计，2014年间捐助方已经认捐了618亿美元。[14] 虽然这些资金并不都是赠款，而且只有一小部分被指定用于适应气候变化或支持世界上最贫穷的国家和社区，但在经济危机和发展援助面临重大威胁的情况下，成功调动这些资金仍然是一次重大胜利。新《巴黎协定》将1 000亿美元的气候融资目标延长至2025年，此后将为2025年后的融资动员设定新的目标，并以1 000亿美元作为基础。该协议还"强烈敦促发达国家提高其财政支持水平，同时在现有水平上显著增加融资，以适应气候变化"。[15]

截至2015年11月，捐助方已向绿色气候基金认捐100多亿美元。该基金资助的首批项目主要面向资助马尔代夫和孟加拉国的脆弱社区，分别资助了2 360万美元和4 000万美元。重要的是，绿色气候基金董事会已同意努力实现将资源平均分配给适应气候变化和缓解气候变暖，这是解决历史上适应气候变化资源不足问题的重要一步。这笔资金是第一个制定了全面性别政策、战略性的多边气候基金。

由于来自"品牌背后"等运动的公众压力，凯洛格公司

（Kellogg）承诺到 2050 年将自身业务的碳足迹减少 65%，并将其供应链产生的排放减少 50%。通用磨坊公司（General Mills）也制定了其气候目标，承诺将其温室气体排放减少 28%，并与供应商合作寻找减少碳足迹的方法。这些承诺涵盖了直接运营和供应链的排放，不仅在食品行业，乃至在整个私营部门都是突破性的承诺。

在来自 43 个发展中国家的财政部长领导下，形成了一个新集团，即易受气候影响脆弱国家论坛（CVF）。该论坛应确保在今后几年里国际社会能够更清晰地听到最需要资金的国家的声音。[16] 公民社会组织和南方公民逐渐认识到气候变化带来的影响和采取行动的必要性。乐施会支持的非洲非政府组织联盟力挺由非洲女性农民发起并为其服务的妇女粮食气候运动，这一运动获得成功，显然体现了人们认识上的演变。在巴黎峰会召开之前，该运动的请愿活动征集了 130 万个签名。峰会期间，一位女农民领袖把这些签名交给了奥朗德总统。[17]

## 问题、挑战和未来

非政府组织内部往往表现出既自我怀疑，又自我吹嘘，让外人摸不着头脑。为了避免本章内容沦为非政府组织不合时宜的自我吹嘘，接下来将聚焦国际非政府组织（INGO）倡导工作演变存在的一些疑虑和"挑战"（现在称为"问题"）。

上文提到的全球运动力量很好地总结了乐施会运动模式近期演变：

> 如果说国际乐施会运动的第一阶段是精英倡导和对多边问题的媒体报道，而第二阶段是扩展到大众宣传 / 沟通和联盟建设，那么第三阶段可以说是扩展到更多样化的方法，即理解了在北方和南方、在多边和国家层面将引领的变革，并且理解国际乐施会不同分部提出的见解形成了不同的策略，进而影响变革。

目前，权力分配更趋向多极化，人们也认识到国家决策继续主导许多发展问题（过去有时夸大了全球进程的重要性），对此作出的适当回应是结合国家、区域和全球宣传的变化组合，转向更可变的运动几何学。但这也造成了一些实际的紧张局势：全球运动需要单一信息，最好是有一个"坏人"作为目标。这样它们就能迅速从一个事件或政策目标转移到下一个目标。相比之下，全国性运动往往节奏较慢，需要花费数年时间在不同的团体之间艰难地建立联盟。2005年的"让贫穷成为历史"运动就是这种紧张关系的缩影——该运动在2005年鹰谷会议上取得了援助和债务减免方面的一些重大成就后，就宣布胜利，并草草收兵，尽管它在许多发展中国家与反贫穷联盟合作中开展的工作远远没有结束。

非政府组织最有效的运动要么涉及要求更多资金（援助、债务减免、气候融资），要么专注于"阻止坏事发生"（例如，通过世界贸易组织过早实现贸易自由化）。通常，这些运动都遵循一个基本的秘诀，即明确界定"问题、解决方案和坏人"。积极的、有主张的运动要困难得多——联盟很容易在改革到一定程度时出现分裂；政治和意识形态上的分歧会在非政府组织寻求什么样的世界上出现。这一点在气候变化问题上最为明显。在这个问题上，避免灾难所需的生态模式、经济模式和政治模式一直存在巨大分歧。

更广泛地说，"问题、解决办法、坏人"的提法可能适用于媒体和宣传活动，然而非政府组织经常面临的情况是，只有问题才是真正明确的，而解决办法和坏人则争议很大，可能因时间和地点的不同而有所不同。在诸如从暴力侵害妇女行为到保护残疾人权利、移民或低碳转型等领域的规范转变中，更诚实的做法可能是集中精力强调问题并建立共识，而不是假装知道所有的答案，尽管这会使运动和新闻团队的工作更加困难。

全球地缘政治中艰难的结构性变化正反映在国际非政府组织中。近年来，乐施会经历了"金砖化"，在印度、巴西和南非成立了新的附属机构。这应该会减弱北半球国家的思维定势，但新的分支机构面临融资的挑战。新兴国家的中产阶级则是一个完全不同的目标，打开新市场的初始投资是巨大的，需要数年才能见效。在此之前，虽然人们努力建立一个真正公平的新乐施会，但有两点可能会阻碍新乐施会的进展。第一，乐施会各分支机构经济不平衡；第二，乐施会需要专注于建立一个经济上可行的商业模式，以支持影响未来的工作。

除了国家分支机构之外，在乐施会开展长期发展、应急响应和宣传等综合项目的国家，出现了因点名批评那些辜负穷人的国家或做法骇人听闻的企业而出现了紧张的局面。随着公民社会组织的空间在世界许多地方缩小，对当权者说真话的风险也变得越来越大。像乐施会这样的国际非政府组织往往更愿意批评富国政府在气候、援助、贸易和债务方面的失败，而不是指责其他国家政府在减贫或适应气候变化方面的糟糕表现。

这在一定程度上是因为支持者阵营和合法性问题：在许多情况下，乐施会的公开批评不会产生任何影响，有时可能会因为占用了国家盟友和合作伙伴的空间产生反作用。当乐施会的国家项目需要得到政府认可时，人们还担心工作人员的安全和乐施会的经营许可证。这就提出了极具挑战性的伦理问题：在某些情况下，国际非政府组织的一些项目提供了拯救生命的服务，以便能够向当权者说真话。乐施会等国际非政府组织是否应该准备离开并关闭它们的项目，还是应该不惜一切代价留下来，因为它们最根本的使命就是在其他责任承担者失职时提供此类服务？

多极化的另一个后果是，非政府组织为影响基本开放、负责任的政府而发展起来的策略，在针对更封闭的系统时，特别是公民社会组织空间有限的国家，可能没有什么价值。那么如何影响中国在非洲的政策，又如何影响为非洲土地掠夺提供资金的海湾国家呢？

非政府组织的运动继续以经济和技术官僚为主导，而不是政治为主导。由于对权力分析关注不够，许多运动反而表现出作者所讽刺的"如果我统治了世界"的倡导工作，全然不顾现实世界的权力分配和决策过程。这其中有制度上的原因——公开的政治立场给许多非政府组织带来了较高的风险，无论是法律上、财务上还是物质上都有风险，还有更微妙的声誉风险——失去决策者向非政府组织听取意见的机会。

作为一个全球性的运动组织，乐施会已经认识到，权力分析不仅必须包括政府和私营部门行为者，而且要包括公民社会组织，更重要的是要包括公众。几乎所有乐施会寻求的重大变革都意味着与既得利益产生冲突。因此，舆论（或通过广泛的媒体报道获得的预期舆论），是其所有宣传工具箱中的一个关键要素。但为了有效地动员公众并加强他们变革的决心，倡导组织必须更好地理解当前公众对某个问题的想法和假设，以及该问题如何融入更广泛的认知框架，我们所有人是通过这个认知框架来理解世界的。只有这样，组织运动者才能有信心设计自己的整体战略，涵盖公共信息和重大诉求。

与此相关，对经济和技术官僚的关注是对变革过程的理解不足。在资金筹集和项目规划等诸多因素的推动下，大型非政府组织俨然居住在一个"规划者的世界"，充斥着五年战略规划以及持续的、可预测的变化。非政府组织规模越大，调整和改变这些规划的过程就越复杂。这可能会导致一定程度的惰性，使其难以对事件、冲击、政府更迭等可能施加影响的机会作出反应。这方面一个很好的例子是，乐施会等许多组织无法思维敏捷、行动快速地将全球金融危机与需要促进转向低碳经济（即所谓的"绿色新政"）联系起来。当时只有少数行动迅速的组织能够作出这种快速转变。但对许多大型组织来说，船大难掉头。本章其中一位作者写了一本书《变化是如何发生的》，以解决其中的一些问题（Green 2016）。

当然，如今数字通信技术极大地促进了敏捷性。这对大型国际非政府组织既是机遇，也是挑战。病毒式传播的运动和宣传活动为公民赋权和参与提供了巨大的潜力，但与过去相比，公民赋权和参与更多地像是附加给公民的条件，而不是乐施会的条件。这就要求像乐施会这样的国际非政府组织减少对其运动信息的控制，让其支持者发挥作用并调整运动，以适应他们自己和他们的在线社区。也就是说，组织参与运动的方式将发生深刻转变：不再是向支持者"推销"运动的信息，并且给他们"提供"运动可以采取的行动；而是转向"促进"支持者在他们的在线网络中发起运动，并由他们自行设计如何开展运动。

最后，许多最富裕国家的经济衰退和财政紧缩意味着，无论是慷慨的公共捐赠减少，还是政府资金削减，国际非政府组织的收入都随之下降。对于依赖政府资金的国际非政府组织来说，其影响可能很严重，但从长期来看可能是健康的。无论是哪种方式，财政紧缩都会抑制国际非政府组织的扩张，那么或许金砖国家（BRICS）以及类似国家的公民社会组织发展壮大，从而占据一定的空间。从长期来看，无论如何，这种情况肯定是不可避免的。

但总的来说，非政府组织和其他非政府行为体将继续使外交官和决策者的工作变得复杂化，同时又能相辅相成（尽管很少赞美对方！），外交官和决策者需要花时间和精力了解非政府组织的工作，也要学习如何为共同目标而精诚合作。

注释：

1. 参见 Oxfam International Annual Report 2013–14, p. 68。可从以下网站获取信息：http://www.oxfam.org/。

2. "democracy"（民主）这个词源自希腊语 "demos"（人民）和 "kratos"（权力）。

3. Oxfam International (2009), *The Global Campaigning Force: Update*

*Discussion Document* (mimeo).

4. Celine Charveriat (2005), *Power Analysis Checklist and Methodology, 2005* (Oxfam International, mimeo).

5. 参见 http://www.oxfam.org/en/policy/working-for-the-few-economic-inequality。

6. Water Aid: The Advocacy Sourcebook. 可在以下网站获取：www.wateraid. org/~/media/ Publications/advocacy-sourcebook.pdf。

7. 参见 http://ec.europa.eu/taxation_customs/taxation/other_taxes/financial_sector/ index_en.htm。

8. 在气候变化谈判的词汇中，减缓意味着采取行动防止全球变暖的来临，而适应则是指使各国能够在全球变暖到来时作出反应的措施。

9. 除了贸易协定（最近的一次是 2011 年批准的美韩自由贸易协定）之外，美国国会近 20 年来一直没有批准经济领域的条约。国会也未能批准人权领域、裁军或环境领域的许多条约。参见 http://foreignpolicy.com/2012/05/17/america-the-exception-7-other-treaties-the-u-s-hasnt-ratified/. and https://en.wikipedia.org/ wiki/List_of_United_States_treaties。

10. "适应性资金将优先用于最易受气候变化影响的发展中国家，如最不发达国家、小岛屿发展中国家和非洲。" Copenhagen Accord, 18 December 2009.

11. Kate Raworth, 2007. *Adapting to Climate Change: What's Needed in Poor Countries and Who Should Pay*. 可在以下网站获取 http://www.oxfam.org。

12. http://www.globescan.com/news-and-analysis/press-releases/press-releases-2013/ 261-environmental-concerns-at-record-lows-global-poll.html.

13. 参见 https://www.oxfam.org/en/research/oxfams-initial-analysis-paris-agreement。

14. 参见 http://politicsofpoverty.oxfamamerica.org/2015/10/behind-the-numbers-getting-to-100-billion-in-climate-finance/。

15. 参见 https://unfccc.int/resource/docs/2015/cop21/eng/l09r01.pdf. The quotation is from Decision 1/CP.21, para 115。

16. 易受气候影响脆弱国家论坛成员包括阿富汗、孟加拉国、巴巴多斯、不丹、布基纳法索、柬埔寨、科摩罗、哥斯达黎加、多米尼加共和国、刚果民主共和国、埃塞俄比亚、斐济、加纳、格林纳达、危地马拉、海地、洪都拉斯、肯尼亚、基里巴斯、马达加斯加、马拉维、马尔代夫、马绍尔群岛、蒙古、摩洛哥、尼泊尔、尼日尔、帕劳、巴布亚新几内亚、菲律宾、卢旺达、圣卢西亚、塞内加尔、南苏丹、斯里兰卡、苏丹、坦桑尼亚、东帝汶、突尼斯、图瓦卢、瓦努阿图、越南和也门。可从以下网站获取：http://www.thecvf. org/web/climate-vulnerable-forum/cvf-participating-countries/。

17. 参见 https://oxfaminternational.exposure.co/a-changing-climate。

# 参考文献：

Carothers, T. and Brechenmacher, S. 2014. *Closing Space: Democracy and Human Rights Support Under Fire*. Washington, DC: Carnegie Endowment for International Peace.

Civicus 2010. *Civil Society: The Clampdown is Real!* Available at: http://www.civicus.org/civicus-home/1623-civil-society-the-clampdown-is-real.

Cugelman, B. and Otero, E. 2010. *Evaluation of Oxfam GB's Climate Change Campaign*. Available at: http://Oxfamilibrary.openrepository.com/Oxfam/bitstream/10546/119438/1/er-climate-change-campaign-010310-en.pdf.

Edwards, M. 2014. *Civil Society*. 3rd edition. Cambridge: Polity.

Freedom House 2005. *How Freedom Is Won: From Civic Resistance to Durable Democracy*. Available at: http://www.freedomhouse.org/uploads/special_report/29.pdf.

Green, D. 2016. *How Change Happens*. Oxford: Oxford University Press.

Howell, J. and Pearce, J. 2001. *Civil Society and Development: A Critical Exploration*. Boulder, CO: Lynne Rienner.

IPCC 2015. *The Fifth Assessment Reports of the Intergovernmental Panel on Climate Change*. Available at: http://www.ipcc.ch/report/ar5/wg2.

Leisher, S. H. 2003. *A Case Study of Donor Impact on Political Change at the Grassroots in Vu Quang District, Ha Tinh Province, Viet Nam*. Available at: http://www.mande.co.uk/htpap/docs/Hopkinsreport.pdf.

Lewis, D. 2014. *Non-Governmental Organizations, Management and Development,* 3rd edition. Abingdon: Routledge.

Miller, V. and Covey, J. 1997. *Advocacy Sourcebook: Frameworks for Planning, Action and Reflection*. Boston, MA: Institute for Development Research (IDR).

Sen, A. 1999. *Development as Freedom*. Oxford: Oxford University Press.

Tadros, M. 2011. *Working Politically Behind Red Lines: Structure and Agency in a Comparative Study of Women's Coalitions in Egypt and Jordan*. Available at: http://www.dlprog.org/ftp/download/Public%20Folder/1%20Research%20Papers/Working%20Politically%20Behind%20Red%20Lines.pdf.

Tobin, J. 1978. A Proposal for International Economic Reform. *Eastern Economic Journal*, July–October, 153–159.

UNDP 2014. *Human Development Report 2014*. New York: UN Development Programme. Available at: http://hdr.undp.org/sites/default/files/hdr14-report-en-1.pdf.

WEF 2016. *Global Risks Report*. Available at: www.weforum.org/reports/the-global-risk-report-2016.

Woll, C. 2008. Strategies of the Emerging Countries in the World Trade Organization, in *The Emerging States: The Wellspring of a New World Order*, edited by C. Jarelot. Paris: Presses de Sciences Po.

## 有用的网站：

Adva Centre: www.adva.org.

Behind the Brands: www.behindthebrands.org.

Climate Vulnerable Forum: www.thecdf.org.

Ethical Trading Initiative: www.ethicaltrade.org.

Extractive Industries Transparency Initiative: www.eiti.org.

Green Climate Fund: www.greenclimate.fund.

Intergovernmental Panel on Climate Change: www.ipcc.ch.

Oxfam: www.oxfam.org.

Pan African Climate Justice Alliance: www.pacja.org.

Social Watch: www.socialwatch.org/en/portada.htm.

UN Framework Convention on Climate Change: www.unfccc.int.

Via Campesina: www.viacampesina.org/main_en/index.php.

Water Aid: www.wateraid.org.

World Economic Forum: www.wef.org.

# 第六章 服务私营部门：印度的经济外交

基尚·S.拉纳

通过自 1991 年以来采取的政策行动，有些甚至是秘密进行的，由私营部门主导的商界已成为印度经济改革及经济外交的核心。商界从政府开展的促进活动中获益，无论活动是聚焦贸易、投资、技术，还是聚焦旅游、留学生教育、职业培训、鼓励创新以及与海外伙伴的科学合作等领域。我们目睹了一系列公私伙伴关系（PPP），其中涉及个体工商企业和更常见这些企业的集体性团体（如协会和商会）与政府部门密切合作。中央政府的国有企业也参与其中，即使其他国家央企的重要性已经下降，但在印度央企仍然是主要参与者。

在全世界范围内，即使在政府作为主要参与者的经济外交活动中，无论是制定监管安排，例如自由贸易协定（FTA）、在世界贸易组织中的谈判，还是在起草投资保护协议或在制定外部援助方案时，企业往往是推动者，也是主要受益者。因此，从整体上看，一个国家的对外经济外交是一个庞大的公私伙伴关系。企业经常与国家合作，在广泛领域内推进国家利益从而在政治外交中发挥积极作用，我们听到这点是否还会惊讶不已呢？并非所有政府都承认上述双向互动伙伴关系是前提，并在此基础上采取行动。这是经济外交的悖论之一，这种公私伙伴关系的结构和部署方式在不同国家各不相同。[1]

## 经济外交与商业外交

2010 年 8 月，在新德里举行的印度大使年度会议上，百事公司首席执行官英迪拉·诺伊（Indira Nooyi）口若悬河地谈到了外交与企业之间的密切联系。她说："商业外交需要与私营企业对话。这意味着政府的流程会随着投资者资金的投入而不断改进。"她把外交官与"投资者关系执行官"相比较，他们拜访投资者，倾听投资者的问题，并把投资者的关切转达给公司总部，她还补充道：

> 在商业外交领域，这意味着需要绝对坦率的建议。如果一个国家对商业不那么友好，如果一个国家的公司治理标准达不到世界水准，那么这个国家的领导人需要意识到这一点，并主动采取行动。大使需要拥有足够的权威和地位，才能够说出这些话而不必担心遭到报复。大使还应确保跨国公司在印度投资后，能够得到良好的待遇，并享有与当地公司一致的地位和权利。同样，大使需要确保他们在代表自己的国家行事时保持谦逊。大使在经济增长阶段如何定位自己的国家，将在很大程度上预示经济下滑时他们国家的前景。[2]

这很好地抓住了全球主要企业对外交体系的期望。我们应该注意到，英迪拉·诺伊谈到了商业外交。这与经济外交相同吗？

对于一些人来说，商业外交不同于经济外交，因为经济外交处理的是政策问题。当然，政策问题是经济外交的重要组成部分。但"经济"是一个比"商业"更宽泛的术语，可以将商业视为经济的一个子集。例如，无论是从援助方的角度还是从受援方的角度来看，援助问题都属于"经济"安排的范畴，而不是商业外交；然而，援助国的商业企业是此类援助的受益方，信贷额度，甚至是外国培训计划都属于"技术合作"范畴。这也适用于与主要多边经济机构的对话，无论是国际货币基金组织或世界银行，还是非洲开发银行（AfDB）或亚洲

及太平洋经济社会委员会（ESCAP）等区域实体。推广旅游业和推广
国家品牌形象同属一个集群，远远超出了我们通常所说的商业外交。
两者的差异如图 6.1 所示。

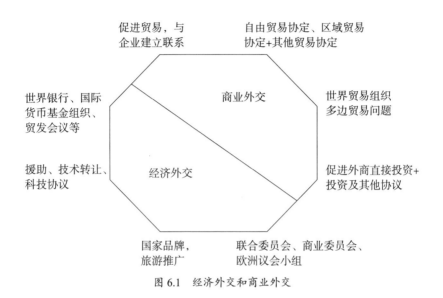

图 6.1　经济外交和商业外交

早在国家机构首次承担促进者的身份、推动商人在国外的贸易交
流时，商业外交就已经存在了。16 世纪，欧洲国家在黎凡特设立领事
馆，早期领事馆由外国商人相互安排，促进贸易；国家逐渐介入并接
管这些领事馆；这就是商业外交的雏形（Berridge 2009）。经济外交是
在第二次世界大战结束后才发展起来的新兴活动。政府开始参与管理
对外经济活动，外交部开始特别关注对外关系方面的经济内容。1964
年的英国卜劳顿（Plowden）报告书将促进出口确定为外交使团的优
先活动，而 1969 年的邓肯（Duncan）报告书则更有力地推动了经济
外交。

1966 年印度的皮莱（Pillai）报告书审查了印度外交部（MEA）
的工作，虽然强调了一下贸易，但并未提及促进外国直接投资
（FDI）。仅仅几年后，外国直接投资就成为了一个值得关注的问题。

印度外交部在 20 世纪 60 年代末成立了一个经济部门，该部门逐渐承担起经济外交的职责；但印度外交部的经济促进职能一直受到其他经济部门的觊觎，尤其是商业与工业部。1973 年，石油输出国组织卡特尔出现第一次"石油冲击"，原油价格几乎在一夜之间翻了两番。之后，印度坚定地迎难而上，并作出回应。作为一个"非石油"（出口）发展中国家，印度不得已采取了英勇的行动，以筹集外汇资源。

## 经济外交的阶段

发展中国家独立后，在处理国际关系方面面临着陡峭的学习曲线，回顾这些国家的经验，我们可以将其经济外交行动分为四个不同的阶段。这四个阶段是基于印度的经验、对其他国家的观察以及我本人和其他同事的外交生涯印象。它还阐释了经济外交如何为商业部门服务（Rana and Chatterjee 2011，Rana 2015）。

### I. 经济推销阶段

幸运的是，我首次担任大使是在阿尔及利亚（1975—1979 年），适逢印度经济推销的早期阶段。1973 年油价飙升后，印度不得不寻找资源以支付石油进口的花费。印度利用与阿拉伯国家的政治联系，尤其是那些突然间财源滚滚的石油大国，寻求全包工程、咨询任务，以及安置熟练和高级技术人才。印度在所有海湾国家都开设了大使馆，派遣了年轻的特使。向只有 12 年或 15 年经验的官员授予大使级别，激励年轻官员用实力证明自己，抓住当地的机遇，并构建新的经济联系。

1975 年，印度不断增长的技术专长在阿尔及利亚还无人知晓，但我们利用主导经济格局的决策者和国有企业的有利政治倾向，帮助印度公司、公共部门和私营部门。1977 年，塔塔出口公司赢得了我们的第一份工业合同，即建立两个变电站；随后，几家国有企业也签订了项目和咨询合同。到 1979 年底我离开阿尔及利亚时，印度公司已经赢得了 12 份合同（Rana 2002：chapter 3，2015：chapter 6）。早期，很少有印度私营企业活跃在北非；这正是我们的公共部门公司有决心应对困难的新市场。

后来，我在布拉格（1979—1981 年）、内罗毕（1984—1986年）、旧金山（1986—1989 年）、毛里求斯（1989—1992 年）和波恩（1992—1995 年）等海外工作，与之前主要的区别是印度的私营公司变得越来越活跃，与越来越少的公共部门企业产生竞争关系。印度不断增长的工业产能将私营企业推向了新的出口市场。活跃于出口领域的印度国有企业往往将重点放在基本商品、铁矿石等出口提供的大宗市场，并优先考虑东欧和苏联。但对于印度的市场领导者而言，经济外交尚处于早期阶段，在国内有很长的观望名单，尤其是汽车制造商；直到 20 世纪 90 年代，他们才看到进入出口市场的价值。

另一项主要由私人发起的活动是印度人力资源在海外的部署。其他一些发展中国家，包括孟加拉国、巴基斯坦、菲律宾和斯里兰卡，也有过类似的经历。从 1977 年开始，阿尔及利亚从印度招募了 800多名医生，此外还有数十名教授和工程师。印度外交部在其中充当促进者的角色，但大多数人都与阿尔及利亚当局签订了个人合同。这类事件还在利比亚等国家上演，不同的是，除了工程师和其他专业人员外，还有数十万技术工人前往海外工作。如今，海湾地区拥有近 600万印度技术工人，此外还有数十万印度专业人士；他们是 2015 年印度收到的 720 亿美元汇款的主要贡献者。尽管 2008—2009 年全球经济出现衰退，一些工人回到印度国内，但汇款额仍在继续增长。

## II. 经济网络和宣传阶段

到 20 世纪 80 年代中期，印度已经成熟地进入到第二阶段，即建立经济网络和宣传阶段，尽管基本的经济推销仍在继续，但现实情况是，这两个阶段是此消彼长。1991 年，印度启动了经济改革，许多人认为这不亚于第二次独立运动，将经济从中央集权和"许可证制度"

的自我束缚中解放出来。这些改革突出在以下方面的努力：最大限度扩大出口、调动外国直接投资和帮助印度公司获取技术，此外还提升了向印度国内的援助和外国游客到访印度的人数。印度经济外交机构与非国家机构建立了有效的合作关系：主要的商业组织，特别是印度工业联合会（CII）和印度工商会联合会（FICCI），在国际经济问题方面活跃的经济智库和非政府组织以及媒体。

从20世纪80年代中期开始，我们与印度新兴软件业的经历，以及软件业在硅谷等美国不同地区的初战告捷，体现了私营公司的作用以及建立网络的好处。最初，我们的当地盟友是在高科技企业工作的印度籍技术专家。根据他们的本地情报，我们联系了当地的行业协会及其专业实体，例如帕洛阿尔托的美国电子协会和电力研究所以及加州大学伯克利分校等大学。追求信息技术市场梦想的印度公司是私营公司，并且大多是初创公司，它们在短短十年后就成了商业传奇。1987年10月，作为驻旧金山总领事，我主持了首次仅由12家公司组成的"印度软件"推介会。当时印度的软件出口总额仅为1 500万美元；当时提出的目标是三年内达到1亿美元，这个目标似乎遥不可及。2015年，印度的软件出口额达到1 000亿美元。

1991年，印度启动经济改革。奇怪的是，投资促进作为新德里的官方活动几乎在经济开放之时却陷入了沉寂。尽管投资条件得到了根本性的改善，但印度并没有专门负责吸引投资的机构。直到很久以后，2009年，印度工商联合会和产业政策与促进部成立了一家合资公司"投资印度"，政府有意选择持有49%的少数股份，以确保它不被视为政府的子公司（参见 http://www.investindia.gov.in/ ）。

同时，印度大使馆起到了宣传作用，而且在大多数情况下，它们都做得很好。与此同时，非官方机构也介入进来，以填补空白。从20世纪80年代末开始，印度工业联合会一直是接触海外业务的先驱。[3]他们努力争取通用电气首席执行官——标志性的杰克·韦尔奇。他们的想法是，如果能说服杰克·韦尔奇相信印度市场的重要性，他就会把通用电气带到印度，而这又会让美国大型企业涌入印度。20世纪90年代后期，通用电气在印度的班加罗尔建立了世界上最大的研究中心之一，拥有近3 000名工程师和科学家，其中大多数人拥有博士学位。2010年，在美国财富500强公司中，有超过63家在印度设有研究中心，这也是一个因素。[4]这些数字还在进一步增长。

印度的经验是，由在美国高科技公司工作的印度技术专家，以及人数相对较少的、在加拿大和英国工作的印度技术专家担任内部布道者，促使公司仔细研究它们在印度的选择。1996年，在新德里的一次商业研讨会上，来自加利福尼亚一家公司的两名印度裔美国人讲述了一个愉快的故事。他们曾被派往印度为购买公司仪器和其他高科技产品的客户提供服务，同时寻找新业务。于是他们立即开始向其总部卖力宣传印度潜在的商机。公司便要求一位正在韩国访问的副总裁在新德里停留24小时，要求他们冷静下来。他们说服了一位联系人，让他在距离机场仅15公里的古尔冈制造工厂晚点关门。当副总裁晚上到达时，他们直接从机场带副总裁前往工厂参观，以判断印度工厂的技术和组织的专业水平。锦上添花的是，翌日早上，他们还驱车陪同副总裁前往阿格拉参观泰姬陵。最后的结果是，在8到10个月内，他们的公司在印度有一家合资企业投入运营，另外还有两家正在酝酿中。

在此期间，外交部努力争取在经济外交中发挥核心作用，在投资政策和经济政策执行的决策会议上取得了一定进展。然而，我们协调活跃在经济事务中的印度官方机构的工作仍然不完善，并且这种协调是一个自上而下的过程。自2004年以来，印度总理领导了"贸易和经济关系委员会"，但所有的协调问题都不足以上升至这个层次。当良好的合作发生时，它通常取决于个人及其私人关系，而不是机构安排。例如，印度在世界贸易组织中强大而有效的谈判姿态并没有获得足够的支持，没有得到关键的双边首都的相应宣传。投资促进也没有得到充分的协调：国内执行政策和管理投资审批程序的主要机构需要与印度大使馆更好地合作，印度大使馆在当地与外国公司的联系中处于最前沿，为国内机构提供信息，并激励它们。当新德里批准的投资遇到问题时，印度大使馆充其量只是偶尔跟进一下。

### III. 形象塑造阶段

经济活动第三阶段的新因素是认识到形象的重要性。这引发了旨在改善国家品牌而采取的行动。例如，关注经济中的旅游部门：外国游客的数量、游客的原籍国、平均逗留时间和每位游客的花费。正是这最后一项数字决定了这个服务行业的规模。旅游营销涉及多种不同的活动，把国家形象塑造为旅游胜地只是其中的一个要素；有些人可能会说，为外国游客提供的基础设施质量也同样重要。在实践中，旅游业的物流对国家形象作出了一部分贡献。当旅游业发展成熟时，我们会发现，国家子实体会以本省或本地区品牌作为国家品牌的子品牌来进行宣传。

在 20 世纪 90 年代的大部分时间里，印度作为旅游胜地，游客人数已经稳定在 300 万人左右。1991 年改革后，经济开始增长，与此同时，旅游业的基础设施也得到了改善。2000 年之后，为了建立更具吸引力的旅游形象，印度付出了前所未有的努力，当时经过全国角逐后选中了"不可思议的印度"的口号。2014 年，770 万外国游客到访印度；外国游客平均逗留 20 天以上，收入为 198 亿美元。旅游业年增长率约 7%，但如果配套设施和营销策略有所提升，年增长率会更高。印度没有经济或商业营销口号，不像泰国巧妙地对外宣布："思考亚洲，投资泰国。"

形象营销的早期举措是在 20 世纪 90 年代中期设立印度品牌资产基金会。当商务部发现，鉴于其通常的官僚程序，管理 50 亿卢比（当时价值 5 500 万美元）的基金并不容易时，该基金的运作在 2000

年移交给了公私伙伴关系的印度工业联合会（参见 http://www.ibef.org/aboutus.aspx）。这一举措取得成功，基金运作良好，在形象营销方面发挥了有益的作用。私营企业部门经常率先将印度品牌推向海外，这在世界经济论坛的达沃斯年度会议上尤其明显，印度工业联合会凭借"印度无处不在"的口号为自己赢得了主要合作伙伴的地位（Pigman 2007：14，81—85）。印度工业联合会还通过其"印度制造"贸易展在许多新兴非传统市场产生了影响。印度工商联合会在"博鳌亚洲论坛"（BFA）中占有重要地位，这是一个以中国为中心的商业和政治论坛，每年汇集了来自东亚和东南亚的主要商业和政治领袖（参见 http://www.boaoforum.org/html/home-en.asp）。2010 年 4 月，首次由部长代表印度参会，多家印度企业提供了赞助。

品牌推广工作还侧重于信用评级机构、世界商业闭门会议的组织者，以及发布经济环境和商业便利度评级的指数。所有这些，连同世界银行和国际货币基金组织等全球金融机构，都提供了指导方针和报告，这会影响决定外国投资和营销战略的公司董事会。虽然印度的经济决策者早就注意到了这一点，但莫迪政府直到 2014 年 5 月才宣布了一个政策目标，即在"营商便利度"方面跻身前 50 名；印度在 2015 年实现了从第 140 位小幅上升到第 132 位。

### IV. 监管管理和资源调动阶段

最后一个阶段是监管管理和资源调动，即利用创新的新集团谈判贸易协定和能源准入协定，并实现区域外交。这些任务需要建立国内联盟，尊重每个官方和私人机构的能力，共同努力建立国内政策的新标准，并将商业实体、智库和非政府组织纳入外部谈判进程。

与此相关的国内任务是接触不同的合作伙伴，并将部门利益与国家优先事项加以协调。这种协调不能由权利或命令强加；而是当这些机构认为外交部可为其直接利益带来价值的时候，这种协调就会出现。外交部是此类工作的逻辑中心，因为它没有自己利益相关的议程。外交部的强项是控制整个国家间的对外对话，当然，这少不了政府首脑及其工作人员的监督。

一个突出的例子是印度在 1999 年与斯里兰卡签署的第一个双边自由贸易协定（Rana and Chatterjee 2011：chapters 17，18）。在那之前，印度存在一种"意识形态"偏见，认为区域和双边自由贸易协定有损《关贸总协定》/ 世界贸易组织模式下贸易自由化的多边普遍性原则。[5] 但斯里兰卡自由贸易协定在经济和政治上取得了不同凡响的成功，此后印度又与泰国和新加坡等国签署了类似的双边协议，并与东盟这一区域集团签署了双边协议。

部委间的协调往往是不平衡的，有时甚至是明显缺失的。印度经济管理的复杂性已经有所显现：决策分散，外交部的作用局限，经济外交的运作并不总是与政治目标同步。在区域和双边自由贸易协定中，保障国内工业和农业的利益是一个至关重要的问题，必须以巧妙而敏锐的方式加以处理，不可过分强调自己的诉求。印度国内出现了这样的批评声音：此类自由贸易协定没有实现承诺的价值，而且优势的平衡往往有利于外国合作伙伴。部分问题是未能协调这些协议与有利于国内制造业的税收制度，这也是莫迪政府自 2014 年上任以来奉行的"印度制造"政策中的核心内容。

印度外交部提出了区域经济安排方面的新举措。1997 年，泰国和印度联合孟加拉国、缅甸和斯里兰卡建立了一个跨区域组织（BIMSTEC），后来不丹和尼泊尔也加入其中，旨在建立一个自由贸易区。2003 年，印度、巴西和南非三方机制成立，当时这三个国家决定在国际经济问题上建立伙伴关系，发展更紧密的贸易和运输联系；并于 2006 年 10 月在巴西利亚召开了第一次首脑会议。金砖四国（巴西、印度、俄罗斯和中国）后来随着南非的加入而成为金砖国家，也获得了关注。最初它们被高盛集团认定为世界未来增长的火车头，并在 2009 年底举行了第一次峰会。

对印度而言，外交部是这些集团的首席协调员，负责协调与其他国家和非官方机构的合作。印度加入了金砖国家创建的新开发银行，其总部设在上海，并且加入了由中国倡议的、在北京成立的亚洲基础设施投资银行，并成为亚投行的第二大出资国。这些都是重要的新举措，为印度和其他国家亟需的基础设施建设扩大资金选择。2016 年初，正在进行的《区域全面经济伙伴关系协定》的谈判包括东盟国家和澳大利亚、中国、印度、日本、新西兰和韩国等六国，这表明印度谈判立场的灵活性和复杂性达到了新高度。鉴于 2015 年缔结了《跨太平洋伙伴关系协定》，印度的动力部分来自不愿掉队的强烈愿望（参见本书第十一章）。

## 与私营部门合作

外交专家花费了一些时间来学习与企业界打交道的方法。如前文所述，由于不同的国家处于这条学习曲线的不同阶段，印度的经验可能具有更广泛的相关性。

### 公共与私营

当印度大使馆首次开展经济外交时，在有选择的情况下，属于公共部门的企业应该比属于私营部门的企业有更多特权，这似乎是合乎逻辑的。在石油资源丰富的国家，通常是国有企业牵头签订项目合同。而在沙特、科威特、伊拉克等主要国家，私营企业迅速跟进，在东南亚和非洲则是由私营企业带头，而不是公共实体。因此印度大使馆常常需要作出抉择。

1977 年我在阿尔及利亚时，一家印度私营公司率先确定了一家阿尔及利亚企业作为黄麻袋的最终用户，这些黄麻袋主要产自加尔各答周边地区。几个月后，印度国有贸易公司打听到消息并向这家阿尔及利亚企业出售同类产品，此时，我便规劝印度国有贸易公司不要充当印度私营公司的搅局者。印度国有贸易公司和外交部都没有反对大使馆的行动（Rana 2002）。无论向国营企业汇报，还是向私营企业汇报，我都提供了富有建设性的信息。从 1976 年开始，在六次派驻国外的任务中，我每六个月写一次报告，简要概述当地和双边经济发展以及当时正在进行的项目或大型合同的进展情况。我小心翼翼地避免任何公共或私营企业可能认为是商业敏感的信息。我把这些报告提交给了相关经济部委、顶级行业和出口促进机构，以及相关的主要国营和私营企业。报告的广泛分发并没有引起任何批评，接收方很重视我所提供的广泛的当地背景信息。

20 世纪 80 年代，印度的商业精神经历了演变，倾向在国有企业和私营企业之间建立更公平的平衡。印度工业联合会是首个接纳公共企业为正式成员的最高机构；20 世纪 90 年代，印度工商联合会与印度商业和工业联合会（ASSOCHAM）也紧随其后。随着时间的推移，他们也再次跟随印度工业联合会的步伐，给予外国企业的子公司正式会员资格。

与此同时，这些商业协会开始发挥积极作用，倡导超越狭隘企业利益的双边经济伙伴关系，有两个例子可以说明这一点。印度工商联合会负责管理两国的商业磋商，将其与通常是部长级的官方"联合委员会"会议相结合。目前，印度工商联合会举办了 80 多个此类双边商业论坛。印度工业联合会组织了"首席执行官代表团"前往西方顶级市场，到 20 世纪 90 年代，这些代表团中包含了公共部门企业的负责人。我先后在旧金山和德国接待了几个首席执行官代表团。每个代表团都是精心挑选，始终由时任印度工业联合会主席带队，并由意气风发的总干事塔伦·达斯（Tarun Das）陪同。[6] 在为期两到三天的紧密安排中，我全程陪同这些商业团体，不仅提高了他们的声望，也加深了我对派出国的了解。这些代表团的重点始终放在国家推广上，将印度作为投资目的地进行营销。当然，参与者为自己建立了商业联系，但在访问期间并未进行公司间的交易。

### 更广泛的好处

从驻外使馆的角度来看，与本国商人密切合作还能带来另外两个直接好处。一是能突出来自本国的商务代表团，并在使馆官邸主持本国商人和当地商业领袖的会议，这样可以加深驻外公使及其团队与当地的联系。这对外交官来说是一个巨大的优势，特别是在像美国和德国这样规模巨大、多元化程度高的社会中。我在德国关系最好的联系人之一是德国工业联合会（BDI）主席，相当于德国版的印度工业联合会。这要归功于塔伦·达斯的初次引荐，随后印度工业联合会访问德国，加深了我与德国工业联合会主席的情谊。

每两个国家的商界领袖加入"知名人士小组"或其他类似的实体团队，以进行"战略对话"时，与本国商人密切合作带来的第二个直接好处就不言自明了。各国通过组建团体，以吸引来自不同社会阶层的人士，并将经济关系与政治、文化和其他关系紧密结合，对寻求更紧密相互关系的国家而言，这已日益成为一种流行趋势。大使馆和外交部应该从这些参与"第二轨道"对话的综合团体所提供的网络联系中获益，这一点至关重要（Rana 2002a，2008）。商业联系可用于促进其他活动领域的联系，如政治或文化活动。例如，在1992年，我到达波恩后，培养了科尔总理的前外交顾问霍斯特·特尔奇克。当时，他是贝塔斯曼基金会的负责人，也是"第二轨道"组即印度-德国咨询小组的成员。1994年，特尔奇克加入了宝马公司（BMW）的管理委员会并搬至慕尼黑。此时，我们成功说服他成为我们的名誉总领事，这使我们在德国的重要地区巴伐利亚州有了绝佳的机会。

### 关于商业问题的反馈

在本章开头的引文中，百事可乐公司负责人英迪拉·诺伊提出了一个关键观点：大使们有责任与东道国政府讨论有关公司治理标准和商业环境的问题，同时向本国政府报告全球标准，"不必担心遭到报复"。那么，这在实际操作中又是如何运作的呢？

驻外公使必须以诚实、正直的态度向其政府汇报。其首要责任便是不加粉饰地反映当时的实际情况。那么应该如何看待驻外公使就外国企业的投资和经营条件方面对政府提出建议呢？事实上，鉴于当地对话人根据本国商业和其他情况向代表团提出一些实际问题，驻外公使向本国政府提出建议也是有必要的。例如，1986年，首家在班加罗尔建立离岸软件开发中心的外企——美国得州仪器公司与我们在旧金山的领事馆取得联系（当时我们的领事馆也负责得州的相关事务），表示他们担心卡纳塔克邦政府实施的断电政策会扰乱他们的运营。于是，我们向州政府高层汇报了这一情况，并在48小时内收到州首席秘书的答复，他们充分认识到该项目的重要性，并表示得州仪器将免于任何断电措施。

同样，印度代表团也将投资促进会上的当地反馈提交给本国政府，更不用说具体的投资问题或其他与商业有关的投诉了。但如果没有坚实的参考依据，外交官们或许会犹豫不决，不敢就本国政府的政策提出不请自来的建议。各国政府对自己的驻外公使过于明显地成为其派驻国代言人持谨慎态度。在这个行业中，有个礼貌的术语叫作"当地利益症"。

那么，驻外公使是否应当根据派驻国的经济结构现状向其提出建议呢？同样地，衡量标准必须是这些建议能在多大程度上影响其本国整体或其他部分的直接利益。驻外公使应该大胆为面临困难的国内利益相关方辩护，但针对该国应该做什么而提出不必要的建议则另当别论。下面的例子可以很好地说明这一点。1993年，德国总理科尔访问印度时，带来了一个阵容强大的商业代表团，并询问是否商业代表团可以会见印度总理。尽管这有悖于印度的惯常做法，但经过一番周旋后，印度方面还是接受了这个提议。德国高管为此做好了充分准备，向印度总理纳拉辛哈·拉奥提供了一长串关于改善印度投资和其他商业状况的建议。应拉奥的要求，他们又以书面形式对此进行跟进。就在一年后的回访之前，拉奥确信已经对德国备忘录进行了详细的答复。这使得拉奥在波恩会见德国和印度商人时游刃有余（Rana 2015：chapter 1）。相比之下，在 20 世纪 90 年代，一位日本大使在公开演讲中批评印度的投资条件，认为这些条件阻碍了外商直接投资的流入。即使他的判断是正确的，但这种对东道国的公开批评受到了印度媒体的差评。

**潜在危险**

对于大使馆和外交官而言，与商界走得近并非没有潜在危险。这让官员们容易受到个人利益的诱惑，比如，通过他们可能帮助安排的交易以获取佣金，或是通过其他途径谋取个人利益。类似的诱惑也可能出现在外交部官员身上，他们负责安排本国商人进入海外市场。外交部并不会公开官员的不端行为，但这也提醒我们要去考虑一些可能出错的情况：

• 在一些国家，当地官员希望通过佣金或贿赂来批准合同或加速合同审批。有时，大使馆成员，包括当地雇员，都有可能被诱惑参与这种不端行为。因此，驻外公使必须高度警惕，确保其工作人员与此类事件没有任何瓜葛。

• 由于大使馆的工作人员或外交部官员常常为本国商人引荐国外人脉，这些外交官可能会受到个人利益的诱惑，向商人索要报酬或某种补偿。又或者是，商人为了获得这种引荐机会主动向工作人员提供某种形式的报酬。这样的行为都应予以抵制。

• 官员，尤其是临近退休的官员，可能会受到诱惑，利用他们在国内外的公司人脉，为自己争取退休后的职位。许多国家对此都有所防范，比如规定了此类任命的审批程序，或者规定官员接受任命前有一个"冷却期"（印度为两年）。在美国或法国这样的国家，公职人员和私企员工的任命就像"旋转门"一样，可以随意进出，这些国家政府不会过多关注外交官退休后继续返聘。然而，印度对官员在退休后接受企业任命持保守态度，这些企业是他们在任公职期间的官方人脉。

每届政府都有官员行为准则，以指引他们走上正确的康庄大道。然而，准则无法涵盖每一种情况。实际上，正是规章制度的执行清楚明白地告诉那些受到诱惑的官员哪些能做，哪些不能做。

另一类问题则源于人们过分关注经济外交，认为贸易或其他商机非常重要，而忽视了其他问题，包括合理的政治判断。当一个外国政权受到潜在威胁，但其贸易伙伴却参与有利可图的交易，包括供应国防设备，就会出现这种情况。他们可能过于投入眼前的现状，以至于看不到潜在的威胁。1979 年，伊朗国王的统治走向覆灭就是此类误判的典型案例。尽管当时伊朗政局动荡的迹象已十分明显，但是英国等一些西方国家却未能预见伊朗的君主制度终将被推翻。[7] 苏联解体时，一些印度公司一度焦头烂额，尽管在外界看来，新德里与莫斯科交往密切，但是印度却很好地适应了 1991 年以后的新形势。

## 当今的私营部门

经济改革后的 25 年，作为经济外交的贡献者，印度私营企业的前景如何？它提供了哪些经验？

第一，要考虑印度商业企业的"国际化"。商业顾问和律师等服务提供商发挥着越来越大的作用，部分原因是印度公司的海外并购活动日益活跃，但一些印度公司在使用这些顾问时仍犹豫不决。印度的对外直接投资（ODI）尚未达到与流入的外商直接投资（FDI）相匹配的水平，中国也是如此。但最近几年，印度的对外直接投资一直在每年 150 亿至 250 亿美元之间徘徊，而外商直接投资约为 350 亿至 400 亿美元。由于莫迪政府推出"印度制造"运动，自 2014 年底以来，印度的外商直接投资流入量节节攀升；其 2015—2016 财政年度可能以超过 550 亿美元收官；一些人认为这种激增将继续下去，部分原因是其他新兴市场出现了问题。印度中型企业已经收购了非洲、欧洲和美国的外国公司，它们在这类跨文化交易中显示出了相当优越的管理专长。但印度公司在包括日本在内的亚洲国家寻求机会时却不够灵活。在印度进军拉美市场的早期，一些有拉美工作经验的印度人，包括前大使，如今都成为新业务的联络人。然而，一家印度私营集团在玻利维亚赞助的钢铁项目却惨遭失败，由此可见，一些印度企业在尽职调查、风险评估和使用有效商业顾问等方面仍处于见习阶段（Viswanathan 2013）。

第二，官方机构和商业协会之间的对话制度化程度如何？在传统意义上，印度总理有一个由杰出经济学家组成的"经济咨询委员会"；在21世纪头十年，印度还成立了一个由重要的海外印度商人组成的咨询委员会。但莫迪总理并没有使用这些官方的咨询机构，他更愿意临时召集商界领袖，每隔几个月举行一次磋商。商务部也定期与商界人士进行磋商。但外交部并没有一个与经济外交有关的定期磋商机制，也没有从商业企业获得任何其他的持续反馈，这些商业企业是经济促进行动的直接受益者。印度外交部与印度工业联合会、印度工商联合会和印度商业和工业联合会等主要商务实体关系密切，但印度经济外交仍需要与商业利益相关者保持持续的联系。

第三，让我们考虑利用印度不断扩大的对外援助活动以发展商业。2012年印度外交部下设"发展伙伴关系管理局"（DPA），使印度对其他发展中国家的经济和技术援助具有整体上的一致性和推动力。虽然赠款援助有限，但为了邻国和其他国家的利益，印度提供了大额的信贷额度；2013年，来自167个国家的9 000多名外国专家（不包括在武装部队机构接受培训的几千名外国专家和为外国学生提供的2 300个学位课程奖学金）在印度接受了专业课程，而信贷额度达到了96亿美元。发展伙伴关系管理局目前计划与印度私营部门合作开展大型援助项目。这是我们第一次见证了援助管理的专业化。（Rana

2013）。

第四，考虑印度不断扩大的外商直接投资和对外直接投资及其对经济外交的影响。与其他拥有强大投资促进部门的国家不同，印度一直依赖其驻外使馆以及本国派出的商人和官员代表团摇旗呐喊，以吸引投资。如前所述，"投资印度"创立于2009年，是一家公私合营的合资企业，印度工商联合会持有其51%的股份，其余股份由产业政策与促进部以及印度各邦政府持有，是潜在外国投资者的第一个联络点。这在一定程度上起到了作用，但观察家们认为，印度需要更积极、更有针对性的营销策略。例如，爱尔兰或新加坡会分析本国技术和工业部门的需求，随后联系能够满足所需生产能力或研发能力的外国投资者，并将其作为总体规划的一部分。印度尚未采取这种策略。国家对私营企业海外投资的管理或干预甚至更加困难；这些海外投资主要来自私营企业，而且私营企业很少向国家寻求帮助。不过也有例外，在官方支持下，印度石油行业中的国有企业正越来越多地参与海外投资。

第五，印度各邦（州）政府在莫迪政府领导下得到了新的鼓励，以投资国外，促进商业，特别是增加出口和对内的外商直接投资。各邦政府的邦级公共部门企业很少活跃在海外，因此，印度各邦往往主要依靠私营企业拓展海外业务。2014年，莫迪总理上任时提出的国家口号之一是"合作联邦制"，敦促各州政府发挥更大的作用。第二年，此口号又增加了"和竞争"的字眼，用于敦促各州政府努力提升对国内外投资者的商业吸引力。2015年末，印度发布了一份详细的各邦商业吸引力的官方指数，这将成为一个年度指标，用以激励各邦提高商业吸引力。印度在利用各邦作为经济外交的营销者方面仍落后于中国，但变化已在酝酿之中。2015年，印度作出了一个史无前例的举动，印度中央政府任命一位联邦首席部长为官方代表团团长，并派往中国寻求投资。同年，在前安得拉邦（分为内陆的特伦甘纳邦和沿海的安得拉邦）分家之后，新加坡将安得拉邦作为特别合作伙伴，并指定了一位德高望重的贤达，寻求与该邦建立新的联系；印度还是首次与其他国家建立这种伙伴关系。最近，印度的几个邦还与外国省级单位建立了"兄弟邦"关系，以此作为其对外宣传的一部分。

总之，经济改革启动25年后，印度的私营企业在海外的发展日益活跃，似乎已经准备好发挥其创业实力。这个领域的活力是印度的真正资本之一。

## 结　语

我曾在我早期的一本书中写过：

> 2003年中，印度外交部长亚什万特·辛哈任命了一个由资深公务员N. K. 辛格领导的委员会，该委员会需要在两个月内就如何改善经济外交提出建议。此委员会引入了诸多重量级国际顾问，但随着2004年中的印度政府更迭，该委员会的工作报告也被打入冷宫。据称，财政部不赞成加强外交部在经济外交中的作用；知情人士告诉作者，N. K. 辛格的报告"已经无关紧要了"。

> （Rana 2009: 60）

这代表着印度首次聚焦经济外交实践所作出的努力，并且是从整体上考虑如何改进；只可惜这是一次无果的尝试。如果现在成立一个委员会，或者一个由广泛利益相关者参与的授权团体，以考虑改进已经相当有效的体系。尤其应当考虑值得效仿的其他地方所实行的最佳实践和方法。

对任何国家而言，在解决冲突、克服困难和利用机遇方面，大部分外在利益的获得是通过与外国伙伴公开合作实现的，这是一个统一的整体性活动。无论是作为执行外交政策的实践者，还是作为分析这一复杂过程的学者，我们都给对外关系活动贴上独立的标签，例如政治、经济、文化、教育或公共外交。但本质上这样只是为了方便沟通，实则每个领域的活动都与其他领域相互融合、互为表里。

换句话说，我们使用的称谓有时会让人产生误解。我们所看到的经济活动通常与政治有关，也大概率与公共维度有关。例如，教育部门的对外行为会对公众产生影响，继而影响经济，在较小程度上可能也会产生一些政治影响。这并不是否定我们使用的分类方法，而是说我们要时刻警醒，意识到整体的对外关系活动才应该是研究的重点。即使是在研究对外关系的一组活动时，我们也必须正确看待对外关系活动的整体影响。我大胆地将其称为"综合外交"。

在上任后的头两年中，莫迪优先对邻国、大国和其他国家进行了外访，此外还安排了外国政要的来访。莫迪总理积极参加国际交往，其密集程度在历届印度领导人中是当之无愧的第一。一位观察家将其称之为"莫迪以经济外交为核心的外交政策中的一个关键因素"（Singh 2015）。这标志着印度经济外交的时代已经到来，逐步扩大与私营企业实体的伙伴关系。

注释：

1. 在 2010 年的一次谈话中，非洲外交部的一位高级官员告诉我，他无法将自己作为真正的参与者与本国的商业企业合作。在其他地方，政治禁忌会阻碍外交部和商界之间建立公开制度化的联系，这与双方的真正利益背道而驰。

2. Indira Nooyi, "Business and Diplomacy, Working Together", address to Conference of Indian Ambassadors, 28 August 2010.

3. 这个行业协会曾发挥了非凡作用，想要阅读完整故事，请参见 Kantha 2006。

4. 参见 *The Economist* 2010。中国有 98 家这类公司，设有研究中心，他们尤其关注"节俭式创新"。

5. 贾格迪什·巴格瓦蒂教授（Jagdish Bhagwati 2008）对双边和区域自由贸易协定提出了强烈的批评，并称其为全球贸易体系的"白蚁"。他的逻辑很难挑出毛病，但这样优先安排就是生活中的现实。

6. 30多年来，塔伦·达斯以各种不同的身份领导着印度工业联合会，2004年，他卸任总干事的职务，继而担任印度工业联合会总顾问一职，直至2009年。塔伦·达斯在印度的经济转型和自由化过程中发挥了不同凡响的作用。

7. 英国驻德黑兰大使在最后一份急件中承认了错误（Parris and Bryson, 2010：231—238）。

## 参考文献：

Berridge, G. R. 2009. *Diplomacy: Theory and Practice*. 4th edition. Basingstoke: Palgrave Macmillan.

Bhagwati, J. 2008. *Termites in the Trading System: How Preferential Agreements Undermine Free Trade*. New York: Council of Foreign Relations.

*The Economist* 2010. Special Report on Innovation in Emerging Markets, 17 April, 5–7.

Kantha, S. 2006. *Building India with Partnership: The Story of CII 1885–2005*. New Delhi: Penguin.

Parris, M. and Bryson, A. (eds.) 2010. *Parting Shots*. London: Viking (Penguin Books).

Pigman, G. A. 2007. *The World Economic Forum: A Multi-Stakeholder Approach to Global Governance*. New York: Routledge.

Rana, K. S. 2002. *Inside Diplomacy*. Revised edition. New Delhi: Manas.

Rana, K. S. 2002a. KeEP up the Good Work. *Business Standard*, 20 August.

Rana, K. S. 2008. Building Relations Through Multi-Dialogue Formats: Trends in Bilateral Diplomacy. *Journal of Diplomacy and Foreign Relations*, 10 (1), Kuala Lumpur, 97–127.

Rana, K. S. 2009. *Asian Diplomacy: The Foreign Ministries of China, India, Japan, Singapore and Thailand*. New York: John Hopkins University.

Rana, K. S. 2013. India's Aid Diplomacy. *Business Standard*, 12 May.

Rana, K. S. 2015. *Diplomacy at the Cutting Edge*. New Delhi: Manas.

Rana, K. S. and Chatterjee, B. (eds.) 2011. *Economic Diplomacy: India's Experience*. Jaipur: CUTS.

Singh, Ved 2015. *India's Economic Diplomacy*. National Bureau of Asian Research, Seattle. Available at: http://nbr.org/research/activity.aspx?id=515.

Viswanathan, R. 2013. *Lessons from India Jindal's Bolivian Investment Failure*. MercoPress. Available at: http://en.mercopress.com/2013/07/20/lessons-from-india-jindal-s-bolivian-investment-failure.

## 有用的网站：

Boao Forum for Asia: http://www.boaoforum.org.

Diplo Foundation: http://www.diplomacy.edu

Indian Brand Equity Fund: http://www.ibef.org.

Invest India: http://www.investindia.gov.in/.

# 第七章　美国与俄罗斯贸易关系中
## 政治的延续性和变化

克雷格·范格拉斯特克

俄罗斯和美国之间贸易的低阶政治服从于战争与和平的高阶政治。两个国家在相互交往和与第三国交往时都将贸易作为杠杆。这并不是什么新鲜事。本章讨论的事件将表明美俄两国在双方贸易关系上一贯采取的行为模式，更准确地说，美国国会历来对制裁相关的政治要求作出积极的回应，而这些制裁要求并未与有利于贸易的经济利益相互抵消。国会想要做到这一点，通常的做法是行使宪法规定的对贸易政策的垄断权，或者威胁要采取单边行动，再或者（更经常地）将批准总统倡议与美国对俄政策的转变联系起来。三个世纪以来，这一普遍模式始终保持不变，即使俄罗斯政治体系及其在世界上的地位发生重大变化，也还是遵循这一模式。尽管在其他方面可能存在分歧，但沙皇时代、共产主义时代和后冷战时代的俄罗斯决策者都认为，美国将贸易与政治联系起来的方式有很大的连续性。20 世纪，俄罗斯从美国获得无条件最惠国（MFN）待遇只有 36 年，最初失去最惠国待遇的原因与共产主义无关，而这些制裁并没有随着冷战的结束而停止。

这种模式没有改变，改变的是俄美关系一贯采用的这种模式对世界其他国家造成的影响。19 世纪，这两个国家都是贸易体系中的边缘角色，而在 20 世纪，两国经济关系的规模受到苏联的自给自足政策和美国制裁的控制。俄罗斯在很大程度上已经失去了大部分超级大国的地位，但就目前来看，定期爆发的经济战争可能更加重要，因为俄罗斯已经重新进入了贸易体系，并成为全球能源市场上更大的参与者。因此，两国在 21 世纪开展的政治竞争影响到了它们的邻国、由它们在冷战时期所领导的军事联盟的成员，以及整个世界。正如冷战时期，美苏之间的众多军事冲突都是由外围的代理人进行，而欧洲地面战争持续威胁世界和平，在美国和俄罗斯之间爆发的当代经济战中，第三国可能付出比两个当事国更大的代价。

## 美国与俄罗斯贸易关系的政治和经济基础

在研究任何个别事件之前，首先重要的是要确定塑造俄美贸易关系的两个基本特征。一个是关键的政治事实：美国在制定外交政策时，特别是关于影响贸易或预算的政策，都会赋予其立法部门非常大的权力。这意味着国会议员起码是把关人，能够决定是否批准总统追求的目标和提议使用的政策工具；在许多情况下，立法者本就已经主动推进总统想要达成的目标和希望使用的工具。选民和其他国内行为体会带来经济和政治压力，立法者采取的立场通常是对这些压力作出反应。经济上的关键事实是，俄罗斯和美国之间的贸易额几乎总是很低，俄罗斯在美国进出口中的份额很少，几乎可以忽略不计。因此，在华盛顿从未出现过类似于永久性的"俄罗斯游说团"，以促进两国之间继续或重建正常的经济关系。持支持贸易立场的团体只是偶尔参与有关俄罗斯的政策辩论，而且比起那些要求实施制裁或反对取消制裁的政治游说团体，力量要弱一些。两个政治部门达成的妥协体现了俄美双方的代表性存在偏颇。

美国国会有权制定外交政策，此项权力有法律和文化基础。立法部门的法律权力在贸易政策或与贸易政策相关的任何政策领域尤其强大，因为《宪法》的商业条款规定，这一主题是国会的特权。如果国会没有明确批准，那么美国总统在贸易政策领域可以做的事情十分有限，而且立法者会经常利用他们在贸易方面的权力，将其作为一种手段，要求总统在其他问题上作出让步。三权分立是神圣不可侵犯的，各政党很少对其官员进行纪律约束，立法者也从未感到有义务对行政部门表示太多敬意，这种政治文化进一步加强了国会的权力。

通过表 7.1 报告的数据，可以看到美国和俄罗斯之间的贸易处于较低水平。19 世纪 20 年代到 20 世纪 30 年代这几十年里，俄罗斯在与美国贸易中所占的简单平均份额仅为进口额的 0.9% 和出口额的 1.2%。而在 20 世纪 50 年代至 80 年代的冷战期间，贸易额甚至更低，当时苏联在美国进出口贸易中的平均份额分别为 0.2% 和 0.6%。仅有的一次贸易额度新高出现在第二次世界大战期间，因为当时施行租借法案的援助计划，人为地暂时刺激了出口贸易。在冷战结束后的四分之一个世纪里，美俄贸易增长仅略高于历史常态。从这一点我们可以看出，经济和政治发展呈相互促进的状态：两国经济关系持续走低，因此美国在与俄罗斯爆发政治争端时更容易诉诸制裁，而制裁进一步抑制了贸易往来，并阻碍了美国利益的重组。

表 7.1 中的数据指出了政治游说集团的一个重要组成部分，这部分说客历来支持制裁俄罗斯。俄国革命之前的几十年中，俄罗斯对美国最重要的出口贸易商品是人，而不是货物。随后，一波又一波的移民从俄罗斯抵达美国，其中约三分之二是寻求避难所的犹太人。[1] 这波移民潮导致犹太裔美国人从 1848 年的 5 万人（占美国总人口的 0.2%）激增到 1910 年的 200 万人（占美国总人口的 2.2%）。[2] 这些移民及后来的几代土生土长的犹太人，仍然忠心于沙皇或（一段时间后）沙皇的继任者。这些散居美国的犹太人定期要求决策者将美国与俄罗斯的贸易关系和俄罗斯迫害犹太人联系起来，国会就此作出

表 7.1　美国与俄罗斯和苏联的贸易及移民情况（1821—2014 年）

（美国与俄罗斯和苏联的商品贸易总额和移民数量）

| | 美国进口 | 美国出口 | 移民美国 |
| --- | --- | --- | --- |
| 1821—1830 | 2.88 | 0.54 | 0.05 |
| 1831—1840 | 1.93 | 0.76 | 0.05 |
| 1841—1850 | 1.07 | 0.64 | 0.03 |
| 1851—1860 | 0.43 | 0.96 | 0.02 |
| 1861—1870 | 0.37 | 0.70 | 0.11 |
| 1871—1880 | 0.22 | 1.65 | 1.04 |
| 1881—1890 | 0.44 | 1.71 | 4.07 |
| 1891—1900 | 0.62 | 0.73 | 13.70 |
| 1901—1910 | 1.03 | 1.04 | 18.16 |
| 1911—1920 | 0.54 | 2.93 | 16.06 |
| 1921—1930 | 0.29 | 1.17 | 1.50 |
| 1931—1940 | 0.88 | 1.73 | 0.26 |
| 1941—1950 | 1.04 | 9.23 | 0.06 |
| 1951—1960 | 0.16 | 0.03 | 0.03 |
| 1961—1970 | 0.16 | 0.22 | 0.07 |
| 1971—1980 | 0.28 | 1.36 | 0.87 |
| 1981—1990 | 0.14 | 0.98 | 0.79 |
| 1991—2000 | 0.48 | 0.52 | 5.09 |
| 2001—2010 | 0.98 | 0.50 | 1.32 |
| 2011—2014 | 1.24 | 0.71 | 1.10 |

注：最新移民数据为 2011—2013 年。

来源：1821—2000 年的移民数据是根据美国司法部（2001）表 2 中的数据计算得出，2001—2010 年的数据来自美国移民和海关执法局（国土安全部），网址为：http://www.dhs.gov/xlibrary/assets/statistics/yearbook/2010/table21d.xls，与 2011—2013 年的数据来自同一来源，网址为：http://www.dhs.gov/publication/yearbook-immigration-statistics-2013-naturalizations。1821—1850 年的贸易数据来自霍曼斯（1857）。1851—1890 年的贸易数据来自美国统计局（1896a and 1896b）。1891—1990 年的贸易数据来自《美国统计摘要》（各期）。1991—2014 年的贸易数据来自美国国际贸易委员会网站。

回应，在 1911 年迫使俄罗斯退出最惠国待遇，并阻止其在 1972 年至 1974 年恢复最惠国待遇，并确保在 1991—2012 年期间最初只是有条件地延长最惠国待遇。犹太裔美国人社区对俄罗斯的进步速度感到满意，最终选择离开了赞成制裁俄罗斯的政治游说集团，但自此这一位置由其他反对者取而代之。

值得注意的是，接下来讨论的事件都是围绕移民展开的。移民问题要么是争端的起因，要么是报复的手段。19 世纪发生的第一次重大对抗是由俄罗斯官员虐待希望探亲的前移民所引发的。20 世纪摩擦产生的主要原因是苏联对移民采取限制措施，而在 21 世纪，俄罗斯对美国限制政府官员旅行作出了回应，禁止美国准父母收养俄罗斯孤儿。

## 对俄贸易关系的四个时期

本节回顾了俄美贸易关系中的四起事件，每起事件都遵循类似的模式。四起事件都发生在两国关系出现政治摩擦的时刻。这四起事件中，有三起与俄罗斯侵犯人权有关。出于对这些侵犯人权的行为或（在另一起事件中）苏联外交政策的担忧，两国之间爆发冲突，不仅如此，这还导致美国政府两个政治部门之间发生冲突，立法部门批评行政部门在与俄罗斯打交道时不够强势。每一起事件中，国会都威胁要自行采取行动，或者拒绝总统的倡议，并最终迫使行政部门对立法机关的要求做出一些妥协。最近一些事件都取决于立法机构是否有能力将总统的贸易倡议作为筹码，无论总统是要求国会批准一项悬而未决的贸易协定，还是授予总统新的谈判权力，或者两者兼而有之。这个策略在每起事件中都能奏效，总统和立法者就赎金条款进行谈判。华盛顿达成的协议总是会激怒莫斯科，而莫斯科通常会自行采取反制措施作为回应。

### 19 世纪和 20 世纪初：大屠杀和护照

19 世纪，美国和俄罗斯各行其道，各自专注于国内扩张和与近邻的关系，在那个时期两国的命运很少有交集。直到美国首次将促进人权作为其外交政策的一个重要目标，两国才发生冲突。

许多犹太人逃离俄罗斯是为了躲避大屠杀和其他反犹太政策，这些政策在当时通常被认为是内部事务，不属于外交范围。"护照问题"是俄罗斯政策的一个具体方面，表现出迥然不同的情况。俄罗斯当局拒绝向外国犹太人发放签证，其中许多人是归化的美国公民，希望探望留在俄罗斯的亲友。美国外交官和犹太人领袖认为，俄罗斯的这项政策歧视美国护照及其持有人，因此违反了1832年建立最惠国关系条约的条款。这个问题最终演变为美国犹太人社区的一起轰动事件，并引发了该团体政治活动中最早引人注目的事件之一。[3]该社区的领导人提议重新谈判或废除该条约。废除条约意味着拒绝给予俄罗斯最惠国待遇，提倡废除者强调，这样做美国只需付出极小的代价。当时，纽约市服装业大部分由犹太裔美国人经营，而与纽约市服装业的规模相比，美国与俄罗斯的贸易简直是小巫见大巫（US Senate 1911：28）。

美国政府行政部门就此问题多次向俄罗斯提出交涉，但并未以任何报复威胁来支持外交照会。由于多年来始终未能交涉成功，倡导者决定向国会投诉。1879年，众议院通过了第一项决议，要求重新谈判该条约。后来的几年，众议院又通过了几项类似的决议，但参议院中城市各州的代表人数不足，因此参议院通过废除或重新谈判该条约还需要等几十年。世纪之交后，随着政治支持不断增加，在1904年和1908年的总统大选中，民主党和共和党都在其党纲中加入了批评俄罗斯政策的内容。1911年，众议院以301：1的票数通过了废除该条约的决议，促使塔夫脱政府在参议院通过该决议之前采取行动。美国通知俄罗斯，将单方面废除该条约，终止条约将于1913年生效。俄罗斯官员提出抗议，但抗议无效。又过了22年，最惠国待遇关系才得以恢复。

### 20世纪第一阶段：从布尔什维克革命到冷战初期

美国和苏联之间的早期关系完全是私人经济上的关系，华盛顿在1917年与苏联断绝了外交关系，直到1933年才恢复外交关系。罗斯福政府采取了一项与苏联开展政治和经济合作的政策，1935年通过换文的方式恢复了最惠国待遇。这项行政协议无需国会批准，而且记录中没有证据表明犹太团体对此事采取任何立场，当时他们把精力都放在德国发生的事件上。

在第二次世界大战期间，凭借租借法案计划，美国对苏联的出口大幅增加，而且在战后的一段时间内，贸易似乎可能会蓬勃发展。美国国务院计划与莫斯科谈判一项更广泛、永久性的最惠国待遇条约，并鼓励苏联参与谈判《关税与贸易总协定》以及（失败的）国际贸易组织哈瓦那宪章。随着曾经的盟友开始担任敌对集团的领导人，事实证明这种希望是不切实际的。战后贸易迅速恢复到既定的历史模式，并在1949年随着美国对战略商品实施出口管制而进一步下滑。国会中的批评人士要求采取更强势的措施。只要苏联及其盟国继续接受最惠国待遇，内布拉斯加州众议员卡尔·柯蒂斯等共和党人就可能指责"国务院正在利用贸易协定计划来建设共产主义国家的经济"（US Congress 1951：490）。杜鲁门政府拒绝了这些要求，并设法维持其立场，直到1950年朝鲜战争爆发。

立法者手上有一个重要的筹码，迫使杜鲁门政府重新考虑其立场：总统的关税谈判权即将到期。国会于1934年首次授予总统谈判权，允许杜鲁门及前任总统与外国政府谈判关税削减协议，并将这些协议视为行政协议（即不需要国会批准）。这相当于将立法部门的某些宪法权力下放给行政部门。尽管如此，立法机关对其移交给总统的权力范围持谨慎态度，并始终确保限制这类授权的适用期。立法者要求总统定期回国会山更新谈判权，以此保持国会与行政机构的谈判能力。这项权力最常用来推进贸易政策的传统目标，例如限制进口或促进出口，但在 1951 年，这项权力则用来对美国与苏联的贸易关系施加影响。1974 年和 2002 年，同样的事情再次上演。

立法者在 1951 年的《贸易协定延长法案》中写入了一项规定，要求"一旦适用"，总统采取必要的行动，暂停、撤回或阻止延长根据贸易协定方案谈成的优惠待遇，即"从苏维埃社会主义共和国联盟进口商品，以及从由控制世界共产主义运动的外国政府或组织支配或控制的任何国家或地区进口商品"。如果杜鲁门总统否决了该法案，他将无法在《关贸总协定》中就关税问题进一步谈判。杜鲁门总统签署了该法案，并于 1952 年正式取消了苏联的最惠国待遇。这项政策 20 年未受挑战，40 年几乎保持不变，60 年始终没有被完全推翻。

### 20 世纪第二阶段：缓和政策和杰克逊-瓦尼克修正案

美苏贸易关系正常化是尼克松政府推行缓和政策的基石。美国有一份需要出口许可证才能运往苏联的产品清单，1971 年，尼克松总统将小麦从这份产品清单上删除，第二年，他还与苏联达成了为期三年、价值 7.5 亿美元的小麦协议。华盛顿和莫斯科还通过谈判达成了一项协议，恢复最惠国待遇，并规定苏联支付租借债务。与 1935 年恢复最惠国待遇的政策不同，该协议未经国会批准无法生效。如果苏联当时没有恢复与沙皇时代官方反犹太主义相呼应的政策，那么要达成该项协议可能会相对容易。在缔结最惠国待遇协定的同时，苏联对移民征收出境费，其主要作用是限制犹太人移民到以色列和美国。苏联的这项政策让美国犹太人团体重新参与这场战斗。美国所有参与随后政策辩论的关键人物，原则上都认为利用最惠国待遇以促使苏联改变政策是合法的。他们的分歧在于如何选择要寻求的目标、如何最好地利用现有的影响力，以及国会在这个过程中应该扮演什么角色。[4]

正如 20 世纪 50 年代初，国会共和党议员阻止民主党总统与苏联保持最惠国待遇关系一样，国会民主党议员采取的立场最终也阻止了共和党总统在 20 世纪 70 年代初期重启与苏联的最惠国待遇关系。民主党议员甚至遵循了同样的游戏计划，即充分利用总统有意启动新一轮《关贸总协定》谈判。参议员亨利·杰克逊（华盛顿州的民主党人）和众议员查尔斯·瓦尼克（俄亥俄州的民主党人）提出一项提议，拒绝对任何阻碍公民自由移民的非市场经济体给予最惠国待遇，并将他们的提议与等待批准的贸易议案挂钩，就像1951年的前法案一样，重新授予总统贸易协定谈判权。[5]杰克逊和瓦尼克的提案很快赢得了两党的支持。除了一些农业组织的反对意见无效外，提议挂钩并未遭到有组织的利益集团施加的真正阻力。苏联最终同意取消出境税，并且非正式地保证将放开苏联的移民政策。苏联的妥协使参议员杰克逊和美国政府在《1974年贸易法》中加入了杰克逊-瓦尼克条款。该法规定了一个贸易协定审批程序，美国与苏联等当时被剥夺最惠国待遇的国家签订贸易协定时，这些国家获取最惠国利益的条件是放开各国的移民政策。

苏联拒绝按照美国国会规定的条件批准贸易协定，于是该协定宣告失败。苏联人加大限制力度进行报复，因此，这些压力并没有对犹太人移民产生预期的影响。犹太人移民从1973年的34 933人下降到1975年的13 451人（Zaslavsky and Brym 1983：53），而移民申请被拒绝者面临的困境成为新兴的全球尊重人权运动的一个关键问题。尽管杰克逊-瓦尼克修正案未能达到预期效果，但该法案在美国几乎获得了标志性的地位。任何提议废除这项法案的政治家无一例外都显得对苏联犹太人或其美国支持者冷漠无情。

### 20世纪末和21世纪初：加入世界贸易组织和关系正常化

苏联解体后，美国才向俄罗斯提供最惠国待遇，即便如此，最初开放最惠国待遇也是有条件的。1990年，美国和苏联在谈判中达成了新的贸易协定，但布什政府直到1991年8月才将其提交给国会。国会于11月批准该协定的执行立法，老布什总统于12月签署了该法案成为法律。但是苏联在该月底之前解体。次年，该协议对俄罗斯和苏联其他几个加盟共和国生效。在苏联失去最惠国待遇40年后，新独立的俄罗斯联邦获得了进入美国市场的最惠国待遇，但此待遇仍是以杰克逊-瓦尼克修正案规定的移民自由为先决条件。

又过了20年，俄罗斯才获得永久性、无条件的最惠国待遇。20世纪90年代初，美国犹太人团体愿意看到有条件地延长最惠国待遇，但他们反对废除杰克逊-瓦尼克修正案或者俄罗斯不受该法案制约。苏联犹太人问题全国会议（NCSJ）"强调需要继续适用杰克逊-瓦尼克修正案"以"确保俄罗斯犹太人过去的历史不会重演"（US Congress 1993：11 and 14）。几个商业团体表示支持俄罗斯不受该法案制约或完全废除该法案，但他们都没有对这个问题引起高度重视。

爆发反恐战争拉近了华盛顿和莫斯科的距离，至少在早期阶段是如此。这场冲突促使小布什政府在2001年底提议，俄罗斯和其他六个苏联加盟共和国可以不受杰克逊-瓦尼克修正案制约，获得无条件的最惠国待遇——现在称为永久性正常贸易关系（PNTR）。[6]基于后苏联时期十年的经验教训，此时的犹太组织接受了这个提议。苏联犹太人问题全国会议和苏联犹太人委员会联盟的继任组织，虽然仍然表达了一些保留意见，但都赞成俄罗斯等国脱离杰克逊-瓦尼克修正案的制约（US Congress 2002）。犹太人群体的转变几乎可以肯定是实现脱离法案制约的必要条件，但事实证明不是充分条件。脱离法案制约还需要经济利益集团的支持，而这方面的情况在苏联解体后的第一个十年中也发生了变化。

虽然双边贸易增长缓慢，但也经历了一些增长的剧痛。20世纪90年代初期，美国进口曾用于苏联军事机器的俄罗斯商品，包括钢铁、铝和铀，引发了争议。这引发了一系列反倾销案件，美俄展开谈判，以达成协议削减俄罗斯铝生产（1994年）和限制钢铁出口（1999年）。后来的投诉集中在俄罗斯限制从美国进口的商品上，最主要的是鸡肉。美国农场局联合会等团体的立场是，在俄罗斯入世条款得到确认之前，包括顺利解决鸡肉争端之前，俄罗斯应该暂停脱离杰克逊·瓦尼克修正案的制约。

因此，2001 年至 2002 年的政策辩论就是 1972 年至 1974 年辩论的翻版，犹太团体现在默许脱离法案制约，而农业团体则坚持有条件开放。主要区别在于，这次农业团体的立场占了上风。一项等待批准的贸易法案再次为国会反对行政部门的立场提供了路径。在 2002 年贸易法的辩论中，国会再次授予总统谈判权，参议院还批准了一项决议，将俄罗斯脱离杰克逊-瓦尼克修正案的制约与入世条款联系起来。非常罕见的是，美国这次在处理与俄罗斯的关系时，居然将贸易作为目标，而政治问题却沦为了工具，因为美国通常是反过来做的。这种例外可能是由于当时美国与俄罗斯的政治争端相对平稳，只要能够妥善解决悬而未决的贸易争端，那么扩大出口也似乎指日可待。

脱离杰克逊-瓦尼克修正案的制约是美国承认俄罗斯加入世界贸易组织的先决条件。《关贸总协定》第一条要求成员国无条件地互相提供最惠国待遇，而杰克逊-瓦尼克修正案规定的条件与此条要求不符。如果美国在俄罗斯加入世界贸易组织之前，没有让俄罗斯脱离该法律条款的制约，那么美国就需要援引"不适用"条款（即世界贸易组织协定第十三条），该条款允许一个国家行事时无需把另一个国家看作世界贸易组织的成员国。事实上，至少在短时间内确实出现了这种情况，俄罗斯和美国在俄罗斯入世前的最后阶段，相互援引了第十三条。然而，这并非不友好的行为，其目的只是作为一项过渡性措施，这对于维持国际谈判秩序和遵循华盛顿的立法程序是必需的。两国都打算在俄罗斯脱离杰克逊-瓦尼克修正案的制约后取消援引该条款，他们确实也是这样做的，只是到那时友好关系大都已经消失殆尽。

又过了十多年，美国和世界贸易组织其他成员国才完成俄罗斯入世条款的谈判。美国商界对谈判代表于 2011 年制定的一揽子方案心满意足，支持永久性正常贸易关系的联盟很快就吸引了各类商品生产商的支持，商品包括玉米、鸡肉、纸张、药品和航空航天产品，还得到了软件程序员和人寿保险公司的支持。与前几起事件相比，支持关系正常化的经济游说集团规模庞大、实力雄厚。经济游说集团与奥巴马政府和国会贸易委员会的领导人一道，敦促国会通过议案，使俄罗斯脱离杰克逊-瓦尼克修正案的制约，从而无需援引不适用条款。如果没有这一步，美国公司将无法获得俄罗斯入世时承诺的所有好处。根据双边最惠国协定的条款，俄罗斯有义务将其入世承诺中的关税减让扩大到从美国进口的产品，但该项义务不适用于其在世界贸易组织中对服务、知识产权，以及双边协议最惠国条款未涵盖的其他非关税问题所作出的承诺。

关系正常化的支持者不得不与新的政治对手博弈。这次批评者的重点不是反犹太主义或共产主义，而是更加广泛地关注俄罗斯的人权、民主、腐败和法治等问题。从自由派民主党人到老牌冷战分子，两党议员围绕谢尔盖·马格尼茨基（Sergei Magnitsky）案件团结起来。这位俄罗斯律师和"吹哨人"曾遭到官方迫害，并于 2009 年在拘留期间死亡。批评者对永久性正常贸易关系通过审批本身无所谓，但认为这是促进颁布 2012 年《马格尼茨基法治问责法》的绝佳机会。该法案规定制裁那些与马格尼茨基之死或其他某些罪行有牵连的特定人员。除了冻结这些人在美国持有的所有资产外，该法案还将拒绝向他们发放美国签证。参与这一事件的人似乎都没有意识到，后一点有多浓的历史讽刺意味。

经过数月的对峙，最终达成了一个除俄罗斯人之外让所有人都满意的妥协方案：永久性正常贸易关系和马格尼茨基法案将合二为一，也就是以一套制裁替换另一套制裁。从贸易法的角度来看，两者的关键区别在于，杰克逊-瓦尼克修正案要求美国在俄罗斯入世时援引不适用条款，而马格尼茨基法案则没有采取这种形式。这一转变满足了美国所有利益攸关方的最低需求，因此该法案以异常高票获得通过。2012 年 11 月 16 日，众议院以 365∶43 的压倒性票数通过了该法案，随后，参议院在 12 月 6 日以 92∶4 的票数也通过了该法案。这让美国和俄罗斯都无需援引不适用条款，从而承认彼此的世界贸易组织成员国地位。

自 1951 年以来，俄罗斯与美国的贸易关系首次完全正常化，但俄罗斯的政策制定者并没有就此庆祝。相反，他们对俄罗斯官员受到的惩罚感到非常愤懑，并寻求适当的反报复手段。更具讽刺意味的是，他们决定禁止美国父母收养俄罗斯孤儿。俄罗斯人并不欢迎收养举措，他们普遍认为这对儿童有百害而无一利。然而，许多失去了移民美国机会的孤儿都患有各种疾病，而他们原本可以在美国得到更好的治疗。

## 对美俄以及第三方产生的影响

这一分析过程描述了一种持续存在的模式，即俄美经济事务深受政治因素影响。这个简单的真理超越了共产主义的兴衰；政治在罗曼诺夫王朝的最后几十年中占据了首位，主导了苏联崛起到解体期间的双边关系，并且在后冷战世界中仍然至关重要。国会上，政治要求通常会达成，因为低水平的贸易阻碍了"俄罗斯游说集团"的出现，这类团体可以与制裁要求形成制衡。上述事件既说明了美国外交政策的国内根源，也说明了事件带来的国际后果。我们可以依次考虑这些问题。

从某种意义上说，这些案例体现了一个更为普遍的教训——共同提供了立法部门在制定美国外交政策中行使权力的又一个例证。然而，重要的是要注意这里回顾的案例在某些方面具有特殊性。偏离常态的主要原因是国会的压力几乎是一边倒的。在其他一些涉及制裁的案例中，也存在类似的相互作用，特别是对于小国、遥远的国家或遥远的小国，但在许多其他情况下，政治和经济利益之间的斗争更加平衡。

俄罗斯的这种情况并非独一无二，因为还有其他国家在美国也面临着敌对的移民群体。有些流亡团体（例如，逃离伊朗和伊拉克的流亡团体）对逃离的政权心怀不满，他们自然对祖籍国产生敌对情绪。在美国，也有一些离散群体要求对那些与他们祖籍国为敌的国家采取更强硬的立场；对英国有意见的爱尔兰裔美国人就是一个典型的例子，对土耳其没有好感的亚美尼亚裔美国人和希腊裔美国人也是如此。但一般来说，美国的离散群体更倾向与原籍国或祖籍国加强贸易往来。例如，波兰是冷战期间少数几个保留最惠国待遇的共产主义国家之一，人口庞大的波兰裔美国人是重要原因，而以色列是受益于其美国离散群体行动最具代表性的国家。

我们不应该以偏概全，不应该从上述案例中得出结论，认为种族游说团体总是胜过经济游说团体。犹太游说团体在杰克逊-瓦尼克修正案上取得成功，原因是没有与之抗衡的经济游说团体。1981 年的结果则截然不同，当时亲以色列游说团体未能阻止向沙特出售先进的武器系统。[7] 石油公司和国防承包商大力游说支持武器销售，并帮助里根政府在国会赢得了胜利。[8] 而对古巴的长期制裁则是一个更微妙的例子。事实是，美国对古巴的贸易禁运持续了两代人，而另一个事实是，赞成恢复贸易、旅行和投资的经济需求最终促使美国在 2015 年恢复了与古巴的关系，并取消了对古巴的制裁。

从国内政治制裁转向国际政治制裁，以上提到的案例在两个方面给我们提供了指导性意见。这些问题涉及制裁效力和国际联盟政治。我们已经知道，1911 年和 1951 年美国分别撤销了俄罗斯和苏联的最惠国待遇，并在 1974 年阻挠两国关系正常化，这样的行为在政治上多么得心应手，因为在这两种情况下，都没有美国的选区能够在经济上提出有效的反对意见。然而，这一切使制裁在国内容易实现，也使制裁在国外变得无足轻重。沙皇官员似乎对他们即将失去最惠国待遇无动于衷，也没有为了保留或重获这一利益而作出任何后续的让步。我们可以将这种现象概括为"制裁悖论"：当经济利害关系较低时，潜在的制裁国似乎更有可能实施贸易限制，但经济重要性过低也可能会阻碍这些限制对受制裁国家达到预期效果。利害关系越低，交易双方就越有可能将制裁视为象征性而非实质性的措施。

当我们认为制裁只有由足够多的国家联手实施时才可能有效，并且提议联手的其他国家可能牵涉更多利害关系时，事情就变得更加复杂。我们可以从俄美案例的特殊情况归纳出一些共通点，从而推测为什么美国比它的一些合作伙伴更倾向利用贸易作为国际关系中的杠杆。制裁和优惠政策提供了一个支点，美国决策者可以借此利用自己相对较低的贸易依存度，来对抗其盟友和对手更高的贸易依存度。2015 年，美国的商品和服务出口仅占国内生产总值的 12.6%，是世界上对出口依赖程度最低的国家之一。而其他国家对出口的依赖程度高得多，如英国（27.4%）、法国（30.0%）、加拿大（31.5%）、德国（46.9%），更不用说俄罗斯（29.5%）了。[9] 美国可以利用这种对出口依赖程度的不对等，即利用出口在国内生产总值的小份额来对抗其贸易伙伴的更大份额。

联手实施制裁的其他成员对制裁所付出的代价可能持有完全不同的看法。一位美国政策制定者将把俄罗斯视为美国进口商品的第 21 大供应国和出口商品的第 27 大市场。[10] 但俄罗斯是欧盟第四大出口市场和第三大进口来源国。[11] 最重要的是，在国际能源署看来（International Energy Agency 2014：8），"在可预见的未来，欧盟将继续依赖俄罗斯的管道天然气进口"。因此，比起美国来，欧盟更容易感受到来自俄罗斯的压力。美国的石油产量正在增加，对进口能源的依赖正在下降，而俄罗斯只是一个微不足道的碳氢化合物供应国。截至 2014 年，俄罗斯只提供了美国进口石油和天然气的 0.1%，尽管美国确实从俄罗斯进口了大量的精炼石油产品，但它绝不依赖于这种供应。[12]

　　考虑到合作伙伴在要求对方制裁第三方时所承担的负担，这些观点对解决问题具有现实意义。近年来，俄罗斯一直试图在曾经是苏联加盟共和国的地区重新树立自己的权威。由于篇幅所限，本章无法详述格鲁吉亚、叙利亚、乌克兰或其他热点地区的冲突，但与争议有关的两点却与本章息息相关。首先，其中一些争议有重要的经济含义，既与其经济根源有关（例如，俄罗斯强烈反对乌克兰加入欧盟），也涉及俄罗斯及其对手试图影响彼此的方式（即实施制裁和反制裁）。其次，在某种程度上，俄罗斯和西方发现自己目前及未来在政治问题上都持截然相反的观点，西方通过对莫斯科施加经济影响来作出回应，而这一步对使华盛顿造成的损失比对柏林、布鲁塞尔、伦敦或巴黎造成的损失小。

　　同样的道理也适用于普通的贸易争端，欧洲在这场争端中再次承担了更重的负担。自 2012 年俄罗斯成为世界贸易组织成员方以来，俄罗斯迅速成为争端解决机构中最频繁的参与者之一。这些案件大多涉及莫斯科和布鲁塞尔之间的摩擦，2013—2015 年期间，欧盟对俄罗斯提起了 4 起诉讼，同期俄罗斯对欧盟提起了 3 起诉讼。俄罗斯作为原告或被告的案件总共 10 起，目前俄罗斯是欧盟内诉讼量仅次于欧盟本身的第二大国。[13] 相比之下，迄今为止，在俄罗斯作为当事方的任何案件中，美国既不是原告，也不是被告。

　　人们常常引用帕默斯顿勋爵的观点，"没有永恒的朋友或盟友，只有永恒的利益"。他可能还会指出，这些国家也有永恒的政治文化，当一个国家通过自己的义化来洗涤自己的利益时，就会在政策中形成重复的模式。在俄美贸易关系的政治经济层面，这种似曾相识的感觉尤其强烈。人们可能举出很多新经济外交的例子，但任何新的东西在这种情况下似乎只是新瓶装旧酒。

注释：

1. 官方移民数据报告的是移民的国籍，而不是种族或宗教。三分之二的数字来自 Sachar 1992：117。

2. 犹太人口预估数据引自 Friedman 1911：266，百分比份额是根据美国商务部报告的人口总数计算得到的（US Department of Commerce 1975：8）。

3. 关于人权和宗教自由外交的这一事件及其他早期事件更详细的历史，请参见 Adler and Margalith 1946 以及 Sachar 1992：229—234。

4. 由于篇幅所限，无法详述这个故事中的诸多曲折经历。详见 Buwalda 1997。

5.《1974 年贸易法》授予的谈判权力不同于以往贸易法案中授予的权力。几十年来，这一权力被称为"快速通道"，如今却被称为"贸易促进权"，它既涵盖非关税与关税事项，并要求国会根据特殊规则批准贸易协定的执行立法。

6. 自 1998 年以来，美国法律和政策一直使用"正常贸易关系"（NTR）一词取代更传统的"最惠国待遇"（MFN）一词，并将无条件最惠国待遇指定为"永久性正常贸易关系"（PNTR）。这一术语的变化源于美国国会议员的挫败感。他们在每年为延长中国最惠国待遇之争中，厌倦了向愤怒的选民解释，中国实际上不是美国贸易政策中的"最惠国"，只是得到了几乎所有其他国家都有的正常待遇。

7. 值得注意的是，亲以色列的游说团体与犹太人游说团体并不完全相同，因为除了美籍犹太人，还包括其他出于宗教、政治或安全原因而支持以色列的团体。

8. 关于这两种情况的比较，参见 Bard 1987。

9. 贸易依赖程度参见世界银行的数字，可从以下网址获取：https://dataweb.usitc.gov/scripts/INTRO.asp。

10. 美国国际贸易委员会的贸易数据（2014）可从以下网站获取：https://dataweb.usitc.gov/scripts/INTRO.asp。

11. 欧盟委员会贸易总司的贸易数据（2014），可从以下网站获取：http://trade.ec.europa.eu/doclib/docs/2006/september/tradoc_122530.pdf。

12. 美国国际贸易委员会的贸易数据（2014）可从以下网站获取：https://dataweb.usitc.gov/scripts/INTRO.asp。

13. 这些统计数字还包括俄罗斯对乌克兰提起的控诉，以及日本和乌克兰对俄罗斯提起的控诉。

## 参考文献：

Adler, C. and Margalith, A. 1946. *With Firmness in the Right: American Diplomatic Action Affecting Jews, 1840–1945*. New York: The American Jewish Committee.

Bard, M. 1987. Ethnic Group Influence on Middle East Policy-How and When: The Cases of the Jackson-Vanik Amendment and the Sale of AWACS to Saudi Arabia, in *Ethnic Groups and U.S. Foreign Policy*, edited by M. E. Ahrari. New York: Greenwood Press, pp. 45–64.

Buwalda, P. 1997. *They Did Not Dwell Alone: Jewish Emigration from the Soviet Union, 1967–1990*. Washington, DC: The Woodrow Wilson Center Press.

Fine, M. and Himmelfarb, M. eds. 1973. *The American Jewish Yearbook 1973*. New York: The American Jewish Committee.

Friedman, H. ed. 1911. *The American Jewish Yearbook 1911*. Philadelphia: Jewish Publication Society.

Homans, J. S. Jr. 1857. *An Historical and Statistical Account of the Foreign Commerce of the United States*. New York: G. P. Putnam and Company.

IEA. 2014. *International Energy Agency Review of the European Union: Executive Summary*. Paris: Organization for Economic Cooperation and Development.

Sachar, H. M. 1992. *A History of the Jews in America*. New York: Alfred A. Knopf.

US Bureau of the Census. 1973. *Congressional District Data Book-93rd Congress*. Washington, DC: US Government Printing Office.

US Bureau of Statistics. 1896a. *Commerce of the United States with Asiatic Countries, 1821–1895*. Washington, DC: US Government Printing Office.

US Bureau of Statistics. 1896b. *Commerce of the United States with European Countries, 1790–1896*. Washington, DC: US Government Printing Office.

US Congress. 1951. House of Representatives, Committee on Ways and Means. *1951 Extension of the Reciprocal Trade Agreements Act*. 82nd Congress, 1st Session, 22–26 January. Washington, DC: US Government Printing Office.

US Congress. 1993. House of Representatives, Committee on Ways and Means. *Cold War Trade Statutes Affecting US Trade and Commercial Relations with Russia and Other Successor States of the Former Soviet Union*. 103rd Congress, 1st Session, 15 June. Washington, DC: US Government Printing Office.

US Congress. 2002. House of Representatives, Committee on Ways and Means. *To Explore Permanent Normal Trade Relations for Russia*. 107th Congress, 2nd Session, 11 April. Washington, DC: US Government Printing Office.

US Department of Commerce. 1975. *Historical Statistics of the United States, Colonial Times to 1970 Part 1*. Washington, DC: US Government Printing Office.

US Department of Justice. 2001. Immigration and Naturalization Service. *2000 Statistical Yearbook*. Washington, DC: US Government Printing Office.

US Senate. 1911. Committee on Foreign Relations. *Treaty of 1832 with Russia*. 62nd Congress, 1st Session, 13 December. Washington, DC: US Government Printing Office.

Zaslavsky, V. and Brym, R. J. 1983. *Soviet-Jewish Emigration and Soviet Nationality Policy*. New York: St. Martin's Press.

# 第八章　构想中国的经济外交：
## 财富与权力的转化

张晓通

查尔斯·狄更斯曾在其著名的小说《双城记》中写道："这是最好的时代，也是最坏的时代。"这句话完全适用于今日中国的经济外交。一方面，中国的实力正在以前所未有的规模增长，特别是经济实力，军事实力也稳步增强。另一方面，中国面临着较为不利的国内外环境。对内，中国政府要满足人民日益增长的就业需求和美好生活需要。由于近几十年的经济过热，中国还面临着经济增长放缓、产能严重过剩和生态环境不断恶化的问题。对外，中国必须更加谨慎地处理大国关系，特别是与美国的关系。中国与西方大国（包括欧盟）的关系中仍有许多关心的问题尚未妥善解决。综上，中国的经济外交面临着权力资源不断增加与外交形势不断恶化的悖论，如何摆脱这种悖论仍然是中国的经济外交的首要任务。

首先，本章述评经济外交的不同概念，并以此为基础提出新路径。其次，本章分析了中国的经济外交实践中面临的主要困难，提出了经济外交的新概念——财富与权力的转换。再次，本章阐述了财富与权力转化的策略和制度。最后，本章提出了中国的经济外交未来的研究议程。

## 经济外交的传统概念

外交专业的学生对经济外交的概念存在分歧，主要分歧在于如何理解经济外交中"经济"一词。杰夫·贝里奇和艾伦·詹姆斯（Geoff R. Berridge and Alan James 2003：81）指出，"经济外交与经济政策问题有关"。赵可金（Zhao Kejin 2011：59）将经济外交定义为"国家或国家联盟在执行特定外交政策时，为解决国家之间在经济问题上的摩擦和争端而进行的和平活动"。尼古拉斯·贝恩和斯蒂芬·伍尔科克（Nicholas Bayne and Stephen Woolcock 2011：2，n.2 和本书第 1 章）将经济外交视为一个决策过程。但他们承认，他们对经济外交的定义最接近贝里奇和詹姆斯给出的定义，即强调经济外交是国际经济领域发生的活动。

另有部分学者认为，经济外交中的"经济"是指经济资源、手段和工具。贝里奇和詹姆斯对经济外交提出的第二个定义是"利用经济资源作为奖励或制裁，以追求特定的外交政策目标"（Geoff R. Berridge and Alan James 2003：91）。这种对经济外交的解释被称为"经济治国方略"，强调使用经济手段来实现外交政策目标。西班牙外交部（Spanish Ministry of Foreign Affairs 2011：8）给出了经济外交的第三个定义，即利用国家政治影响力促进其在国际市场上的经济利益。

还有一些学者持中间立场，认为经济外交中的"经济"既可以指经济目标，也可以指经济手段。迈可儿·冈野-海曼斯（Maaike Okano-Heijmans 2011：29—30）将经济外交定义为："在国际谈判中运用政治手段作为杠杆以实现提升国家经济繁荣的目标，并运用经济杠杆以实现提升国家政治稳定性的目标。"中国学者鲁毅（Lu Yi 2004）认为经济外交意味着两件事，一是利用经济手段在外交政策中实现特定政治目标或战略意图；二是在对外关系中发展对外经济关系，通过发展本国经济或通过外交手段处理对外经济关系，修改和调整经济政策，维护国家在对外关系中的权益，并促进国家的经济利益。

此外，对经济外交定义的分歧还体现在这个语境下对"外交"一词的不同理解。一些学者仅仅解释了"经济"的含义，而对"外交"却未给出明确定义。其他学者则认为"外交"指一些与外国有关的活动。中国学者李巍（Li Wei 2013）在定义"金融外交"时提出，金融外交是指中央政府及其具体执行机构与其他政府、国际组织、跨国公司和其他国际行为体以金融事务为中心开展的官方活动。金融外交旨在国际金融事务中实现国际合作或有效治理，或通过影响国际金融关系实现其他目标。也有学者将"经济外交"中的"外交"视为一种目标或手段，即通过经济手段达到政治和外交目的，或通过政治和外交手段达到经济目的。

以上经济外交的概念可以分别适用于特定国家和特定场景。然而，本章的目的是提出一个最切合中国当前形势、最针对中国面临的机遇和挑战、最符合中国独特经济外交逻辑的经济外交概念。同时，这一新概念有望助力构建中国视角下的经济外交新理论。只有符合上述两个标准，经济外交的新概念才能成为在理论建设和实践上均可指导中国的经济外交的最佳概念。

## 经济外交的新概念

中国的经济外交的主要困难和核心任务是什么？笔者认为，是国力不断增强与政治、经济或外交目标实现之间越来越不匹配的问题。换句话说，国家实力和国家想要实现的目标之间存在差距。因此，中国的经济外交面临的最紧迫任务是将实力转化为成果。

当前，中国可用于外交的国力和权力资源明显强于过去，尤其是中国在过去积累了强大的经济实力。中国现在是世界第二大经济体、第二大进口国和第二大外国直接投资目的地，同时也是世界第三大投资国及官方外汇储备最多的国家。此外，中国还是世界上最大的铝矿石、铁矿石和铜矿石消费国。然而，中国面临的主要困境在于尽管经济实力雄厚，但许多重大关切仍未得到妥善解决，如解除武器禁运、承认市场经济地位、解除对华高科技出口的限制、提升主要商品定价权和解决反倾销等问题。

另一个困境是所谓"政冷经热"，或"政热经冷"，这在中国的对外关系中并不少见。2012年中俄贸易额仅为881.6亿美元，不到中美贸易额的五分之一。此外，许多东南亚国家在安全上依赖美国，而经济上却依赖中国。问题是为何中国和东南亚国家之间的经济亲密关系未能转化为政治甚至军事亲密关系？经济、政治权力转化的障碍究竟是什么？

目前对于这些问题有五种解释。第一种解释聚焦国际体系，将转化困难归咎于中国外部环境的恶化。支持这种解释的学者认为，权力从老牌大国向崛起大国的转移必然导致结构性冲突。同时，世界经济竞争加剧，保护主义抬头。同时，经济和贸易问题日益政治化，新兴经济体与美国等老牌经济体之间在全球和地区层面的竞争也日益加剧。综上，越来越多的体系约束使得中国的对外（经济）政策目标更难实现。

第二种解释认为，尽管总体规模庞大，但中国经济仍然脆弱，无法充分调动以实现外交政策目标。中国经济面临失衡问题，过度依赖出口，并且产能严重过剩，中国金融体系不堪重负。这些因素使中国在对外关系中表现出脆弱性，并阻碍其实现外交政策目标。

第三种解释则强调中国无意做全球领导者。部分中国学者和政策制定者认为，中国仍处于转型期，面临所谓"中等收入陷阱"。因此，中国的首要任务仍然聚焦国内事务，其外交需要保持低调。一些西方学者认为，中国无意利用其经济实力谋求全球领导者的地位。中国是"一个不情愿的全球议程制定者"，因此"在国界之外，中国权力的决定性特征是防御性：中国拥有说'不'的权力"（Jonquieres 2012）。然而，这种观点已经过时，中国的外交理念在现任领导层上台后已从低调外交转向更积极主动的外交（Wang Yi 2013）。

第四种解释认为，中国的经济外交面临的困难是国内政经权力转化过程中造成权力资源流失。张晓通、王宏禹和赵柯（Zhang，Wang and Zhao 2013）认为，转化失败的原因可归咎于国内利益竞争和意识形态差异。因此，政府在制定对外经济政策和进行对外谈判时束手束脚，未能达到预期目标。例如，来自中国民众的压力使中国向马其顿援助校车一事受阻。[1]

第五种解释是权力资源的可替代性不足，即一个政策领域的权力资源很难转移到另一个政策领域。换句话说，政治与经济的转化远非易事。相反，许多因素都可能成为转化过程中潜在的障碍。

基于以上五种解释，我们可以推断，当今中国的经济外交有四大任务：

- 塑造外部环境，延长中国的"战略机遇期"；
- 显著增强国力和权力资源，提高调动和运用权力的能力；
- 增强中国的领导意志和领导能力；
- 改善权力资源转化能力，特别是加强内部协调、减少内部转化损失，充分运用巧实力。

在这四项任务中，重中之重是增强并充分发挥国力。毕竟，增强国力先于塑造外部环境和增强领导能力和意愿。因此，假设权力资源在短期内是固定的，那么中国外交如何最大限度地利用权力是关键问题。

综上，中国的经济外交应该聚焦于如何充分利用国力、如何转化权力资源以实现特定目的。因此，我们认为经济外交可以定义为"财富与权力之间的转化"。更准确地说，经济外交可以定义为：

> 通过自主战略、战术和制度建设，实现权力和财富的双向转化。

在此定义中，"财富"指经济实力、经济资源（如石油、天然气、自然资源、外汇储备、海外投资或公司实力）、经济手段和经济效益。此处的"权力"有两层含义：一是关系型权力，指甲国处于有利地位，可以让乙国做原本不愿意做的事情；二是资产型权力，即将"权力"视作一种资产，指政治或军事能力。

此概念包含三个关键要素。第一个要素是政府是行为体，可以是中央政府、地方政府或政府授权采取外交行动的实体。第二个要素强调"经济外交"是政府有意或故意采取的行为。若仅讨论财富与权力之间的相互关系，就属于国际政治经济学范畴，而非外交领域。外交强调政府主动行动。第三个要素是财富与权力的双向转化，以及转化机制、方法和手段。这里的"转化"一词强调的是两种性质不同的资源之间进行转化，例如政治资源和军事资源之间的转化，或贸易资源与金融资源之间的转化。其中，第三个要素（即转化和转化机制）是中国的经济外交最具价值也是最难实现的要素，下文将对此进行详细阐述。

上述经济外交中"外交"的含义已超越了传统外交概念，外交基本上就是谈判的意思。我们进一步将外交视为政经转化的战略、战术和制度设计。换句话说，外交就是战略制定，再加上战术安排、制度设计和谈判。例如，金砖峰会决定成立金砖国家开发银行，旨在直接为金砖国家提供援助。这可以被视为一种战略措施，中国有可能通过这种举措将经济资源转化为政治权力和外交影响力。这可能有助于中国在大国和全球治理中发挥更大作用。

财富与权力转化问题是中国特有的吗？换句话说，本章提出的概念是否具有中国特色，是否符合中国独特的内部治理和对外外交逻辑？公平地说，财富与权力转化并不仅仅发生在中国，包括美国、欧盟及其成员国或日本在内的诸多国家都面临着类似压力。然而，区别在于各国的紧迫程度不同。事实是，中国目前面临着严重的转化困难，特别是经济实力资源的转化。这主要归咎于中国在政治、经济、军事、文化等领域的资源配置不均，而其中经济实力资源最为重要。因此，如何将经济实力资源转化为经济效益、政治影响力和积极的外交成果，成为了中国面临的巨大挑战。与美国这个唯一成熟的军事超级大国相比，中国的崛起需要主要依靠和平手段，正如中国外交所提出的"走和平发展道路"。因此，人们对中国如何利用经济实力来实现这些目标抱有很高的期望。

例如，中国既是主要出口国，也是主要进口国，同时还是主要的外国直接投资目的地和投资大国。与此同时，中国经济实力的运用也遭到诸多制约。正如中国商务部一位高级官员所言，"中国市场对其他经济体最具吸引力，这也是中方最大的谈判筹码，但要打好这张牌绝非易事。进口贸易需要在促进国内经济发展和消费方面发挥更重要的作用。中国需要全面而均衡地利用所有的资源，才能在国际谈判中有舍有得"（Zhang Xiangchen 2013）。

在当今中国外交面临的所有挑战中，最紧迫的是处理大国关系，特别是与美国的关系。中国外交面临的根本问题仍然是如何避免崛起大国与老牌大国之间看似不可避免的冲突。中国需要思考，是否有可能发展出一种不同于传统历史逻辑的新型国际关系？在此背景下，反思如何优化利用中国的经济实力，发展出一套能解决中国问题的经济外交理论，已然成为中国政策制定者和经济外交学者的当务之急。

## 转化策略和机制

财富与权力并非自动转化，实现这一转化需要特定的策略或机制。而转化的效果和效率直接关系到经济外交的效果和效率。因此，转化策略和转化机制是经济外交理论的核心。

### 转化策略

最基本的转化战略是联系，这是美国政府和国会对中国采取的做法，将贸易问题与人权联系起来。美方要求中方改善人权，否则美方将取消中国的最惠国待遇。这是将财富（美国的经济实力）转化为对华政治权力的典型例子。欧洲共同体（EC）也采取了类似的立场。在此，我们解释一下中国是如何通过脱钩和"分而治之"来应对的，从而让大家了解中国如何进行财富-权力转化。

面对西方的制裁和压力，邓小平提出了中国外交的指导方针。他说：

> 尽管东欧、苏联出了问题，尽管西方七国制裁我们，我们坚持一个方针：同苏联继续打交道，搞好关系；同美国继续打交道，搞好关系；同日本、欧洲国家也继续打交道，搞好关系。这一方针，一天都没有动摇过。（邓小平 1993：3，363）

本着这一原则，中国政府在不放弃既有原则的同时，努力改善与西欧各国政府的关系（Chen Zhimin and Geeraerts 2003：359）。中方发现，西欧国家并未威胁要取消给予中国的最惠国待遇和普惠制待遇，也没有禁止欧洲公司在中国投资或中断中欧文化或学术交流（Chen Zhimin and Geeraerts 2003：363）。

另一项与联系密切相关的战略是互惠互利。互惠互利是指利益的交换。此处的核心问题是确定谈判各方各拥有什么权力资源以及如何交换资源。例如，两国相互开放市场就是一种典型的互惠行为，其本质是将财富转化为权力。也就是说，甲国将其国内市场开放作为一种资源（财富）转化为权力，从而促使乙国开放市场，否则该市场将因国内保护主义压力而趋于封闭。中国加入世界贸易组织、双边或区域自贸区谈判以及参与全球经济治理就是典型的互惠战略。相互开放市场（正互惠）的反面是负互惠。经济制裁是一种典型的负互惠行为，即如果甲国拒绝接受乙国提出的政治或经济条件，乙国会采取经济惩罚措施。经济制裁正在成为一种广泛应用的经济外交手段。尽管中国在历史上曾多次实施经济制裁，但中国尚未就经济制裁进行立法。以下举出几个例子。1978年越南入侵柬埔寨后，中国开始以减少对越南的经济和军事援助的形式对其实施制裁，这一制裁措施一直持续到1988年。*1992年法国对台出售战斗机和护卫舰等军事装备，此后，中国对法国实施了经济制裁，这一制裁措施一直持续到1994年。中国还声明要对参与2010年奥巴马执行64亿美元对台军售合同的美国公司实施制裁（Browne and Solomon 2010）。此外，随着中日关系在钓鱼岛问题上恶化，中方于2010年暂停向日本和美国出口稀土（阎梁2012）。

中国财富–权力能否成功转化，最重要的是其政府机构的内部协调。以贸易为例，中国商务部总体上支持自由贸易政策，而一些职能部委更注重贸易保护。只要自由贸易有利于促进双边关系，外交部往往提倡自由贸易。在中国加入世界贸易组织和双边贸易的谈判中，自由贸易与保护主义的争论一直存在。中国往往采取自上而下的方式消弭各部委之间的分歧。政治领导人拥有最终决定权。

**转化机制**

转化机制是指财富和权力可以相互转化的特定制度和平台，并可以执行各种转化战略。例如，布雷顿森林体系和《马歇尔计划》可以被看作转化机制。美国将其第二次世界大战后空前的经济实力转化为在欧洲空前的权力和影响力。

中国也有自己的转化机制。例如，在2013年9月，中国国家主席习近平访问中亚期间，他提出了建设连接中国与中亚国家的"丝绸之路经济带"的倡议（习近平2013a）。访问印度尼西亚期间，习近平向东盟国家提出建设"21世纪海上丝绸之路"的倡议（习近平2013b）。中国总理李克强访问南亚时，提出建设孟中印缅经济走廊的倡议（李克强2013）。这些举措是中国新领导层为经济外交目的而设

---

* 1978年，中国停止对越援助。——译者注

计的转化机制的案例。这些机制基于中国经济实力和民族信心的增强，将为中国周边外交注入新动力。

在与美国、欧盟、日本等发达经济体打交道时，中方倾向利用高层战略经济对话进行财富与权力的转化。按降序排列，中国已经制定了峰会（主席或总理级）、战略经济对话（副总理级）和经贸联合委员会（部长级）等机制。至于协议约束的程度，有具有法律约束力的协议和不具有法律约束力的伙伴关系框架，它们都为开展经济外交提供有利环境。谈判双方需要遵循既定规则或制度而采取行动，在此基础上，可以执行包括联系和互惠互利在内的各种转化战略。

这些高层或中层转化机制都为构建新型中美关系发挥了作用。习近平主席与奥巴马总统在加州安纳伯格庄园会晤期间，习近平主席建议通过将中美在二十国集团、亚太经合组织等多边论坛中的对话制度化来提高对话水平和互信水平，并充分利用中美两国政府之间已有的90多次政府间对话（Yang Jiechi 2013）。中方倾向认为，通过元首级会晤、战略与经济对话等平台，双方可以通过流程化管理平衡利益，确保中美关系稳定。

## 中国的经济外交未来研究议程

当前，中国外交处于新起点。新一届领导班子上任后，提出了"探索中国特色大国外交道路"等新外交思路；与美国建立新型关系；"坚持新型义利观[2]，以义为先"，与各国建立更加紧密的利益共同体（Wang Yi 2013）。在实践方面，中国政府最近推出了一项范围广泛的改革计划，进一步扩大了对外开放。作为改革计划的一部分，中国建立了上海自由贸易区（FTZ），对外开放投资和服务业，随后可能会复制推广到更多城市。此外，中国独特的历史、身份和当前面临的内外环境都在中国的经济外交的理论发展和实践中留下了深刻的印记。我们建议未来中国的经济外交研究应重点关注以下四个方面：

- 中国是一个发展中国家；

- 中国是一个大国；

- 中国处于开放经济环境中；

- 中国是一个文明国家。

### 中国作为发展中国家的经济外交

正如中国外交部长王毅所说："中国外交的特色，立足于中国作为发展中国家的基本国情。"（Wang Yi 2013）。发展是中国的第一要务。作为发展中国家，中国的经济外交权力资源的转化迫在眉睫，但这绝非易事。中国未来的改革开放还存在一些不确定性，比如中国是否应该在世界贸易组织中发挥主导作用，中国是否应该考虑与传统上被视为富人俱乐部的经合组织建立更紧密的关系，或者中国是否应该继续与欧盟甚至美国谈判超大型的自由贸易协定。中国与其他发展中国家的关系如何？中国是应该与它们一起建立新的国际经济秩序，还是维持现状？中国如何应对其他一些发展中国家对能源、地方投资和贸易失衡方面越来越多的批评？中国在与发展中国家打交道时，如何才能最好地平衡利益与道义？这些问题值得深入研究。

### 大国时代的中国的经济外交

大国规模大，实力强，因此难以撼动和影响它的地位。大国的改革开放必须遵循自己的逻辑和节奏。一个大国最重要的经济力量资源之一就是植根于自己的市场。大国的主要开放战略是自主开放或单边开放，互惠开放只能起补充作用。例如，中国加入世界贸易组织在很大程度上是一个自发的倡议。但是，大国一旦选择了保护主义，就会在世界范围内产生巨大的负面影响，就像20世纪二三十年代以邻为壑政策那样。中国的经济外交是大国经济外交，具有全球影响力。中国需要思考自己能为世界作出什么贡献，如何参与全球治理，发挥什么作用，对其他国家产生什么影响。一个鼓舞人心的例子是中国倡议建立亚洲基础设施投资银行，有助于改善亚洲及其他地区的基础设施。亚投行案之所以备受关注，是因为来自中国的亚投行行长金立群声明，中国无意颠覆现有的国际金融秩序，在领导亚投行时将遵循现行国际惯例和规则（Caixin 2015）。中国同样需要思考如何与美国、欧盟、日本等发达经济体开展经济合作，采用何种转化策略和机制。

**开放经济环境下的中国的经济外交**

在开放经济中，单一国家内部存在多个利益集团。通过市场改革和加入世界贸易组织，中国在很大程度上已经融入了全球经济。今天的中国外交具有三个特点：内外事务的纠缠性、不同部门之间的外交事权分散化和外交运作不断提升的透明化（Zhu Liqun 2013）。开放经济中经济外交面临的最大挑战是国内转化过程中权力资源的流失，以及权力资源很难从一个部门转移至另一个部门。在中国，协调不同政府部门和不同利益的难度越来越大，统一谈判立场变得愈发困难。因此，在开放型经济条件下，中国的经济外交的主要任务是明确国家利益至上，运用联系等转化策略，提高绩效和效率，加强转化机制建设，行使单一承诺谈判模式（Zhang Xiaotong, Wang Hongyu and Zhao Ke 2013）。未来中国的经济外交的难点之一是研究在日益开放的环境中国家、市场和社会之间的竞争关系。

**文明中国的经济外交**

中国人传统上认为，君子立德，小人图利。此外，中国传统重农轻商。与重商业的海洋文明相比，农业文明在中国留下了更深的印记。然而，经济外交的本质是权衡取舍，是一种"商业"行为，强调互惠和利益平衡。在汉语中，"权衡"是一个贬义词。中国人倾向使用诸如"互利互惠"或"双赢"等词汇，而不是"讨价还价"或"互投赞成票"。未来，中国需要研究如何使用转化策略和机制进行权衡取舍。例如，中国需要考虑在什么样的"贸易"条件下可以在国际货币基金组织或其他国际组织中拥有更多的投票权。如何处理好追求物质利益与维护中华传统文化之间不断发生的冲突，这是未来中国的经济外交研究的核心课题。

未来，中国的经济外交面临的主要挑战将是上述身份的混淆，因为中国既是一个发展中国家，又是一个大国，而且海洋商业经济与中国重义轻利的儒家传统冲突不断。平衡传统和现实以及不同身份应成为未来中国的经济外交理论研究的重点。中国不仅要借鉴西方主流国际关系、国际政治经济和外交理论，还要借鉴自身和其他发展中国家的实践。中国的经济外交唯有广泛借鉴各国经验，才能应对各种挑战。

**注释：**

1. 根据 2011 年援外协议，中国政府同意向马其顿提供 23 辆校车。然而，这一消息在网络发布之时，中国甘肃省却发生了一起校车事故，引发了中国网民的争议。

2. "义"是一个中国传统概念，具有友谊、忠诚和道德的深刻含义。

**参考文献：**

Bayne, N. and Woolcock, S. eds. 2011. *The New Economic Diplomacy: Decision-Making and Negotiation in International Economic Relations*. 3rd edition. Farnham: Ashgate.

Berridge, G. R. and James, A. 2003. *Dictionary of Diplomacy*. 2nd edition. Basingstoke: Palgrave-Macmillan.

Browne. A. and Solomon. J. 2010. China Threatens U.S. Sanctions over Arms Sale to Taiwan. *The Wall Street Journal*, January 31. Available at: www.wsj.com/articles/SB1000142405.

Caixin. 2015. The AIIB Is Not a Subverter, 22 March. Available in Chinese at: http:// economy.caixin. com/2015–03–22/100793546.html.

Chen Zhimin and Geeraerts, G. 2003. *Foreign Policy Integration in European Union: A Mission Impossible?* Beijing: Shishi Publisher.

Deng Xiaoping. 1993. China Never Allows Other Countries to Intervene in Its Internal Affairs. *Selected Works of Deng Xiaoping*, Vol. 3, 359.

*European Political Cooperation Bulletin.* 1990. Question No 324/90 by Mrs Ewing (ARCUK) Concerning the Embargo on Trade in Arms with China. Vol. 6 (1), 322. Florence: European University Institute.

Guo Guanyu. 2006. *A Study of China-EU Cooperation* (in Chinese). Beijing: World Affairs Press.

Jonquieres, G. de. 2012. *What Power Shift to China?* ECIPE Policy Briefs, 04/2012.

Li Keqiang. 2013. Premier Li Keqiang and Indian Prime Minister Singh Emphasized in Their Meeting That Concerted Efforts Need to Be Made for Advancing China-India Strategic and Practical Cooperation, 20 May. Available in Chinese on the Chinese MFA website at: http://www.fmprc.gov.cn/mfa_chn/ziliao_611306/zt_611380/dnzt_611382/ lkqzlfw_644505/zxxx_644507/t1041898.shtml.

Li Wei. 2013. The Rise of Financial Diplomacy in China (in Chinese). *Shi Jie Jing Ji Yu Zheng Zhi [World Economy and Politics]*, Vol. 2, 78.

Lu Yi. 2004. *A Brief Introduction to Diplomatic Studies* (in Chinese). *Shi Jie Zhi Shi Chu Ban She [World Knowledge Publisher]*. Beijing.

Okano-Heijmans, M. 2011. Conceptualizing Economic Diplomacy: The Crossroads of International Relations, Economics, IPE and Diplomatic Studies. *The Hague Journal of Diplomacy*, Vol. 6 (1–2), 17.

Phoenix TV. 2014. US-China Negotiators Banging on the Table and Zhu Rongqi Intervened Directly (in Chinese). Available at: http://news.ifeng.com/history/zhongguoxiandaishi/special/zhurongjicongzheng/detail_2014_01/29/33460840_1.shtml.

Spanish MFA. 2011. Economic Diplomacy as a Strategy in International Relations. *Miradas Al Exterior*, January-March, 8.

Wang Yi. 2013. Exploring the Path of Major-Country Diplomacy with Chinese Characteristics. Remarks by Foreign Minister Wang Yi at the Second World Peace Forum, 27 June. Available at: http://www.fmprc.gov.cn/eng/wjb/wjbz/2461/t1053908.shtml.

Wu Jianmin. 2007. *Case Study of Diplomacy*. Beijing: China Renmin University Press.

Xi Jinping. 2013a. Xi Jinping Delivered an Important Speech, Calling for the Establishment of Silk Road Economic Belt, 7 September. Available in Chinese on the Chinese MFA website at: http://www.fmprc.gov.cn/mfa_chn/ziliao_611306/zt_611380/dnzt_611382/xjpfcyghy_645348/zxxx_645350/t1074063.shtml.

Xi Jinping. 2013b. Xi Jinping: Writing Together a New Chapter for Sino-Indonesian Relations, 3 October, Available in Chinese on the Chinese MFA website at: http://www.fmprc.gov.cn/mfa_chn/ziliao_611306/zt_611380/dnzt_611382/xjpzxfwydnxy_661950/zxxx_661952/t1084308.shtml.

Yan Liang. 2012. China's External Economic Sanctions: Objectives and Policy Issues (in Chinese). *Wai Jiao Ping Lun [Foreign Affairs Review]*, Vol. 6, 10.

Yang Jiechi. 2013. Yang Jiechi Briefed on the Outcomes of the Meeting between President Xi Jinping and President Obama in the Annenberg Estate, 9 June. Available in Chinese on the Chinese MFA website at: http://www.fmprc.gov.cn/mfa_chn/ziliao_611306/zt_611380/dnzt_611382/xjpdwfw_644623/zxxx_644625/t1048973.shtml.

Zhang Xiangchen. 2013. Further Advancing Opening-Up from a New Historical Starting Point (in Chinese). *Dui Wai Jing Mao [Foreign Economy and Trade]*, Vol. 3, 7.

Zhang Xiaotong, Wang Hongyu and Zhao Ke. 2013. On the Use of China's Economic Strengths (in Chinese). *Dong Bei Ya Lun Tan [Northeast Asia Forum]*, Vol. 1, 97.

Zhao Kejin. 2011. The Rise of Economic Diplomacy: Substances, Institutions and Trends (in Chinese). *Jiao Xue Yu Yan Jiu [Teaching and Studies]*, Vol. 1, 57.

Zhu Liqun. 2013. The Changing Diplomatic Context and China's Diplomatic Capacity Building (in Chinese). *Guo Ji Wen Ti Yan Jiu [China International Studies]*, Vol. 2, 103.

# 第九章　巴西经济外交：
# 农业以及世界贸易组织谈判

布拉兹·巴拉库伊

巴西在多哈发展议程农业谈判中的经济外交说明了巴西多边贸易谈判的新动态，以及在21世纪初地缘经济变化给巴西带来的转变。在世界贸易组织的支持下，多哈发展议程谈判于2001年启动，致力于改革和加强当前所有领域的国际贸易规则：农业、工业品、服务业以及一些具体问题，如反倾销、贸易和环境问题等。农业被视为前几轮贸易谈判中"未竟的事业"，是多哈发展议程谈判的核心。从2001年多哈部长级会议到2015年内罗毕部长级会议，经济外交是勾勒多哈回合谈判轮廓及其总体权衡取舍的基本手段，也是引导新的地缘经济局面并将其转化为世界贸易组织谈判支柱的重中之重。

支持多边贸易体系和夯实世界贸易组织的谈判支柱对巴西经济外交至关重要。自2008年多哈回合谈判陷入僵局以来，多哈回合谈判很明显陷入了全球经济力量平衡的重大转变之中。在21世纪头十年，中国、巴西、印度等发展中国家的经济崛起对世界贸易组织谈判产生了深远影响。这种地缘经济变化影响了多哈回合谈判的结构和进程：参与者及其相对实力、战略、策略和联盟，以及决策模式和实质性的利益平衡。与早50年的《关贸总协定》体系及之前的八轮贸易谈判相比，老牌贸易大国已无法再根据自己的目标和利益塑造国际贸易体制，也无法将农业贸易等它们的防御利益占主导地位的领域置于多边规则的庇护之下或置于多边规则的边缘。多边经济谈判桌上各方力量之间的平衡变得更加对称。

虽然农业只占世界贸易总额的 9.5%，但它是保护主义和世界贸易扭曲的象征。在《关贸总协定》中，农业在 1994 年结束的乌拉圭回合谈判期间才被纳入多边贸易体系。几十年来，发达国家的做法和政策并不在多边监管范围内，它们通过发放补贴和设置市场准入壁垒相结合的方式来保护其农业部门。出口商不仅在向发达国家市场出售农产品时面临重重障碍，而且还必须与发达经济体有出口补贴的农产品同台竞争，而这些发达经济体则会影响全球市场价格。

本章将重点论述巴西在多哈回合农业谈判中的经济外交。经济外交从根本上讲就是各国在全球经济中进行谈判。在复杂且唇齿相依的全球经济中，这并不意味着其他行为体——商业团体、非政府组织、利益和倡导团体——不参与或不应该参与经济外交。[1] 相反，经济外交的博弈是多层次的，涉及国际和国内层面的多重利益。政府在经济外交中的作用是指导战略方向，同时协调和调解相互冲突的压力，调和不同类型的紧张局势。归根结底，各国政府需要在国际上推进本国经济利益，同时为推行国家政策保留空间。这是一种微妙的平衡。现代经济外交家们在国内外都需要施展炉火纯青的外交手段。

## 多边贸易外交的主要方面

就世界贸易组织而言，谈判的利害关系就是多边博弈规则——即国际贸易体制。政府在世界贸易组织谈判的经济外交中需要考虑几个方面：

- **在多边贸易协定和区域贸易协定（RTAs）之间选择重点。**出口部门倾向选择区域贸易协定，因为这能为其提供直接市场准入机会。然而，只有多边贸易协定才能够解决影响长期竞争力水平的系统性问题，例如减少农业补贴。《跨太平洋伙伴关系协定》等"超大区域"贸易协定对多边贸易体系的挑战是当今面临的关键问题之一："超越世界贸易组织"和"世界贸易组织额外"的超大区域规则，特别是在这些超大区域规则对全球贸易的很大一部分造成影响的情况下，究竟是强化还是破坏世界贸易组织多边商定的规则？

- **构建协商一致的谈判立场和共识战略。** 这既要追求国家自身的国家利益，又要对在国内层面经常相互冲突的利益负责。就贸易谈判而言，大多数国家在部门内部和部门之间既有进攻性的商业利益，也有防御性的商业利益，每个国家都在相应地争取更多的贸易开放或贸易保护。

- **了解多边谈判中关键参与者的立场和利益。** 正如我的前任巴西代表团团长罗伯托·阿泽维多大使教导我的那样，多边谈判是一场在多个棋盘上同时进行的棋局，其中一些棋局是看不见的。信息在谈判的各个阶段都发挥着关键作用。了解关键参与者的利益、选择、偏好、局限以及可能的目标着陆区至关重要。因此，外交的经典信息功能在经济外交中受到高度重视。

- **在谈判中建立联盟和相互协调。** 在世界贸易组织中，各国不仅以多边形式相互谈判，也在联盟内部进行谈判。例如二十国集团、凯恩斯集团和三十三国集团以联盟形式参与农业谈判，并取得了不同程度的成功，下文将对此作更详细的说明。2005年中国香港部长级会议期间召开了所有发展中国家参与的110国集团会议，2015年内罗毕部长级会议前夕巴西和欧盟联合提出了有关农产品出口竞争的提案，这些都证实了跨联盟合作关系和战术联盟也是谈判架构的一部分。

- **深谙时间是一个战略因素。** 谈判分多个阶段进行，重要的是要知道如何以及何时在整个谈判过程中平衡不同的谈判立场，并作出跨领域的权衡取舍。例如，在世界贸易组织中，一些国家在农业领域采取进攻性态度，却在非农业市场准入和服务领域采取防御性态度——或者恰恰相反。参与世界贸易组织谈判的关键原则是"单一承诺"：协议必须在成员对任何细节均已达成一致后才能决定的一个原则——为了维护世界贸易组织的谈判支柱地位，在2013年巴厘岛会议牺牲了这一原则。

- **平衡多种多样的谈判立场。**谈判发生在不同权力对称和不对称的背景下。谈判并非在真空中发生，而是在全球力量平衡的影响下发生的。对于分析者和从业者来说，永远不要忽视谈判所针对的更大的地缘政治背景，这一点至关重要。谈判需很长时间才能结束，与此同时国际形势也在不断变化。人们只需想想历时近15年的多哈回合谈判，以及这些年来全球地缘经济实力的变化。

## 巴西的决策过程

从某种意义上说，巴西在多哈回合农业谈判中的经济外交为我们提供了一种视角，展示国际和国家转型如何在多边层面上进行转化。在巴西，外交部（Itamaraty）是谈判的"行政部门"，它与其他部委密切合作，负责贸易谈判的经济外交，包括世界贸易组织谈判。而贸易谈判的总体战略任务由巴西总统领导的部际委员会——外贸商会（CAMEX）决定。外贸商会由外交部长、农业部长、发展、工业与商业部长、经济部长、规划和预算部长、农村发展部长以及总统府民事办公室主任组成。巴西国会在贸易谈判中的影响力也越来越大，反映出巴西的社会和商业力量愈发活跃。

在多哈回合农业谈判的第一阶段，非正式技术小组（GTI）将开展技术讨论并推进谈判立场。外交部出面协调非正式技术小组，此小组包括公有和私营利益相关方：农业部、农村发展部、发展、工业与商业部、全国农业联合会（CNA）、全国农业工人联合会（CONTAG）以及一个研究智库，即国际贸易谈判研究所（ICONE）。非正式技术小组提出一些技术性研究和谈判提案，随后在日内瓦举行的二十国集团峰会上讨论这些内容，许多研究和提案在多哈回合谈判中成了二十国集团成员国所持的立场。[2]

非正式技术小组也代表了国内支持谈判协议的重要群体。农业出口利润及其潜在收益可能与巴西一些防御性更强的工业部门和工会相抗衡。得到这些国内利益的支持是保证巴西国会支持的关键所在。因此，促进经济发展和平衡各方利益是巴西外交在国际和国内层面的目标。

在本章第一部分，我将以巴西为重点案例，着重介绍一些地缘经济结构变化以及这些变化如何影响贸易体制谈判的实质内容和决策制定。在第二部分，我将根据这些地缘经济转型，介绍多哈回合农业谈判的演变，并重点介绍谈判中出现的新力量。在此部分中，我将解释2008年出现的谈判僵局，我还将解释在2013年巴厘岛会议和2015年内罗毕会议之后，在谈判桌上更加对称的权力平衡下，夯实世界贸易组织谈判支柱的最新进展。最后，我将就多哈回合农业谈判的未来以及基于规则的多边贸易体系的重要性表达一些看法。

**地缘经济实力平衡和国际贸易体制的变化**

第二次世界大战结束后，胜利的西方列强于1948年建立了《关税及贸易总协定》，这反映了它们不希望回到战前贸易保护主义浪潮的愿望，人们理所当然地认为贸易保护主义是加剧经济大萧条的原因之一。在东京回合（1972—1979年）和更根本的乌拉圭回合（1986—1994年）之前的几轮贸易谈判中，降低和约束（主要是工业）商品的关税是贸易谈判中的主要议题。尽管《关贸总协定》的基本原则（"最惠国待遇"和"国民待遇"）具有优势，但贸易体制却是在非神圣联盟中逐渐演变而来，这个联盟介于选择性多边主义（以保护国内部门免受贸易自由化影响）和贸易规则中的"例外情况"（以适应政治敏感性）之间。

乌拉圭回合是首个涉及大量谈判领域的回合。此次谈判形成了一个完整的一揽子计划（"单一承诺"），并允许在谈判的不同方面进行权衡。发达国家要求引入知识产权协定（TRIPS）、服务贸易总协定（GATS）和与贸易有关的投资措施协议（TRIMs），发展中国家则要求将农业贸易纳入这一体系。人们认为这是一场"大交易"——为了规范已被视为贸易未来的知识产权、服务和投资，该贸易体制需要处理农业这个过去最不受监管的贸易领域。

此外，1995 年世界贸易组织取代了《关贸总协定》。世界贸易组织成立于冷战结束后，在经济全球化的刺激下，因其决策结构十分灵活，能够将全球经济实力转型转化为多边贸易体系谈判，世界贸易组织已然成为一个特殊的组织案例。与第二次世界大战后创立的全球多边架构中的其他国际组织不同，世界贸易组织的决策并未冻结某种时过境迁的地缘政治格局，比如，国际货币基金组织基于配额的投票制度，以及联合国安理会的否决权制度。

历史学家会把乌拉圭回合谈判视作世界经济中某种权力平衡和贸易谈判中某种经营方式的谢幕。在《关贸总协定》成立之初以及在其各轮谈判期间，其中的权力结构十分明朗：美国和欧洲（合并为欧洲共同体，即后来的欧盟）既是贸易大国，也是多边贸易体系规则的制定者。美国、欧盟、日本和加拿大"四方"主导乌拉圭回合谈判的决策。美国和欧洲先就农业问题（1992 年在布莱尔宫）达成初步协议，然后把此协议作为既成事实提交给《关贸总协定》的全体成员国，在此之后，乌拉圭回合谈判才就农业问题达成一致意见。美欧协议满足了它们的互惠利益，结果是农业仍是国际贸易中最为扭曲的领域，关税壁垒和补贴错综复杂，在监管和纪律方面落后于其他领域。

在多哈回合谈判期间，全球经济实力结构发生了变化。2001 年，多哈回合谈判以"同一个世界"开始，但此后随着经济实力平衡的变化而不断演变。简单比较过去 15 年全球国内生产总值（GDP）份额变化就能说明这种状况，发展中国家，特别是中国的相对经济地位发生了显著变化（参见图9.1）。

伴随着上述变化，世界贸易份额也发生了变化。根据世界贸易组织《2013年世界贸易报告》（WTO，2013a），发展中国家在世界出口中的份额从1980年的34%增加到2011年的47%，而发达经济体的出口份额从66%下降到53%。尤其是中国，同期的世界出口份额从1%上升到11%。在此期间，美国、欧盟和日本的贸易出口相对下降。发展中国家在世界进口中所占份额也从1980年的29%增加到2011年的42%，而发达国家在此期间则相对下降，从71%下降到58%。中国的进口份额从1%上升到10%，美国、欧盟和日本的全球进口份额则有所下降。

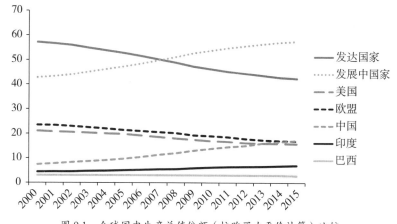

图9.1　全球国内生产总值份额（按购买力平价计算）比较

来源：IMF World Economic Outlook（2015）。

反映这些变化的贸易流动在地域上进行了重新分配。发展中国家的"南南贸易"份额从1990年世界贸易的8%增至2011年的24%，而发达经济体之间的"北北贸易"份额则从1990年的56%降至2011年的36%。"南北贸易"份额则相对稳定：1990年为33%，2011年为38%。

# 农业贸易大国——巴西

巴西是农业生产和贸易的主力军，在整个世界贸易中占有一席之地。在 2014 年，农业约占巴西国内生产总值的 25%，占出口的 47%，近年来成为竞争激烈的行业。巴西是世界第一大的咖啡、糖和橙汁的生产国和出口国，第二大的大豆和牛肉生产国和出口国，第一大的鸡肉出口国，第二大的玉米和豆油出口国。一个高度复杂的技术和工业网络已经围绕着农业综合企业发展起来。如今，巴西的农业贸易占全球农业贸易的 7%。但百思不得其解的是，1986 年乌拉圭回合谈判开始时，巴西只是一个农产品进口国。

巴西农业的生产力和高产量（Nassar 2009）及其出口部门的活力使其贸易在地理上多样化程度很高——巴西同时参与了南南贸易和南北贸易。由于效率（生产力和生产规模）提高而非种植面积扩大，生产技术提高了巴西农业的产量。在过去的四十年里，巴西的谷物和油籽种植面积几乎保持不变，而产量则增加了两倍多。过去的十年里，巴西的农产品出口平均每年增长近 10%。此外，巴西取得这些成就，但没有重蹈欧洲、美国、日本和加拿大向本国农民提供巨额补贴的覆辙（The Economist 2010）。

世界经济实力平衡的转变影响了主要参与国在多哈回合谈判中的地位和利益，特别是巴西在农业谈判中的地位。此外，巴西对待多哈回合谈判的态度反映了其关于全球治理外交政策的一个核心层面：以改革和加强多边体制和国际组织为总目标，以使多边主义能够反映出新兴的经济多极化。

**世界贸易体制中的农业：历史经验与多哈回合谈判**

农业在国际贸易谈判中历来享有独特的地位。第二次世界大战后，农产品不应被视为其他一般商品的理念在《关贸总协定》规则和豁免条约中可见一斑。粮食生产自给自足的目标推动了政策制定，粮食安全成为自给自足的同义词。克服农业自然的相对劣势需要大量投资，也需要保护国内市场免受冲击。这导致农业保护主义大行其道，尤其是在欧洲、美国和日本。有人认为，农业应得到特殊待遇，不应成为多边谈判桌上的筹码。因此，农业在很大程度上不受《关贸总协定》规则的约束，国家补贴和市场壁垒依然存在。贸易保护主义已横行几十年，然而贸易自由化和管制在工业品领域继续进行。

乌拉圭回合谈判首次在谈判桌上提到了农业。发起这一回合谈判的部长宣言明确提到了所谓农业贸易政策三大支柱的自由化：市场准入、国内支持和出口补贴。基于布莱尔宫协议，乌拉圭回合谈判达成了协议，农产品关税受到了一定的约束并有所降低，但人们对"关税化"的实施方式提出了一些批评意见。此外，本次谈判还制定了约束和限制使用农业的国内支持和出口补贴的规则。《农业协议》无疑是朝着正确方向迈出的一步，但这远远不够。新成立的世界贸易组织成员迅速认识到了这一点，《农业协议》第 20 条要求继续推进改革进程。

2001 年 11 月，多哈回合谈判启动，初步预计于 2005 年结束。多哈回合谈判在农业领域展露出勃勃雄心：扩大市场准入程度，大幅减少国内的支持性农业补贴，取消出口补贴。如今的使命要求和过去走过的弯路都使得农业很快成为多哈回合谈判的驱动力。

从 2001 年到 2015 年，多哈回合农业谈判可分为 5 个阶段，每个阶段都有不同的参与者、问题和联盟在推波助澜：

● 2001 年至 2003 年的坎昆部长级会议：新旧势力交锋；

● 2004 年至 2005 年中国香港部长级会议：界定概念；

● 2006 年至 2008 年 7 月在日内瓦举行的小型部长级会议：界定着陆区；

● 2008 年至 2013 年：多哈回合谈判陷入僵局；

● 2013 年巴厘会议至 2015 年内罗毕会议：重振世界贸易组织的谈判支柱。

## 2001 年至 2003 年的坎昆部长级会议：新旧势力交锋

多哈部长宣言立下宏伟目标：在 2003 年 3 月 31 日之前就农业协定的范围和结构等模式达成协议，在 2005 年底之前完成多哈回合谈判，然而最初几年，在实现这些宏伟目标方面进展如滚芥投针。2002年和 2003 年主要是美国和欧洲进行国内讨论，旨在确定各自的农业政策，这些政策将决定后续的谈判任务：改革欧盟共同农业政策（CAP）和美国农业法案。预计这些改革一旦完成，会构成世界贸易组织多边农业协定的基础。美国在进攻性和保护主义的国内利益之间进退两难。这种局面使欧洲获得掌控权，以推行其农业理念：适度的新市场准入、维持补贴政策的核心特征，以及通过保留其优惠制度来满足发展层面的需求。这种理念甚至适合日本、瑞士和挪威等更具保护主义色彩的成员国。[3]

在此期间，发展中国家，特别是巴西、中国和印度之间播下了合作的种子。2002 年初，印度在谈判中维护了贫穷农业进口国的利益。印度在多哈回合谈判中的最初立场体现了保护贫困农村人口的必要性和印度对发展层面的重视。2001 年，中国刚加入世界贸易组织，并为此在农业承诺方面付出了高昂的代价。因此，中国对印度深表同情，需要为其贫穷的农村人口预留一定的政策空间。巴西是农业出口国凯恩斯集团的成员，自然倾向更宽松的市场准入条件。但巴西也理解多哈回合谈判的体系价值以及改革农业国内支持和出口补贴的必要性。凯恩斯集团在市场准入方面雄心勃勃，却没有充分区分发达市场和发展中市场，这自然给印度和中国等国带来了麻烦。因此，一种能够平衡市场准入攻守利益的潜在做法正在崭露头角，从而有利于提高补贴改革的目标水平，并提升多哈回合谈判的发展格局。到 2008 年为止，这是新二十国集团影响世界贸易组织谈判的优势所在。[4]

日内瓦会议进展缓慢，人们自然而然担心发达国家之间会以牺牲发展中国家的利益和关切为代价来寻求谅解。乌拉圭回合谈判中的挫折对发展中国家而言显而易见。对发展中国家来说，在农业方面取得可靠的成果是这一新回合谈判存在的理由。然而，早期迹象似乎已经预示了结果，只有富国感兴趣的领域才会得到优先考虑——比如投资、竞争、贸易便利化和政府采购等"新加坡议题"。随着多哈回合谈判面临第一次实际成果检查，在多哈启动的"发展议程"讨论很快便偃旗息鼓。

2002 年，各主要代表团开始提出实质性谈判提案。农业谈判小组主席斯图尔特·哈宾森在同年 12 月分发了他起草的"综述文件"。2003 年 2 月 17 日，农业模式的第一份草案（WTO 2003）开始流传。此草案的目的是在 2003 年 3 月协议达成的最后期限之前，为进行实质性谈判奠定基础。但谈判未能达成一致意见。突然各国呼吁重启没落的谈判方法，此时，美国和欧盟的表现让人以为只要出现新的"布莱尔宫协议"就可以消弭各国谈判意愿不足的问题。

在坎昆部长级会议召开前四周，欧盟和美国于 2003 年 8 月 13 日（WTO 2003a）提出了一份联合框架文件——一套详细阐释农业贸易模式的说明——体现了美国和欧盟在市场准入、国内支持和出口补贴方面，对各自农业利益的照顾。这种自利性的照顾并未逃过其他成员的关注。此外，如果欧盟和美国的提案被采纳，便很难判断多哈回合谈判已达成其目标。然而，这项联合提案在为坎昆会议准备的部长级宣言草案中（WTO 2003b）得到了适当的体现。鉴于以往谈判的经验，许多人认为这项联合提案将成为最终协议的"现实"着陆点。

## 二十国集团崭露头角

谈判中出现新力量的条件已经具备：二十国集团。巴西与发展中国家核心集团谨慎磋商后，成立了二十国集团。此后，谈判危机爆发，促使非洲、亚洲、南美洲和中美洲的其他国家迅速加入。[5]欧盟-美国联合框架提出仅一周，新的发展中国家联盟就提出了第一项倡议，即 2003 年 8 月 20 日提出的框架提案（WTO 2003c）。二十国集团的提案在减少补贴方面雄心勃勃，提出了区分发达国家和发展中国家的市场准入方案，并给出了关键要素——在实现农业三大支柱的宏伟目标方面尊重多哈授权；为发展中国家制定特殊和差别待遇的条款。

二十国集团的提案直接让发达国家陷入进退维谷的窘境：要么在美国-欧盟联合框架的基础上推动坎昆会议取得成果；要么与二十国集团接触，尝试在这两个提案之间找到中间立场。坎昆会议举行之前，人们忽视了一个事实，那就是当时谈判棋盘的中心不仅由美国和欧盟占据，二十国集团也分了一杯羹。达成协议的必要条件和充分条件之间的平衡已经打破。当时很少有人意识到——也许连二十国集团的创始人也没有意识到——旧版《关贸总协定》的"自然秩序"已经失效。

在坎昆部长级会议上，2003 年 9 月 13 日分发的主席文本，即"德韦斯文本"，仅对早先的农业宣言草案做了少量修改。这一文本降低了农业的高目标，以调和美国和欧盟之间的利益。二十国集团不仅阻止了该协议通过，彰显了政治影响力，而且提出了技术上可行的替代方案。二十国集团明确表示准备进行谈判，但是不会放弃农业方面的多哈授权。为了取得成功，谈判必须超越当时欧盟和美国持有的授权范围。只待在各自的农业舒适区已不再奏效。双方都意识到了二十国集团的实力、决心和行动力，但为时已晚。与早期发展中国家联盟的经验相反，二十国集团空前团结，不仅能够阻挠美欧议程，而且能够提出可信的谈判提案。二十国集团现身坎昆会议，带来了谈判理论所称的"关键时刻"，在这样的时刻，一次根本性的转变重新定义了谈判的结构和过程。二十国集团在谈判平台上整理了发展中国家的核心诉求，为达成农业改革共识提供了对话渠道。

无论以任何标准衡量，二十国集团都是世界贸易组织内部的一个重要联盟。它的创建和管理堪称经济外交领域的大师班。二十国集团涵盖了世界总人口的近 60%、世界农业人口的 70% 和超过世界农业国内生产总值的 21%，在多哈发展议程中发挥了举足轻重的作用。二十国集团将各个地区、具有不同利益的发展中国家联合起来，真正努力地谈判，争取务实的解决方案，因此它具有最高级别的政治和象征意义。

随着其他世界贸易组织成员克服坎昆会议在现实上带来的冲击，二十国集团成为谈判中不可或缺的伙伴。它在集团内部结合进攻性和防御性的农业利益，加强了建立共识的使命，特别是在国内和出口补贴等系统性问题上。该集团设法在提案中形成共同立场，这些提案需在技术上可行、政治上合理，能反映其内部力量的平衡。将二十国集团立场与 2008 年农业模式文本草案进行比较，可证明该集团在多哈发展议程的那个阶段取得了成功。谈判的三大支柱很大程度上体现并融合了二十国集团的立场。

自 2003 年以来，巴西在日内瓦会议上一直担任二十国集团的协调员。该集团在常驻代表（大使）级别和技术级别举行会议。批评者眼中的二十国集团（发展中国家出口商和进口商组成的单一联盟）的弱点，实际上是它在处理系统性问题时的优势。二十国集团能够形成中间立场提案，几乎完美地反映了世界贸易组织成员立场的总体平衡。

随着 2008 年及以后僵局的出现，二十国集团和其他以实质性成果为导向的联盟在谈判中变得不那么活跃，取而代之的是更倾向主张价值的联盟，例如三十三国。二十国集团在战略定位方面非常有效，但在战术运用方面却效率低下。2013 年之后，谈判开始更多地依赖主要参与者的个体力量，而非联盟开展实质性讨论，特别是在需要牺牲类似"单一承诺"的多哈发展议程的原则，以挽救世界贸易组织谈判支柱的情况下更是如此。然而，二十国集团的政治信息在今天和成立之初同样有效：唯有改革国际农业贸易体制，才能纠正长期的历史不平衡，并成为促进发展的工具。

## 2004 年至 2005 年中国香港部长级会议：界定概念

坎昆部长级会议无果而终。一段时间拖延之后，谈判才得以重启，目的是为多哈发展议程建立一个介于普通任务和具体模式之间的"框架"。这显然是农业谈判界定概念的阶段。2004 年上半年讨论的核心是减少市场准入壁垒的公式结构，讨论也涵盖了关于市场准入的例外情况（称为"灵活性"）、国内支持结构和取消出口补贴的初步想法。

二十国集团对这些要素做了合理的技术分析，这为讨论奠定了基础。谈判过程采取了不同的形式。由澳大利亚、巴西、印度、欧盟和美国（"五个利益相关方"）组成的有限小组是一个关键的讨论论坛。二十国集团、凯恩斯集团的农业出口国和三十三国集团的进口国的非正式代表出席了论坛，赋予了其合法性，并为成员国提供了渠道。

2004 年 8 月 1 日达成的框架协议（WTO 2004）代表着实质性地融合了整个多哈回合谈判的概念和目标，这是重要的一步。二十国集团的立场和发展中国家关注的关键问题，都反映在了农业模式框架草案中（WTO 2004：Annex A）。这标志着农业谈判初期阶段的结束。它证明了巴西和二十国集团在坎昆会议上作出的努力是正确的。制定模板文件的最后期限定于 2005 年 12 月在香港举行的世界贸易组织部长级会议。一旦确定了框架结构，谈判就可以继续，以确定目标水平。然而，基本问题依然存在：欧盟试图最大程度地减少在市场准入方面的让步，而美国则越来越倾向在国内补贴方面采取防御性立场。美国在明确市场准入收益之前，拒绝在国内支持方面采取任何行动，这种情况变得更加复杂。这一策略将在后续谈判中被重复使用。

中国香港部长级会议召开前的一连串动作预示着会议的基本动态。2005 年 10 月初，美国提出了比预期更雄心勃勃的提案，以减少国内支持。几天后，二十国集团也提出了关于国内支持（纠正了美国提案中的一些偏见）以及市场准入的提案。这让欧盟在市场准入方面陷入腹背受敌的状态。10 月底，欧盟感到有必要分发自己的"推进多哈回合谈判的提案"。但是技术分析表明，市场准入方面的让步存在局限性，当然欧盟贸易专员彼得·曼德尔森在媒体上尽最大努力美化欧盟已经做出了很大让步。

农业和非农产品市场准入之间的联系重新得到重视。欧盟推动工业产品的市场准入，特别是发展中国家市场，以应对其在农业领域面临的压力。据欧盟称，二十国集团和美国对其农业市场准入提出了很高的要求，这与发展中国家开放工业产品和服务市场的要求不符。但是欧盟的意见并没有占上风。二十国集团成功捍卫了自身立场，农业应成为多哈回合谈判总体目标的决定性因素。

2005 年 12 月，中国香港部长级会议如期召开，虽然会议成果并不显著，但也绝非不足挂齿。要解决农业市场准入难题是不可能的，欧盟也很难避免被视为处于孤立状态。在政治上，发展中国家更加齐心协力。二十国集团和其他发展中国家集团（G110）联合发表了一项历史性宣言，强调农业是发展的核心。[6]中国香港部长级会议同意在农业和非农产品市场准入并行的背景下，前者应确定后者的目标等级。中国香港部长宣言第 24 段体现了这一重要成就。

## 2006 年到 2008 年 7 月在日内瓦举行的小型部长级会议：界定着陆区

中国香港部长级会议之后，在日内瓦重启谈判，但 2006 年下半年又中止了很长时间。在寻求确定着陆区的目标方面，谈判的实质形态逐渐演变为谈判三角，需要解决之后才能继续讨论：

- 削减美国的国内补贴；

- 改善欧洲的农产品市场准入；

- 提升发展中国家的工业市场准入。

随着壁垒削减的总体水平向潜在着陆区倾斜，关于市场准入例外情况的讨论，特别是关于敏感产品的例外情况，开始变得越来越重要。

2006年9月9日至10日，世界贸易组织二十国集团与其他发展中国家集团共同在里约热内卢举行了一次部长级会议。这决定性地推动了当年晚些时候在日内瓦恢复密集的多边谈判。与此同时，美国、欧盟、巴西和印度（四国集团）之间继续努力推进讨论，处理尚未解决的谈判三角中的核心问题。2007年7月，四国集团部长级会议在波茨坦举行，这也许是达成类似布莱尔宫协定的最后机会。发达国家试图推翻在香港达成的由农业决定目标水平的原则，并在非农产品市场准入和农业特别保障措施方面，联合起来对付发展中国家，但未获成功。

波茨坦会议失败之后，多边谈判在日内瓦重新获得推动力，农业谈判主席（现为克劳福德·福尔克纳）寻求融合的努力也实现了合法化。新的农业模式草案文件已经分发（WTO 2007），文件内容包括发达国家和发展中国家的市场准入例外，以推进谈判进程。尽管据称这不会损害授权，但付出的代价是目标降级。然而，新的非农产品市场准入文本草案正在酝酿更高的目标（与事实恰恰相反）。因此，农业文本与非农产品市场准入文本一起强化了两者之间的不平衡，并彻底改变了利用农业推动多哈回合谈判的逻辑。尽管如此，二十国集团仍然作出了巨大的贡献，多哈回合谈判安排了最密集的谈判时间表，从2007年9月到2008年7月，农业谈判小组三次修订了模式文本以及其他几份工作文件。

2008年7月，世界贸易组织小型部长级会议在日内瓦举行，这是最后一次推动多哈回合谈判达成一揽子协议的机会。在为期九天的谈判中，部长们以开放式和限制式两种形式举行了会议。四方会谈似乎解散了，加拿大不在小团体中，日本也已经退出，但中国现在却首次出现。最后，巴西、中国、欧盟、印度和美国之间展开谈判，这些国家之间几乎达成了共识，因此，世界贸易组织总干事帕斯卡尔·拉米决定尝试一揽子计划。这是试图在农业和非农产品市场准入谈判的中心问题中找到平衡，并权衡利弊。然而，在涉及棉花补贴和特殊农业保障措施的问题上谈判出现了僵局，这也阻碍了各国在草案基础上达成协议，日内瓦会议无果而终。

## 2008 年到 2013 年：多哈回合谈判陷入僵局

此次世界贸易组织日内瓦会议失败后没过几周，也就是 2008 年 9 月，全球金融危机爆发，这次危机引发了全新的、截然不同的局面。保护主义开始冒头，除了美国在国际市场上有竞争力的领域，美国进一步抵制贸易自由化。

2008 年 9 月到 12 月，最后一次尝试达成多哈发展议程。新的谈判三角涉及：

- 削减美国对棉花的补贴；
- 发展中国家农业市场准入，包括特殊保障措施；
- 工业产品通过发展中国家特定部门获得市场准入。

2008 年 12 月的农业模式草案（WTO 2008）体现了这方面的进展，而进展是建立在拉米最初提案中的其他要素之上。但是，美国的私营部门多年来怀有不切实际的期望，再加上对经济全球化的焦虑，在这样的双重压力之下，美国临阵退缩了。因为缺乏针对发展中国家的、新的特殊保障机制结构，所以出口国也感到失望，这可能会阻碍对中国、印度和印度尼西亚等重要新兴市场的出口。

美国选择了一种新策略：要求有选择地重新开放 2008 年 12 月达

成的一揽子计划。这推动了美国与所谓的先进发展中国家（即中国、印度和巴西）建立双边关系，在特定出口利益领域寻求更大的市场准入。这种策略有一个隐含的预设，即否定了多年谈判中的利弊权衡，并破坏了 2008 年文本草案反映的内在平衡。谈判僵局接踵而至。

谈判代表继续在日内瓦等地开会，继续提出解锁谈判的想法，五年来继续发出高层声明。但结果是人们普遍怀疑是否有可能达成多哈发展议程，以及将"回合"作为谈判模式是否具备有效性。人们越来越不相信世界贸易组织的谈判支柱能够带来有意义的结果。

与此同时，美国经济逐步复苏，人们开始认识到中国地缘经济的威胁，这导致美国和其他国家寻求不同的贸易政策路径。有关全球价值链贸易必需品的讨论强调了区域和全球层面贸易监管面临的新挑战。在日内瓦，美国和其他国家在世界贸易组织的主持下，推动开展"诸边"谈判，例如信息技术协议。而在其他地方，以美国为首的大型区域贸易谈判、《跨太平洋伙伴关系协定》和跨大西洋贸易与投资伙伴关系协定，旨在恢复区域规则制定能力，然而世界贸易组织谈判中的权力平衡更加对称，导致多边层面早已丧失规则制定能力。

## 从 2013 年巴厘岛到 2015 年内罗毕：重振世界贸易组织的谈判支柱

正如在多边外交中经常出现的情况一样，当机构生存的更大利益受到威胁时，例行公事会取代实质性事务。鉴于导致多哈回合谈判陷入僵局的经济实力具有对称性，经济外交官们为争取时间而故意拖延。他们希望政治环境会发生变化，有利于结束多哈回合谈判，也有利于作为谈判论坛的世界贸易组织可以继续存在。从 2008 年到 2013 年，谈判遵循了可预见的希望破灭和承诺未实现的模式。美国推动了重要的超大型区域谈判，最终促成了 2015 年《跨太平洋伙伴关系协定》的缔结，许多人认为多哈回合谈判已经四面楚歌。

2013 年 12 月 3 日至 6 日，世界贸易组织第九届部长级会议在印度尼西亚巴厘岛举行，这是重振世界贸易组织谈判支柱的第一个重要机会。在新任总干事罗伯托·阿泽维多（最重要的巴西经济外交官）的领导下，各国在权力对称和实质性进展之间找到了一条有利于多边贸易体制的出路。

2013 年 12 月 7 日，所谓的"巴厘岛一揽子协定"获得批准（WTO 2013b）。它包括三项可交付成果：

- 贸易便利化：消除货物跨境流动的障碍，特别是在海关程序和透明度方面；
- 农业：就三个主要问题达成协议：
  - 关税配额（TRQ）管理：农产品进口国家海关管理更加透明与高效；
  - "和平条款"允许发展中国家对公共粮食储备和国内粮食援助使用补贴；
  - 承诺取消农产品出口补贴；
- 发展问题：审查机制运作情况，该机制为世界贸易组织最贫穷成员国制定规则例外条款。

当然，巴厘岛问题只是多哈回合整个谈判过程中的一个小样本。但是巴厘岛问题为制定更有效的海关规则和配额管理，以及最终取消农业贸易出口补贴铺平了道路。这也恢复了人们迫切想要多边谈判的希望。

《巴厘部长宣言》指示，谈判人员在未来 12 个月内就多哈发展议程的剩余问题，准备一份清晰明确的工作计划。虽然此类工作计划从未达成一致，但是主要国家在 2015 年下半年开始探索构成可行的"内罗毕一揽子计划"需要哪些要素。

2015 年 12 月 15 日至 19 日（WTO 2015），世界贸易组织第十届部长级会议在肯尼亚内罗毕举行，会议通过了"内罗毕一揽子协议"。

该协议包括关于农业、棉花以及有关最不发达国家（LDC）问题的重要决定。

对于农业贸易改革进程，《内罗毕出口竞争决定》（WTO 2015a）具有里程碑意义。该决定提出取消农业出口补贴、制定新的出口信贷规则，以及作出关于国际粮食援助和国营贸易出口企业的决定。该决定还确保各国不会诉诸扭曲的贸易出口补贴，从而为农产品出口商提供公平的竞争环境。

巴厘岛和内罗毕协议付出的代价是结束了以"单一承诺"作为谈判的指导原则。然而，在达成两项协议之后，世界贸易组织的谈判支柱似乎重新焕发了活力。或许一种新的、更灵活的多边谈判模式正在酝酿之中，每两年可在部长级会议上提出不断增加的可交付成果。如果真是这样的话，这是向耐心致敬，向（经济）外交中的古老美德致敬。

## 结论和未来展望

在本章中，我提出在多哈回合农业谈判中，巴西经济外交提供了有利的视角，以分析更广泛的地缘经济转型如何转化为世界贸易组织体系，并分析更广泛的地缘经济转型如何转化为改革当前国际贸易体制的努力。地缘经济变化不仅影响了贸易体制谈判的内容（农业优先），最重要的是影响了贸易体制谈判的结构和过程（新的权力格局和决策制定）。多哈发展议程农业谈判的演变见证了权力关系的不同背景。

全球地缘经济力量均势的结构性变化影响了贸易体制改革的进程：从过去以美欧为主导的经济世界转向新兴大国崛起的多极经济世界。过去，权力不对称是更新贸易体制的必要组成部分；而今天，改革却需要在地缘经济实力和利益日益平衡的背景下进行。

僵局持续数年之后，世界贸易组织的谈判支柱在 2013 年的巴厘岛会议和 2015 年的内罗毕会议上得到夯实。这是一个积极的结果，因为支持多边贸易体系和夯实世界贸易组织的谈判支柱一直是巴西经济外交的指导原则。如果巴厘岛会议成功的代价是放弃"单一承诺"，并在多哈发展议程一揽子计划中只交付可以实现的，而不争取理想结果，那么在内罗毕会议上挽回多边谈判支柱的代价，可能是寻找多哈回合谈判的替代途径。

一旦全面实施世界贸易组织之外的倡议，如《跨太平洋伙伴关系协定》，可能会带来贸易自由化和投资。但是此类倡议无法取代多边商定的贸易规则的有效性，尤其是在农业补贴等系统性领域。我们必须确保谈判对全球贸易体系产生的最终影响是创造贸易，而非转移贸易。若双边、诸边、多边等多轨能够相互加强，并巩固世界贸易组织作为贸易治理关键机构的核心作用，那么国际贸易就能从中受益。我们还应该促进特惠贸易协定与多边贸易体系之间保持协调一致。

尽管有质疑的声音，但是已经实现世界贸易组织的谈判支柱。2013 年的巴厘岛和 2015 年的内罗毕堪称是完美的例子。在促进贸易规则改革的过程中，特别是在农业领域，贸易便利化和结束农业出口竞争谈判是不俗的成果。因此，巴西经济官对世界贸易组织多边贸易谈判的未来持乐观态度。在这个关键时刻，可以为推动世界贸易组织多边谈判向前发展作出一些设想：

• 《内罗毕部长宣言》就如何解决世界贸易组织的谈判支柱，特别是多哈回合谈判的未来表达了不同的看法。正如《内罗毕部长宣言》第 30 段明确指出的：

> 我们认识到，许多成员国重申多哈发展议程，以及在多哈谈判和此后举行的部长级会议上通过的宣言和决定，并重申它们完全承诺在此基础上缔结多哈发展议程。其他成员没有重申多哈授权，因为它们认为有必要采取新的方式，才能在多边谈判中取得有意义的成果。成员们就如何解决谈判问题存在分歧。

然而，比这更重要的是，坚定承诺推进多哈发展议程其余问题的谈判。农业问题当然是关键一环。

• 出口补贴方面取得积极成果，包括取消出口补贴和就粮食援助、国有企业和出口信贷达成新的纪律，这几乎完成了多哈发展议程农业谈判的三大支柱之一。巴西-欧盟关于出口竞争的联合提案对这一结果作出了重要贡献。为促进内罗毕会议取得的实际成果，联合提案达成了平衡且雄心勃勃的目标，既取消了所有形式的出口补贴，又对所有等效措施提出新的纪律要求。这表现出了经济外交中的实用主义和现实主义，应该在不同的机构和联盟中传承下去。

• 未来的谈判应该以自下而上的方式推动实质性进展。如果交付成果的过程遵循以前每两年一次的模式，谈判者应该培养优先意识，并启动谈判，目标是在 2017 年世界贸易组织部长级会议上就系统性问题（如补贴的总体水平）和诸边问题（如涉及规则和市场准入且有关键群体参与的特定商品协议）达成一致。

• 在农业方面，国内支持和市场准入是农业改革的重要组成部分。新形式的贸易扭曲机制，例如卫生与植物卫生（SPS）措施、技术性贸易壁垒（TBT）和其他影响农业贸易的规则，也是改革过程中需要解决的问题。

加强多边贸易体制，让世界贸易组织能够应对 21 世纪的新挑战，这有赖于支持世界贸易组织的谈判支柱。巴西随时准备以任何有待决定的形式参与解决现有的和即将提出的任何新问题。然而，此类讨论不能损害多边贸易体系中农业"尚未完成的事业"和有效地实现公平竞争的目标。

在经济实力的对称平衡中，不同经济体的均衡是关键。当今时代经济外交面临的最大挑战是改革多边贸易体制，恢复国际经济秩序的普遍性。

## 注释：

1. 在本书的第一章中，尼古拉斯·贝恩和斯蒂芬·伍尔科克正确地指出："经济外交主要关注政府行为，但经济外交不局限于外交部门。"

2. 弗拉维奥·S. 达米科（Flavio S. Damico 2007）未发表的论文《从坎昆到香港的二十国集团：公共外交与贸易外交之间的互动（O G-20 de Cancún a Hong Kong：Interações entre as Diplomacias Pública e Comercial）》详细地阐述了巴西在多哈发展议程农业谈判中的协调努力以及国内和国际外交之间的相互联系。纳利卡（Narlikar 2010）发表了她对巴西整体谈判立场和挑战的基本观点；她关于联盟、新兴大国和二十国集团的许多其他著作提供了有关世界贸易组织谈判动态的最详尽信息。赫里尔（Hurrell 2010）仍然是最了解巴西外交政策的外国观察家，而苏亚雷斯·德·利马（Soares de Lima 2006）则是杰出的巴西分析家。

3. 这些国家（或地区）聚集在所谓的十国集团中，还包括韩国和中国台湾。

4. 世界贸易组织中的二十国集团与二十国集团峰会和财长会议完全不同。请参阅第十三章。

5. 世界贸易组织二十国集团（WTO G20）目前的成员是：阿根廷、玻利维亚、巴西、智利、中国、古巴、厄瓜多尔、埃及、危地马拉、印度、印度尼西亚、墨西哥、尼日利亚、巴基斯坦、巴拉圭、秘鲁、菲律宾、南非、坦桑尼亚、泰国、乌拉圭、委内瑞拉和津巴布韦。

6. 领导小组是欧盟的伙伴非洲、加勒比和太平洋国家集团（ACP）、非洲集团和最不发达国家（LDC）。这些合并为九十国集团，与三十三国集团农产品进口国重叠。

## 参考文献：

*The Economist* 2010. Briefing: Brazilian Agriculture, 28 August, 46–48.

Hurrell, A. 2010. Brazil: What Kind of Rising Power in What Kind of International Order, in *Rising States, Rising Institutions: Challenges for Global Governance*, edited by A. S. Axelandroff and A. F. Cooper. Washington, DC: Brookings, pp. 128–150.

Narlikar, A. 2010. *New Power: How to Become One and How to Manage Them*. London: Hurst &

Company.

Nassar, A. 2009. Brazil as an Agricultural and Agroenergy Superpower, in *Brazil as an Economic Superpower?*, edited by L. Brainard and L. Martinez-Diaz. Washington, DC: Brookings, pp. 55–80.

Soares de Lima, M. R. 2006. Brazil as an Intermediate State and Regional Power. *International Affairs*, 82 (1), 21–40.

WTO 2003. *Draft Modalities for Agriculture*. WTO document TN/AG/W/1 of 17 February.

WTO 2003a. *Framework for the Agriculture Negotiations*; Proposal Submitted by the United States and the European Union. WTO document Job(03)/157 of 13 August.

WTO 2003b. *Draft Declaration for the Cancun Ministerial Meeting*. WTO document Job(03)/150/Rev.1.

WTO 2003c. *Framework for the Agriculture Negotiations*; Proposal Submitted by the G20. WTO document Job(03)162 of 20 August.

WTO 2004. *Framework Agreement for the Doha Development Agenda*. WTO document WT/GC/W535.

WTO 2007. *Revised Draft Modalities for Agriculture*. WTO document TN/AG/W/4 of 1 August.

WTO 2008. *Revised Draft Modalities for Agriculture*. WTO document TN/AG/W/4/Rev.4 of 6 December.

WTO 2013a. *World Trade Report: Factors Shaping the Future of World Trade*. Geneva: World Trade Organization.

WTO 2013b. *Bali Ministerial Declaration*. WTO document WT/MIN(13)/DEC of 11 December.

WTO 2015. *Nairobi Ministerial Declaration*. WTO document WT/MIN(15)/DEC of 19 December.

WTO 2015a. *Ministerial Decision on Export Competition*. WTO document WT/MIN(15)/45 of 19 December.

## 有用的网站：

Itamaraty (Brazilian Foreign Ministry): www.itamaraty.gov.br.

World Trade Organization; www.wto.org.

# 第十章　欧盟经济外交

斯蒂芬·伍尔科克

凭借欧洲单一市场的规模以及欧盟和成员国几十年来在国际经济秩序中发挥的作用，欧盟在经济外交中具有举足轻重的意义。欧盟对塑造现有的国际经济组织及其运作原则和规范发挥了关键作用。欧盟一开始追随美国的领导地位，后来逐步与美国分庭抗礼国际经济领导权。但由于欧盟是由 28 个成员国组成，必须确定一个共同的偏好并谈判达成一个既能满足成员国又能使国际谈判伙伴满意的商定结果，因此欧盟发挥的作用仍然一言难尽。就第三章讨论的两级博弈比喻而言，欧盟显然可以被视为第二级。由于欧盟在各种领域中的能力或实力不同，欧盟作用的大小也因不同问题所涉及的领域而异。因此，相较于金融外交，欧盟在贸易方面的作用尤为突出。欧盟不仅需要调和经常竞争的部门与成员国之间的利益，还要调和欧盟层面各机构更深层次的关系，这些都导致欧盟经济外交进一步复杂化。因此，欧盟委员会、欧盟理事会（代表成员国）和欧洲议会三者之间的相互作用也将影响欧盟的经济外交。[1]

本章讨论与欧盟经济外交有关的两个核心问题。首先：欧盟在经济外交中扮演什么角色？这涉及以下细分问题：欧盟到底有多重要？欧洲什么时候作为欧盟，什么时候作为成员国（或同时作为欧盟和成

213

员国）参加谈判？欧盟如何就其偏好和谈判方式作出决定？第二个问题涉及欧盟的有效性。这里的问题实际上是欧盟在确定共同偏好并在国际谈判中代表这些偏好时，究竟有多大的效力？进一步的问题是欧盟在影响谈判结果方面有多大的效力？这取决于具体案例，只能通过详细的案例研究才能得到正解。这是因为任何谈判结果都涉及谈判的另一方以及相关的谈判动态。

本章结构如下。首先整体评估了欧盟的作用，然后制定了在特定政策领域的特定情况下分析欧盟经济外交的框架。该框架涵盖以下要素：

- 欧盟的市场或经济实力；
- 欧盟在经济外交中发挥的规范性力量；
- 欧盟如何在决策方面发挥作用；
- （相对于成员国权限的）欧盟经济外交权限问题。

本章通过考察贸易（投资）、环境和金融外交领域，说明欧盟经济外交的多样性。随后总结出欧盟经济外交的性质。

## 欧盟在经济外交中的意义

本章认为，欧盟在经济外交的许多方面已经发挥并将继续发挥重要作用（Woolcock 2012），但它很少甚至从未独立主导局面，更多的作用是共同领导国际经济谈判。欧盟在不同政策领域的影响力各不相同，因此很难一概而论。但多数情况下更为合适的是将欧盟视为多级国际经济谈判过程中一个非常重要的级别，而不是经济超级大国。[2]关于欧盟作为国际参与者的讨论大都集中在欧盟在外交政策中的作用，而代理机构在外交政策中的作用可能更重要。正如本书第十七章所述，经济外交往往涉及不同级别谈判之间复杂的相互作用。在应对市场全球化或环境威胁带来的挑战时，谈判者会在双边、区域乃至更广泛的国际范围内开展工作。在此过程中，欧盟以欧盟层面合作为范例，制定更广泛的国际规范或规则，欧盟还采用和实施在其他论坛或其他层面的谈判中制定的规范和标准，以此在国际经济中发挥核心作用。

### 欧盟市场力量

单一欧洲市场（SEM）是世界上最大、最发达的市场之一，欧盟借此拥有强大的市场势力。但随着新兴市场，尤其是中国变得越来越重要，欧盟与美日都面临着市场势力相对下降的局面。美欧联袂领导已无法在贸易、环境和日益增长的金融领域维持国际秩序稳定，必须得到其他大国的支持。但美国和欧盟的支持依然不可或缺。

欧盟市场势力的大小因政策领域而异。由于存在共同的商业政策，欧盟在国际贸易和投资方面具有相当大的影响力。新兴市场在国际金融政策领域的影响力尚小，因此，欧盟潜在的市场势力更强大，但是欧盟的单一金融市场不如单一商品市场发达。欧盟的单一服务市场也不完整。从某种意义上说，虽然欧盟已经采取重大措施以减少碳排放，在气候变化等领域的影响举足轻重，但在国际环境政策的其他领域，欧盟的"市场"势力可以说是相当小的。因此，可以说欧盟在谈判中的影响力低于那些未被说服承诺降低碳密集型增长的国家。

欧盟的市场势力取决于若干因素，即单一市场的广度和深度。因此，20世纪60年代欧洲共同市场成立时，欧盟随之提升了市场势力，也增加了与美国等谈判伙伴的谈判筹码（Duer 2008）。因此，欧盟能够通过谈判使美国降低关税，而欧洲经济共同体（EEC）六个创始成员国单枪匹马与美国谈判，恐怕无法实现这一目标。20世纪70年代，欧盟经济外交主要聚焦国际贸易谈判，无奈欧洲一体化进展缓慢，以至于欧盟很难影响国际贸易谈判。

在20世纪80年代末和90年代初，欧洲经济一体化随着单一市场计划落地取得了突飞猛进的发展。至此，欧洲经济一体化深化并统一了欧盟市场，从而增强了欧盟的市场势力。单一欧洲市场成立，包括北欧国家的欧洲经济区建立，并与中东欧转型经济体签订欧洲协定，这些实质上形成了一个覆盖整个西欧、中欧和东欧的、单一的欧洲市场。借此，欧盟获得了更多的影响力和活力，在国际经济谈判中发挥更大的作用，例如《关税与贸易总协定》的乌拉圭回合谈判、创建世界贸易组织谈判以及环境谈判。然而，进入21世纪第一个十年后，欧洲经济一体化失去了活力。单一市场的某些方面，如服务和金融市场依然有缺陷。欧元被确立为通用货币，但并非整个欧盟都接受欧元，而且自2008年以来，欧元的稳定性一直受到威胁。因此，欧盟市场势力趋于停滞。

欧盟在一系列贸易和投资政策中的相对市场势力减弱的另一个因素是欧盟基本上是一个开放市场。所有经济外交或多或少都是互惠互利的。因此，市场势力或议价能力取决于谈判各方愿意"在谈判桌前作出什么让步"。在一个基本开放的市场中，欧盟的影响力低于某些新兴市场，例如，这些新兴市场要么保留了相对较高的约束关税，让国有企业发挥更大的作用，要么投资和监管政策相对严格。事实上，欧盟已经采取了许多《联合国气候变化框架公约》（UNFCCC）气候变化谈判主题的措施，这意味着欧盟在这些谈判中发挥影响力的能力随之减弱。

市场势力只有在谈判者愿意并能够使用时才有意义。在此情况下，欧盟相较于某些谈判伙伴也处于劣势。正如本书第三章所讨论的，经济外交的特点是相互讨价还价，包括价值创造和价值主张策略的组合。因此，使用市场势力作为杠杆可能会涉及威胁剥夺自由化红利，甚至威胁要采取惩罚性措施关闭市场。欧盟需要得到成员国的支持，因此，欧盟采取这种战略的能力受限。理论上，欧盟可能只需要有效多数就能作出决定，但实际上欧盟很大程度上是基于共识才作出经济外交的决定。甚至是有投票权的地方，也几乎总会有少数自由派成员国反对激进的价值主张政策。但是，欧盟的谈判伙伴往往并不受限。

### 欧盟在经济外交方面的规范权力

欧盟一直被视为规范性权力（Manners 2002）。在经济外交的背景下，重要的是明确经济外交涉及哪些规范，还要明确欧盟是在推动更广泛的国际规范还是特定的欧盟规范。欧盟对外政策大部分关于规范的讨论似乎与普适性规范有关，包括人权、法治、民主，可能还包括国际劳工标准和可持续发展等，这两项很有可能成为经济外交的主题。《欧盟运作条约》（TFEU，即《里斯本条约》）第一编第五章提到了将这些普适性规范作为欧盟对外政策的目标，而最近的欧盟优惠贸易和投资协定（PTAs）包含人权条款。欧盟经济外交也促进各方达成国际劳工组织（ILO）的各种公约和各种多边环境协定（MEAs）。例如，所有最近的欧盟优惠贸易和投资协定中都有普适性规范的章节，欧盟寻求通过同行评审机制促进这些规范的应用。但欧盟在此处是为了促进更广泛的普适规范或国际规范。

欧盟规范性权力在经济外交中的影响和性质，取决于欧盟是否体现出独特的规范并寻求在更广泛的国际谈判中促进这些规范，或者是否更倾向采用现有的国际规范。问题在于，欧盟是否反映了国家与市场之间的独特平衡，而这正是经济政策和经济外交的核心。在这方面，变化范围从自由放任政策（laissez-faire）到国家干预或统制政策（dirigisme）。在欧盟的辩论中，这个范围大致介于英国的自由主义和法国的统制政策之间。在建立单一欧洲市场时，各国达成共识建立更接近德国规范的秩序政治。这相当于一种基于市场竞争但在监管框架内的社会市场经济形式。这个监管框架就是所谓的共同体法律，即促进合作和开放市场竞争的欧盟法律体系。共同体法律协调基本的健康、安全和环境标准，并确保相互承认其他细节上的差异，以此促进各国合作，并促进开放市场的竞争。该框架还通过反补贴和反垄断法排除国家和私人对贸易的限制，从而确保公平竞争。欧盟内部辩论达成的平衡不同于在国家层面或其他国际谈判下达成的平衡，它是一种独特的欧盟模式。因此，欧盟就此类监管框架或所谓的框架规范达成共识表明其具有规范性权力。

纵观各个政策领域，欧盟就货物贸易框架规范达成共识，这体现在单一欧洲共同体协议中。这一共识随后赋予了欧盟规范性权力，帮助促成与单一市场计划并行开展的乌拉圭回合多边谈判。这一政策领域的共识也赋予了欧盟在谈判优惠贸易协定方面的规范性权力。欧盟的这种规范与经合组织其他经济体相似。但相较于美国更自由放任的政策，欧盟的这种规范更接近社会市场经济。在相关投资领域，欧盟仍在寻求市场与监管之间的平衡达成共识。欧盟与加拿大和美国在谈判优惠贸易协定时，就"监管权"与保护投资者展开了辩论，这有力地证明欧盟在这方面孜孜以求。

在环境政策方面，欧盟也能够就平衡经济利益和环境监管的框架规范达成共识。因此，针对气候变化和碳排放的核心问题，欧盟能够在世界其他国家之前制定并实施共同政策。在这个领域，欧盟也可以说已经获得了规范性权力（Falkner 2007）。

在金融领域，欧盟尚未就框架规范达成真正的共识。英国对金融市场的"轻触式"制度和一些欧洲大陆成员国倾向更多地实施监管之间存在分歧，导致欧盟建立单一金融市场的进展鹅行鸭步（Quaglia 2008）。尽管通过《稳定与增长公约》和后续措施努力实现这一点，但欧盟层面仍未就经济治理达成共识，即未能达成财政政策的广泛准则。因此，欧盟在金融政策领域的规范性权力较弱。

在此类框架规范之下，更具体的措施构成了影响所有经济体的法律体系。经济外交关注从贸易（包括非关税壁垒）到投资和公共合同，再到服务业竞争监管的政策问题，服务业占到所有经济体的70%—80%。这些领域的国家或欧盟规则和条例影响着全球经济和对国际竞争的开放程度。因此，这些规则和条例是国际谈判，尤其是经济外交的主题。这些可以被称为特定规范，就欧盟而言，它们构成共同体法律的一部分，共同体法律是促进单一市场的欧盟法规的主体。[3]共同体法律的细节在很大程度上借鉴了更广泛的国际规范或规则，但欧盟共同体法律非常重要，反过来也影响了国际规范。换言之，在涉及更具实质性的规则和规范时，欧盟和国际层面之间存在协同关系。例如，安全监管方法使用国际标准化组织（ISO）和其他类似标准制定机构制定的商定国际标准。但欧盟成员国也是这些标准制定机构的重要成员，因此参与制定国际标准，尤其是当欧盟标准一马当先时。欧盟以这种方式制定了国际标准或规范。

欧盟对技术性贸易壁垒（TBT）和欧盟内部其他监管壁垒的处理方式说明了欧盟规范如何影响更广泛的国际规范。在这种情况下，世界贸易组织乌拉圭回合谈判中技术性贸易壁垒协议的基础是欧盟路径，该路径采用国际标准并相互承认。欧盟监管政府采购是另一个有趣的案例，欧盟采纳了经合组织制定的规则，将此规则作为建立单一欧洲公共采购市场的基础。欧盟进一步拓展了这些规则，这些进展助力促成了一项更有雄心的制度，即 1994 年世界贸易组织《政府采购协议》（Woolcock 2008）。欧盟将经合组织规范纳入其内部监管体系的另一个例子是出口信贷，其中经合组织准则直接转换为欧盟监管规则（European Parliament 2012）。

在整个金融市场监管领域，欧盟监管同样基于国际或多边层面制定的规范或规则。这些规则是由诸如巴塞尔银行监管委员会、证券和保险的同等机构、国际会计准则委员会以及更普遍在金融稳定委员会的工作上发展而来。在金融市场监管的整个领域，欧盟监管资本充足率是审慎监管的一个方面，在一个欧盟成员国主要代表欧盟的论坛上，将在巴塞尔达成的规则转换成了欧盟规则。

因此，欧盟作为经济外交规范性权力的影响可以总结如下。就一般规范而言，它在支持人权和若干核心的国际劳工和环境标准方面肯定是保持一致的。但欧盟执行这些措施的方法一直使用同行评审机制。因此，在国际经济谈判方面，欧盟的规范性权力取决于是否就框架规范达成共识，这些框架规范为欧盟与第三方谈判提供连贯一致的"国内"或内部基础。在贸易和环境政策领域，欧盟已经达成了广泛共识，但在国际金融领域则不然。欧盟关于国际投资政策的政策决议仍在进行中，有时甚至还存在争议。关于欧盟法规中体现得更具体的规范，欧盟既影响了国际规范，也受国际规范的影响。

**欧盟经济外交中的决策**

欧盟经济外交中的决策取决于不同的政策领域，以及它是属于欧盟权限，还是欧盟和成员国共享的权限（见下一节）。话虽如此，但仍然可能绘制典型的决策顺序图。如图10.1所示，它反映了贸易谈判中的立场。几十年来在贸易领域发展起来的决策制度为欧盟的大部分经济外交提供了模型，主要区别在于协议的批准方式。属于欧盟权限的政策领域，成员国议会在批准过程中的作用非常有限；在混合权限的政策领域，成员国拥有独立于欧盟程序的批准权，这就意味着各成员国拥有更大的有效否决权。这会对整个谈判进程产生影响。例如，在金融外交领域由各成员国单独谈判，而不是由欧盟以欧盟委员会或理事会主席代表所有成员国进行谈判。

该过程从欧盟委员会的一项提案开始（见图10.1）。属于欧盟权限的领域，只有欧盟委员会才能提出提案。该委员会的提案基于广泛的内外部协商。内部协商包括欧委会内部各部门之间的协商。例如，在贸易方面，贸易总司先与其他总司协商，然后与成员国政府和欧洲议会展开进一步详尽地协商。欧盟委员会还将与各种利益相关方进行外部磋商，例如，欧盟级别的贸易协会和民间社会非政府组织。最终的委员会提案将提交给相关的理事会工作组进行更正式的审议。这一级别的决定基于共识，如果未能达成共识，将继续讨论修订后的提案，直到就欧盟的集体偏好达成共识。

欧盟理事会作出授权谈判的正式决定，但是欧洲议会无权授权谈

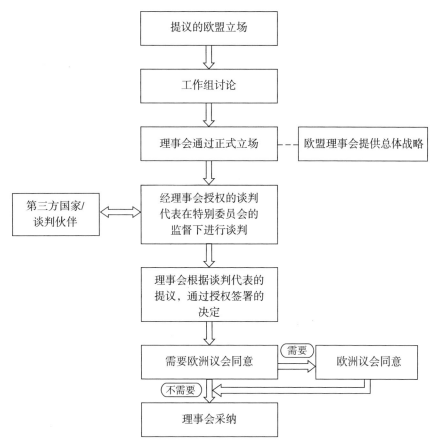

图 10.1　简化的欧盟决策流程图

来源：Woolcock 2012。

判。从这点上看，欧盟有别于美国，美国国会拥有这种权力。然后，欧盟理事会成员国还具体规定谁将负责谈判（TFEU 第 218 条）。就共同商业政策而言，由欧盟委员会负责谈判（第 217 条），但在其他政策领域，决定权在理事会的成员国手中。欧盟委员会（在贸易领域）作为欧盟的代理机构将与欧盟的合作伙伴进行谈判，例如，与世界贸易组织的其他成员或美国就跨大西洋贸易和投资伙伴关系进行谈判。欧盟委员会在整个谈判过程中与欧盟理事会的专家工作组密切合作。就贸易和投资而言，由贸易政策委员会（TPC）负责谈判。贸易政策委员会每周定期举行一次会议，欧委会谈判代表与成员国的高级贸易官员之间保持经常性沟通。

近年来，特别是在加强欧洲议会作用的《里斯本条约》出台之后，欧盟委员会和欧盟理事会也更频繁地进行磋商，尽管与议会的相关委员会磋商的频率有所下降。欧洲议会的主要人员是相关议题的报告员和各委员会团体（即政党）的协调员。前者负责起草供委员会采纳的任何决议或决定，后者寻求协调各党团内部的立场，例如欧洲人民党（EPP）、社会主义者和民主人士进步联盟（S&D）或欧洲自由民主联盟党（ALDE）。除了提供反馈和咨询欧洲议会（EP）的相关委员会外，欧盟委员会和主要的欧洲议会议员（MEP）在正式谈判后举行非正式的接触小组会议。接触小组会议也可以邀请其他各方的谈判人员或外部专家。

欧盟理事会（成员国）随后通过一项决议，授权谈判者签署结果。理事会的正式决策程序由条约规定。欧盟权限范围内的决策需要有效多数投票，而在共同权限或成员国权限的政策领域内决策则需要一致通过。然而，在实际情况下，决策通常是协商一致作出。欧洲理事会的成员国往往会出席谈判的最后阶段，以签署不可避免的、最后一刻才能谈妥的结果。这通常意味着二级谈判发生在一级谈判的场所。因此，世界贸易组织或《联合国气候变化框架公约》的谈判将涉及欧盟与其第三国谈判伙伴之间的一级谈判，以及成员国之间关于最终协议形式的二级谈判。然后，欧盟理事会将授权欧盟谈判代表签署谈判结果。

如果需要欧洲议会的同意，谈判结果将首先提交欧洲议会专门委员会审议，该委员会将汇编一份报告。这份报告先在委员会中投票表决，然后提交至欧洲议会全体会议投票表决。贸易议题需要欧洲议会全体会议的简单多数通过。接着，由各成员国批准结果。欧盟议会和欧盟理事会都是委托人，代理人是欧盟委员会或欧盟理事会授权的另一名谈判代表，如理事会主席，后者通常是担任轮值主席国的官员。在共享职权的情况下，各成员国议会可能还需要批准协议。由于这可能需要一段时间，协议可能在欧洲议会和欧盟理事会批准后会暂时性适用。

在决策方面，《里斯本条约》引入了一些变化，这些变化影响了欧盟经济外交的总体影响力平衡，尽管这将在多大程度上影响结果尚不明确。一项主要变化是增加了欧盟的专属权限，例如，将外国直接投资包括在内。这一增加的确切范围仍有待欧洲法院在欧盟委员会提交的新加坡案例中予以解释（见下文）。

第二个主要变化是提升了欧洲议会的权力。一段时间以来，欧洲议会有权批准在欧盟职权范围内谈判达成的贸易协定。但该权力有限，因为欧洲议会无法设定谈判目标，而且只有在协议的所有缔约方和所有欧盟成员国都接受谈判结果后，谈判结果才会提交给欧洲议会。到那时才动用否决谈判结果的"核选择"是无法接受的。根据《里斯本条约》，欧洲议会仍然不能授权谈判，却更好地界定了欧洲议会有权批准所有贸易协定，并拥有通过贸易立法的权力，这种界定提升了欧洲议会的作用。因此，欧洲议会已成为就经济外交主题进行辩论和游说的公开论坛，公民社会非政府组织尤为活跃。欧盟委员会还更关注欧洲议会内部的发展。

欧洲议会中主要政治团体的立场以及这些团体之间的平衡现在正在成为影响谈判结果的因素。例如，在2014年选举之前，欧洲人民党（中右翼）和欧洲自由民主联盟党组成的绝大多数人倾向支持自由化。2014年选举后不再有这样的多数党团，因此欧洲议会批准协议需要社会主义者和民主人士进步联盟的支持。在有争议的《跨大西洋贸易和投资伙伴关系协定》问题上，欧洲议会2016年中在对该协定的支持和反对之间取得了非常微妙的平衡。为了提高欧洲议会批准协议的可能性，欧盟委员会对欧盟在投资方面的谈判立场作出了相当大的改变（参见第十七章）。这点说明了欧洲议会在欧盟中发挥了更积极的作用。

小结一下最近发生的变化，《里斯本条约》之后，现在欧盟经济外交对"公共外交"起到更大的作用，或者需要政策制定者和谈判者更充分地参与公共辩论。由于欧洲议会提供了高度公开的论坛，谈判者必须在其中对他们的行为负责，因此欧洲议会起到更大的作用能够提高决策的透明度。此前，关于欧盟经济外交的大部分辩论都在理事会工作组中进行，没有公开的会议记录。欧盟委员会、欧盟理事会和欧洲议会这三个欧盟级别机构之间的平衡也已经转向有利于欧洲议会的方向，并且可以说理事会处于相对不利的地位。因此，尽管许多公民社会非政府组织提出抗议，但欧盟经济外交变得更加透明。而现在谈论效率（即缔结和批准国际协议的能力）与问责制之间的平衡还为时过早。

### 权限问题

欧盟需要在内部确定共同偏好，并确保在谈判期间尊重各成员国的利益，因此，相比其他国家经济外交，欧盟经济外交可能更受管理决策的制度安排的影响。制度安排的性质受以下问题影响：所审议之政策是欧盟专属权限、欧盟与成员国混合权限，还是成员国专属权限？大多数对外经济关系要么是欧盟专属权限，要么是欧盟与成员国混合或共享之权限。应当注意的是，欧盟专属权限意味着决策由欧盟机构作出，但这并不代表成员国不参与决策，恰恰相反，成员国将以部长理事会的形式充分参与这一进程。下表10.1概述了《里斯本条约》下权限方面的法律立场。由表格可知，贸易和投资领域属于欧盟专属权限，金融领域属于共享或混合权限（包括欧盟内部和外部政策），环境领域在欧盟内部属于欧盟专属权限，但对外属于共享权限（Delreux 2009）。

权限可以对欧盟经济外交产生影响，故下表所列的法律立场需要更详尽的解释佐之。例如，权限决定了在谈判中谁是代理方，谁是委托方。然而，实际做法可能与《里斯本条约》所规定的正式法律立场相悖，这使得情况变得更复杂。欧洲法院被请求裁决欧盟机构之间解释权限存在的分歧，例如，关于欧盟服务贸易权限的 1/94 判决和关于《欧盟–新加坡自由贸易协定》投资权限的案件。[4] 需要注意的是，有关权限的法律纠纷是在批准协定时发生的，而非在制定议程或谈判时发生的。

表 10.1　欧盟权限的类型

| 政策领域 | 内部政策 | 外部政策 | 谈判方 |
| --- | --- | --- | --- |
| 贸易（和投资） | 欧盟专属权限（《欧盟运作条约》第四编第 1—3 章） | 欧盟专属权限（《欧盟运作条约》第 207 条共同商业政策） | 欧盟委员会 |
| 金融市场监管 | 欧盟监管资本流动的权限（《欧盟运作条约》第 63 条），但成员国保留部分权限（《欧盟运作条约》第 65 条）。 | 与成员国共享权限，发挥重要作用。 | 成员国，但欧盟委员会负责欧盟专属权限的相关议题，比如，金融服务的市场准入谈判。 |
| 环境 | 大部分为欧盟权限（《欧盟运作条约》第 192 条第 1 款），但部分领域是成员国权限（《欧盟运作条约》第 192 条第 2 款）。 | 在需要达成协定以行使内部权限时，《欧盟运作条约》第 3 条第 2 款规定了专属权限，但是第 191 条第 4 款可以解释为规定了共享权限。 | 目前为止的"三驾马车"（Troika）（欧盟委员会现任和下届轮值主席国）；谈判领导人；或欧盟委员会负责主要属于欧盟权能范围的议题。 |

由上表可知，**贸易**方面的立场相对明确。《罗马条约》确立了当时的欧洲经济共同体在贸易政策方面拥有专属权限，但其定义相当狭窄。因此，随后欧共体不得不就更广泛的贸易问题进行谈判，然而这些问题不是非常明确地属于欧共体权限范围。这些问题涉及 20 世纪 70 年代的非关税壁垒，以及 20 世纪 80 年代和 90 年代的服务贸易和知识产权。欧盟对此作出了务实的回应，成员国授权欧盟委员会就此类问题进行谈判，并根据《欧共体条约》第 113 条和随后的《欧盟条约》第 133 条规定接受成员国政府的监督。代表成员国的理事会工作

组被称为第 113 条委员会，后来称为第 133 条委员会。《里斯本条约》签订后，理事会工作组成为了更具表现力的贸易政策委员会（TPC）。只有在谈判完成后，才会出现关于法律权限问题的辩论。换言之，欧盟事实上行使了贸易权限。

投资政策方面的立场略有不同。一段时间以来，欧盟已正式有权谈判（服务业）投资自由化的各个方面。《里斯本条约》第 207 条第 1 款将服务、知识产权的商业方面和外商直接投资完全纳入欧盟共同商业政策（CCP）（Devuyst 2013）。由于这是欧盟委员会对投资政策立场的解释，因此它假定欧盟在投资自由化和投资保护两方面具有专属权限，而后者以前属于成员国权限。欧盟的专属权限意味着任何协议都将由部长理事会和欧洲议会批准，而无需所有 28 个欧盟成员国单独批准。根据以往惯例，应由部长理事会授权欧盟委员会就若干问题进行投资谈判，包括《欧盟-新加坡特惠贸易协定》。该协定于 2013 年达成，是当时公认最先进、最全面的特惠贸易协定。进一步的投资谈判持续到了 2014 年 10 月，然而此时许多成员国持有异议，他们认为《欧盟-新加坡自由贸易协定》属于混合权限，需要所有成员国的批准。[5] 欧盟委员会随后向欧洲法院提交了一份申请，请求欧洲法院对《欧盟条约》作出最终解释（Amighini 2016）。因此，正如 20 世纪 70 年代和 80 年代的早期谈判一样，欧盟委员会先谈判达成了一项实际上行使权限的协议，成员国只能对批准该协议的法律依据提出质疑。此外，如同过去在一系列贸易问题上所采取的做法一样，欧盟在与新加坡、加拿大和美国谈判国际协议时，正在确定或至少是完善自己的偏好。在进行这些谈判之前，欧盟的国际投资政策并未达成广泛共识。

就环境问题而言，尽管《欧盟条约》规定赋予成员国发言权，但随着时间的推移，欧盟在对外环境谈判中实际上已经形成了权限。但情况并非总是如此。在早期的谈判中，成员国与欧盟委员会一同参与谈判，例如《联合国气候变化框架公约》缔约方委员会的早期会议。这意味着成员国和欧盟委员会均是得到承认的代理方，但此举破坏了欧盟作为谈判方的信誉。最终，欧盟形成了一种共同谈判方法，即由欧盟委员会和部长理事会的代表（理事会现任主席国）共同进行谈判。

因此，在贸易和环境方面，欧盟的做法是实用主义的产物，并且承认欧盟在联合谈判时更有影响力。贸易和环境领域的框架规范已达成共识，这一事实也极大地促进了欧盟与成员国摒弃正式条约条款而采取共同谈判方法。环境外交的实用主义体现在委托"谈判领导人"根据技术能力和谈判能力代表欧盟进行谈判，而非根据他们是欧盟委员会或是成员国官员。无论谁负责谈判，都是代表欧盟，这当然意味着他们受到相关专家委员会工作组的密切监督。就环境而言，这是国际环境问题工作组（WGIEI）负责监督。如上所述，在欧盟层面上，关于"自由环保主义"标题下的内容已达成了广泛共识。这意味着有必要接受使用基于市场的工具，但也要采取坚决的行动以纠正市场失灵。就气候变化而言，这意味着利用排放交易等市场手段来鼓励可持续增长政策。欧盟对内部环境政策的权限也意味着欧盟委员会对内部政策措施拥有主动权。欧盟内部政策和国际谈判之间的密切联系意味着欧委会能够推动欧盟内外部政策的制定。

在金融外交方面，成员国保留了财政主权，因此，在财政政策和金融市场监管方面保持了明确的作用。[6] 与环境问题不同的是，欧盟内部并未就影响金融外交的框架规范达成共识。在财政政策领域，成员国是二十国集团、七国集团财长会议或国际货币基金组织谈判的代理方。在参加这些机构的会议之前，通常在欧盟经济和金融事务理事会（ECOFIN）和相关官方机构的会议上成员国之间会进行协调。此外，由欧元区成员国财政部长组成的欧元集团也会讨论国际金融政策。但是参加国际会议的各成员国没有义务坚持已采取的任何共同方法。

在金融市场监管方面，欧盟有权限管理内部金融市场。这意味着监管标准由欧盟委员会提出，并依照普通立法程序（OLP）通过，即获得成员国的有效多数票和欧洲议会的批准。但这些规定（或根据前文术语"特定规范"）是基于国际规范或在巴塞尔银行监管委员会等机构达成的规则，在这些机构中，成员国与欧盟委员会都是欧盟的代理方。金融市场监管的国际谈判议程由金融稳定委员会制定，欧盟主要成员国都是该委员会的正式成员。尽管欧盟委员会也在金融稳定委员会和制定监管标准细节的各种专家机构中拥有代表，但成员国政府可以并确实与金融稳定委员会的非欧盟成员国以及欧盟内部进行合作。因此，在金融市场监管方面，欧盟倾向实施国际层面达成的协议，欧盟显然是多层次经济外交进程中的一个层面。

## 结 论

考虑到欧盟经济外交的总量及政策领域的差异，将欧盟视为国际经济外交多层次进程中非常重要的一个层面，而非一个超级经济大国，这样更为合适。欧盟从未占据霸主地位。由于上述综合因素，欧盟曾渴望在20世纪90年代末和21世纪初在国际贸易和环境政策方面发挥领导作用。但随着一些新兴市场的崛起，国际体系变得更加多极化，欧盟成为一个重要的行为体。欧盟始终在共同领导国际经济秩序方面发挥至关重要的作用，而且似乎有可能继续发挥这一作用。

欧盟与其他经济谈判层面的互动方式描述为"协同"最为恰当（参见第三章）。欧盟既采用并实施其他论坛制定的规范，又制定影响更广泛国际谈判的规范。前者的出现是因为国际合作和经济外交面临的挑战与欧盟内部合作面临的挑战相似。因此，国际上讨论的有关消除贸易和投资壁垒或可持续发展的规则或规范也适用于欧盟，反之亦然。综上，欧盟在经济外交中采取介于国家和国际层面之间的区域层面的形式来行使其规范性权力。

欧盟经济外交的另一特点是，欧盟更倾向价值创造，而非价值主张。在欧盟内部很难采取价值主张或消极杠杆策略。出于经济或政治原因，总有一些成员国政府倾向对第三国或与欧盟谈判的国家采取价值创造战略，中国就是一个例子。不仅与对华出口有利害关系的部门抵制价值主张战略，希望吸引中国投资的欧盟成员国政府也是如此。欧盟经济外交通常还会受到欧盟内部惯常运作的影响，即欧盟倾向达成共识。

欧盟经济外交在复杂的制度框架内运作，这意味着欧盟经济外交更多地受制度结构而非利益的影响，但这并不代表行业或其他利益在欧盟形成偏好或影响欧盟谈判方式上不重要。事实上，任何分析都必须充分考虑制度因素，以及利益和理性主义论点的影响。这种分析不仅包括发生成员国偏好聚合的机构，而且包括欧盟层次机构之间的对话与冲突。

欧盟经济外交分析还必须考虑政策领域、权限以及决策方面的差异。本章重点聚焦最发达的贸易领域。在贸易方面，欧盟是谈判中公认的唯一代理方，这得益于欧盟在这一领域长期以来拥有的专属权限。在环境外交方面，尽管欧盟在国际谈判中没有完全权限，但也成为唯一代理方。然而，在金融和涉及财政主权的政策领域，成员国仍保留了代理方的职能。

自本书第三版出版以来，欧盟经济外交最重要的发展是《里斯本条约》的全面实施。该条约的主要目标之一是强化欧盟的有效性和民主问责制，特别是在对外政策方面，从而拓展到经济外交领域。经济外交中最重要的变化也许在于欧洲议会现在承担更大的角色，同时也在寻求发挥更大的作用。这改变了以往更偏向于技术官僚的决策制度，为欧盟经济外交引入了更多公开辩论的机会，并提升了欧盟的透明度。现在讨论如何结束谈判和批准协议的有效性与问责制之间的平衡，还为时过早。但未来出现的明显转变是欧洲议会拥有更大的影响力，因此，将重新平衡参与经济外交的三个欧盟级别的主要机构，即欧盟委员会、欧盟理事会和欧洲议会。

在本章定稿后，英国选民出人意料地作出了脱欧决定。在撰写本章时，作者无法回答脱欧决定将对欧盟经济外交产生何种影响。未来可能会有一段相当不确定的时期，这将对包括对外经济关系在内欧盟政策的所有领域产生影响。只要欧盟和英国之间贸易和投资关联的性质仍不明朗，并且对气候变化等其他承诺的处理方式仍未明确，就会存在不确定性。但如果考虑影响欧盟经济外交的一些主要因素，那么就有可能可以开始评估英国脱欧决定的影响。就市场势力而言，英国的退出势必削弱欧盟实力，而影响程度将再次取决于欧盟与英国谈判所达成之协议的性质。就规范性权力而言，英国退出意味着欧盟将失去一个自由主义政策的长期支持者。但在某些领域，英国脱欧反而可能会让欧盟更容易就框架规范达成共识，比如在金融监管领域，英国倡导的"轻触式"监管往往会阻碍达成协议。在决策方面，英国脱欧也意味着欧盟内部权力框架将发生变化。虽然条约规定获得有效多数票即可，但是欧盟决策主要仍然基于达成共识，因此英国脱欧可能并不会造成很大的变化。最后，在权限方面，英国脱欧不会产生任何变化，除非英国脱欧导致或产生条约变更。如上文所述，与其说欧盟是一个超级经济大国，还不如说欧盟是多层次经济外交进程中一个非常重要的层次。英国脱欧不会改变欧盟和英国在这一点上的现状，因此，如果英国希望在经济外交中发挥有效作用，它仍将必须与欧盟密切合作。

注释：

1. 虽然欧盟拥有独特的体制结构，但该体制与美国和加拿大的联邦制，甚至印度和中国等国采取的制度仅是程度上的差异。这些国家都有重要的州级或省级权力结构，以及经常相互竞争的联邦级机构。

2. 关于多层次经济外交的讨论，详见第十七章。

3. "监管"在此处为中性术语，表示反对自由市场开放。欧盟监管依托**欧盟现行法**创造了一个单一市场，换言之，消除了壁垒。

4. 在撰写本章时，此案仍有待欧洲法院裁决。这是为了回应欧盟委员会要求对欧盟投资（尤其是外商直接投资）的权限范围作出裁决。

5. 主要原因在于一些成员国认为投资方面是混合权限，但在服务贸易和知识产权的某些方面也存在问题，有关成员国认为《里斯本条约》模棱两可。

6. 由于财政担保或谁应该成为最后贷款方的问题，财政主权限制了欧盟金融市场监管方面的进展。集体责任制与财政主权原则背道而驰（Woolcock 2012）。

# 参考文献：

Amighini, A. and Helg, R. 2016. *Trade and Economic Relations with Asia (Part II)*. Brussels, PE: European Parliament, 535.024.

Devuyst, Y. 2013. European union law and practice in the negotiation and conclusion of international trade agreements. *Journal of International Business and Law*, 12(2), 259–316.

Duer, A. 2008. Bargaining power and trade liberalization: European external trade policies in the 1960s. *European Journal of International Relations*, 4, 645–71.

European Parliament 2012. *First Annual Report from the Commission to the European Parliament on Activities of the Member States's Export Credit Agencies*, European Parliament INTA/&/11265 2012/2320 (INI). Available at: http://www.europarl.europa.eu/oeil/ popups/ficheprocedure.do?lang= en&reference=2012/2320(INI)

Falkner, R. 2007. The political economy of "normative power" Europe: EU environmental leadership in international biotechnology regulation. *Journal of European Public Policy*, 14(4), 507–26.

Manners, I. 2002. Normative power Europe: A contradiction in terms? *Journal of Common Market Studies*, 40(2), 235–58.

Quaglia, L. 2008. Financial sector committee governance in the European union. *European Integration*, 30(4), 563–78.

Woolcock, S. 2008. *In the shadow of the Eagle: The pervasive and continued influence of the US on EU trade policy*. Paper for the APSA Conference. Available at: http://citation.allacademic.com/ meta/p_mla_apa_research_citation/2/7/8/8/1/pages278812/p278812–1.php.

Woolcock, S. 2012. *European Union Economic Diplomacy: The Role of the EU in External Economic Relations*. Farnham: Ashgate.

# 第十一章　经济外交与小型发达经济体：
## 以新西兰为例

范吉利斯·维塔利斯[1]

　　将近 2500 年前，《弥罗斯对话》记录了一个大国给一个小国上了现实政治中的残酷一课："强者尽其所能"，而弱者"必受其害"（Thucydides 400 BC）。这很好地提醒了小国所面临的挑战，无论是公元前 416 年还是如今，小国的挑战未曾改变。事实上，自伯罗奔尼撒战争以来，即使弗朗西斯·福山（Fukuyama 1989，1992）在冷战公认结束时宣布"历史的终结"，但世界也没有因此变得更简单。我们其实正面临一个"新的混乱世界"：一个复杂的时代，其特点是现有确定事物的"大解体"，多边主义停滞不前，区域主义兴起（Ferguson 2006，Cohen 2014，Haas 2014）。冷战结束和全球化共同确立了新的参照点，将总体外交，尤其是贸易和经济外交，塑造成有趣的新方向（Bayne 2011：59—62 和上文第二章）。

　　本章首先简要阐述了"小型发达经济体"新西兰的经济外交概念。[2] 本章沿用斯基林（Skilling 2012：1）对小型发达经济体的定义，即人口少于 2 000 万的国家，例如新西兰、丹麦、芬兰、以色列、爱尔兰、新加坡和瑞士等国家。然后，从新西兰的相对规模和与市场的地理距离两个方面介绍了新西兰的做法，强调新西兰在许多方面在发达经济体中是独一无二的，因为它面临着并非所有小型经济体常见的特殊挑战。本章接下来将探讨新西兰经济外交的演变，强调它在《关税及贸易总协定》乌拉圭回合谈判结束一年前公布其第一个贸易战略的重要性。同时本章还指出，自1993年以来，新西兰经济外交的总体目标基本保持不变：采取四轨方法，利用贸易政策帮助新西兰国家和人民实现经济增长。本章的主要观点是这一首要目标首先是通过做两件事来实现的：第一，确保在作出可能影响新西兰国家经济利益的关键决定时，新西兰无论是比喻意义上的还是字面意义上的"在谈判现场有一席之地"；第二，在无法实现上述情况时，要确保"在谈判现场可以听到新西兰的呼声"。这是一项心照不宣的指导原则，必然会影响和左右新西兰的经济外交行为。

　　实施新西兰办法可以从两个不同的方面来理解。第一，新西兰力求制定、影响并在可能的情况下直接参与贸易和经济一体化倡议，包括确保这些倡议符合《关贸总协定》第24条的原则和"开放的区域主义"（MERT 1993，Bergsten 1997）。第24条规定了在法律上免除提供最惠国待遇的要求。本章概述了在不违反关贸总协定规则的情况下建立关税同盟和自由贸易协定的条件和措施。特别是规定在"合理的时间范围内"，对协议当事人之间的所有交易"实质上取消关税和其他限制性商业规定"。[3] 开放的地区主义意味着在亚太地区缔结的贸易协定应该向所有完全接受协定义务的国家开放。该规定最早由亚太经济合作组织引入，新西兰在1989年成为该组织的创始成员。[4]

　　第二，如果新西兰不能直接参与某一特定进程，它也会设法间接产生影响。要做到这一点，就要与其他志同道合的国家合作，并在必要时创建此类国家的特定集群，在大国游说中触达关键群体，以追求和捍卫新西兰的经济利益。本章描述了这些直接和间接形式的经济外交的具体实例。最后，本章对小型国家的外交部和贸易部如何考虑更新和重新投资其经济外交提出了一些思考，例如，通过引入"开放的诸边主义"这个概念作为中期战略，以支持更广泛的多边贸易体系。

## 经济外交：概念和地理方面

经济外交没有单一的定义。事实上，这个术语是一个相对较新的术语，在大约 40 年前还不存在（Frankel 1963）。就本章而言，虽然是用更广泛的经济外交概念来构建讨论框架，但本章的具体重点将是新西兰的贸易外交。伍尔科克和贝恩（Woolcock and Bayne 2013：385—386；本书第一章）将"经济外交"定义为"影响国际经济关系的核心问题中的决策和谈判"。这些核心问题包括"国际金融安排与协调；贸易、投资、发展和国际环境政策谈判"。人们不妨将税收、航空相关政策以及人员流动视为经济外交的核心。这种做法是以经济外交所包含的问题，而不是简单地以经济外交使用的工具来界定经济外交，这种做法有助于使人们对经济外交的理解超越其进程，转而关注其实质。此外，该定义还提醒我们，需要谨慎地平衡用于一般外交的多种方法。正如一位新西兰外长所言，像新西兰这样的小国"必须认识到（其环境、贸易、安全等的）整体利益，并在它们之间取得平衡"（McKinnon 1991：10）。关于新西兰在设法管理可能相互竞争的议程方面所面临的挑战，有人提到类似的支持"独立外交政策"的外交概念（McKinnon 1993）。在这种情况下，本章提出的塔库尔"利益平衡法"最能体现新西兰经济外交的追求（Thakur 2013：70—87）。

### 小型发达经济体与国际关系理论

国际关系理论，尤其是现实主义和新现实主义学派，表明小国——更不用说像新西兰这样遥远的国家——独立行事，特别是有效行事的能力会受到严重限制（Lebrow 2013：59—76）。更为普遍的是，人们怀疑大国是否准备让多边机构的规则来约束其行动。这点尤其适用于这些规则可能改变大国的安全环境，或这些规则可能在很大程度上是由小国制定的情况。还有人认为，只有满足大国和强国的利益，实施和监督这类国际规则的机构才能在国际上生存（详见 Waltz 1979，Keohane 1984）。同样，理性主义路径对小国真正影响或塑造其环境的能力持悲观态度（Keohane 1984）。

然而，本章坚持认为，新西兰经济外交的行为恰恰集中在反驳这些大国对国际规则的假设上（Leslie 2015：11—13）。事实上，正如莱斯利所观察的那样，经验证据表明，尽管现实主义学派"优雅简明"，但该学派判断错误。世界贸易组织、欧洲联盟、东南亚国家联盟、东亚峰会、东盟与区域伙伴谈判、经济合作与发展组织、亚太经济合作组织，甚至澳大利亚和新西兰之间更紧密经济关系集群协定都可以证明，小国能够有效地构建不依赖于霸权支持的规范、行为和规则。因此，国际关系理论的建构主义方法强调观念、信誉、规范制定和影响政策行动的作用，可能会更好地解释小国经济外交的行为（Wendt 1992，Copeland 2000）。新西兰的情况就是如此。[5]

**新西兰与规模及距离方面的双重严峻形势**

世界贸易组织总干事罗伯托·阿泽维多指出，新西兰从贸易中获益匪浅，因为新西兰经济每挣得 10 美元，就有近 4 美元来自贸易。他还赞扬了新西兰"在多边贸易体系中发挥的重大领导作用"，同时还说道"考虑到新西兰的国土面积以及相对封闭的地理环境，新西兰在这方面的领导作用更加让人刮目相看"（Azevedo 2014：2）。尽管阿泽维多作出了如此积极的评价，但新西兰在从不断扩大的贸易网络中获益时仍面临一些具体的挑战。虽然新西兰是一个小型经济体，但作为一个重要的全球农业出口国，其近 98% 的产品都用于出口，因此，有效的经济外交对新西兰而言至关重要。然而，农业市场准入往往是双边和多边贸易谈判中最具挑战性也是最敏感的问题。

与市场的距离也很重要。布洛尔等人（Boulhol et al. 2008：7—8 and 20—23）发现，距离对人均国内生产总值有统计学上的显著影响。虽然这种影响可能视情况有所不同，但绝非可以忽略不计。他们估计，就新西兰而言，远离市场和进入市场的距离可能"对人均国内生产总值造成高达 10% 的负面影响"。相反，像比利时这样地理位置较优越的其他小国，则国内生产总值可能受益高达 7%。事实上，几乎没有证据表明"距离的致命性"，对大多数行业来说，与距离相关的出口成本基本保持不变（Berthelon and Freund，2004）。

如表 11.1 显示，新西兰作为唯一一个同时面临规模和距离相关问题的经合组织成员国，处于双重劣势。虽然澳大利亚也处于距离问题的"最末端"，面临类似的限制，但是澳大利亚拥有大量矿产资源，也是二十国集团经济体的成员国。智利在相对规模和欧盟以外的小型发达经济体方面与新西兰相差无几。但智利距离其主要出口市场要近得多：智利相对容易地进入一系列大中型拉美经济体，并且智利与这些经济体的贸易关系正在迅速扩大。与澳大利亚一样，新西兰也拥有重要的自然和矿产资源（Meacham 2014，New Zealand Treasury 2014：15—16）。

表 11.1　经合组织经济体：规模和距离

|  | 小型经济体 | 大型经济体 |
| --- | --- | --- |
| 地理位置靠近主要出口市场 | 奥地利、比利时、智利、捷克共和国、丹麦、爱沙尼亚、芬兰、希腊、匈牙利、冰岛、爱尔兰、卢森堡、挪威、葡萄牙、瑞典、瑞士、斯洛伐克 | 加拿大、法国、德国、意大利、日本、韩国、墨西哥、荷兰、波兰、西班牙、土耳其、英国、美国 |
| 地理位置远离主要出口市场 | 新西兰 | 澳大利亚 |

注：国家规模基于《世界发展指标》（World Bank 2014）。主要出口市场是占一国出口 40% 以上的市场。

新西兰的国土面积和与主要市场的距离带来了双重挑战，这促使它更积极地参与多边和区域经济一体化进程。这两个因素经常被引用为新西兰行动主义和实质性参与一系列经济论坛的基础，特别是积极参与亚太经合组织和世界贸易组织，成为一种"国际连接"方式——这是新西兰政府机构的一个关键政策目标（New Zealand Treasury 2014：15—24）。

## 新西兰不断演变的经济外交

新西兰经济外交的根源可以追溯到第二次世界大战刚刚结束的时期，特别是在英国首次寻求加入欧洲经济共同体（Hoadley 1992，Patman 2006：86—87）的时候。直到乌拉圭回合结束之前，新西兰的经济外交相对而言直截了当，要实现两个根本目标。第一个目标是在可能的情况下维持新西兰进入英国市场时享有的优惠准入，一旦英国加入欧共体，就利用优惠准入与欧共体（后来的欧盟）作出一系列相应举措（Brown 1997：41—66，Nottage 2005：43—45，Woodfield 2008：55—94）。第二个目标则是努力实现出口目的地多元化，以回应英国对欧洲的政策，包括致力于与澳大利亚建立更紧密经济关系（CER——最初是新西兰-澳大利亚自由贸易协定）。这对新西兰出口商来说是测试它们出口能力并发展"国际联系"的催化剂，随后新西兰再出口到亚洲其他市场、欧盟其他市场以及美国（Woodfield 2008：131—147，Leslie and Elijah 2012，New Zealand Treasury 2014）。

1994年，新西兰与欧盟的谈判取得了一系列积极成果，随着《关贸总协定》乌拉圭回合的结束，新西兰与《关贸总协定》成员的谈判也取得了积极成果（Nixon and Yeabsley 2002）。这一系列成果的价值强调了该国更广泛外交政策中国际经济组成部分的重要性。难怪有位新西兰总理在20世纪80年代初曾说新西兰的"外交政策就是贸易"，这一点令人印象深刻（Brown 1999：19）。1988年，新西兰外交事务部与当时的贸易和工业部的贸易政策司合并为对外关系与贸易部（MERT），现为外交贸易部（MFAT），随后从组织意义上正式确定了贸易和外交政策的一致性。

正是在这样的背景下，我们可以考虑首次正式阐述新西兰的贸易外交。怎样强调这份文件的重要性都不为过，尤其是因为它经受住了这么长时间的考验。1993 年出版的《新西兰贸易政策的实施和方向：多轨路径》（MERT 1993）明确阐述了多轨路径旨在通过贸易促进"新西兰经济增长，从而可持续地改善新西兰人民的生活水平。这是单一政策目标，最好通过四个不同的途径来实现"。这些途径包括：单边行动，即国内改革（Vitalis 2008：189—218）；多边轨道（《关贸总协定》）；区域轨道（亚太经合组织、东盟等）；以及强调"亚洲优先，但不是只有亚洲"的双边主义。近日，新西兰外交贸易部网站采取了与 2014 年大致类似的做法。它确定了一系列互相关联的目标，包括"就新西兰商品和服务的市场准入进行谈判，并维持和执行这种市场准入"；"推进贸易伙伴之间的经济合作"（MFAT 2014a）。

## 行动中的新西兰经济外交

正如新西兰 1993 年战略文件所述，为了实现利用贸易政策推动经济增长的目标，新西兰的经济外交侧重于直接或间接影响国际决策或区域决策。这一目标基本上没有明说，也没有成文规定，在新西兰的经济外交中是隐性存在的。在外交实践中，新西兰力求确保：要么直接参与作出决定并达成妥协的任何小集团进程，这会影响其商业和经济利益；要么间接制定或影响这样的进程。这些目标的困难之处在于，这是一个竞争激烈的空间，特别是对小国而言。简而言之，我们打个比方，在作出关键决定或妥协时，不是所有国家能有资格"在谈判现场"，哪怕是比喻意义上的在现场都做不到，例如乌拉圭回合农业谈判或联合国气候变化进程就是这样的情况。而大型经济体通常能够确保其准入权。经济外交进程中主办方可能保证发展中国家拥有一个或多个代表其不同地域群体的席位，以便任何结果都具有一定程度的普遍合法性。但这不一定适用于像新西兰这样的小型发达经济体。

从表面上看，像新西兰这样的国家不应该在国际经济问题上获得"席位"似乎有很多原因。历史上，许多人认为新西兰是一个以英语为母语的白人英联邦国家，与其前殖民国英国保持着密切的政治、经济、安全和文化联系。虽然这种观念已经过时，且具有误导性，但令人沮丧的是，人们仍然难以摒弃这种过时的观念。许多国家认为，新西兰的利益与澳大利亚或加拿大的利益大致相似，而澳加两国比新西兰更有权受邀参加小型集团进程，这使得问题更加扑朔迷离。因此，新西兰显然不能坐以待毙，无论是在世界贸易组织、联合国气候变化谈判，还是在区域经济一体化中，都不能指望自动获得参加小型集团进程的邀请。

新西兰经济外交的有效与成功在很大程度上归功于其高级经贸官员以及政治代表（即部长们）的声誉、感染力和影响力。人们对这一点持积极态度，同时考虑新西兰作为真正的"中间立场"国家和对多边贸易体系的坚定承诺赢得了全世界更普遍的声誉。实际上，人们仍需要新西兰部长和官员来主持重要的谈判，五位新西兰常驻世界贸易组织代表连续主持了高度敏感的农业谈判。尽管新西兰对任何谈判结果都有明确的商业利益，但世界贸易组织中的同行还是推选他们主持农业谈判。新西兰愿意派遣大使和常驻代表主持这种敏感话题的谈判，这是新西兰对多边贸易体系整体健康作出的另一项实际贡献。新西兰还是世界贸易组织中担任争端解决小组成员最多的国家，这再次强调新西兰是一个公平、公正的全球参与者（Azevedo 2014：2）。在实践方面，新西兰也一直能够维持其在世界贸易组织"绿屋会议"中的地位。

另一位新西兰大使每年连续担任经合组织贸易与环境委员会主席（这也是一个由国际同行选举产生的职位）。经合组织关于贸易和环境的议程在很多方面存在很大争议，包括流程和生产措施；环境标准与贸易之间的联系；环境商品和服务；生态标签、"食物里程"和边境碳税调整。这些仍然是"实时问题",(无论是防御性的,还是进攻性的)对新西兰而言都是具有重大商业利益的问题。

因此,新西兰(在高素质官员和部长的帮助下)必须坚持自己的主张,即新西兰是不可或缺的小国伙伴——既对经济外交感兴趣,又有趣、有创造力和建设性。当主要参与者寻求帮助以解决问题或达成共识时,它就是"必须争取"的合作伙伴。如果做不到这一点,国际谈判与新西兰无关的风险就会增加,因此会限制新西兰通过贸易政策实现经济发展的既定目标。在这种背景下,新西兰试图以两种相互关联的方式来坚持自己的主张:

1. **直接**制定、影响和参与双边、诸边和多边贸易和经济一体化举措,尽可能确保这些举措符合《关贸总协定》第24条的原则和开放的区域主义,并可作为更广泛的一体化进程的"基石";

2. **间接**制定、影响和参与这些进程,参与或积极创建由志同道合的国家组成的特定集群,在游说主要大国促进或捍卫新西兰的经济利益方面触达关键群体。

以下各节说明新西兰如何设法将这两种路径付诸实践,并列举了新西兰正在采取的经济外交行动的具体实例。

**I. 直接参与:双边主义、多边主义和开放的区域主义**

就在弗朗西斯·福山宣布"历史的终结"的前后,亚太地区正逐渐将特惠贸易协定作为区域经济一体化的工具。这是一个迅速演变的趋势。然而,特惠贸易协定在亚太地区扩散,实际上更广泛地区的扩散,加剧了人们之前的忧虑,质疑其效力以及能否真正带来向他们承诺的商机。一直以来对特惠贸易协定的指责都认为它是多边进程的"绊脚石"(Bhagwati 1995 and 2008,Baldwin 2006)。许多对特惠贸易协定的批评是众所周知的,包括在该区域缔结的许多特惠贸易协定中,农产品的覆盖率很低;特惠贸易协定含金量低并缺乏超越世界贸易组织的元素(Baldwin ibid,Fiorentino et al. 2009);企业很少利用特惠贸易协定带来的好处；相互重叠的贸易协定会产生日益明显的"亚洲面碗"效应的风险；以及"贸易体系中的白蚁"特惠贸易协定可能破坏世界贸易组织（Bhagwati 2008，Freund and Ornelas 2010）。最近，肯·海登极力提醒我们，尽管强大的政治和商业动机推动特惠贸易协定的谈判，但仍然存在着一些不利因素。这些因素包括在国际贸易法中出现不和谐的风险；贸易转移的持续负面影响；以及抑制非歧视性自由化。这源于优惠政策和规则滥用所产生的保护性租金，即使特惠贸易协定符合《关贸总协定》第 24 条的义务时也是如此（Heydon 2014 和本书第十四章）。

本章同意海登的评价，但也承认像新西兰这样的国家仍在致力于签订特惠贸易协定。这可能是出于防御性原因，即寻求与获得关税和其他优惠的竞争对手平起平坐，并在世界贸易组织谈判没有新进展的情况下推动区域经济一体化。自 2008 年 7 月多哈回合贸易谈判似乎停滞不前以来，新西兰就加快了特惠贸易协定谈判进程。世界五大经济体中的三个经济体相互之间启动了双边特惠贸易协定：《欧盟-日本自由贸易协定》，以及美国和欧盟之间的《跨大西洋贸易与投资伙伴关系协定》。这一重大进展加剧了人们对特惠贸易协定给多边主义带来不利影响的担忧。

虽然新西兰有充分的理由明确表明倾向多边主义的立场，但它不得不作出一些艰难的决定，决定是否以及如何在没有多哈回合贸易谈判的支持下参与区域经济一体化。首先是要确保新西兰参与的任何进程都能够支持多边主义，同时确保其商业利益能够得到保护（Vitalis 2015）。如上文所述，新西兰贸易外交的一个典型特点是奉行多轨路径——利用国内政策、通过世界贸易组织进行多边谈判、在亚太地区进行区域谈判和双边谈判。

本章没有论述全部的四个轨道，而是将重点放在新西兰最为活跃的亚太地区的两个例证上。新西兰与新加坡和其他国家合作，发起并影响了两套协定，这些协定促进了目前区域经济结构的演变。首先，新加坡和新西兰之间逐渐达成了一项相对保守但质量较高的全面双边协定。这为诸边协定《跨太平洋战略经济伙伴关系协议》（P4）奠定了基础，该协议后来演变为12个国家参与的《跨太平洋伙伴关系协定》（TPP）（Elms 2009）。新西兰参与区域经济一体化的第二个奠基石是《东盟-澳大利亚-新西兰自由贸易区协定》（AANZFTA），该协定也起源于与新加坡的双边自由贸易协定。《东盟-澳大利亚-新西兰自由贸易区协定》是新西兰参与《区域全面经济伙伴关系协定》谈判的重要支柱。总的来说，《区域全面经济伙伴关系协定》和《跨太平洋伙伴关系协定》代表着该地区的两个"超级诸边协定"，随着时间的推移，这两个协定预计将推动该地区更广泛和更深入的经济一体化。

莱斯利（Leslie 2015：18—22）很有说服力地指出，自1993年以来，新西兰采取了非线性的"垫脚石"或"基石"战略，致力于建立和扩展新西兰融入不断演变的区域架构。这在一定程度上是对正在进行的国际辩论给出的务实反应，各国讨论双边主义对新生的世界贸易组织体系构成的潜在挑战，以及特惠贸易协定对多边贸易体系来说究竟是奠基石还是绊脚石（Bhagwati 1995 and 2008，Baldwin 2006）。不过，一个相关的目标是确保新西兰能够"在谈判现场找到一席之地"的路径，让新西兰能够在任何区域一体化进程中保护和促进其经济利益。

新西兰和新加坡于2000年决定缔结《全面经济伙伴关系协定》（CEP），为该国加强区域经济一体化奠定了基础。这是在西雅图部长级会议未能启动新一轮世界贸易组织回合谈判的背景下缔结的，并于多哈回合启动的当年午初生效。这一行动具有重大的象征意义，因为新西兰和新加坡都是强大而坚定的多边主义国家。围绕该协议的公开宣传强化了多边主义。新西兰强调，与新加坡缔结《全面经济伙伴关系协定》并未改变新西兰对多边主义的承诺，多边主义仍然是制定国际贸易规则的首选方式，协定的"所有措施都符合世界贸易组织和亚太经济合作组织努力推进贸易自由化的宗旨"（MFAT 2014b，另请参见 Elms 2009：4—5）。

在此基础上，新西兰与新加坡一起积极努力"扩展协议"，并协调各方，使《全面经济伙伴关系协定》成为支持区域一体化的一个平台。新西兰和新加坡的努力集中在两个方面。第一个体现在 2004 年与智利和文莱签署的《跨太平洋伙伴关系协定》。第二个体现在 2009 年缔结的《东盟-澳大利亚-新西兰自由贸易协定》，在这一进程中，新加坡的持续支持至关重要（详情见下文）。

因此，从新加坡-新西兰《全面经济伙伴关系协定》演变而来的第一个奠基石就是《跨太平洋战略经济伙伴关系协议》，进而又发展为《跨太平洋伙伴关系协定》。《跨太平洋战略经济伙伴关系协议》的目标较少关注现有伙伴的微不足道的经济利益（WTO 2008），而是更关注影响和塑造区域经济架构，特别是力邀美国更直接地进入该区域（Elms 2009，6—9 and National Business Review 2008）。众所周知，新加坡和新西兰都在努力地刻意制定协议以服务此目的，比如有意强调加入条款，埃尔姆斯（Elms）称之为将协议拓展到更大国家联盟的走"后门"手段。

新西兰与《跨太平洋战略经济伙伴关系协议》其他成员国一道在华盛顿宣传该协议是一个高质量的全面协议，符合《关税及贸易总协定》第 24 条和开放的区域主义标准。如果美国愿意，它可以利用这一点，使自己更直接地融入亚太地区。新西兰有一个额外动机想要确保美国参与。与智利和新加坡不同，新西兰没有与美国签订自由贸易协定，并且越来越担心这将对其商业利益产生影响，尤其是在美国市场与澳大利亚竞争。《跨太平洋战略经济伙伴关系协议》成员国的努力最终获得了成功。扩大该协议的谈判始于 2009 年，这一进程后来演变为有 12 个成员国参加的《跨太平洋伙伴关系协定》，该协定于

2015 年 12 月缔结，并于 2016 年 2 月 4 日在新西兰奥克兰签署。[6]

新西兰参与区域经济一体化的另一个奠基石是《东盟-澳大利亚-新西兰自由贸易协定》。[7]这构成了《区域全面经济伙伴关系协定》基础的一部分，是一个"超级诸边"的特惠贸易协定，涵盖了全球近三分之一的贸易和 30 多亿人口。30 多年来，新西兰长期投资东盟并参与东盟发展，以此为《东盟-澳大利亚-新西兰自由贸易协定》的签署作出了贡献，并在新兴区域经济架构中占有一席之地（Smith 1998：238—252）。高级别工作组发布的报告《吴哥议程》将这一进程向前推进了一步，为部长们于 2004 年 11 月正式启动谈判提供了动力。

经过近 5 年和 16 轮谈判，《东盟-澳大利亚-新西兰自由贸易协定》于 2009 年 2 月缔结并签署。该协议给新西兰带来了巨大的商业利益。这包括在未来 12 年内取消东盟对新西兰 99% 至 100% 出口产品征收的关税，而且与以前的自由贸易协定不同，没有针对农产品的特殊保障措施。新西兰在教育服务、工程和环境服务等优先领域的服务准入也有了显著改善，并为其在该区域的投资提供了新的、加强的保护。通过这种方式，该协定既符合新西兰的期望，即它将经得起《关贸总协定》第 24 条的检验，又履行了新西兰对开放区域主义的承诺。

新西兰与东盟自由贸易区签署协定的意义远远超出了商业优势，对新西兰而言，这点至关重要。《东盟-澳大利亚-新西兰自由贸易协定》的缔结意味着新西兰已经为参加该地区正在兴起的下一个超级诸边谈判——《区域全面经济伙伴关系协定》"购买了入场券"。获得加入这一协议"入场券"关键在于，该国必须已经与东盟缔结了自由贸易协定。这是因为东盟国家已下了定论，《区域全面经济伙伴关系协定》应将所有东盟 +1 协定（即与日本、中国、韩国、印度和澳大利亚/新西兰的协定）集中在一处。从东盟的角度来看，这强化了在区域进程"以东盟中心"的核心目标。新西兰表示高度支持这一结论，并认为这是一种能使新西兰尽可能接近不断发展的区域经济架构核心的方式。如果没有《东盟-澳大利亚-新西兰自由贸易协定》这个奠基石，新西兰根本不可能参与到代表亚太新兴经济架构一半的《区域全面经济伙伴关系协定》诸边谈判，而《跨太平洋伙伴关系协定》则是重要的另一半。[8]

**II. 间接参与：通过特定安排提升影响力**

小国最大化其影响力的一个明显方法是与大国密切合作并结盟，从而通过创造"关键群体"来维护和提高自己的国家利益。因此，不足为奇的是新西兰特别注重与澳大利亚结盟从而获得更大的经济影响力，包括通过更紧密经济关系（CER）以及后来的单一经济市场在内的一系列协定。丹麦和芬兰等其他小型发达经济体也以类似的方式利用欧盟。可以说，新加坡已根据类似的方式考虑加入东盟，而智利也正通过利用太平洋联盟进程朝着同样的目标而努力。

本章已强调过，一些国际或区域进程可能会触及小国的经济利益，因此小国不能坐等入盟邀请。小国需要在寻求入盟邀请上有所创新，或者找到其他方式来确保即使不在"谈判现场的会议室"，谈判方也能听到它们的声音。在贸易外交中，新西兰利用间接接触的方式，强调自身对其他较大合作伙伴的价值。新西兰是一个有着慧心巧思的国家，因此值得其他大国花时间与之合作。在新西兰的直接影响力较弱，无法或不太可能受邀"进入谈判现场"的情况下，营造和投资这种声誉并以这种方式来影响与会各方，这是新西兰整体战略的组成部分。新西兰与二十国集团创造性地合作就是这种战略的例证。

2009 年，二十国集团峰会承诺减少直至取消化石燃料补贴。鉴于其明显的经济、贸易和减缓气候变化带来的好处，新西兰支持这一承诺。当然，新西兰也希望通过某种方式加入更广泛的二十国集团对话，包括涉及贸易和其他经济问题的对话。由于新西兰不是二十国集团成员国，不能以经济为由提出某个情况，它需要找到一种方式来影响其成员国，并确保这些国家能听到并理解新西兰的声音。为了实现这一目标，新西兰组织并发起了一项名为"化石燃料补贴改革之友"（FFFSR）[9]的倡议。它与哥斯达黎加、丹麦、埃塞俄比亚、芬兰、瑞典、瑞士和挪威等其他小国一同游说二十国集团成员国雄心勃勃、公开透明地履行其承诺。

"化石燃料补贴改革之友"的成立为新西兰提供一个正当理由到二十国集团成员国的首都拜访这些国家，顺便谈谈除化石燃料补贴改革外，新西兰在二十国集团议程上感兴趣的其他话题。例如，法国在担任二十国集团轮值主席国时，就将控制农产品价格波动的问题列入了峰会议程（直到2011年）。这对新西兰而言是具有相当大商业利益的话题。单凭新西兰一己之力，根本没有能力坚持在莫斯科、布鲁塞尔、北京或华盛顿会见二十国集团的高级官员，更不用说在巴黎了。作为一群受人尊敬、认真可信的小国的带头大哥，新西兰的声望得到了提升，其影响力也得到了最大化。利用在"化石燃料补贴改革之友"倡议中的领导作用，新西兰在二十国集团的优先领域建立了合作伙伴的良好信誉，这使新西兰更轻车熟路地接触和影响那些与其有更直接商业利益领域工作的其他二十国集团官员（例如，管理农产品价格波动的法国官员）。实际上，新西兰曾多次受邀向二十国集团国家汇报情况，例如在2013年圣彼得堡会议上，介绍了"改革之友"对化石燃料补贴改革的看法以及二十国集团如何可能进行有效的同行评议。[10]这为新西兰提供了宝贵的机会，使其官员能够与本国官员通常接触不到的二十国集团主要高级官员建立联系。同时这也为新西兰提供了一种途径，在二十国集团关心的议题上，新西兰能够进一步提升其作为建设性和创造性对话者的声誉。

新西兰为确保对经济一体化进程产生间接影响而付出努力，第二项举措是尽其所能与东盟经济共同体的持续发展保持一致。这是亚太地区在区域架构方面的重大发展，尤其是因为它聚焦于新西兰的主要贸易伙伴——东盟。

对新西兰来说，《东盟-澳大利亚-新西兰自由贸易区协定》的缔结与实施标志着这是新西兰与东盟进一步交流的重要契机，恰逢此时东盟成员国正在反思如何深化和扩大自身的经济一体化。新西兰希望确保经济一体化进程尽可能不会扭曲贸易；确保一体化进程将支持"开放的区域主义"这个概念；并确保新西兰的经济和商业利益尽可能得到促进和保护。因此，新西兰寻求一种能够参与和协助东盟发展进程的机制——东盟成员国在 2010 年东盟-新西兰和东盟-澳大利亚正式缔结合作关系 35 周年纪念活动中明确鼓励新西兰的参与。实现这一目标的机制是更紧密经济关系——东盟一体化伙伴关系论坛（CER-ASEAN-IPF）。这是新西兰与澳大利亚和东盟成员国共同开发的论坛。[11] 其理念十分直白：新西兰和澳大利亚愿意与东盟分享它们在发展更紧密经济关系方面的心得体会。在努力推进这一倡议的过程中，新西兰表示理解东盟正在经历自身的区域经济一体化进程。新西兰认为，通过更紧密经济关系——东盟一体化伙伴关系论坛举办一系列高级别研讨会，让包括最高级别官员在内的官员和相关部长分享经验，将是一种直接与东盟接触的方式。新西兰此举有两个目的：一是在东盟考虑区域经济一体化时，加强新西兰作为东盟首选合作伙伴的竞争力；二是随着时间的推移，帮助新西兰影响并更好地理解东盟区域一体化的进程。换言之，正是新西兰的创造力和理念而非规模帮助新西兰获得了一定程度的准入机会和影响力，而其他方式无法帮助新西兰影响并塑造亚太区域经济架构中一个关键的新兴组成部分。

## 重振经济外交与再投资

1993 年，新西兰启动了第一个也是唯一一个贸易战略，当时区域经济一体化尚未真正开始，乌拉圭回合谈判刚刚结束，新西兰就构想和实施了此项贸易战略。当时，多边主义似乎方兴未艾。20世纪90年代，该战略的指导原则在预测该国经济外交的走向方面行之有效。简而言之，新西兰一直受益于这一战略，并能在参与不断发展的全球和区域经济架构时一直处于有利地位。

展望未来，已有近25年历史的现有方法需要重新校准。各国缔结的特惠贸易协定数量增多，超级诸边谈判的数量也在增长，包括其缔结的协议，这些都是相对较新的现象。美国、欧盟和日本——世界五大经济体中的三个——正在彼此间就优惠的"超级双边协定"进行协商，这个事实凸显了这种现象。同样，人们越来越认为这些协定具有超越经济范畴的地缘战略影响。例如，美国国防部长表示，《跨太平洋伙伴关系协定》是美国向亚洲"再平衡"过程中的一个重要的地缘政治因素，并指出："对我来说，通过《跨太平洋伙伴关系协定》就像另一艘航空母舰那么重要。"（Carter 2015）这些变化对包括新西兰在内的许多国家的现有偏好构成了根本性挑战，它们倾向通过世界贸易组织的谈判以多边方式开展经济外交，而将双边和诸边方式仅作为严格的次优选择。同样值得一提的是，对新西兰来说，也许要缔结的特惠贸易协定较少，而要实施和推进的协定较多。它还需要重新调整日内瓦对诸边主义采取的路径，以继续支持多边主义作为国际贸易改革的首选。

更广泛地说，国际宏观经济环境面临的挑战迫在眉睫，需要认真加以监控。具体而言，自2000年以来，贸易增长相对于国内生产总值一直是逐步下降，这一趋势在全球金融危机之后愈演愈烈。贸易保护主义抬头加剧了经济放缓。例如，经合组织、世界贸易组织和联合国贸易和发展会议（UNCTAD）对二十国集团的监测发现，自2008年以来，二十国集团成员国采取了1 244项贸易和投资限制措施。截至2014年底，仅取消了不到300项限制。虽然监测报告评估其中许多限制措施对全球贸易和投资流动的影响相对较小，但二十国集团经济体诉诸此类措施的事实仍然令人不安（WTO et al. 2014: 2）。此外，单边或多边驱动的贸易自由化并没有深化，多哈发展回合以零敲碎打的方式推进，单边改革被搁置，部分原因是各国能够为未来的特惠贸易协定保留谈判筹码。

2015 年底在内罗毕举行的世界贸易组织部长级会议可能有助于重振多边主义。在第十届部长级会议期间，世界贸易组织成员商定了"内罗毕一揽子计划"，包括取消农业和棉花出口补贴，并对"等效措施"实行更严格的新管制，包括对农业贸易中使用出口信贷施加新限制，以及加强对国际粮食援助分配和国有贸易企业活动的纪律。这些成果是与一系列针对最不发达国家的成果同时取得的（WTO 2015）。尽管世界贸易组织内罗毕会议取得了这些积极成果，但农业改革是否能够以多边方式取得进一步进展，这一进程是否真正得到恢复，是否实际上已达到成功的高潮，这些都仍然有待观察。以上种种都给像新西兰这样高度依赖国际市场对其出口产品开放的小国带来了特殊的挑战。

图 11.1 描绘了一条库兹涅茨曲线——一条"倒 U 型曲线"——它可以有效地集中考量外交中的权衡取舍。参考图 11.1，可以认为新西兰在某一时刻达到特惠贸易协定谈判的临界点，由此额外的特惠贸易谈判在战略利益方面提供相对递减的经济回报。新西兰可能不再是第一个谈判此类协议的国家，而可能只是在现有承诺的基础上略有改善，使准入水平趋于平等。不难看出图 11.1 中所示的场景将会如何实现。新西兰在亚太地区已经有大量生效的区域性特惠贸易协定，包括与澳大利亚、新加坡、泰国、马来西亚以及中国大陆、中国香港和中国台湾的双边协议。这些协定与《东盟-澳大利亚-新西兰自由贸易区协定》《跨太平洋伙伴关系协定》以及《区域全面经济伙伴关系协定》并驾齐驱，互为补充。欧盟 / 新西兰谈判的结束预计会引发对未来政策的质疑。考虑到达成这些协定所需的谈判资源，并且需要推

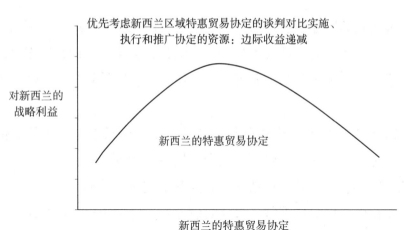

图 11.1  新西兰区域特惠贸易协定边际收益递减

广、实施和执行特惠贸易协定网络，还需要为其制定"固有"议程，新西兰是否真的值得参与更多的区域或双边特惠贸易协定谈判？

一种前进的方法是发展过去 20 年支撑新西兰在亚太地区谈判战略的开放区域主义概念，以接受诸边协定。这些可以涵盖例如服务、环境产品、信息技术产品、非关税壁垒、包括私营部门自愿标准，有害环境的补贴或投资激励措施，所有这些都受"开放诸边主义"概念的影响和左右。这种开放的诸边主义具有全球聚焦性，取决于三个相互关联的因素。第一，所有国家只要符合协议本身确立的标准都能加入诸边协议，协议是"开放的"。第二，诸边协议谈判是以支持和补充多边贸易体系的方式进行的，也就是说，它是一个奠基石，而不是绊脚石，是一个拥有尽可能多的参与者的诸边机制。第三，诸边性协议应该包含确保该协议可以保持一致的机制，并随着时间的推移，最终整合到世界贸易组织中，比如，利用世界贸易组织的争端解决机制。将诸边协议的重点放在世界贸易组织（如《环境商品协定》和《信息技术协定》所采用的办法）上是支持多边贸易体制的重要信号。

在这个方面，还有另一个很好的经济学概念——帕累托原则。根据该原则，任何既定结果的 80% 是 20% 的努力或投资的结果。帕累托原则巧妙地概括了新西兰这样的小国在进行国际交往时必须权衡轻重、分清主次的原则，包括对诸边关系作出抉择。这也是小国在进行经济外交时必须作出权衡的另一种思路。

新西兰经济外交面临的挑战仍然是影响和左右结果的能力。最重要的是，其他国家需要意识到新西兰的官员和部长来自一个可信、有创造力和严谨的国家，这个国家虽然很小，但能够为取得总体成果作出建设性贡献。这样的认知可以最大限度地增加小国参与的机会并提高其质量，确保自身处于保护和促进自身利益的最佳位置。此外，还在外交上还形成了重要且有趣的对比——本章所述的小国经济外交已形成了一种运作方式——一种心态和卓越的文化——非常适合在整个国际关系中发挥建设性的"开山架桥"作用。在2015—2016年期间，新西兰当选联合国安理会理事国是新西兰传统外交的成功典范。在此外交过程中，新西兰能够利用一种观念，即面对西班牙和土耳其等强大的中等实力竞争对手时，新西兰能够带来更多的价值并提出建设性的解决方案。创造这样一种卓越的文化绝非易事，维持这种文化则更是一项挑战。

## 结　语

在经济外交方面，新西兰的表现可以说是远远超出了人们的预期，尤其鉴于其面临的国土面积小和远离市场相关的挑战。自1993年新西兰首次正式宣告经济一体化国际战略以来，新西兰一直能够通过提高信誉，使自己处于或接近所有主要区域经济一体化进程的核心位置，同时确保自身能够促进和保护自己的国家商业利益。最重要的是，本章认为，新西兰经济外交的首要目标是在一切可能影响新西兰利益的国际或区域经济进程中确保"谈判现场的一席之地"，如果做不到这一点，至少"在谈判现场可以听到新西兰的呼声"。事实上，新西兰在确保自己能够参与本区域以及多边的"关键对话"方面非常成功。尽管面临距离和规模的双重挑战，但新西兰在一些区域进程中发挥了超乎自身的重要作用，这些进程创造了基石，从而塑造和影响不断演变的国际经济架构。

最重要的是，像新西兰这样的小国需要保持头脑清醒，集中资源并优先处理与重大国家利益相关的问题。它们明白，在所有国际经济和贸易政策问题上，无法做到事事经手或是无处不在。相反，新西兰等国必须专注于自己擅长的领域，确保它们在这些领域的投资能"极好"地带来四两拨千斤的效果。关于库兹涅茨曲线，本章认为，新西兰可能很快便会处于某个临界点，这时它需要作出权衡，是有效管理其现有的特惠贸易协定网络，还是在面对稀缺的人力资源和其他资源的分配，思考如何达成新协议。过去，有效校准新西兰特惠贸易协定的路径是开放的区域主义；未来，处于更加国际化的大背景下，也许校准得转换为开放的诸边主义。

本章的导言回顾了《弥罗斯对话》，提醒人们关注小国面临的挑战。为了减少面临这种"对话"的风险，像新西兰这样的国家必须在经济外交上表现得很有趣且能引起别国兴趣，此外还要具有创造性和建设性。简而言之，他们必须是政策企业家，能够直接和间接塑造和影响新兴的国际和区域经济架构。在这方面，奥地利经济学家约瑟夫·熊彼特把企业家作为其先进资本主义模式的核心。为了使这一概念更加符合本章的话题，小型发达经济体需要成为经济外交中的政策企业家。正如熊彼特所建议的那样，这些人要想"信心满满地走出熟悉的安全区，克服阻碍，就需要具备小部分人才拥有的才智"（Schumpeter 1942）。

注释：

1. 请注意，本章仅代表作者个人意见，并非新西兰外交贸易部的意见。

2. 本章受益于尼古拉斯·贝恩以及几位新西兰外交贸易部同事的看法和建

议，尤其是鲁珀特·霍尔博罗和马丁·哈维。我对他们作出的贡献深表感谢，但任何错误和遗漏文责自负。

3.《关贸总协定》第24条全文可查阅以下网址：http://www.wto.org/english/res_e/booksp_e/analytic_index_e/gatt1994_09_e.htm。

4. 亚太经合组织成员有：澳大利亚、文莱、加拿大、印度尼西亚、日本、马来西亚、新西兰、菲律宾、新加坡、韩国、泰国、美国（创始成员）；智利、中国大陆、中国台湾、中国香港、墨西哥、巴布亚新几内亚、俄罗斯和越南。

5. 关于国际关系理论的更多详情，参见 Dunn et al. 2013。尽管该文是从欧盟的角度总结，而且大部分文献都集中在欧盟，但作者们高度概括了人们如何看待小国的外交政策。

6.《跨太平洋伙伴关系协定》的正式成员国为：文莱、智利、新西兰、新加坡（《跨太平洋战略经济伙伴关系协议》成员国）；澳大利亚、加拿大、日本、马来西亚、墨西哥、秘鲁、美国和越南。更多有关《跨太平洋战略经济伙伴关系协议》如何演变为《跨太平洋伙伴关系协定》的信息，另请参阅：http://www.mfat.govt.nz/Trade-and-Economic-Relations/2-Trade-Relationships-and-Agreements/Trans-Pacific/2-P4.php。

7. 东盟成员国为：印度尼西亚、马来西亚、菲律宾、新加坡、泰国（创始成员国）；文莱、柬埔寨、老挝、缅甸和越南。有关《东盟-澳大利亚-新西兰自由贸易区协定》的更多信息，请访问：http://www.asean.fta.govt.nz/。

8. 更多有关《区域全面经济伙伴关系协定》的信息，另请参阅：http://mfat.govt.nz/Trade-and-Economic-Relations/2-Trade-Relationships-and-Agreements/RCEP/index.php。

9. 有关此倡议的详细信息，另请参阅：http://www.mfat.govt.nz/fffsr/。

10. 相关详细信息，另请参阅：http://www.mfat.govt.nz/fffsr/tabs/events.php。

11. 更紧密经济关系-东盟一体化伙伴关系论坛的概况及其目标和近期成果，另请参阅：http://www.mfat.govt.nz/Trade-and-Economic-Relations/2-Trade-Relationships-and-Agreements/Asean/1-Integration-Partnership-Forum/0-IPF-index.php。

# 参考文献：

Azevedo, R. 2014. *A Strong Viable WTO Is Essential for New Zealand*. Address to the New Zealand Institute of International Affairs, 18 November. Available at: http://www.wto.org/english/news_e/ spra_e/spra42_e.htm.

Baldwin, R. 2006. Multilateralizing Regionalism: Spaghetti Bowls as Building Blocks on the Path to Global Free Trade. *World Economy* 29 (11), 1451–1518.

Bayne, N. 2011. Challenge and Response in the New Economic Diplomacy, in *The New Economic Diplomacy: Decision-Making and Negotiation in International Economic Relations*, edited by N. Bayne and S. Woolcock. Farnham: Ashgate, pp. 59–79.

Bergsten, C. F. 1997. *Open Regionalism*. Working Paper 97–3. Washington, DC: Peterson Institute for International Economics.

Berthelon, M. and Freund, C. 2004. *On the Conservation of Distance in International Trade*. World Bank Research Working Paper 3293. Washington, DC: World Bank.

Bhagwati, J. N. 1995. *US Trade Policy: The Infatuation with FTAs*. Discussion Paper Series 726. New York: Columbia University.

Bhagwati, J. N. 2008. *Termites in the Trading System: How Preferential Agreements Undermine Free Trade*. Oxford: Oxford University Press.

Boulhol, H., de Serres, A., and Molnar, M. 2008. *The Contribution of Economic Geography to GDP Per Capita*. OECD Economics Department Working Paper Number 602. Paris: Organisation for Economic Cooperation and Development.

Brown, B. 1997. From Bulk Purchase to Butter Dispute, in *New Zealand and Britain: A Special Relationship in Transition*, edited by R. G. Patman. Palmerston North: Dunmore Press, 41–66.

Brown, B. (ed.). 1999. *New Zealand in World Affairs Volume 3 1972–1990*. Wellington: Victoria University Press.

Carter, A. 2015. *Remarks on the Next Phase of the Rebalance to the Asia-Pacific*. McCain Institute, Arizona State University. Available at: http://www.defense.gov/Speeches/Speech. aspx?SpeechID=1929.

Cohen, R. 2014. The Great Unravelling. *The New York Times* 15 September.

Copeland, D. C. 2000. The Constructivist Challenge to Structural Realism: A Review Essay. *International Security* 25 (2), 187–212.

Dunn, T., Kurki, M., and Smith, S. 2013. *International Relations Theories: Discipline and Diversity*. Third Edition. Oxford: Oxford University Press.

Elms, D. 2009. *From the P4 to the TPP: Explaining Expansion Interests in the Asia-Pacific*. Paper prepared for the Asia-Pacific Trade Economists' Conference, Bangkok, 2–3 November. Available at: https://opeconomica.files.wordpress.com/2013/10/from-p4-to-the-tpp.pdf.

Ferguson, N. 2006. *The War of the Worlds*. London: Penguin.

Fiorentino, R. V., Crawford, J., and Toqueboeuf, C. 2009. The Landscape of Regional Trade Agreements and WTO Surveillance, in *Multilateralizing Regionalism: Challenges for the Global Trading System*, edited by R. Baldwin and P. Low. Cambridge: Cambridge University Press, pp. 28–76.

Frankel, J. 1963. *The Making of Foreign Policy: An Analysis of Decision-Making*. Oxford: Oxford University Press.

Freund, C. and Ornelas, E. 2010. *Regional Trade Agreements*. World Bank Policy Research Working Paper 5314. Washington, DC: World Bank.

Fukuyama, F. 1989. The End of History? *The National Interest*, Summer, 2.

Fukuyama, F. 1992. *The End of History and the Last Man*. Washington, DC: The Free Press.

Haas, R. 2014. 2015. The Era of Disorder. *Project Syndicate*, 27 October. Available at: http:// www. project-syndicate.org/commentary/new-era-of-global-instability-by-richardn— haass-2014-10.

Heydon, K. 2014. Plurilateral Agreements and Global Trade Governance: A Lesson from the OECD. *Journal of World Trade* 48 (5), 1039–1056.

Hoadley, S. 1992. *New Zealand Foreign Affairs Handbook*. Auckland: Oxford University Press.

Keohane, R. O. 1984. *After Hegemony: Cooperation and Discord in the World Political Economy*. Princeton, NJ: Princeton University Press.

Lebrow, R. N. 2013. Classical Realism, in *International Relations Theories: Discipline and Diversity*, edited by T. Dunn, M. Kurki, and S. Smith. Third Edition. Oxford: Oxford University Press, pp. 59–76.

Leslie, J. 2015. *New Zealand Trade Strategy and Evolving Asia-Pacific Regional Economic Architecture*. Wellington: Asia New Zealand Foundation, January.

Leslie, J. and Elijah, A. 2012. Does N=2? Trans-Tasman Economic Integration as a Comparator for the Single European Market. *Journal of Common Market Studies* 50, 975–993.

Meacham, C. 2014. *The Pacific Alliance and New Zealand: Latin American Origin, Global Reach*. Washington, DC: Centre for Strategic and International Studies.

McKinnon, D. 1991. *Changing Global Alliances and Their Impact on New Zealand in the World*. Dunedin: Otago Foreign Policy School.

McKinnon, M. 1993. *Independence and Foreign Policy: New Zealand in the World since 1935*. Auckland: Auckland University Press.

MERT. 1993. *New Zealand Trade Policy: Implementation and Directions: A Multi-Track Approach*. Wellington: New Zealand Ministry of Foreign Affairs and Trade.

MFAT. 2014a. *Trade and Economic Relations*. Available at: http://www.mfat.govt.nz/Trade-and-Economic-Relations/index.php.

MFAT. 2014b. *Agreement between New Zealand and Singapore on a Closer Economic Partnership*. Available at: http://mfat.govt.nz/Trade-and-Economic-Relations/2-Trade-Relationships-and-Agreements/Singapore/0-cep-succeeding.php.

National Business Review. 2008. *Goff Welcomes US FTA Negotiations* 23 September.

New Zealand Treasury. 2014. *Holding on and Letting Go: Opportunities and Challenges for New Zealand's Economic Performance: Briefing to the Incoming Government*. Available at: http://www.treasury.govt.nz/publications/briefings/holding-on-letting-go.

Nixon, C. and Yeabsley, J. 2002. *New Zealand's Trade Policy Odyssey: Ottawa Via Marrakech, and On*. Research Monograph 68. Wellington: New Zealand Institute for Economic Research.

Nottage, R. 2005. Economic Diplomacy, in *Celebrating New Zealand's Emergence*, edited by B. Lynch. Wellington: New Zealand Institute of International Affairs, Victoria University, pp. 43–45.

Patman, R. G. 2006. New Zealand's Place in the World, in *New Zealand Government and Politics*, edited by R. Miller. Auckland: Oxford University Press, pp. 85–100.

Schumpeter, J. 1942. *Capitalism, Socialism, and Democracy*. Third Edition: 1950. New York: Harper Torchbooks, Harper and Row Publishers.

Skilling, D. 2012. *In Uncertain Seas: Positioning Small Countries to Succeed in a Changing World*, Discussion Paper, March. Available at: http://www.landfallstrategy.com/wpcontent/uploads/2012/03/Small-countries.pdf.

Smith, A. L. 1998. The AFTA-CER Dialogue: A New Zealand Perspective on an Emerging Trade Area Linkage. *ASEAN Economic Bulletin* 14, 238–252.

Thakur, R. 2013. A Balance of Interests, in *The Oxford Handbook of Modern Diplomacy*, edited by A. F. Cooper, J. Heine, and R. Thakur. Oxford: Oxford University Press, 70–87.

Thucydides. 400 BC. 1996. The Peloponnesian War, book 5, in *The Landmark Thucydides: A Comprehensive Guide to the Peloponnesian War: Revised Edition of the Richard Crawley Translation*, translated by R. Crawley and edited by R. B. Strassler. New York: Free Press, p. 86.

Till, H. 2011. G20 Agriculture Ministers Ponder Effect of Rising Food and Commodity Prices, *Hedge Funds Review*, 1–6.

Vitalis, V. 2008. Domestic Reform, Trade, Innovation and Growth in New Zealand's Agricultural Sector, *OECD Trade Policy Working Paper*, No. 74. Paris: Organisation for Economic Cooperation and Development, 189–221.

Vitalis, V. 2015. *Regional Economic Integration and Multilateralism: The Case of the ASEAN-Australia-New Zealand FTA and the Malaysia-New Zealand FTA*. ADB Working Paper Series Number 523. Tokyo: Asia Development Bank Institute. Available at: http://www.adb.org/publications/regional-economic-integration-and-multilateralism-case-asean-australia-new-zealand-fta.

Waltz, K. N. 1979. *Theory of International Politics*. Reading, MA: Adison Wesley Publishing Company.

Wendt, A. 1992. Anarchy Is What States Make of It: The Social Construction of Power Politics. *International Organization* 46 (2), 391–425.

Woodfield, T. 2008. *Against the Odds: Negotiating for New Zealand's Future*. Wellington: Dunmore Publishing.

Woolcock, S. and Bayne, N. 2013. Economic Diplomacy, in *The Oxford Handbook of Modern Diplomacy*, edited by A. F. Cooper, J. Heine, and R. Thakur. Oxford: Oxford University Press, pp. 385–401.

World Bank. 2014. *World Bank Development Indicators*. Available at: http://data.worldbank.org/data-catalog/world-development-indicators.

WTO. 2008. *Factual Presentation: Trans Pacific Strategic Economic Partnership Agreement Between Brunei Darussalam, Chile, New Zealand and Singapore: Goods and Services*. WTO Secretariat, 9 May. Geneva: World Trade Organization.

WTO. 2015. *Tenth WTO Ministerial Conference, Nairobi 2015: The Nairobi Package*. Available at: https://www.wto.org/english/thewto_e/minist_e/mc10_e/nairobipackage_e.htm.

WTO, OECD, and UNCTAD. 2014. *Reports on G20 Trade and Investment Measures*. Available at: https://www.wto.org/english/news_e/news14_e/g20_wto_report_oct14_e.pdf.

有用的网站：

New Zealand Ministry of Foreign Affairs and Trade: www.mfat.govt.nz.
World Bank: www.worldbank.org.
World Trade Organization: www.wto.org.

# 第十二章  全球贸易体系中小国和穷国的经济外交

特迪·索布拉马尼恩

## 不断变化的全球格局

近年来，全球经济发生根本性变化，增长乏力，人们越来越担心持续低迷的形势会严重威胁来之不易的减贫成果（World Bank 2015）。这显然会影响政府在促进就业、提高收入和经济增长时所采取的经济政策。与此同时，国家之间进行贸易活动并保持经济联系，因此国家层面的政策行动将影响全球层面的经济外交。

最近主要的全球性地缘经济变化之一当属巴西、俄罗斯、印度、中国和南非等新兴大国的崛起，这些国家通称为"金砖国家"。尽管这些国家也开始面临经济增长放缓且难以维持增长势头的挑战，但这些大国仍然在不断发展本国的经济议程，并且影响着国际政策决策的过程。与此同时，在大多数情况下，高度依赖出口市场并接受外国援助的较小和较贫穷的发展中国家不得不重新调整其经济外交，以适应不断变化的全球格局。出于地缘政治和经济原因，新兴经济体始终致力于扩大其在较小和较贫穷国家的影响力。在截至 2014 年的 10 年间，非洲和中国之间的贸易总额增长了 20 倍，贸易总量超 2 000 亿美元（Collier 2015）。中国还在一些非洲国家与政府合作建立经济特区，[1]并积极向许多发展中国家提供基础设施建设和其他形式的支持。

发展中国家在全球贸易体系中的参与度有所提升。这再次反映了发展中国家日益增强的经济实力，也说明已经出现多极化世界。自20世纪90年代中期以来，发展中国家在全球贸易中的份额快速增加，其出口已扩大至占全球商品出口的49%。自2000年以来，南南贸易（发展中国家之间的贸易）总额翻了一番，目前占全球出口总额的近三分之一。同样，发展中国家在全球国内生产总值中的份额从1995年的18%增加了一倍多，至2013年占比几乎达到40%（Soobramanien and Gosset 2015）。

不断变化的全球格局无疑对各国的经济外交产生了影响，目前在多边贸易层面发生的情况就是一个很好的例子。自2001年世界贸易组织启动最新的多边贸易谈判多哈回合以来，发达国家一直在推动谈判取得雄心勃勃的成果，而发展中国家总体上采取更温和的做法。尽管发达国家希望改善新兴经济体的市场准入，但这些国家对此予以抵制，寻求灵活的市场准入规则及特殊与差别待遇。由于多哈回合谈判迟迟未能取得进展，发达国家已逐渐丧失对多边贸易谈判的兴趣。若非发展中国家坚持，2015年在内罗毕举行的世界贸易组织部长级会议险些导致放弃多哈回合谈判。全球格局不断变化的另一个后果是导致超大型区域贸易集团崛起，如《跨太平洋伙伴关系协定》和《跨大西洋贸易与投资伙伴关系协定》。这种趋势由主要发达国家引领，并迅速在全球范围蔓延。

## 对小国和穷国的影响

显然，全球格局的这些变化对较小和较贫穷国家所追求的经济外交具有重大影响，这些国家在大多数情况下是"政策跟随者"，必须调整以适应不断发展的现实。无论在贸易、外商直接投资流动还是外国援助方面，大多数小国和穷国都高度依赖其他主要大型经济体。尽管小国与南半球伙伴达成的贸易份额持续增长，但大多数仍然是与传统的北半球伙伴（如欧盟）达成的（Soobramanien and Gosset 2015）。[2]在最不发达国家也观察到类似趋势（Commonwealth Secretariat 2014）。[3]尽管较小和较贫穷的国家资源有限，但是这些国家在经济外交方面仍然相当积极，与多边贸易体系其他领域出现的僵局相比，小国和穷国甚至在经济外交领域取得了一定程度的成功。世界贸易组织成员已同意为最不发达国家提供的一揽子措施，包括无关税和无配额准入、服务豁免和原产地规则。针对弱小经济体的工作计划仍纳入世界贸易组织议程中。然而，这些国家的经济表现仍然微不足道。因此，世界贸易组织仍需开展更多工作，以帮助小国和穷国克服重重障碍，使它们能够融入全球贸易体系，并且真正为人民带来经济利益。这也为国际社会提供了强有力的理由，呼吁各国作出更多努力为小国和穷国提供支持。

例如，小国大约 60% 的出口为商品出口，价值从 1995 年的约210 亿美元增长到 2012 年的 630 亿美元。然而，小国的贸易增长一直比不上其他发展中国家。比较 2000 年以来商品出口年均增长率的结果表明，小国的增长速度整体上低于最不发达国家和发展中国家（Soobramanien and Gosset 2015）。

从产品设计、零部件制造到装配和营销，企业越来越多地将业务分布到世界各地，从而形成了国际生产链。此举必将影响较小和较贫穷的国家，因为小国和穷国需要调整其生产链以适应这些变化，同时了解并配合其他国家的生产架构与政策。小国在尝试融入全球价值链时，挑战和机遇并存（Lanz and Werner 2015）。小国在努力适应当前挑战时，全新挑战层出不穷。

多哈回合贸易谈判持续拖延，以世界贸易组织为核心的多边贸易体系日渐丧失其主导地位。这是国家间动态变化的结果。在一定程度上，最初的多哈回合授权变得多余，因为各国经济状况以及其他国家的需求和期望会随着时间的推移而发生变化。发达国家现在对新兴经济体的期望高于多哈回合最初几年的要求，这已经是妇孺皆知的秘密。与此同时，较小和较贫穷的发展中国家作为世界贸易组织的成员国，得到了该体系提供的保护，并在世界贸易组织拥有发言权。因此，对小国和穷国而言，加强多边贸易体系是有利的，这些国家在未来很可能越来越主张加强多边贸易体系。

各种问题之间也有越来越多的联系。全球经济治理正以这种方式不断发展，因此不能孤立地看待任何问题。贸易与气候变化和金融领域紧密相关，因此各国需要拥有多学科基础的官员来处理这些问题，并能够获得必要的技术支持。其他问题可能会重新出现，比如投资和竞争政策的多边贸易规则，以及劳工标准。如下所述，贸易也是可持续发展目标的特征之一。国际经济议程上所有这些可能出现的新问题都需要密切跟进，并可能需要重新调整各国的优先事项。2015 年世界贸易组织《内罗毕部长宣言》指出：

> 一些代表团希望确定和讨论其他谈判问题，其他代表团则不然。无论如何，就这些问题展开多边谈判的任何决定都需要得到全体成员国的同意。

（WTO 2015）

因此，成员国不可避免地需要为讨论其他问题做好准备，因为这些问题无论如何都会在超大型区域贸易协定的背景下突然出现。

联合国所有成员国通过的可持续发展目标（United Nations 2015）在一些具体目标中提到了贸易政策和与贸易有关的措施，其中目标 17 涉及实施手段。参考如下：

• **目标 2**（消除饥饿）呼吁纠正和防止世界农业市场上的贸易限制和扭曲，包括同时取消一切形式的农业出口补贴和具有相同作用的所有出口措施。

- **目标8**（体面工作和经济增长）呼吁增加向发展中国家，特别是最不发达国家提供的促贸援助支持，包括通过《为最不发达国家提供贸易技术援助的强化综合框架》提供上述支持。

- **目标9**（产业、创新和基础设施）强调需要发展优质、可靠、可持续和有抵御灾害能力的基础设施，包括区域和跨境基础设施，并且需要增加小型工业和其他企业，特别是在发展中国家，并将上述企业纳入价值链和市场。

- **目标10**（减少不平等）强调根据世界贸易组织的各项协议，落实对发展中国家的特殊和区别待遇原则。

- **目标14**（保护海洋资源）要求约束富裕国家的渔业补贴。

- **目标17**（加强执行手段，重振可持续发展全球伙伴关系）阐释以下内容的重要性：

  - 通过完成多哈发展回合谈判等方式，推动在世界贸易组织下建立一个普遍、以规则为基础、开放、非歧视和公平的多边贸易体系（17.10）；

  - 大幅增加发展中国家的出口，尤其是到2020年使最不发达国家在全球出口中的比例翻番（17.11）；

  - 按照世界贸易组织的各项决定，及时实现所有最不发达国家的产品永久免关税和免配额进入市场，包括确保对从最不发达国家进口产品的原产地优惠规则是简单、透明和有利于市场准入的（17.12）；

  - 加强可持续发展政策的一致性（17.14）；

  - 尊重每个国家制定和执行消除贫困和可持续发展政策的政策空间和领导作用（17.15）。

显然，各国正在重新思考和调整其经济外交，以应对不断变化的全球格局。一些国家已经摆脱了过去与特定政治集团结盟的做法，如非加太集团（欧盟在非洲、加勒比和太平洋地区的伙伴国）、非洲集团等，而更多地转向具有共同经济利益的集团。例如，毛里求斯加入了《服务贸易协定》，这是在世界贸易组织框架之外开展的诸边贸易谈判。过去，此举无法想象，因为需确保发展中国家集团始终保持团结，而发展中国家普遍支持将服务贸易谈判继续作为世界贸易组织多边进程的一部分。

此外，重点明显转向了区域贸易协定和"超大型交易"。鉴于目前世界贸易组织的市场准入谈判陷入僵局，特惠待遇减少并非多边贸易谈判的结果，而是正在谈判的超大型区域贸易集团和其他区域贸易协定的结果。例如，随着美国实施《跨太平洋伙伴关系协定》，曾经得益于美国《非洲增长和机会法案》的非洲国家将失去关税优惠，而这些关税优惠将转向越南。曾在世界贸易组织内反对优惠减少的问题，现在可能需要在超大型区域的背景下加以解决，以维持较小和较贫穷国家的优先准入。

更大规模的区域交易也在最贫穷的国家中蓬勃发展，例如在非洲。2015 年 6 月 15 日，非洲联盟大会在南非约翰内斯堡举行第 25 届国家元首和政府首脑普通峰会，会上启动了非洲大陆自由贸易区（CFTA）谈判。新的自由贸易区将拥有一个 10 亿美元的市场，预计国内生产总值总量将达到 1.2 万亿美元。联合国非洲经济委员会估计，到 2022 年，非洲大陆自由贸易区每年可为非洲内部贸易增加 350 亿美元。来自非洲大陆以外的进口额每年将减少 100 亿美元，且农业和工业出口额将分别增加 40 亿美元和 210 亿美元（United Nations Economic Commission for Africa；UNECA 2012）。

## 小国和穷国的新经济外交

鉴于贸易和经济议程处于动态变化中，全新的工作领域不断涌现。最贫穷和最脆弱的国家应重新调整工作重点，转而放在这些新的领域。全球舞台上发生的所有变化及其对小国和最不发达国家的影响正促使此类国家重新思考其经济外交方式。

### 重新思考贸易多边主义

自多边贸易谈判乌拉圭回合结束以来，贸易多边主义取得了一些积极进展，最不发达国家和小型脆弱经济体最近取得了一些成果。但要使较小和较贫穷的国家成为全球舞台上的积极参与者，仍有许多工作要做。粮食安全、气候变化、贸易融资等新问题在国际舞台上越来越受到关注，已列入非常繁重的议程中。这些问题要么关系到许多国家的战略经济利益，要么至少值得这些国家认真考虑。世界贸易组织是不是解决其中一些问题的合适平台仍存在争议。然而，主要经济利益已受到威胁，对人民收入和就业造成不利影响。各国应充分了解世界贸易组织的最新发展，并时刻保持警惕，随时准备在必要时捍卫自身利益。如若做不到这一点，后果将不堪设想。

全球贸易格局不断变化，因此孤立地看待各国在多边贸易体系中的参与度，而不考虑世界其他地区正在发生的情况，这是错误的做法。区域贸易协定的激增和超大型贸易集团的崛起，无疑对各国参与世界贸易组织的程度产生了影响。鉴于小国和穷国的贸易议程和发展目标，多边进程是否应该成为其首选？是否最佳选择？答案肯定因人而异，但帕拉和罗洛（Parra and Rollo 2014）认为：

> 为响应《跨太平洋伙伴关系协定》《跨大西洋贸易与投资伙伴关系协定》和《服务贸易协定》，理想的做法是迅速、动态地恢复由被排除在外的国家牵头的多边谈判。

因此，多边主义仍然是较小和最不发达国家的最佳选择（另见下文第十四章）。但随着区域贸易协定的兴起，可能会出现贸易创造、监管趋同以及贸易转移与偏离的情况。这对较小和较贫穷的国家来说既是机遇，也是挑战。其中诸多国家重新思考了多边主义，认为多边主义是促进国家融入全球经济的一种方式，并考虑是否应该更进一步地参与多边进程。资源有限的小国必将重新考虑其优先事项，进行分析研究，并根据新趋势重新调整其贸易政策。更重要的是，小国应做好准备在国际层面采取新办法和新战略。

**集团外交的利弊**

20世纪后期，联合国体系内发展了一种集团路径，使小国能够参与讨论。起初，这种做法立竿见影，但随着时间的推移，发展中国家之间开始龃龉不合（特别是在七十七国集团论坛的背景下），这从整体上削弱了集团体系。[4] 在21世纪，该做法导致了多哈回合期间集团和联盟的激增，但是成员国往往相互重叠。在某些情况下，该做法也导致了不同集团纠缠不清的窘境，如下图12.1所示，该图展示了2010年左右的世界贸易组织农业谈判的情况。

这些集团广泛代表了其成员国的不同利益。然而，每个国家必须小心谨慎，切勿过度依赖其集团成员国和"联盟外交"的做法。大多数情况下成员国必须与集团的立场保持一致，并且可能很难与大多数成员国背道而驰。例如，在非洲集团中，小国和大国在农业等议题上的立场可能存在分歧。即使在小型脆弱经济体（SVEs）集团内，成员国在市场准入自由化水平方面也可能意见不合，但在特殊和差别待遇问题上却百喙如一。

集团外交还有第二个弊端。为了在集团内达成共识，协调不同利益的唯一方法通常是使用"建设性模糊"的话语，即能够涵盖所有成员国意见并促使达成共识的话术。世界贸易组织谈判中的敏感领域一直是农业和非农业市场准入，成员国之间的利益诉求可能是天差地别。在这种情况下，这一策略无助于夯实集团地位，因为"建设性模糊"的话语可能会在谈判后期出现，并由于解释各异而导致出现不可预见的阻碍。"绿屋会议"是由世界贸易组织总干事就具体谈判问题召集的非正式会议，参加"绿屋会议"也一直饱受诟病，特别是这些会议的代表性和包容性。

随着全球格局变化，各国也发展出新的集团态势。例如毛里求斯

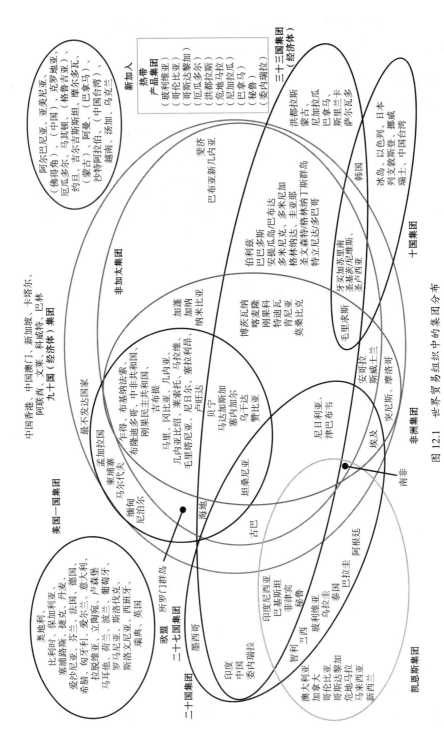

图 12.1 世界贸易组织中的集团分布

来源：WTO Secretariat；http://www.wto.org. 本图中的集团与世界贸易组织农业谈判相关。"新加入"集团中括号内的国家（经济体）同为其他联盟的成员。热带产品集团的所有成员均为其他联盟的成员。

266

已加入服务贸易协定谈判（见注释）。最不发达国家集团内部在免关税和免配额市场准入方面各执一词。显然，对于如何解决世界贸易组织中的问题，分歧越来越大。内罗毕发布的文件首次在世界贸易组织部长级宣言中指出成员国对多哈回合本身的分歧有多大：

> 许多成员重申《多哈发展议程》，以及在多哈和此后举行的部长级会议上通过的宣言和决定，并重申他们竭尽全力在此基础上缔结《多哈发展议程》。其他成员没有重申多哈授权，他们认为要在多边谈判中取得有意义的成果，必须采取新方法。

（WTO 2015 和本书第九章）

### 建设国家贸易能力

一个国家除了遵守国际社会制定的全球贸易规则外，还必须发展其人力资源和生产能力，这样才能抓住贸易壁垒降低带来的新机遇，并从全球经济中收获有意义的经济利益。

在讨论重大贸易问题的外交之都（如日内瓦、纽约或布鲁塞尔）派驻外交代表至关重要，这样可以促进各国参与多边贸易体系，并使他们能够适当监督和推进谈判。在 60 个最不发达国家、小国或内陆国家中，至少有 10 个国家没有在日内瓦设立常驻代表团。英联邦秘书处为日内瓦的英联邦小国办事处提供便利；目前，此办事处已经进驻了七个国家的代表团。虽然其他英联邦小国在日内瓦设有常驻代表团，但其中多数在世界贸易组织仍然没有专职、充分的代表，因此很难捍卫本国贸易利益，也很难及时回应他国提议。即使国家设法派驻代表，在大多数情况下也相当弱势，而且由于人员配备不足，无法确保有效参与世界贸易组织和其他国际贸易组织的所有会议。

此外，中国、印度、俄罗斯和巴西等新兴经济体的外交代表逐渐成为经济外交的必要条件，因为这些国家在国际贸易和全球治理问题上发挥着更大的影响力。其他发展中国家渐渐地将这些新兴市场视为发展商品和服务出口的潜力国以及吸引外商直接投资和基础设施投资的潜力国。众所周知，中国增加了对许多非洲国家基础设施的投资（*Economist* 2015）。一些小国正采取集体行动以打入这些新市场。通过太平洋岛屿论坛秘书处，太平洋国家正在中国、日本、澳大利亚、新西兰、日内瓦和斐济等多个国家和地区设立联合贸易和投资办事处。这些办事处旨在开展具有出口能力的业务，并在国际上支持并推广来自太平洋岛国的出口商。

尽管谈判新贸易协定为商界创造了机会，但如何利用好这些贸易协定依旧是一道难题。本人最近与小国有一些来往，显而易见的是私营部门的积极参与和能力发展正日益成为贸易协定能否带来真正利益的重要因素。最近在世界贸易组织层面达成的《贸易便利化协定》特别规定了私营部门的能力建设，以便贫困国家能够从中受益。

鉴于问题源源不断，为驻外使团配备具有亟须技术专长的外交官成为另一个关键因素。随着国际经济议程中出现越来越多需要特定技术的问题，发展中国家已开始在其代表团中纳入技术过硬的专家。例如，在日内瓦，许多国家在其代表团中纳入专业贸易代表，专门负责贸易问题，就像其他一些国家在人权、健康和劳工问题上有专门驻外代表一样。其他国家认为，从各国首都聘请专家定期出席世界贸易组织机构会议，尤其是需要专门知识的谈判机构的会议更为合适。来自各国首都的技术专家参与谈判，这不仅有助于提高效率和响应速度，而且还能确保本国政府对相关问题掌握实权，部长们也能在部长级会议上更好地作出决定。在这些代表团中增加贸易促进官员的代表性，以促进和推动海外贸易，这种做法或许是有益的。

在资源严重受限和国外代表性不足的情况下（小国和穷国往往如此），确保在国家层面适当协调并根据经济和政治利益确定优先事项，这一点至关重要。确保良好协调外国代表与本国首都，这样可以更经济有效地利用国内资源，比如，跟进日内瓦事宜并向日内瓦提供支持，而不必在日内瓦重新安置相关人员。从事贸易工作的各部委能够迅速勠力同心，并集中国家层面的资源。这种采取协调机构或机制形式的方法还有附加的好处，可以争取到各种公共和私营机构的支持，这些机构解决贸易问题，从事公民社会工作。同时，这种方法会让机构产生更强烈的主人翁意识，更容易实现改革/实施议程。下图12.2展示了这种协调机制的工作原理。

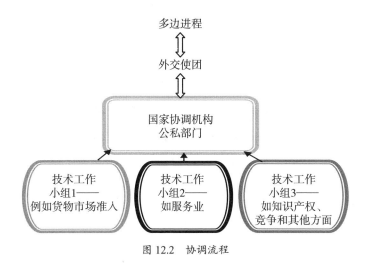

图 12.2　协调流程

国际贸易议程繁重，越来越多的问题接踵而至，使得小国或穷国顾三不顾四。因此，根据国家利益确定优先事项至关重要。当一个国家面临资源限制时，试图参与所有领域的工作可能会适得其反。例如，小国依赖少数产品出口。此外，如前文所述，几项服务产业对它们而言具有重要的经济意义，旅游业就是其中之一。然而，在确定优先事项时，不仅要注意保护当前的贸易利益和结构，还要注意预测未来趋势并发展新产业。如今，价值链进程跨越不同国家和地区，这一点变得更加重要。明确的贸易战略将提供有益的指导，并影响政策制定者和谈判者在多边环境中优先考虑哪些问题以及如何解决这些问题。

## 结　论

尽管近年来小国和穷国取得了积极进展，特别是在国际贸易方面，但仍有许多工作要做。以下工作必不可少：

- 完成悬而未决的世界贸易组织谈判，但存在各种不确定性；
- 迅速采取行动实施已经达成的协定，例如《贸易便利化协定》；
- 实现最近商定的可持续发展目标；
- 推进区域贸易协定（例如非洲），以及其他双边协定。

国际贸易体系依然错综复杂，穷国、小国的能力依然存在差距，并在一定程度上有扩大的趋势。鉴于国际贸易不断变化以及贸易政策和贸易相关问题中出现的新挑战，仍需要填补一些空白。

在国际贸易领域，建设小国和最不发达国家的长期机构能力仍然是优先事项。许多捐助者积极参与：但如果他们之间无法协同发挥作用，就会产生重复工作和浪费资源的重大风险，因此，这反而会适得其反。某些方案有效地提高了非加太国家的贸易能力和建设能力；这些项目包括英联邦秘书处的"枢纽和辐条计划"和欧盟为非加太国家资助的法语国家及地区国际组织（OIF）。然而世界还需要更多这样的努力。

迄今为止，许多小国和最不发达国家在与贸易有关的新问题上仍然处于守势。但鉴于全球正在不断发生演变，各国不能对这些突变视而不见，至少应该着手处理这些新出现的问题，并在可能的情况下考虑将来可以让国家变得活跃的因素。否则，当其他更先进的国家将这些问题作为双边或区域协议的一部分时，这些国家自然就落在后面。

在我看来，渐进式方法更适合在贸易谈判中取得进展，并且可能对资源有限的小国和最不发达国家而言更有效。在这种方法下，它们可能更容易重新定义本国的优先事项，而不是接受一项雄心勃勃的贸易议程。他们可能还需要专注于容易获得的收益并执行一些协议，而不是等待所有问题都得到解决。这意味着就构成多哈发展议程（多哈回合的官方名称）的所有项目开展工作，但不必期望同时得出结论。实施贸易协定和发展贸易是贸易协定发挥作用的关键要素。最近的一些协定包括《贸易便利化协定》提供了一些思路，如何针对各国能力不足灵活地适应各国不同的需求。

## 注释：

1. 中国商务部在非洲大陆批准了 8 个中国经贸合作区：赞比亚有 2 个，尼日利亚有 2 个，埃塞俄比亚、毛里求斯、埃及和阿尔及利亚各有 1 个。参见 http://www.saiia.org.za/doc_view/181-chinese-economic-and-trade-co-operation-zones-in-africa-facing-the-challenges。

2. 世界银行将小国定义为人口少于 150 万的国家，参见 www.worldbank.org/en/country/smallstates。英联邦使用相同的标准，但增加了几个稍大一些的国家（博茨瓦纳、牙买加、莱索托、纳米比亚和巴布亚新几内亚），因为它们与小国一样弱势，参见 www.the commonwealth.org。

3. 联合国根据三个标准定义最不发达国家——贫困程度、人力资源劣势和经济脆弱性，参见 http://unohrlls.org/about-ldecs/criteria-for-ldcs。

4. 七十七国集团（G77）是以 1964 年第一届联合国贸易和发展会议最初组成联盟的 77 个发展中国家命名的。

## 参考文献：

Collier, P. 2015. The New Africa. *Financial Times*. Available at: http://www.ft.com/cms/s/0/e6b692ec-5e2f-11e5-a28b-50226830d644.html.

Commonwealth Secretariat 2014. Istanbul Plan of Action (IPA) for the LDCs (2011–2020). In *Harnessing Trade for Structural Transformation in LDCs*. London: The Commonwealth. Available at: www.thecommonwealth-library.org.

*The Economist* 2015. China in Africa. January 27, 49–50.

Lanz, R. and Werner, H. P. 2015. Participation of Small Economies in Global Value Chains: Evidence and Policy Issues. In *Commonwealth Trade Hot Topics*, Issue 125. London: The Commonwealth.

Parra, M. M. and Rollo, J. 2014. The Trans-Pacific Partnership and Excluded Commonwealth Developing Countries. In *Commonwealth Trade Hot Topics*, Issue 109. London: The Commonwealth.

Soobramanien, T. Y. and Gosset, L. 2015. *Small States in the Multilateral Trading System: Overcoming Barriers to Participation*. London: The Commonwealth.

United Nations 2015. *UN Sustainable Development Goals*. Available at: https://sustainable development.un.org/?menu=1300.

United Nations Economic Commission for Africa (UNECA) 2012. *Report on Africa 2012: Unleashing Africa's Potential as a Pole of Global Growth*. Available at: http://www.uneca.org/publications/economic-report-africa-2012#.

World Bank 2015. *Global Economic Prospects*, 3. Washington, DC: World Bank.

WTO 2015. *Nairobi Ministerial Declaration*. WTO document WT/MIN(15)/DEC of 19 December.

## 有网的网站：

Commonwealth Secretariat: www.thecommonwealth.org.

European Commission: www.ec.europa.eu.

Pacific Islands Forum Secretariat www.forumsec.org.

World Bank: www.worldbank.org.

World Trade Organization www.wto.org.

# 第十三章　七国集团与八国集团峰会给二十国集团峰会的启示

尼古拉斯·贝恩

　　七国集团和八国集团峰会历史悠久：七国集团始于 20 世纪 70 年代，于 1998 年俄罗斯正式加入并形成八国集团，2014 年俄罗斯会籍被冻结，八国集团再次回归到七国集团。[1]峰会的表现各异，曾广受诟病，但从未受到公开挑战。然而，当 2008 年 11 月金融危机不断加剧时，八国集团峰会被束之高阁，而二十国集团财长会议提升到首脑会议级别。不到一年时间，二十国集团峰会就宣称其为"国际经济合作的主要论坛"。早期的二十国集团峰会极富成效，推动了各国采取相应行动控制危机。然而，该峰会后来日渐式微，无人知晓它该如何重获初期的强劲势头。本章将探讨七国集团和八国集团峰会如何在低潮后多次自我革新，以期为二十国集团复兴提供借鉴。

　　无论是七国集团、八国集团还是二十国集团，经济峰会都有三个环环相扣的目标。一是推动参会的政府首脑发挥政治领导作用，解决非国家层面难以应对的经济问题。因此，各国首脑正着手缓解经济和政治之间的紧张关系。二是在内部调和全球化引发的国内外压力（旧称"相互依存"），这归功于经济峰会在国家内部占据至高无上的地位。三是在外部推动全球经济体系的集体管理。与会人员作为最强大

273

国家的领导人，在追求这一目标时，也指望其他国家效仿。这些峰会目标最初是由我与罗伯特·帕特南教授通过观察早期的七国集团会议而找到的（Putnam and Bayne 1987），并沿用至今。

传统观点认为，七国集团和八国集团衰落并由二十国集团取代的原因是未能实现第三个目标。八国集团成员国不再主导世界经济，而是被巴西、印度，尤其是中国等新兴大国追赶甚至超越。本章并不否认这一论点，但认为第二个目标的失败，尤其是在2000年之后，对八国集团的效力和声誉带来更大的损害。七国集团峰会在历史上曾经历过两次类似的衰落，并成功实现了浴火重生。二十国集团同样需要进行一次自我革新，以充分展示其潜力。

本章结构如下：

• 首先，在理论部分回顾了罗伯特·帕特南教授的双层博弈隐喻。该隐喻最初受到七国集团峰会进程的启发而萌芽，因此可作为评判峰会成功与否的标准，特别是评判峰会是否能够调和国内外压力。

• 其次，回顾七国集团和八国集团峰会的表现与目标不符的情况，由此解释峰会是如何在经历低谷后进行自我革新。特别是在2000年后，由于未能与新兴大国达成协议，八国集团地位有所下降，但它并未消失，且再次以七国集团的形式回归。

• 最后，回顾二十国集团峰会的进展并解释其跌下神坛的原因。在取得初步成功后，二十国集团峰会未能实现第一个目标，即调和经济与政治关系。因此，七国集团和八国集团的经验可以为二十国集团提供启发，帮助其摆脱当前的困境。

## 峰会外交与双层博弈隐喻

鲍勃·帕特南提出了双层博弈隐喻以解释国际谈判与国内决策之间的关系（Putnam 1988），如本书第三章所述。谈判代表在国际谈判

（层次 I）中发挥作用，以达成必须由国内组织（层次 II）批准的协议。谈判代表的"获胜集合"描述了何种层次 I 结果能够确保获得层次 II 批准。与直觉相反的是，如果各方在层次 II 不是大一统的，则更有可能在层次 I 达成协议。这使得谈判者能够利用双方意见的转变来获得预期结果。例如，谈判者可以利用层次 I 产生的压力来改变本国层次 II 的平衡，帕特南称之为"回应"。谈判者甚至可以寻求利用其他伙伴的层次 II 辩论，即所谓的"重构"，以改善层次 I 的结果。此隐喻已成为国际关系分析的标准工具，并已成功地应用于广泛的案例研究。

鲍勃·帕特南的隐喻并非完全无中生有，而是从 1978 年的波恩七国集团峰会中汲取灵感。帕特南曾在白宫为美国总统吉米·卡特工作，从内部观察了美国的决策过程。帕特南还从他早期的学术工作中了解到欧洲政府，尤其是德国政府的决策过程是如何运作的（Aberbach，Putnam and Rockman 1981）。帕特南认为，国际峰会进程帮助时任美国总统吉米·卡特和时任德国总理赫尔穆特·施密特克服了国内对一些措施的阻挠，而这些措施在他们看来十分必要。在帕特南与兰德尔·亨宁合作分析波恩峰会的长文中（Putnam and Henning 1989），有些段落完全再现了帕特南解释双层博弈隐喻的文章。帕特南认为，由政府首脑主持的峰会是双层博弈的最高形式，可以最大限度地发挥其潜力。

**联系峰会外交与双层博弈 I**

以下段落将峰会外交与双层博弈联系起来：

• 政府首脑是首席谈判代表的典范："每个国家的政治领导人都出现在国际、国内两个层次的博弈中。"（Putnam 1988：432）

• 政府首脑信守承诺，绝不食言："背弃由政府首脑达成（或公开批准）之协议的成本极高。"（Putnam and Henning 1989：100，compare Putnam 1988：436）

• 政府首脑可以追求"协同联动",即"层次 I 中的议题联系可以改变层次 II 中的可行性结果……我们认为,随着相互依赖程度不断加深,协同联动将更加频繁"(Putnam 1988:444)。"如果没有政府首脑的积极参与,很少能达成此类跨议题的协议。"(Putnam and Henning 1989:115)

• 政府首脑互相鼓励对方提高知名度,由此增加国内的获胜集合,但这需要付出代价。"亮相世界舞台通常会给政府首脑带来特殊的优势……(他们)可能收获我们所说的'交易惠利'。事实上,从西方峰会外交的近期演变可知,峰会越来越强调宣传工作而非取得实质性成果,领导人似乎旨在获得上述'交易惠利',而非真正寻求可能产生交易成本的那种协议。"(Putnam 1988:446)

• 当"国际压力在国内政治决策中产生'回应',打破国内平衡,从而影响国际谈判时,峰会可能会达成协议……说服性回应更有可能发生在联系紧密的国家之间,且在经济谈判中可能比在政治、军事谈判中更为常见。西方峰会所达成之公报往往会经与会者传递给国内观众,作为使其政策合法化的一种方式。"(Putnam 1988:449—450)

• 峰会可为政府首脑提供新的可能性:"国际谈判有时可以支持政府领导人做个人希望达成的事情,然而领导人通常无法在国内完成这些事。"(Putnam 1988:451)

帕特南的结论主要基于七国集团早期峰会的记录而形成,其间美国总统是杰拉尔德·福特与吉米·卡特。那时帕特南已确定经济峰会的关键目标之一是调和国内外压力。当帕特南第一次提出双层博弈隐喻时,他预计这将永远是峰会活动的核心。但当帕特南撰文时,罗纳德·里根担任美国总统,正如上文第四点所示,疑虑悄然而至。在长达 40 年的峰会外交中,表现悬殊的七国集团和八国集团实现了这一目标。下一部分将佐之证据进行深入探讨。[2]

## 七国集团和八国集团峰会表现悬殊

### 1975—1982 年，创始峰会成功举办

从福特、卡特到里根执政初期，举办的早期峰会大都致力于解决经济问题，这些问题对七国集团成员国产生了国内影响，并推动其改变国内政策。1975 年举办的首次朗布依埃峰会确立了从那时起管理各国**货币政策**的国际制度，并沿用至今。会议还决定由央行集体干预外汇市场，不过这种干预并没有持续太久。头四届峰会在**宏观经济政策**上作出了越来越雄心勃勃的决策，以期在第一次石油危机后恢复经济增长。这导致了在 1978 年波恩峰会上，宏观经济与能源政策之间产生了复杂的"协同联动"。施密特利用峰会的"回应"机制赢得了德国国内对财政刺激计划的支持，而卡特也使用同样的方法确保了美国国内石油价格发生变动。早期峰会还讨论了**国际贸易**问题，产生了完成《关贸总协定》东京回合谈判所需的压力，该回合改善了国内市场准入。帕特南由此得出结论，朗布依埃峰会和波恩峰会是所有峰会中最为成功的，两次峰会所取得的成就后无来者（Putnam and Bayne 1987：270，Bayne 2005：18，214）。

第二次石油危机爆发后，峰会在**能源政策**方面取得了史无前例的进展：1979 年在东京就限制石油进口达成协议，1980 年在威尼斯决定采取节约能源的措施。峰会的重点仍然是宏观经济政策，但现在采取的限制性反通胀战略减少了国际合作的空间。贸易议题重返峰会议程，以期抵抗保护主义带来的压力，但峰会很难就此达成一致。1982 年，凡尔赛峰会试图在货币合作与东西经济关系之间达成一项跨议题协议，但以失败告终。

1979 年至 1982 年间举办的峰会不如头四次峰会成功。凡尔赛峰会表明，政府首脑可能会违背峰会协议。尽管如此，历届峰会仍然致力于那些需要调整国内政策的问题，并希望达成"协同联动"。峰会

很少关注在全球范围内影响更为广泛的问题，尤其是发展中国家的问题，并因此受到了帕特南和贝恩（Putnam and Bayne 1987：166）的批评。尽管遭到时任法国总统吉斯卡尔·德斯坦及其继任者弗朗索瓦·密特朗的抵制，但是外交政策问题仍然悄然进入峰会议程，分散了人们对经济问题的关注。[3]

### 1983—1988 年，政治盛行但峰会衰落

1982 年之后，里根总统几乎没有利用峰会来推进任何经济目标，因此之后的六次峰会在经济领域的实质性成果寥若晨星。1985 年，密特朗总统在波恩峰会上拒绝就《关贸总协定》新谈判回合的开始日期达成一致，这实际上阻碍了经济协议的达成。在此期间，首脑峰会达成的最重要决策是在东西方安全和反恐怖主义的政治领域。然而，里根总统违背了 1986 年在东京达成的反恐协议，此举极大损害了他的声誉。

自 1985 年起，由财政部长取代各国首脑负责在经济决策方面采取集体行动。詹姆斯·贝克在担任美国财政部长期间热衷应用双层博弈，并充分利用其谈判代表的地位。在 1985 年达成的《广场协议》及 1987 年达成的《卢浮宫协议》中，詹姆斯·贝克将各国财长转变成了汇率管理和宏观经济政策协调的工具。有别于神秘的五国集团，七国集团公开承认财政部长的新地位，财长地位在 1986 年的东京峰会上得到认可。

这一时期的结束带来了一个全新的经济问题——**国际债务**——未来峰会上不断讨论这个问题。财政部长将中等收入国家拖欠银行债务而引发的危机视作经济问题来处理（Capstein 1994：58—102）。然而，财政部长对减免穷国拖欠政府的债务兴味索然，尽管这些债务对债务国造成了沉重的负担。为了在这个问题上取得进展，英国、法国和加拿大于 1988 年在多伦多峰会上提出了相关议案。此次峰会上，在政治和道德双重压力下，各国首脑同意根据"多伦多条款"减免低收入国家的部分债务（Evans 1999）。债务减免为双层博弈提供了足够的空

间，因为各国首脑和财政部长经常对此持有针锋相对的观点。"多伦多条款"仅在公共开支和会计程序调整方面会产生一些低成本，但不要求峰会国家调整任何国内政策。债务减免的主要影响体现在七国集团成员国之外，而非集团内部。此次事件也表明，政府首脑开始将目光转向集团外部，而非内部。

### 1989—1997 年，峰会焕发新生

1989 年至 1991 年间冷战突然结束改变了峰会的经济作用。1989 年巴黎峰会成功地协调了各项措施，以帮助（从波兰和匈牙利开始）东欧和中欧国家发展可行的民主政体和市场经济。这些措施包括向这些国家提供大量资金，改善其产品的市场准入，并建立全新贷款机构——欧洲复兴开发银行（EBRD）。脱离共产主义的国家纷纷选择加入欧盟，因此，欧洲受到的国内影响最为深远。这意味着美国、日本和加拿大很高兴欧洲人牵头帮助东欧和中欧国家转型。

但对苏联采取的措施不太成功。欧洲人希望向时任苏联总统米哈伊尔·戈尔巴乔夫提供慷慨帮助，因其同意东欧解放和德国统一。但美国人质疑戈尔巴乔夫改革苏联经济的能力，甚至怀疑他团结苏联的能力，这使得国会不愿批准对苏联的援助。巧妙的双层博弈策略本可以调和这些分歧，但遗憾的是，并未实施这些策略。相反，这些分歧导致峰会迟迟未能达成协议，直至苏联解体。当时峰会也曾一致同意为苏联提供大量援助，但附带了苛刻的条件。作为补偿，戈尔巴乔夫和时任俄罗斯总统鲍里斯·叶利钦被邀请参加峰会。但俄罗斯人不喜欢成为乞求者，随着时间的推移，这种经历让他们倍感痛苦。

然而，这些事件为七国集团峰会注入了新的生机。七国集团首脑最终通过强迫银行减记贷款以解决影响中等收入国家的债务危机。他们三次改善了向贫困国家提供债务减免的条款，且美国和意大利开始支持这一进程，仅剩德国和日本仍表示反对。与会首脑就如何将**环境问题**（一个新的经济问题）纳入国内政策制定达成了一致，并着手设

计一个适用于所有国家的全新国际制度。然而，事实证明，该目标越来越难以实现，因为各国在气候变化和生物多样性问题上的国际承诺开始制约其国内政策的制定。贸易问题也同样棘手。连续三年的峰会都在为结束乌拉圭回合贸易谈判忙前忙后，结果却在农业问题上陷入了僵局，所幸最终在 1993 年第四次尝试时成功解决。虽然三度未能兑现其承诺损害了峰会的声誉，但最终达成的一系列协议在国内产生的影响比以往任何时候都更深远。

七国集团领导人认识到，冷战的结束加速了全球化进程。自 1994 年那不勒斯峰会开始，经济峰会对国际货币基金组织、世界银行和联合国等国际机构进行了多年审查，以确定这些机构是否能够满足新形势对其提出的新要求。这表明了七国集团应对全球化的方法是向国际机构提出新程序，而非调整其国内政策。但也有例外，比如时任美国总统比尔·克林顿曾试图利用 1997 年丹佛峰会产生的"回应"，希望国会通过其新非洲政策，但以失败告终。因此，经济峰会越来越多地向外看，以影响国际体系，而非向内看，以影响国内政策，结果导致双层博弈的空间变小。

**1998 年至 2009 年，以"八国集团"形式复兴，随后陷入长期衰退**

在 1998 年伯明翰峰会上，时任英国首相托尼·布莱尔作为东道主发起了一系列改革。各国领导人单独会晤，没有部长陪同。俄罗斯成为正式成员国，七国集团由此演变为八国集团。布莱尔希望这种更简单的程序能够提高峰会影响国内政策的能力。起初，八国集团将就业、犯罪、教育和社会保障等国内议题重新提上议程，但相关讨论并未持续多久。可确保协议实施的相关部长缺席本次峰会，这降低了达成任何协议而产生的影响。俄罗斯的参与也分散了与会人员的注意力。

在新千禧年，峰会的经济焦点几乎完全转向了集团外部。经济峰会正确地认识到，全球化带来的危险之一是穷国被边缘化。为应对这一趋势，与会首脑越来越关注**发展问题**，这个问题往往兼具经济与政治因素。尽管有些决策确实需要额外的公共支出，但是峰会在这些问题上的决策很少需要八国集团成员国调整国内政策。在峰会上，这些问题有时可以通过协同联动来解决。2002 年在卡纳纳斯基斯峰会上，欧洲承诺将提供额外资金用于清理俄罗斯的核设施和化学武器，以换取国会投票同意向世界银行提供更多资金以减免债务。但当需要更深层次的政策调整时，八国集团峰会往往未能信守承诺（Bayne 2005：224—228）。

1999 年至 2010 年间，八国集团峰会提出了一系列外部倡议，这些倡议往往与联合国千年发展目标相关，包括提供越来越慷慨的债务减免、利用互联网技术推动发展、防治传染病、振兴非洲大陆、支持农业和粮食安全、为儿童和孕产妇健康提供帮助等。其中一些倡议非常有想象力，例如，为响应非洲发展新伙伴关系（NEPAD）而通过的八国集团《非洲行动计划》。该计划与第二次世界大战后为欧洲制定的《马歇尔计划》有许多共同之处。然而，对比发现美国更愿意调整其国内政策以帮助欧洲，而八国集团向非洲提供的支持则准备不足（Bayne 2003：117—130）。

金融、贸易和环境等主流经济议题有时会提上峰会议程，但很少会使八国集团成员国改变国内政策。1998—1999 年为国际货币基金组织和世界银行开发的新金融架构是对源于亚洲问题的回应（Evans 2000）。七国集团成员国没有设想过会要求其改变原本的做法。《京都议定书》呼吁各国采取联合行动以控制气候变化，但由于美国的抵制，随后的峰会未能就政策变化达成一致。在贸易方面，七国集团峰会错误地判断了西雅图第三届世界贸易组织部长级会议前的气氛，当时美国、欧盟和日本在谈判议题上存在分歧，因此未能启动新一轮多边谈判。在多哈举行第四届部长级会议之前，八国集团更加团结一致，会议同意进行新一轮有利于发展中国家的谈判。该协议原定于

2005 年在中国香港缔结，必将影响国内政策。

2005 年，布莱尔再次在格伦伊格尔斯主持峰会，并有意选择了具有国内影响力之议题的议程。当时，布莱尔似乎取得了良好进展：在气候变化问题上采取了新行动，并赢得了时任美国总统乔治·沃克·布什的支持；与会首脑承诺按时完成多哈回合谈判；同时承诺 2010 年完成对贫困国家的债务减免，并将官方援助增加到 500 亿美元。布莱尔进行了一系列的双层博弈，在层次 I 博弈中亲自干预，与美国总统布什、德国总理施罗德和日本首相小泉纯一郎携手克服各自在层次 II 中面临的障碍。但这些在格伦伊格尔斯峰会取得的成果均后继乏力：美国人在气候变化问题上的行动非常缓慢；多哈回合在 2005 年后至今仍未完成，荆棘载途；全面债务减免已生效，但八国集团并未达到其集体援助目标，仅部分国家全额履行了其份额；八国集团峰会也再未进行过如此雄心勃勃的尝试。

**八国集团的外联工作及其问题所在**

八国集团峰会集中讨论了全球化对贫困国家产生的不利影响，但未能充分讨论全球化对实现加速增长的较大发展中国家产生的有益影响。自从七国集团出于政治原因同意接纳俄罗斯为峰会成员国以来，进一步扩大成员国数量的议题就被果断地提上了议程。学界和媒体越来越支持接纳新兴经济大国。[4] 然而，八国集团领导人并不愿扩大成员国范围。从经济角度来看，中国是显而易见的候选国家，但该想法在美国激起了强烈的政治阻力。

然而，政府首脑看到了"外联"的好处，因此，会邀请选中的非八国集团国家在他们对峰会议程特别感兴趣时参会。2000 年冲绳峰会上，日本作为东道主制定了针对发展问题的议程，并邀请具有代表性的发展中国家领导人参加峰会前的晚宴。与会的三位非洲领导人（分别来自阿尔及利亚、尼日利亚和南非）以嘉宾身份再次受邀参加第二年的热那亚峰会，并说服八国集团首脑将非洲问题列为优先议题。此后，非洲问题很少脱离八国集团的议程，非洲领导人也成为相关会议的座上宾。这是一次成功的外联：选定的非洲国家参与其中，且没有建议接纳其中任何国家加入的呼声。

第二次外联尝试由于各方意见不合而收效甚微。2003年埃维昂峰会上，时任法国总统雅克·希拉克邀请了一批主要发展中国家参会，包括巴西、中国、印度、墨西哥和南非。显然，希拉克希望这次会议的外联工作能够延续下去，但是第二年小布什并没有再次邀请以上国家领导人，转而邀请中东领导人参加海岛峰会。2005年格伦伊格尔斯峰会上，布莱尔再次邀请5个新兴大国出席会议，邀请其领导人参与筹备工作，并将这些国家与缔结气候变化的相关协议联系起来。但第二年，在峰会达成主要决定后，时任俄罗斯总统弗拉基米尔·普京才很不情愿地邀请这些国家的领导人参加圣彼得堡峰会。2007年海利根达姆拉峰会上，时任德国总理安格拉·默克尔对现在所谓的"外联五国"（Outreach Five）更为积极，峰会启动了"海利根达姆进程"，即巴西、中国、印度、墨西哥和南非五个新兴发展中国家与八国集团就选定的议题共同交流。但在次年的北海道峰会上，"外联五国"并未如此受欢迎，因为日本不想偏袒其竞争对手中国。因此，六年来，八国集团每年都在如何处理与主要新兴大国的关系上首鼠两端。

但这一次，"外联五国"对其待遇非常不满。八国集团充其量也没有平等地接纳新兴五国。八国集团制定了外联会议的规则和议程，而新兴大国只能接受，别无他选。从经济角度来看，将五国全部纳入或部分纳入峰会的理由逐年递增，但八国集团仍然无法下定决心。2009年拉奎拉峰会主席、时任意大利总理西尔维奥·贝卢斯科尼正在考虑将这两个集团合并为"十三国集团"的提案，但该计划因经济和金融危机而胎死腹中。任何应对危机的国际机制都必须将新兴大国视为平等的合作伙伴，因为这些国家以更好的姿态度过了危机并蓬勃发展。八国集团已经无力集体管理，因此无法实现峰会的第三个目标。

这个角色传递给了 2008 年 11 月首次召开会议的二十国集团峰会。[5] 在拉奎拉峰会结束三个月后，二十国集团峰会举行第三次会议，宣布此峰会是"国际经济合作的主要论坛"（G20 2009）。

一时间，八国集团峰会似乎灰飞烟灭。但在接下来的六年里，该峰会历经了两次改头换面，自我革新。首先，八国集团需要确定一个经济角色，既能与二十国集团相得益彰，又不会与之冲突，这一点已通过 2013 年厄恩湖峰会制定的"整顿内务"的目标而完成。该目标的重点是推动成员国之间达成特惠贸易协定，并推出打击逃税的措施，这些措施后来在 2013 年晚些时候也受到了二十国集团的推崇。2014 年俄罗斯占领克里米亚后，其他领导人拒绝参加当年在索契举行的峰会，后来改在布鲁塞尔召开了七国集团峰会，并冻结了俄罗斯的成员国资格。2015 年，新一届七国集团在埃尔茂再次召开峰会，与会各国商定了到 2050 年减少温室气体排放的宏伟目标，可为 12 月达成的气候变化协议做出比二十国集团更多的实质性贡献（参见本书第十六章）。

**联系峰会外交与双层博弈 II**

多年来，七国和八国集团峰会如何基于帕特南模型发挥双层博弈的潜力？记录显示：

• 政府首脑毋庸置疑发挥了他们作为首席谈判代表的作用，在国内国际谈判桌上进行博弈。除了七国集团和八国集团峰会之外，关于经济问题的首脑会议数量稳步增加，但其决策质量并未提高。

• 然而，令人遗憾的是，首脑信守诺言的声誉受到损害。承诺经常无法兑现，特别是与提前几年设定目标相关的承诺。

• 首脑们仍然可以实现协同联动，但他们出现的频率越来越低。近期政府首脑实现协同联动的最好例子就是 2002 年的卡纳纳斯基斯峰会。

• 首脑们仍然支持彼此的立场。但是，正如帕特南所预见的那样，首脑们对短期有利的宣传（"交易惠利"）的渴望常常使他们分心，无意寻求产生交易成本的持久性协议。

● "回应"同样很少见。国际决策可用于巩固现有立场，但很少用于推动政策变化。峰会公报失去了说服国内舆论的大部分力量。

● 根据目前的记录，政府首脑可能会像英国前首相布莱尔在格伦伊格尔斯峰会那样，将峰会作为实现国际目标的工具。他们很少利用国际行动以扫清国内障碍，尽管这种情况可能发生在避税和气候变化方面。

七国和八国集团峰会的记录显示，首脑们在调和国际和国内压力以及利用一个层面的压力来解决另一个层面的问题所持的态度上，呈现三个不同阶段的循环。这些阶段如下：

● 在第一阶段，首脑们有意利用峰会达成要求改变国内政策的协议，并取得了一定的成功，尽管这些协议并不总是持久有效。这最大限度地利用了首脑会议进程的潜力。

● 在第二阶段，首脑们仍在处理对国内有影响的问题，但更有可能出现分歧或违背承诺。最初的峰会目标得以保留，但是否能够实现目标另当别论。

● 在第三阶段，首脑们避免涉及需要国内调整政策的议题，而是选择完全具有国际影响的议题，如果需要政策变化，必须是其他国家做出。在无法避免需要调整国内政策时，产生分歧和违背承诺持续存在，这与第二阶段相同。尽管峰会可能取得其他有价值的成果，但最初的目标已经淡化。

八国集团峰会已经历了三轮这种循环，并开始了第四轮循环。1975年首轮循环开始后，八国集团峰会在1989年和1998年成功实现了自我改造。但全球金融危机爆发之际，八国集团峰会在21世纪的头十年一直向外看，而不是向内看。因此，八国集团峰会并没有准备好应对80年来最严重的经济灾难，此次危机需要深度调整国内政策。二十国集团峰会发挥了这一作用（Cooper and Shrum 2011：229—244）。然而，没有俄罗斯的新七国集团峰会，现在正在寻找一个具有国内影响的独特经济职能。

## 二十国集团峰会的教训

如前所述，二十国集团峰会始于 1999 年，由来自"具有系统重要性国家"的财政部长组成，并于 2008 年升格到峰会级别。二十国集团峰会与七国／八国集团峰会有着相同的目标：发挥政治领导作用，调和内外压力，共同管理国际体系。早期的二十国峰会在这三个目标上都取得了成功。但是，一旦眼前的金融危机结束，峰会的表现就会打折。

**早期的成功：2008—2010 年**

2008 年（华盛顿）和 2009 年（伦敦和匹兹堡）在金融危机情况下举行的三届二十国集团峰会成效斐然。当时，许多国家经济严重衰退，金融体系面临崩溃，二十国集团立即采取行动，改革国内政策，以应对危机。第一，二十国集团领导人重组巴塞尔的金融监管机构，制定详细的改革议程，以避免未来发生危机。第二，他们批准了世界范围内的经济刺激措施来对抗经济衰退。第三，他们同意大量补充国际货币基金组织的可用资源，以帮助面临支付困难的国家。第四，他们启动了经济协调进程以促进持久复苏，即"强劲、可持续和平衡增长框架"（Kirton 2013：227—321）。

在这项计划中，七国集团和新兴大国之间建立了协同联动的关系。七国集团和其他成熟经济体是经济决策的主要受益者，这些决策帮助它们摆脱了困境。新兴大国还获得了政治优势，在与七国集团平等的条件下，它们参加了新峰会，并决定了应对危机的国际响应方案，并成为巴塞尔银行监管委员会和负责金融监管的金融稳定委员会的成员。此外，二十国集团峰会同意改革国际货币基金组织的治理，以增加中国、印度、俄罗斯、巴西等国的相对权力，主要代价是欧盟国家失去了国际货币基金组织执行董事会的两个席位。因此，新兴大国准备克服对国际货币基金组织的不信任，给予其更多资源，并在二十国集团的工作中发挥重要作用。由于经济和政治得到妥善协调，这些峰会可以借由发挥强有力的领导作用。

2010 年举行的两次二十国集团峰会（多伦多和首尔）都不太成功。当时危机已得到控制，峰会开始讨论更困难和更有争议的议题。增长框架进展非常缓慢。宏观经济战略出现分歧，许多国家尤其是欧洲国家，开始纠正预算赤字和减少公共债务，而美国仍然倾向采取刺激经济的措施。各国在如何纠正国际收支失衡的问题上存在冲突，以美国为首的逆差国家与以中国和德国为首的盈余国家对峙。尽管如此，2010 年 11 月的首尔峰会还是取得了进展。该峰会确认了对国际货币基金组织治理改革的协议，并认可了监管机构为加强银行资本比率所做的工作（《巴塞尔协议 III》）。

**峰会作用减弱：2011—2015 年**

二十国集团峰会现在似乎正进入峰会周期的第二阶段，此时分歧更频繁出现（Jenkins and Subacchi 2011）。2011 年的戛纳峰会在增长框架方面取得了一些进展，所有成员国都同意就政策计划交换信息，并对其他成员国的意见作出回应。但它未能就应对欧元区危机的国际货币基金组织特别机制的提议达成一致。接下来的两次峰会未能进一步推进增长框架，以努力达成相互调整政策的预期。2013 年的圣彼得堡峰会就减少避税和逃税达成了单独的协议，这份协议是基于当年早些时候八国集团峰会上作出的决议。该决议不仅针对"避税天堂"和跨国公司，而且针对二十国集团政府。

2014 年的布里斯班峰会作出了一些创新的政策调整承诺以促进增长（Callaghan 2015）。峰会认为财政和货币政策争议太大，转而关注结构性改革。二十国集团成员国承诺采取具体措施促进投资，特别是在基础设施领域；加强贸易和竞争；改善就业政策，尤其是女性就业机会。这些措施旨在 2018 年使二十国集团的预测增长率增加 2%；国际货币基金组织已确认，如果这些措施真正落实，它们能够达成这一目标。然而，这个经济方案是温和且脆弱的。即使结构性改革在五年内生效，也很难将增长模式与布里斯班峰会联系起来（Callaghan and Sainsbury 2015）。

与此同时，二十国集团并未对阻碍经济增长的更广泛因素产生任何影响，例如欧洲大陆和日本经济的持续疲软、中国经济放缓以及巴西、俄罗斯和南非等其他新兴大国面临的难题。经济政策仍然支离破碎，二十国集团峰会对各国决策没有产生明显影响。外交政策问题也开始分散各国对经济议程的注意力，例如 2014 年的乌克兰问题和 2015 年的叙利亚问题。

## 二十国集团峰会恢复动力

二十国集团峰会并没有像七国集团和八国集团峰会那样时不时地放弃最初的目标。但它无法达成有效应对当今问题的协议。是什么原因使二十国集团失去了动力，以及如何恢复其作用呢？

峰会外交的首要目标是行使领导权，以协调经济和政治，从而实现化解国内国际压力和实行集体管理的另外两个目标。早期的二十国集团峰会成功实现了这三个目标。但随着金融危机压力的缓解，经济和政治之间的紧张关系重新抬头，表现为七国集团与非七国集团国家之间的摩擦不断升级（Goodman and Remler 2015，Subacchi and Pickford 2015）。

美国国会五年来未能批准二十国集团商定的国际货币基金组织改革，因此投票结构的变化无法生效。这激怒了作为主要受益者的非七国集团新兴大国。欧元区国家和日本忙于解决自身问题，对二十国集团活动贡献甚微。单一大国中国和金砖国家（巴西、俄罗斯、印度、中国和南非）开始携手创建自己的经济结构网络，这一网络不同于二十国集团、国际货币基金组织和世界银行。与《跨太平洋伙伴关系协定》《跨大西洋贸易与投资伙伴关系协定》和《区域全面经济伙伴关系协定》等"超大型区域"贸易和投资谈判相比，多边世界贸易组织的地位有所下降。[6]尽管美国否认这一点，但《跨太平洋伙伴关系协定》似乎是冲着中国去的。美国拒绝了中国关于亚太自由贸易区的提议，尽管这最初是美国的想法。在所有这些例子中，政治压力造成了紧张局势，阻碍各国在一系列经济问题上达成协议。因此，二十国集团无法按照推进增长框架或对更广泛的全球经济实施集体管理的要求来调和国内外压力。

为了在像二十国集团这样的机构中调和经济和政治，所有成员国都必须感到本国对机构有平等的主人翁意识，并作出相同的承诺。最初大家认为，与七国/八国集团相比，二十国集团成员国数量的增加会自动实现这一目标。但事实证明单凭成员国数量是不够的；还需要作出更多努力，才能让所有成员国都参与进来，并在峰会进程中分享主人翁意识。为实现这一目标，二十国集团需要以七国/八国集团为榜样，展示经济峰会作为灵活自主的机构，如何成功地自我革新。这可能是外部刺激的结果：冷战结束使1989年的七国集团峰会重新焕发活力；金融危机使二十国集团从低调的财长会议变成了高调的峰会。但也可以通过峰会进程本身的内部改革来实现自我革新。对于七国集团，这是通过采用仅限领导人参加的会议并拉拢俄罗斯来实现的。对二十国集团来说，关键在于充分利用轮值主席国的机会。

二十国集团峰会是一个成员驱动的机构。[7]每年都有不同的国家负责主持峰会，组织筹备工作，并得到前任和继任主席国的支持。主席国对峰会结果有很大影响，并希望其峰会能够大获成功。担任主席国有助于一个国家实现对峰会进程的承诺，并建立起主人翁意识。

起初，七国集团成员国在很大程度上垄断了二十国集团的轮值主席国。到 2011 年底，七国集团中的美国、英国、加拿大和法国担任主席国，但七国集团之外的只有韩国。因此，七国集团成员国的主人翁意识最强，它们对峰会外交早已驾轻就熟。随后格局发生变化，墨西哥、俄罗斯、澳大利亚和土耳其（2015 年的东道主）相继担任轮值主席国。然而，俄罗斯作为八国集团峰会的一员已经花了 15 年时间。担任轮值主席国的所有其他非七国集团成员国都是经合组织成员国，因此继承了可追溯到《马歇尔计划》的经济协商做法。所有这些国家对二十国集团峰会拥有主导权应该是轻而易举。

相比之下，二十国集团中三个最大的发展中国家——巴西、中国和印度——却没有担任过二十国集团峰会的轮值主席国，也没有组织过峰会。这些国家是二十国集团峰会进程的重要参与者，遗憾的是尚未完全参与此进程。然而，随着中国将在 2016 年主持峰会并在一年前成为筹备组成员，峰会前景发生了变化。越来越多的证据表明，中国希望充分利用其担任轮值主席国的机会并在峰会上留下自己的印记（Pickford and Xiaogang 2016）。目前已经决定德国将在 2017 年担任轮值主席国。此后，根据未来轮换规则，轮值主席国 2018 年由巴西担任，2019 年由印度担任；印度作为前任轮值主席国，将在 2020 年继续参与。下表 13.1 解释了轮换顺序。财政部长确定二十国集团轮值主席国在五个区域集团之间轮换，并从 2010 年底开始应用于峰会，但 2015 年土耳其是个例外。

表 13.1　二十国集团区域集团和峰会主席国

| 组 1 | 组 2 | 组 3 | 组 4 | 组 5 | ［组 4］ |
|---|---|---|---|---|---|
| 2010—2015 年，轮值主席国 | | | | | |
| 2010 年 | 2011 年 | 2012 年 | 2013 年 | 2014 年 | 2015 年 |
| 韩国* | 法国* | 墨西哥* | 俄罗斯 | 澳大利亚* | 土耳其* |

（续表）

| 组 1 | 组 2 | 组 3 | 组 4 | 组 5 | ［组 4］ |
|---|---|---|---|---|---|
| **2016—2020 年，选择和预测轮值主席国** | | | | | |
| 2016 年 | 2017 年 | 2018 年 | 2019 年 | 2020 年 | |
| 中国 | 德国* | 巴西 | 印度 | 沙特阿拉伯 | |
| **其他集团成员国** | | | | | |
| 印度尼西亚 | 意大利* | 阿根廷 | 南非 | 美国* | |
| 日本* | 英国* | | 土耳其* | 加拿大* | |

\* 表示经合组织成员国。

注：在这些规则生效之前，前四次峰会分别由美国（2008 年和 2009 年）、英国（2009 年）和加拿大（2010 年）主办。

　　该表显示，2018 年轮值主席国应在巴西和阿根廷之间选择，2019 年应在印度和南非之间选择。

　　这三大新兴大国——中国、巴西和印度——将有机会在四五年内共同合作，在二十国集团峰会上留下本国的印记，并确立本国对峰会的主导权。它们能够塑造峰会的未来成果及全球影响力，它们应该决定二十国集团的领导作用，这一领导作用主要体现在解决成员国的国内压力和动员经济体系的集体管理。这三个新兴大国可能会引领二十国集团，这样的前景会让七国集团感到惴惴不安，因为它们可能会推出不受欢迎的举措。然而，为了让三个新兴大国充分参与峰会，这是可以接受的风险。三个新兴大国不应该有动机扰乱开放的经济体系，开放的经济体系使它们能够崛起至今。然而，新兴大国担任峰会轮值主席国可能会使欧盟和日本减少对自身问题的关注，并刺激美国更好地履行其国际责任。二十国集团成员国的充分参与，无论是七国集团成员国还是非七国集团成员国，对于确保峰会能够实现其所有目标至关重要。因此，二十国集团将效仿七国集团和八国集团过去的做法，进行自我革新。

### 联系峰会外交与双层博弈 III

帕特南设想的双层博弈在二十国集团峰会的最初几年应用成功。危机本身带来的压力是鼓励国际（层次 I）协议达成并推动机构改革的有力因素。二十国集团领导人与财长之间的密切联系是另一个积极因素。由于财长们早已习惯一起工作，财长出席峰会降低了二十国集团成员国国内（层次 II）产生争端的风险（Cooper 2010：741—758）。

二十国集团领导人显然将自己视为首席谈判代表，在国内国际谈判桌前都有所发挥。这些领导人至少在峰会初期遵守承诺，没有违背诺言。虽然他们互相支持对方的立场，但没有以牺牲牢固的协议为代价以寻求简单的表象优势。由于广泛的协同联动，早期峰会取得了进展。非七国集团出席二十国集团峰会和巴塞尔的国际机构会议，此外，国际货币基金组织还对投票结构进行明显有利于新兴国家的改革，作为回报，非七国集团成员国准备支持由七国集团所倡导的经济刺激计划和金融改革方案。

这一切都是积极现象。但帕特南还有更雄心勃勃的策略，想要充分利用双层博弈之间的互动，这种互动却非常迟缓。层次 I 的交流会影响层次 II 的辩论，这种"回应"欧美之间在华盛顿峰会之前可见一斑。美国财政部和美联储选择采用欧盟已经决定的对倒闭银行的资本补充方案，并得到国会的批准。但目前并没有迹象表明二十国集团本身在利用"回应"。二十国集团领导人最初并没有利用国际辩论来克服国内对他们计划的抵制。

采用这些先进的策略将取决于理解每个二十国集团成员国如何制定政策，理解决定政策制定的内部力量。交流经济政策信息成为二十国集团的惯例。然而，许多国家的决策过程仍然不透明。二十国集团峰会要想取得持久的成果，需要其成员国了解彼此的进程如何运作，并借此在棘手的问题上达成一致。

# 结　论

本章探讨了 40 多年来七国集团和八国集团峰会的记录如何重振二十国集团峰会提供经验。峰会结合了三个目标：行使领导权，将经济与政治相结合；调和国内和国际压力；动员经济体系的集体管理。早期的七国集团峰会启发了鲍勃·帕特南教授创建一个有价值的理论机制来解释这一过程。但里根时代表明，经济问题很容易被搁置一旁，而优先考虑外交政策。冷战结束使七国集团峰会恢复了活力，再次解决需要调整国内政策的问题。后来峰会作用衰退，七国集团转而成为八国集团，这带来了另一次振兴。但是，峰会太容易被国际问题所吸引，这些问题需要其他国家作出政策调整，而不仅限于七国集团或八国集团成员国。随着新兴大国的崛起，峰会集体管理的能力受到挑战。新兴大国对不平等条件的"外联"感到不满。因此，在 21 世纪的头十年，八国集团实现目标的能力被严重削弱。这就是为什么在当前的经济危机中，八国集团峰会被搁置，二十国集团峰会应运而生，尽管七国集团峰会在没有俄罗斯的情况下仍然存在。

在经济危机的压力下，二十国集团涉足敏感的国内问题，如宏观经济政策和金融监管，以及重振国际货币基金组织和改革其治理。最初的结果令人印象深刻。但一旦经济危机阴霾褪去，二十国集团的表现就一落千丈。峰会的关键目标是调和经济和政治的领导能力，峰会的其他两个目标都依赖这个目标，但是这个关键目标并未实现。二十国集团的非七国集团成员国在峰会进程中没有享有与七国集团成员国平等的主导权，因而它们的摩擦不断升级。

主持峰会是主导权最明显的标志。早期的峰会由七国集团成员国主持，随后是由经合组织的非七国集团国家主持。截至 2015 年，最大的非经合组织成员国——巴西、中国和印度——还没有担任轮值主席国。但在 2016 年至 2019 年期间，这三个国家很可能会担任轮值主席国。这一过程可以确认它们对二十国集团峰会的主导权，同时鼓励七国集团国家也履行其国际责任。通过这种协调经济和政治的过程，二十国集团峰会能够恢复其能力，确保国内接受其国际决议，并对全球体系进行集体管理。吸取七国／八国集团的教训，二十国集团峰会应该利用峰会外交的灵活性进行自我革新。

注释：

1. 七国集团成员国包括美国、日本、德国、法国、英国、意大利和加拿大，加上欧盟委员会和欧盟轮值主席国。1998 年俄罗斯加入，八国集团建立。

2. 按照 1975 年至 1997 年时间顺序的七国集团峰会介绍，参见贝恩（Bayne 2005：17—36）的著作。该书的其余部分涵盖了 1998 年至 2004 年八国集团峰会的情况。

3. 政治议题一直保留在七国集团／八国集团峰会议程上。但在此处忽略不计，因为它们不属于经济外交的范畴。

4. 一个早期的例子出现在 *The Economist*, 10 July 1993, 67。这篇文章引用了最新的《世界发展报告》（World Bank 1993），该报告记录了主要发展中国家的崛起。

5. 二十国集团自 1999 年以来举行财政部长的会议。成员国包括阿根廷、澳大利亚、巴西、加拿大、中国、法国、德国、印度、印度尼西亚、意大利、日本、墨西哥、俄罗斯、沙特阿拉伯、南非、韩国、土耳其、英国、美国和欧盟。

6.《跨太平洋伙伴关系协定》的 12 个成员国包括来自二十国集团的美国、日本、加拿大、澳大利亚和墨西哥。《跨大西洋贸易与投资伙伴协议》将联系美国和欧盟。《区域全面经济伙伴关系协定》包括东盟十国，以及中国、印度、韩国、澳大利亚和新西兰。请参阅本书第十一章。

7. 时任英国首相戴维·卡梅伦向夏纳二十国集团峰会提交了备忘录，建议设立常设秘书处，但领导人决定不予采纳（Hajnal 2014：138）。

参考文献：

Aberbach, J. D., Putnam, R. D. and Rockman, B. A. 1981. *Bureaucrats and Politicians in Western Democracies*. Cambridge, MA: Harvard University Press.

Bayne, N. 2003. The New Partnership for Africa's Development and the G8's Africa Action Plan: A Marshall Plan for Africa?, in *Sustaining Global Growth and Development: G7 and IMF Governance*, edited by M. Fratianni, P. Savona, and J. J. Kirton. Aldershot: Ashgate, pp. 117–129.

Bayne, N. 2005. *Staying Together: The G8 Summit Confronts the 21st Century*. Aldershot: Ashgate.

Callaghan, M. 2015. The Brisbane G20 Summit: Was it more than just a Talkfest?, in *The G20 and the Future of International Economic Governance*, edited by M. Callaghan and T. Sainsbury. Sydney: UNSW Press, pp. 21–38.

Callaghan, M. and Sainsbury, T. (eds.). 2015. *The G20 and the Future of International Economic Governance*. Sydney: UNSW Press.

Capstein, E. 1994. *Governing the Global Economy: International Finance and the State*. Cambridge, MA: Harvard University Press.

Cooper, A. F. 2010. The G20 as an Improvised Crisis Committee and/or a Contested "Steering Committee" for the World. *International Affairs*, 86 (3), 741–758.

Cooper, A. F. and Shrumm, A. 2011. Reconciling the Gs: The G8, the G5 and the G20 in a World of Crisis, in *Global Financial Crisis: Global Impact and Solutions*, edited by P. Savona, J. J. Kirton, and C. Oldani. Farnham: Ashgate, 229–244.

*Economist* 2015. Climate Change: Raise the Green Lanterns. 5 December, 60–61.

Evans, H. 1999. Debt Relief for the Poorest Countries: Why Did It Take So Long? *Development Policy Review*, 17 (3), 267–279.

Evans, H. 2000. *Plumbers and Architects*. FSA Occasional Papers. London: Financial Service Authority.

G20 2009. *Pittsburgh G20 summit communiqué*, September. Available at: http://www.g20.utoronto.ca/summits/2009pittsburgh.html.

Goodman, M. P. and Remler, D. 2015. *Can the G20 Deliver?* Global Economics Monthly, November. Washington DC: Center for Strategic and International Studies (CSIS). Available at: www.csis.org.

Hajnal, P. I. 2014. *The G20: Evolution, Interrelationships, Documentation*. Farnham: Ashgate.

Jenkins, P. and Subacchi, P. 2011. *Preventing Crises and Promoting Economic Growth: A Framework for International Policy Cooperation*. CIGI Special Report. Available at: www.cigion line.org and www.chathamhouse.org.uk.

Kirton, J. J. 2013. *G20 Governance for a Globalized World*. Farnham: Ashgate.

Pickford, S. and Zha Xiaogang 2016. *Towards a More Effective G20 in 2016*. Chatham House Research Paper. Available at: www.chathamhouse.org.

Putnam, R. D. 1988. Diplomacy and Domestic Politics: The Logic of Two-Level Games. *International Organization*, 42 (4), 427–460.

Putnam, R. D. and Bayne, N. 1987. *Hanging Together: Cooperation and Conflict in the Seven-Power Summits*. London: SAGE.

Putnam, R. D. and Henning, C. R. 1989. The Bonn Summit of 1978: A Case Study in Coordination, in *Can Nations Agree? Issues in International Economic Cooperation*, edited by R. N. Cooper and others. Washington, DC: The Brookings Institution, pp. 12–13.

Subacchi, P. and Pickford, S. 2015. *International Economic Governance: Last Chance for the G20?* Chatham House Briefing. Available at: www.chathamhouse.org.uk.

World Bank 1993. *World Development Report 1993*. Washington, DC: World Bank.

## 有用的网站：

Chatham House: www.chathamhouse.org.uk.

Center for International Governance Innovation: www.cigionline.org.

Center for Strategic and International Studies: www.csis.org.

G7 and G20 Research Group: www.g7.utoronto.ca and www.g20.utoronto.ca.

G20 Summit and Finance Ministers: www.g20.org.

# 第十四章 协商特惠贸易协定：动机和影响

肯·海登

近期特惠贸易协定激增，此说法并不夸张（见图 14.1）。[1] 过去五年中，特惠贸易协定在世界贸易中的份额从大约 40% 上升到一半以上；目前来看，贸易更多是在优惠的基础上进行，而不是在世界贸易组织的最惠国原则下进行。全面实行后，超大型特惠贸易协定、《跨太平洋伙伴关系协定》和《跨大西洋贸易与投资伙伴关系协定》将进一步主导贸易格局。随着多哈发展议程下的多边谈判陷入僵局，特惠贸易协定成为贸易外交的核心。这一趋势将持续下去。本章探讨了出现这种情况的原因并评估了后果。

## 贸易谈判模式

展望未来的贸易谈判，有四种可能的模式。[2] 它们是：

- 重振多边、多议题的单一承诺原则；
- 以单一议题为基础的多边谈判；
- 在单一议题的基础上，白愿联盟之间展开诸边（大于 个参与国，但小于所有国家数量的）谈判；
- 在特惠贸易协定框架内，就一系列议题展开诸边谈判。

接下来我们会分析前三种模式，看来只有第四种模式是确定的。

### 重振多哈发展议程的单一承诺原则

在多哈发展议程下遵循多边单一承诺原则（即"协议必须在成员对任何细节均已达成一致后才能决定"），有可能最大限度地提高福利收益，同时捕捉议题联动原则所阐明的积极动力（Tollison and Willett 1979）。然而，这看起来注定不会成功。回顾过去，乌拉圭回合出现了一个关键的转折点，当时的僵局是"如果你不对乙议题采取行动，那么我便不会对甲议题采取任何行动"，后来僵局转变为权衡，即"如果你推进乙议题，那么我便推进甲议题"。这样的转折点出现在多哈发展议程中似乎不太可能。人们普遍将这种持续的僵局归因于单一承诺原则。因此，阿姆里塔·纳利卡及其同事断言（Narlikar et al. 2012）：

> 单一承诺意味着世界贸易组织的决策效率较低，更容易反复陷入僵局。

本章提供了不同的看法。实现议题联动的机会变小，原因有二，其一是公共采购、竞争政策和投资被排除在外（在 2003 年坎昆世界贸易组织部长级会议上），其二是谈判几乎全部集中在两个问题上：农业和非农业市场准入。无法达成协定的阻碍并不是单一承诺和议题激增，而是议题范围缩小反而导致了无法通过单一承诺充分发挥议题联动的潜力。2015 年 12 月，世界贸易组织内罗毕部长级会议上达成了有限领域的协议，尤其是在农业领域，虽然协议受到欢迎，但是远未在全面多边议程上取得进展。因此在多哈发展议程中获得"大笔交易"的机会已大大降低，特别是将投资排除在外。远期贸易议程中最重要的项目之一是签订投资协议，承认贸易和外国直接投资流动的互补性，并寻求巩固和扩大全球价值链的收益。

### 单一议题多边谈判

议题联动原则也有助于解释为什么难以达成针对特定议题的多边协议。2013 年 12 月，巴厘岛世界贸易组织部长级会议的经验可以说明这一点。关于贸易便利化的多边协定之所以有可能达成，部分原因在于潜在收益的规模和技术援助的机会，当然最重要的原因是，印度能够联系在贸易便利化方面的承诺与粮食库存和粮食安全相关的承诺。

尽管如此，可能有人会说，1997 年缔结的早期多边协定已经开了先河，支持关于金融服务和基础电信领域的单一议题多边协定。然而，此类协定（作为《服务贸易总协定》的附件）很可能是一次性的，因为那次的多边协定得益于强有力的、集体扶持措施，建立在乌拉圭回合营造的势头之上。

**单一议题诸边谈判**

转向第三种可能的模式时，问题随之出现——这种集体扶持是否可能不经由自愿联盟针对特定问题的多边谈判而产生。这种做法似乎得到了世界贸易组织的支持。2012 年 12 月，召开第八届世界贸易组织部长级会议，会上呼吁探索新的谈判方式，人们普遍认为这是在为诸边谈判扫清障碍。随后巴厘岛部长宣言提道，需要研究"可以让成员国克服最关键、最根本绊脚石的方法"，许多观察员认为此处的绊脚石指向诸边谈判的障碍。就其本身而言，欧盟委员会在其贸易战略文件《所有人的贸易》（EC 2015a）中明确支持就单一议题展开诸边谈判。

就单个议题展开诸边谈判是有成功先例的，特别是《信息技术产品协议》（ITA）（现已进入第二代）和《政府采购协定》（GPA）。每一项协议都为签署国带来了好处。像《信息技术产品协议》等协议，关税削减建立在无条件最惠国待遇的基础之上，这也为非签署国带来了好处。如果协议的透明度提高，就像公共采购领域的《政府采购协定》一样，那么非签署方将再次受益。

但是，就单一议题达成的诸边协定有一个共同点，即尽管诸边协定涵盖的世界贸易比重很高，但协定将许多发展中国家排除在外，而所涉及的产品或服务对这些国家的进出口可能相当重要。《信息技术产品协议》仅包括非洲的三个发展中国家（埃及、毛里求斯和摩洛哥）和南美洲的两个发展中国家（哥伦比亚和秘鲁）。如果不计算中国香港、新加坡和中国台湾等比较特殊的情况，那么《政府采购协定》的 42 个签署国家（或地区）中没有一个发展中国家，或者说没有任何主要的新兴经济体。同样，目前关于服务贸易协定的诸边谈判中，尚无主要的新兴经济体（尽管中国已申请加入，但目前仍在考虑中），且只有 8 个发展中国家。14 个国家（或地区）就《环境商品贸易自由化协议》（EGA）开展谈判，其中只有中国大陆、哥斯达黎加、中国香港、新加坡和中国台湾代表发展中经济体。如果之后有发展中国家决定加入已有的诸边组织，它将不得不接受现行法，并且不能要求重启谈判（Hoekman 2005）。这种情况存在风险，如果将重点放在自愿联盟上，将会回到乌拉圭回合开展之前的局面，即许多发展中国家怀疑诸边协议能提供的收益，并担心协议带来的行政成本，因此这些发展中国家实际会选择退出贸易谈判。这反过来又会让诸边谈判愈发难以达到关键群体——这通常是一个向非签署方授予无条件最惠国待遇的先决条件，就像在《信息技术产品协议》中和在《环境商品贸易自由化协议》中一样。

就单一议题达成的诸边协定在系统性方面也可能存在问题。服务贸易协定最终将如何融入世界贸易组织架构存在不确定性：是作为与世界贸易组织并行，但不在世界贸易组织框架内的协议；还是作为特惠贸易协定？作为特惠贸易协定，它可能属于两项世界贸易组织条款中授权豁免非歧视原则的一项：一是《服务贸易总协定》第五条，因为目前服务贸易协定正在谈判中；二是《关贸总协定》第 24 条，作为更宽泛的特惠贸易协定中的要素之一（第四种模式）（European Parliament 2013）。但无论体制结果如何，危险在于服务贸易协定会减少或消除在《关贸总协定》中开展谈判的动机，从而进一步蚕食多哈回合议题联动的机会（Bosworth 2014）。

系统性问题也出现在争端解决方面。现有的单一议题诸边机制在世界贸易组织体系内运作（例如，《政府采购协定》源于 1979 年的东京回合；《信息技术产品协议》则源于 1996 年的新加坡部长级会议），因此必须与世界贸易组织争端解决机制（DSM）共存。事实上，未来可能使用争端解决机制，这种预期或许部分解释了发展中国家不愿加入单一议题诸边机制。除此之外，在世界贸易组织争端解决准入方面，不同的诸边协议之间可能会出现不一致。如果诸边协议在无条件最惠国基础上，将自由化扩大到非签署国，如《信息技术产品协议》所做的那样，则非签署国可以针对签署国向世界贸易组织提出争端解决索赔。巴西作为《信息技术产品协议》的非签署国，成为美国于 2008 年针对欧盟起诉的第三方，美国称欧盟不遵守该协议的免税准入承诺。[3] 然而，《政府采购协定》的情况不同——不提供无条件的最惠国待遇，而且非签署方也无权参与和该协议相关的争端解决机制行动，例如美国最近对韩国采取的行动。[4] 差异化准入争端解决机制存在风险，鉴于多哈发展议程进展缓慢，世界贸易组织默认通过诉讼而不是立法进行谈判，在这样的情况下，有可能加剧与争端解决相关的紧张局势。如果是发展中经济体和新兴经济体被排除在非最惠国单一议题诸边协定之外，情况将更加严峻。

但是，就新的单一议题进行谈判并达成诸边协议的可能性有多大？此类协议很可能适用于服务贸易，因为《服务贸易总协定》第五条已经确定体制框架，并且由于服务活动本身和交付方式的多样性，仅在服务部门内就已存在议题联动的机会。然而，除了服务和可能的环境商品之外，议题联动的逻辑表明，即使是自愿联盟也可能会寻找机会以平衡参与方在一系列议题上的利益。这也就引出了第四种模式，也就是主要的模式，即以特惠贸易协定形式出现的多议题诸边协定。

## 理论和特惠贸易协定难题："次优"非常流行

尽管议题联动给我们一种暗示，为什么特惠贸易协定如此受欢迎，但是还需要用更多的篇幅来解释为什么次优选择是贸易外交的主要特征。在下一节探讨特惠交易背后的动机之前，我们将简要介绍特惠贸易协定的次优性质。

特惠贸易协定具有双重性：利的方面是，它们是选定缔约方之间一个自由化的子集；弊的方面是，它们是世界贸易组织非歧视性最惠国原则的例外情况，分析这种协定产生的影响十分复杂，或者说很丰富。

特惠贸易协定的理论可以追溯到维纳（Viner 1950），他让人们更严谨地看待特惠贸易协定。雅各布·维纳（Jacob Viner）证实，如果以伙伴国的生产取代成本较高的国内生产，贸易就随之出现，这是一种有益的情况；然而，如果以伙伴国的生产取代来自世界其他地区的更低成本的进口，就会出现贸易转移，这是一种有害的情况。这一分析属于"次优"福利经济学理论。只要经济中仍然存在扭曲现象，那么仅仅（通过特惠贸易协定）消除部分扭曲现象不一定会改善福利。

米德（Meade 1955）以维纳的研究为基础，旨在确定特惠贸易协定更有可能提高福利的条件，并在此过程中确立重要的政策含义。詹姆斯·米德表明，当特惠贸易协定的外部壁垒较低时，出现贸易转移的可能性较低，因为如果外部关税更低，那么替代第三国进口的空间也更小。因此需要持续降低最惠国关税，以遏制特惠贸易协定的扭曲效应。下文我们将会再次谈到这一点。

这一早期分析仅涉及关税削减，并且人们可能会认为，特惠贸易协定活动目前更侧重境外的监管改革，这种情况扭曲的可能性会减少。虽然这是事实，但来自优惠自由化的收益仍将低于来自多边开放的收益。

早前维纳的分析本质上也是静态的。"新贸易理论"可以解释不完全竞争、规模收益递增和其他动态收益，"新贸易理论"的倡导者就此得出结论，与基于新古典生产结构的模型相比，涵盖以上因素的特惠贸易协定模型可以产生巨大的福利收益（Krueger 1999：120）。然而事实是，无论福利改善的规模有多大（而且衡量动态收益非常困难），收益仍将低于非歧视性自由化带来的收益，非歧视性自由化不以第三方为代价实现贸易转移。

## 解谜：谈判特惠贸易协定的动机

为什么次优选择如此受欢迎呢？通常特惠贸易协定的增长有两种解释：一是害怕被排除在外，二是对多边自由化发展速度的不满。事实上，结合这两个因素有助于解释 20 世纪 90 年代早期特惠贸易协定谈判的显著增长（参见图 14.1）。

1986 年 2 月欧共体签署了《单一欧洲法案》，欧洲一体化迈出关键一步，随后特惠贸易协定就开始激增。因为《单一欧洲法案》的签署促使美国和加拿大于 1986 年 5 月开始自由贸易协定谈判，并从 1990 年开始《北美自由贸易协定》的谈判。1994 年，《北美自由贸易协定》生效，反过来又鼓励了其他地区特惠贸易协定的谈判，其中包括相对较晚开展特惠贸易协定的日本，日本与新加坡启动了第一个特惠协定。这种连续效应甚至催生了特惠贸易协定形成过程中的"多米诺骨牌理论"（Baldwin 1993）。

20 世纪 90 年代初期，《关贸总协定》乌拉圭回合多边谈判也经历了一段充满疑虑和不确定的时期。1990 年 12 月，谈判破裂，主要原因是在农业自由化问题上存在分歧，这就让试探性达成妥协变得风雨飘摇（Croome 1999：241）。谈判破裂也增强了寻求多边谈判替代方案的动机。

参与方害怕被排除在外，以及对多边自由化发展速度的不满，这

303

两种解释虽然都有效且有用，但是无法解释特惠贸易协定之所以如此受欢迎的内在特征。两个内在特征都源于上述谈判模式的分类：一是"诸边"，这一特征让参与方能够选择合作伙伴；二是"多议题"，这一特征让参与方能够选择与合作伙伴谈判的议题，并将不同议题联动起来。这两个决定性特征进而为特惠贸易协定缔约方提供了解决公共政策两个关键领域的机会：解决国际贸易的政治经济问题和追求关键战略目标。

我们将依次考虑这两组机会与局限，接着，我们将借鉴国际政治经济学各个理论效用的一些经验。

**解决国际贸易的政治经济问题**

我们得益于帕累托（Pareto 1971）的观察，即与寻求自由化的人相比，寻求市场开放保护的人受政治影响的程度往往更大，因为可能在自由化中遭受损失的人，比可能从自由化中受益的人面临更大的风

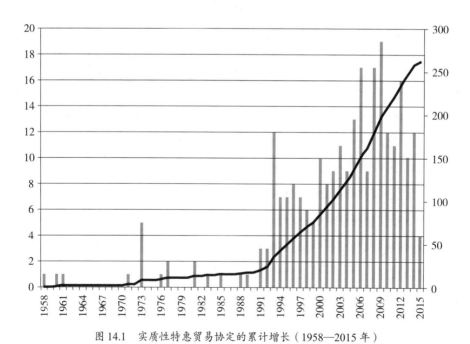

图 14.1　实质性特惠贸易协定的累计增长（1958—2015 年）

来源：世界贸易组织秘书处。

险。市场开放的收益往往是分散的，难以衡量且有延迟，而成本往往是集中的，易于衡量且具有即时性。因此，那些因贸易开放而可能蒙受损失的人既有强烈的动机来阻止改革，也有能力承担集体行动的成本，之所以有能力承担成本，是因为他们是一个相对较小且有凝聚力的群体（Olson 1965），更有能力阻止改革。

特惠贸易协定如此受欢迎的一个主要原因是，此类协定寻求解决贸易自由化的集中即时成本和分散延迟收益的政治经济困境。采取的方式有以下五种：

- 通过有选择地自由化，从而避免啃"硬骨头"；
- 通过促进产业内贸易，从而降低调整成本；
- 通过快速跟进改善市场准入；
- 通过解决市场失灵和环境及社会标准领域内的竞争性"逐底竞争"的相关问题；
- 通过与有影响力的利益相关者接触。

选择性自由化

与多边自由化相比，诸边特惠贸易协定为各方提供了机会，可以将重点放在精挑细选的合作伙伴身上，通过相互适应的过程，能够有选择地实现自由化，尽管涉及的议题范围很广。要实现选择性自由化，需要将政治上敏感且通常受到高度保护的部门排除在自由化承诺之外，同时避免最惠国承诺，消除第三方"搭便车"之忧（Heydon and Woolcock 2009：159）。

但这种政治上的权宜之计也要付出经济上的代价。美国可以说是最雄心勃勃的特惠贸易协定参与者，即便如此，美国制定的特惠贸易协定也远未达到他们自称的"黄金标准"。美国与韩国之间的特惠贸易协定在产品覆盖范围上，特别是在农业方面，还远不够全面，甚至美国与澳大利亚的特惠贸易协定也出现了这种情况，要知道澳大利亚对农业谈判的态度通常都很强硬。《北美自由贸易协定》使用了复杂的原产地规则，这导致制定的标准虽然覆盖面很广，但使"黄金标准"失去了一些闪光点。服务业情况类似，航空运输或政府服务等多边谈判很难达成的领域也往往被排除在特惠贸易协定之外。在政府采购中——实际上也是在服务业中——美国采购主体在地方层面的覆盖范围通常远低于与其合作伙伴商定的范围。在美国政策优先级较低的领域，如技术性贸易壁垒和卫生与植物卫生措施引起的非关税壁垒，美国则心安理得地依赖现有的世界贸易组织规定。

在《跨大西洋贸易与投资伙伴协定》和《跨太平洋伙伴关系协定》谈判、批准和实施中存在一个明显的危险是特定农产品将归入例外情况，并且实际上很难取消汽车贸易中的非关税壁垒。虽然《欧盟-日本特惠贸易协定》也是一个复杂的协定，但是谈判方人数有限，外加使用议题联动，该协定得以达成；然而，这很可能造成不对称的结果。日本非关税措施（NTM）削减的商品中，只有三分之一可能会得到欧盟方相应的削减，这种情况反映了欧盟将不得不在非关税措施削减与为了满足日本宣布的优先事项而大幅削减关税之间取得平衡。

就上文概述的特惠贸易协定理论而言，这些不同的特例所做的是限制贸易创造的可能性（因为低效的国内生产被特惠贸易协定合作伙伴更高效的生产所取代）。正如马克斯·科登的研究所示，这个行业敏感度越高，就越有可能被排除在外，其保护性壁垒可能越高，相应地，为消除这些壁垒所获得的收益也就越高（Corden 1972）。

通过促进产业内贸易以限制调整成本

特惠贸易协定还可能出现另一种适应形式，这种适应可以避免选择性自由化和相互缩小雄心所造成的损害。在基于规模经济和产品差异化的产业内贸易中（Krugman 1980），签订特惠贸易协定的两个国家的相同产业可能同意专门生产不同的产品品种，并且这种自由化方式几乎不会对本国产业造成伤害。企业可以选择生产不同种类的产品，而不是被更具竞争力的进口产品所取代（Manger 2012）。在产业内贸易这一相当特殊的情况下，即使贸易创造有限，也不一定会出现效率全面损失的情况。

快速跟随改善市场准入

与多边自由化相比，特惠贸易协定参与方数量有限，尽管不够全面，但也相对较快地提供了改善外国市场准入的机会。从谈判开始到正式生效，《北美自由贸易协定》和《欧盟-韩国自由贸易协定》(可能是欧盟当时最雄心勃勃的协定)都持续了四年。相比之下，多边谈判乌拉圭回合持续了七年，而多哈回合到目前为止已经持续了乌拉圭回合两倍的时间之久。

随着产品周期越来越短，多边谈判周期越来越长，商业利益趋向一个不那么漫长的进程，这是可以理解的。这可能有助于解释为什么私营部门对多哈回合谈判的参与度低于乌拉圭回合。同样，需要在任期内展示政绩的政客们，也可能会被更迅速的特惠贸易协定进程所吸引。

发展中国家避开了单一问题的诸边谈判，也避开了投资与竞争规则的多边谈判，转而接受了特惠贸易协定，当然这些协定涉及投资和竞争。特惠贸易协定有吸引力的部分原因是，相对快速地改善进入发达国家伙伴大市场的市场准入。

尽管如此，特惠贸易协定仍表现出因袭多边谈判固有的一些拖延迹象。由 12 个成员国组成的《跨太平洋伙伴关系协定》谈判于 2015 年 10 月 5 日结束，谈判持续了五年，却仍在等待可能需要数年时间的漫长批准进程。中国和澳大利亚之间的特惠贸易协定谈判花了 10 年时间，另外还耗时 12 个月用于批准协定。

应对市场失灵

对一些人来说，特惠贸易协定的另一个吸引点是该协定提供了一个机会以试图处理三个不同领域的市场失灵问题：环境、核心劳工标准和知识产权。因此，人们主张，如果不采取纠正行动，就无法依靠市场对环境外溢、滥用既定的劳工标准或模仿等行为要求付出恰当的"代价"。与此相关的另一个担忧是，贸易伙伴为了获得不公平的竞争优势，故意违反有关环境、劳工或知识产权保护的标准，从而造成所谓的"逐底竞争"，这让贸易政治经济面临更复杂的潜在挑战。

为了应对这些问题，特惠贸易协定中越来越多地包含超越世界贸易组织的条款，这些条款涉及环境、劳工和知识产权标准（更多内容参见 Heydon and Woolcock 2009：123—142）。

这种条款在南北特惠贸易协定中尤为常见，在这些协定中，发达国家更担心降低标准，而发展中国家的参与人愿意同意此类条款（以及投资或竞争方面的条款），这是为享受优惠进入选定的发达国家市场而付出的代价。社会和环境条款也是北北协定的一个特点。例如，在拟议的《欧盟-日本特惠贸易协定》中，有机会纳入要求各方更有效地执行国际劳工组织非歧视公约的条款，从而解决劳动力参与和薪酬标准方面的严重的性别失衡问题，这种失衡使欧盟的女性处于不利地位，在日本更是如此。

特惠贸易协定中的市场修正条款存在风险，世界贸易组织多边规则制定过程中一直避免使用这些条款，原因在于这些条款容易被保护主义者盯上。当条款在被认为违反既定标准的情况下会受到贸易制裁时尤其如此，美国特惠贸易协定就是这样的情况。这是目前公众针对特惠贸易协定争论最激烈的问题。这场辩论的一个特别焦点（在《跨大西洋贸易与投资伙伴关系协定》和《跨太平洋伙伴关系协定》谈判中都有所体现）是，美国主张对其制药公司的知识产权进行数据保护（以及专利保护），以及（据称）由此给伙伴国医疗保险和医疗费用带来上行压力。更令人担忧的是，还可能出现这样的情况：在投资者-东道国争端解决机制（ISDS）下，如果企业认为其知识产权未得到保护，可以根据特惠贸易协定条款对政府的政策提出质疑——就像烟草制造商菲利普·莫里斯公司（Philip Morris）当时质疑澳大利亚的香烟无装饰包装政策那样（参见 European Parliament 2015）。

关于他的辩论可以提炼出两种观点。第一，事实上，没有确凿证据表明，在环境、劳工或知识产权标准方面存在"逐底竞争"的现象，不足以证明在特惠贸易协定中采取基于制裁的方法是合理的。第二，定性为"市场失灵"的问题究其根源往往是"政策失灵"，正确的应对方法是从根源上解决这些失灵，而不是试图利用贸易政策——通过特惠贸易协定——盲目地强制执行。从源头解决问题符合扬·廷伯根提出的基本原则，即政策要发挥作用，必须要有与可行目标相匹配的独立有效手段（Tinbergen 1956）。

与利益攸关方接触

就所有贸易谈判模式而言，目前与利益攸关方的联系比过去紧密得多。然而，由于特惠贸易协定的谈判方数量有限，而且有机会议题联动，此类协定提供了与各利益方进行更有针对性磋商的可能性。因此，《欧盟-日本特惠贸易协定》（EC 2015b）之《贸易可持续性影响评估》的作者们能够有选择地分别与欧盟和日本的利益攸关方在敏感领域保持密切联系，例如汽车生产或铁路服务，而这种方式过去在多边谈判中是不可行的。相比之下，《贸易可持续性影响评估》的作者们能够将这些磋商的结果传达给直接参与特惠贸易协定谈判的欧盟和日本官员。[5]

**追求广泛的战略目标**

贸易谈判从来不是在国际政治真空环境中进行的，决定谈判特惠贸易协定往往出于最重要战略机遇的考虑，或完全出于经济考虑。最近两个做法截然不同的例子有助于说明这一点：2013 年，亚美尼亚决定加入与俄罗斯的关税同盟，而美国决定加入《跨太平洋伙伴关系协定》。

欧亚经济联盟（EEU）是一个由俄罗斯、白俄罗斯和哈萨克斯坦组成的关税联盟。2013 年，亚美尼亚决定通过谈判加入欧亚经济联盟，而不是与欧盟谈判自由贸易协定，部分原因是出于经济考虑。有人认为，与欧盟相比，亚美尼亚与俄罗斯的贸易互补性更大。亚美尼亚向俄罗斯出口了一些制成品，而欧盟的高产品标准至少在短期内排除了此类出口。但亚美尼亚此举的动机完全是出于战略机遇的考虑。在东部与阿塞拜疆争夺有争议的纳戈尔诺-卡拉巴赫（Nagorno Karabach）地区，以及在西部与土耳其的斗争中，亚美尼亚都高度依赖俄罗斯的军事支持。亚美尼亚在 2015 年 1 月加入了欧亚经济联盟，希望借此得到俄罗斯的进一步支持——亚美尼亚认为，即使与布鲁塞尔签署自由贸易协定，欧盟也不会给予亚美尼亚军事支持。[6]

美国决定参与《跨太平洋伙伴关系协定》在很大程度上也是出于经济上的考虑。但美国作出这个决定还有关键战略层面的考虑。这是美国"重返亚洲"战略的一部分，也是美国应对中国崛起的一部分。尽管中国最终可能成为《跨太平洋伙伴关系协定》的成员，但对美国来说，重要的是它要在世界经济增长最快的地区制定贸易规则，而不是像美国总统奥巴马说的那样，"让中国为我们制定这些规则"（Obama 2015）。约瑟夫·奈（Joseph Nye）将这一战略描述为：与其说是试图遏制中国，不如说是"为中国的决策营造环境"（Nye 2015：67）。美国前驻华大使洪博培（Jon Huntsman）甚至说得更为直白。他说："在亚洲，《跨太平洋伙伴关系协定》与我们在该地区的领导地位和承诺直接相关。失败的《跨太平洋伙伴关系协定》将会造成影响真空，而其他国家，主要是中国，将填补这一真空。"（Huntsman 2015：A1）范吉利斯·维塔利斯在本书第十一章进一步探讨了特惠贸易协定对像新西兰这样的小型发达经济体的战略意义。

**国际政治经济理论的有用性**

正如学者在评估国际政治经济学不同理论的相关性时通常所做的那样，所有主要的国际政治经济学理论都可以用于解释特惠贸易协定谈判过程并且在贸易外交中发挥作用。

就其本质而言，可将特惠贸易协定视为提供了一种谈判协议的最佳替代方案——一种替代多边谈判选择的办法（Odell 2000）。20 世纪 90 年代初特惠贸易协定数量的急剧增加就是明证。

我们也可以在双层博弈的框架内看待特惠贸易协定，其中第一层国际谈判的可行结果在很大程度上取决于在国内的第二层建立的获胜合集的规模（Putnam 1988）。因此，想要制约美国贸易代表团实现美国第一层"金本位"协议的雄心，必定不能忽视安抚国内利益集团的需要。相反，来自第一层国内政治的下行压力有时会起作用并有助于解释，例如，日本在其特惠贸易协定内采取温和的农业改革，是因为外部压力，或者说外国压力，这在罗伯特·帕特南的"回应"概念中得到了验证（Putnam 1988：449—450）。

本章高频出现的议题联动原则也可以从双层博弈的角度来看，有助于解释多哈发展议程僵局和特惠贸易协定的不断扩大。议题范围的扩大有助于扩大国内获胜合集，实现合作伙伴获胜合集重叠的可能性也就更大，从而增加在国际层面达成协议的机会。

若试图建立理性主义和建构主义的相对解释力，情况就更为复杂。特惠贸易协定带来的两个主要机遇领域——解决贸易的政治经济问题和追求广泛的战略目标——显然都可以从理性主义的角度来看待，因为偏好相对固定的单一行为体（政府）在寻求最大化效用同时也要确保自己保留权力或获得连任（Tollison and Willett 1979）。

但建构主义因素也很明显地可以帮助解释特惠贸易协定的谈判过程。与利益攸关者磋商并作出精心安排，这也许最明显地体现了建构主义因素的此类作用。这表明谈判者认识到讨论和对话的价值时，对说服持有一定程度的灵活性和开放性（Risse 2000）。当然，谈判架构阶段的灵活性和透明度比谈判过程本身更明显，因为很难获得实际的谈判文本。无论如何，在《跨大西洋贸易与投资伙伴关系协定》和《跨太平洋伙伴关系协定》谈判框架内，关于投资者-东道国争端解决机制的激烈公开辩论显示了用纯粹理性主义解释特惠贸易协定谈判的局限性。

# 特惠贸易协定的影响

## 产生收益和正溢出效应

一些特惠贸易协定虽然被大肆炒作，但对经济产生的影响非常有限。[7]《欧盟－韩国特惠贸易协定》对欧盟国内生产总值的贡献估计仅为0.03%。然而，随着相关谈判方数量增加及其贸易壁垒规模的扩大，获利的可能性也随之增加。因此，据估计，《欧盟－日本特惠贸易协定》将使欧盟的国内生产总值增长0.34%，《跨大西洋贸易与投资伙伴关系协定》承诺增长0.5%。这些收益不容忽视，特别是在多哈谈判可能继续陷入僵局的情况下。

与所有贸易自由化的情况一样，无论采用何种谈判方式，一国自身自由化的收益是福利改善的主要组成部分。在《跨大西洋贸易与投资伙伴关系协定》中，尽管谈判总体框架显示协议将使欧盟对美国的服务出口增加24%，但欧盟自身的自由化可能带来更大的收益。因此人们预测，减少跨大西洋监管壁垒的谈判将有助于统一欧盟服务市场，从而促进欧盟内部的服务贸易显著增加（European Parliament 2015）。

此外，已有证据表明，特惠贸易协定造成的扭曲状况比过去相比已有改善。这一点也在《跨大西洋贸易与投资伙伴关系协定》潜在影响的分析中得到证实——这项协定特别关注减少服务贸易的监管障碍。

虽然特惠贸易协定确实涉及以牺牲非签署国的利益为代价来转移贸易和投资（参见Heydon and Woolcock 2009：147），但这种影响可能在商品贸易中比在服务贸易中更明显，在服务贸易中，本质上监管改革很可能给所有交易者带来好处。造成的影响将取决于我们所讨论的改革，虽然从定义上讲，相互承认的协议具有选择性与歧视性，但提高监管透明度并非如此。即使在监管协调的情况下（比如在《跨大西洋贸易与投资伙伴关系协定》中），第三方也可能会有正溢出效应。佩克曼斯等人（Pelkmans et al. 2014）确定了三种可能发生这种情况的机制。第一种机制需要欧盟和美国在最惠国待遇基础上采取措施。然而，考虑到上述对国际贸易政治经济的担忧，这种机制的可行性并不大。相比之下其他两种机制要现实得多，由第三方单方面采取统一措施，或者由第三方相互协商采取统一措施。伦敦政治经济学院经济绩效中心（CEPR 2013）估计，对《跨大西洋贸易与投资伙伴关系协定》而言，与非关税壁垒（商品和服务）相关的贸易成本有所下降，其中20%是由于直接溢出效应，因为欧盟-美国监管改革降低了第三国的贸易成本。间接溢出效应带来的进一步收益相当于直接外溢效应的一半，原因是第三国自身采纳了欧盟和美国实施的监管改革。米鲁多和谢泼德在一项互补性研究中发现（Miroudot and Shepherd 2012），以服务贸易为重点的特惠贸易协定的"优惠差额"随着时间推移而递减，服务特惠贸易协定引入的歧视程度相对较低。

**造成系统性紧张**

但与此同时，即使有《跨大西洋贸易与投资伙伴协定》以及《跨太平洋伙伴关系协定》等主要的特惠贸易协定，这些协议仍然没有达到完全的多边努力。自由化仍然是歧视性和选择性的。此外，特惠贸易协定有两个不良的系统性影响：阻碍了最优多边行动，并且增加了交易系统内引起争端的风险。本章将依次讨论每一种影响，并将在最后一节吸取一些经验教训，以采取必要的政策行动。

阻碍最优行动

就其本质而言，特惠贸易协定产生了既得利益者，他们从优惠中受益，并且不希望看到这些优惠的价值因全面的最惠国待遇自由化而减少。但似乎出现了与这一看法相反的观点——有证据表明，拉丁美洲发展中国家之间的优惠自由化导致了特惠贸易协定后最惠国关税的

313

削减。然而，这种最惠国待遇的削减仍无法与特惠贸易协定内的关税削减相提并论。简而言之，特惠贸易协定中仍将存在贸易转移及与之相关的所有负面后果。因此，很难赞同这一结论，即拉丁美洲的经验"为世界贸易体系的效率提供了一个持续的区域主义趋势的乐观看法"（Estevadeordal et al. 2008：37）。

此外，虽然在南南特惠贸易协定之后可能会出现削减最惠国关税的情况，但这种情况不太可能适用于需要维持优惠以鼓励遵守南北协定的非贸易目标，例如，与环境或核心劳工标准有关的目标。因此，人们发现，这些目标对美国和欧盟而言相对重要，但在乌拉圭回合中给予优惠的领域自由化程度较低。

根据《关贸总协定》第 24 条和《服务贸易总协定》第 5 条，特惠是指最惠国待遇原则和世界贸易组织非歧视做法的可接受例外情况。然而，特惠贸易协定还有另外两个特点，这两个特点本身并不具有歧视性，但却作为一种意外的结果，会阻碍非歧视性的多边谈判：特惠贸易协定范围广泛，而且有权制定规则。

正如本章前文所述，将公共采购、投资和竞争政策排除在多哈发展议程之外，减少了多哈回合谈判中议题联动的机会。不过，所有这些问题现在都包含在特惠贸易协定的谈判中。对于把这三个问题中的一个或多个作为高度优先事项的国家来说，当有机会在特惠贸易协定谈判中讨论这些问题时，参与多边谈判（不包括这些问题）的积极性就会明显降低。对于日本等国家来说，情况尤其如此，因为像日本这样的国家需要补偿在减少农业贸易壁垒方面所受的"痛苦"。

特惠贸易协定规则的制定不一定是歧视性的，正如我们所看到的那样，甚至可能对第三方产生正溢出效应。事实上，从监管层面来看，一些特惠贸易协定规则反映并支持世界贸易组织的规则。在贸易技术壁垒以及卫生和植物卫生规则方面，情况尤其如此。这也使一些评论者认为，无处不在的特惠贸易协定为规则整合成全球自由化框架奠定了基础（例如，Park and Park 2009）。总而言之，特惠协定通过促进不同的规则和标准，没有让全球贸易治理变得更和谐，反而变得更复杂。原产地规则就是一个例子。为符合享受优惠待遇的条件，从一个特惠贸易协定伙伴国向另一个伙伴国出口的产品必须在出口国"完全获得"或发生"实质性转变"。"实质性转变"的标准有三个方面：出口国内部关税税目发生变化，原产于出口国的价值含量达成一定百分比，或在出口国进行特定的生产过程。在特惠贸易协定中，针对这些标准有三种广泛的做法：以《北美自由贸易协定》为基础的美国做法、泛欧洲做法和亚洲做法（例如日本所采用的做法）。每种做法都倾向组合使用三个标准，只是比例不同。因此结果非常复杂——仅《北美自由贸易协定》就有 140 页的原产地规则——对企业来说代价太高且难以更改。

增加争端风险

特惠贸易协定似乎与贸易行为中争端的发生率增加有关。第三方不能质疑特惠贸易协定的签订，但可以质疑与之相关的具体政策的合法性（Mavroidis 2002）。最直接的做法是质疑这些政策与《关贸总协定》第 24 条（或者《服务贸易总协定》第 5 条）不一致。《关贸总协定》第 24 条允许第一条的非歧视原则有例外情况，但规定了若干条件，特别是关税和其他规定在总体上不得高于协定缔结前，以及双方之间的几乎所有贸易都应降低关税。约拉姆·哈夫特尔（Yoram Haftel）全面研究了欧盟特惠贸易协定、《北美自由贸易协定》和南方共同市场三个特惠协定的成立与《关贸总协定》/ 世界贸易组织争端解决机制中提出申诉的关联程度（Haftel 2004）。研究发现，在这三个特惠协定签订后的一年中，对其成员国的投诉数量是以前的两倍半以上。因此，这些令人信服的数据表明，特惠贸易协定的签订与贸易体系中诉讼的增加有关，这意味着不仅争端解决机制的压力更大，而且人们认为特惠贸易协定会导致国际贸易中歧视行为的增加。

# 结论：两项政策的影响

特惠贸易协定仍将是贸易谈判框架中的一个显著特点。接下来的问题是如何促进特惠贸易协定与基于最惠国待遇的多边贸易体系之间的互补性。根据本章概述的影响因素，建议需要从两个方面入手。

第一，作为世界贸易组织内部监督进程的一部分，需要做更多的工作。这应确保特惠贸易协定不仅符合《关贸总协定》第 24 条和《服务贸易总协定》第 5 条在涵盖几乎所有贸易的关键要求，而且不增加对第三方的贸易壁垒。他们还应在规则制定中鼓励围绕既定目标和标准统一贸易规则。

第二，继续努力降低最惠国关税，使贸易转移和复杂的原产地规则所产生的特惠贸易协定混乱无序现象相应得到缓解。简而言之，各方仍需努力恢复最优的多边贸易谈判进程。

注释：

1. 此处首选"特惠贸易协定"，而不选"区域贸易协定"，因为目前大多数协定是跨区域的，或者是"自由贸易协定"，此处用于区分"自由贸易协定"和"关税同盟"，后者有共同的对外关税。此外，协议总是优惠的，很少出现"自由"协议。

2. 该分类法是海登于 2014 年制定的。

3. 相关案例在 DS 376 和 DS 377 范围内，可从以下网站获得 www.wto.org。

4. 此案例为 DS 163，可从以下网站获得 www.wto.org。

5.《贸易可持续性影响评估》的作者包括伦敦政治经济学院的教师（斯蒂芬·伍尔科克和本章的作者），他们阐述了学术界如何能够为经济外交作出贡献。

6. 基于与亚美尼亚官员的讨论。Yerevan, July 2015.

7. 为保持一致性，此处的数据均来自约瑟夫·弗朗索瓦（分别于 2007 年哥本哈根、2012 年欧共体和 2013 年经济政策研究中心）使用通用方法进行的可计算一般均衡分析。这些数据都是在 2016 年 6 月英国决定脱欧前计算得出的。英国脱欧并不影响这一论点的主旨，尽管它可能会在某种程度上夸大欧盟的预计收益。

## 参考文献：

Baldwin, R. 1993. A Domino Theory of Regionalism. *NBER Working Paper* No. 4465. Washington DC: National Bureau of Economic Research.

Bosworth, M. 2014. The Proposed Non-MFN Plurilateral Trade in Services Agreement: Bad for Unilaterals, the WTO and the Multilateral Trading System. *NCCR Working Paper*, 2014/05. Bern: Swiss National Centre of Competence in Research.

CEPR 2013. *Reducing Transatlantic Barriers to Trade and Investment: An Economic Assessment: Final Report*. London: Centre for Economic Policy Research.

Copenhagen 2007. *Economic Impact of a Potential Free Trade Agreement between the European Union and Korea*. Copenhagen: Copenhagen Economics.

Corden, M.W. 1972. Economies of Scale and Customs Union Theory. *Journal of Political Economy*, 80, 456–475.

Croome, J. 1999. *Reshaping the World Trading System: A History of the Uruguay Round*. 2nd edition. Geneva: World Trade Organization.

EC 2012. *Impact Assessment Report on EU-Japan Relations*. Brussels: European Commission.

EC 2015a. *The Way Ahead: Towards a More Responsible Trade and Investment Policy*. Brussels: European Commission. Available at: www.eu.europa.ec.

EC 2015b. *Trade Sustainability Impact Assessment of the Free Trade Agreement between the EU and Japan (Final Draft)*. Brussels: European Commission. Available at: www.eu.europa.ec and at lsee. tsia-japan@lse.ac.uk.

Estevadeordal, A., Freund, C. and Ornelas, E. 2008. Does Regionalism Affect Trade Liberalization towards Non-Members? *CEP Discussion Paper* No. 868, 37. London: Centre for Economic Performance, London School of Economics and Political Science.

European Parliament 2013. *The Plurilateral Agreement on Services*. Brussels: Directorate-General for External Policies. Available at: www.europarl.europa.eu.

European Parliament 2015. *The Transatlantic Trade and Investment Partnership: Challenges and Opportunities for the Internal Market and Consumer Protection in the Area of Services*. Brussels: Directorate General for Internal Policies. Available at: www.europarl.europa.eu.

Hattel, Y.Z. 2004. From the Outside Looking In: The Effect of Trading Blocs on Trade Disputes in the GATT/WTO. *International Studies Quarterly*, 48, 121–142.

Heydon, K. 2014. Plurilateral Agreements and Global Trade Governance: A Lesson from the OECD. *Journal of World Trade*, 48(5), 1039–1055.

Heydon, K. and Woolcock, S. 2009. *The Rise of Bilateralism: Comparing American, European and*

*Asian Approaches to Preferential Trade Agreements*. Tokyo: United Nations University Press.

Hoekman, B. 2005. Operationalizing the Concept of Policy Space in the WTO: Beyond Special and Differential Treatment. *Journal of International Economic Law*, 8(2), 405–424.

Huntsman, J. 2015. *Bridges Weekly Trade News Digest*, 30 July. Available at: www.nytimes.com/2015/06/15/world/asia/the-trans-pacific-trade-deal-and-a-presidents-legacy.html?_r=0.

Krueger, A.O. 1999. Trade Creation and Trade Diversion under NAFTA. *NBER Working Paper* No. 7429. Washington, DC: National Bureau of Economic Research.

Krugman, P.R. 1980. Scale Economies, Product Differentiation, and the Pattern of Trade. *American Economic Review*, 70(5), 950–959.

Manger, M. 2012. Preferential Agreements and Multilateralism, in *The Ashgate Research Companion to International Trade Policy*, edited by K. Heydon and S. Woolcock. Farnham: Ashgate, pp. 405–419.

Mavroidis, P.C. 2002. Judicial Supremacy, Judicial Restraint and the Issue of Consistency of Preferential Trade Agreements with the WTO, in *The Political Economy of International Trade Law: Essays in Honor of Robert E. Hudec*, edited by D.L.M. Kennedy and J.D. Southwick, 583–601. Cambridge: Cambridge University Press.

Meade, J. 1955. *The Theory of Customs Unions*. Amsterdam: North Holland.

Miroudot, S. and Shepherd, B. 2012. *The Paradox of Preferences: Regional Trade Agreements and Trade Costs in Services*. Available at: http://ideas.repec.org/p/pra/mprapa/41090.html.

Narlikar, A., Daunton, M. and Stern, R.M. 2012. *The Oxford Handbook on the World Trade Organization*. Oxford: Oxford University Press.

Nye, J.S. 2015. *Is the American Century Over?* Cambridge, UK: Polity Press.

Obama, B. 2015. Interview with *Wall Street Journal*, 27 April. Available at: www.wsj.com/public/page/archive-2015-4-27.html.

Odell, J.S. 2000. *Negotiating the World Economy*. Ithaca, NY: Cornell University Press.

Olson, M. 1965. *The Logic of Collective Action*. Cambridge, MA: Harvard University Press.

Pareto, V. 1971. *Manuel of Political Economy*. New York: Augustus M. Kelley.

Park, I. and Park, S. 2009. *Consolidation and Harmonization of Regional Trade Agreements: A Path towards Global Free Trade*. Available at: https://nottingham.ac.uk/gep/documents/conferences/2009/janconfmalaysia2009/innwonpark.pdf.

Pelkmans, J., Lejour, A., Schrefler, L., Mustilli, F. and Timini, J. 2014. The Impact of TTIP: The Underlying Economic Model and Comparisons. *CEPS Special Report* No. 93. TTIP Series No. 1. Brussels: Centre for European Policy Studies.

Putnam, R.D. 1988. Diplomacy and Domestic Politics: The Logic of Two-Level Games. *International Organization*, 42(3), 427–460.

Risse, T. 2000. "Let's Argue": Communicative Action in World Politics. *International Organization*, 54(1), 1–39.

Tinbergen, J. 1956. *Economic Policy: Principles and Design*. Amsterdam: North Holland.

Tollison, R. and Willett, T.D. 1979. An Economic Theory of Mutually Advantageous Issue Linkages in International Negotiations. *International Organization*, 33(4), 425–449.

Viner, J. 1950. *The Customs Union Issue*. New York: Carnegie Endowment for International Peace.

## 有用的网站：

Bridges Weekly: www.ictsd.org/bridges-news.
European Commission: www.europa.eu.
European Parliament: www.europarl.europa.eu.
Organization for Economic Cooperation and Development: www.oecd.org/trade.
World Trade Organization: www.wto.org.

# 第十五章　国际金融外交与危机

斯蒂芬·皮克福德

2007—2009 年的经济和金融危机使得全球经济在和平时期遭遇了自 20 世纪 30 年代以来最严重的衰退。批发金融市场枯竭，银行面临流动性危机，随后这变成了许多人面临的偿付能力危机；许多国家陷入信贷危机，为金融机构纾困的支出严重超额。实际上，2009 年全球产量实际上有所下降，这在和平时期是非常罕见的；发达经济体产量也下降了 3% 以上。

与 20 世纪 30 年代一样，最开始的经济危机起源于金融部门并暴露出其中的多重问题。金融组织在许多层面都存在失误，包括始于次级抵押贷款及其与金融衍生品结合、有缺陷的风险管理体系和控制系统以及公司治理失灵。事实证明，金融工具市场及其依赖的信用评级体系，远没有想象的那么稳健。许多国家，特别是最发达的金融中心，监管存在严重缺陷。

这场危机始于美国、英国和欧洲的金融部门，但却迅速蔓延到了世界各地以及其他经济领域。金融、投资和贸易的全球互联使得这些问题渗透到大多数发达国家。随着正常的信贷和银行渠道面临瘫痪，最初的金融现象变成了一场全面的经济衰退（见图 15.1）。

新兴市场最初不怎么受发达经济体和市场动荡的影响。但最终更

图 15.1　国际银行信贷，银行债权

来源：IMF International Statistics; Datastream; BIS debt securities statistics; BIS locational banking statistics; BIS calculations。

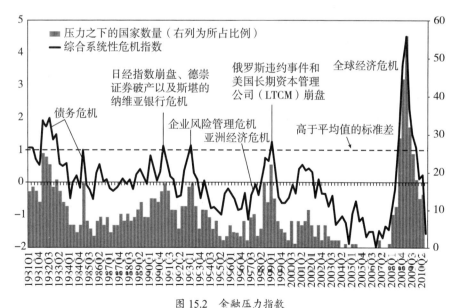

图 15.2　金融压力指数

来源：IMF 2011。

广泛的经济危机使新兴市场也受到了冲击。国际货币基金组织预计，到 2009 年，超过 50 个国家（超过其四分之一的成员国）处于"压力之下"（见图 15.2）。

鉴于这场经济危机的国际性质，它需要国际社会作出反应。尽管一些主要央行迅速采取行动向批发市场提供资产流动性，一些国家也被迫采取行动援助濒临倒闭的银行，[1]但全球的政策制定者和政治家们花了一年多的时间才开始共同制定应对危机的系统性对策。

自经济危机初期以来，七国集团国家一直交流信息并密切合作，但随着经济危机的影响不断扩大，很显然需要更多国家参与交流与合作。2008 年 11 月，二十国集团成员国开始在政府首脑层面上运作，基于统一的行动共识，以华盛顿会议为开端的一系列首脑会议开启了一个前所未有的国际经济政策合作与协调时期。

在政策制定的各个层面，各国都强调合作。在国家层面，财政部、中央银行、监管机构和监督机构的合作更加紧密。随着各成员国试图保护本国免受经济危机的共同冲击，区域合作也得到了加强。尤其是欧盟，在经历了最初的平静期后，受到了经济危机的沉重打击。为了应对经济危机，欧盟采取了一系列措施来加强其自身机构，以支持单一货币欧元，并对陷入危机的成员国施以援手（Pickford et al. 2014）。

在全球层面，在华盛顿二十国集团峰会之后的两年里，新的国际机构相继成立，现有的国际机构也得到了振兴。峰会催生了新的进程和机制，以实施政府首脑商定的政治对策。在协调宏观经济政策和向遭受危机的国家提供财政援助方面，国际货币基金组织重新发挥了其核心作用。以《巴塞尔协议》为基础的金融领域监管机构得到了扩张和改革，并被赋予了制定和促进全球金融政策的新权力。

## 金融监管

鉴于经济危机源于金融部门，国际社会所采取的初步应对策略集中在金融领域是合情合理的。

在此之前，各国政府、监管机构和监督机构一直热衷保护国家自主权，以制定规则并监管其管辖范围内的市场和机构遵守这些规则。这在一定程度上反映了一种普遍的观点，即每个国家应该根据国情调整金融体系；（无论是通过存款保险、银行资本重组还是银行决议的）监管也被视为保护国家纳税人的一种方式，纳税人最终承担了在政府管辖下金融机构倒闭的代价。

经济危机带来的后果之一是，它强调了各国的监管机构、监督机构、中央银行和财政部之间更有效地共同运作的必要性。监管机构设定了金融机构的运营环境；监督机构负责监督银行和其他金融机构的日常工作；中央银行为金融系统提供流动性；而财政部（和立法机构）可以提供纳税人的资金。但在许多国家，经济危机演变速度暴露了这些不同机构在合作方面存在的缺陷。

经济危机带来的第二个同样重要的后果是，随着经济危机的蔓延，金融问题迅速且不费吹灰之力跨越了国界。这使各国政府确信，需要采取更具国际一体化的策略。2008 年雷曼兄弟公司（以及较小程度上的冰岛和爱尔兰银行）的倒闭，形象地展示了跨国经营机构在国家监管、监督和破产安排方面存在不足。2007 年英国北岩银行的"银行挤兑"事件表明，银行储户可能会提前支取资金，这对严重依赖批发市场融资的个人银行以及整个金融体系都会造成灾难性后果。

在此之前，金融监管和监督方面的国际协调极为有限。自 20 世纪 70 年代以来，来自"十国集团"（G10）国家的巴塞尔银行监管委员会（BCBS）[2] 一直在开会，随着时间的推移，它已发展成为一个为银行制定共同监管标准的机构。但这些国际标准对国家监管机构没有约束力，国家监管机构往往调整这些标准以适应本国特定的国家体系。国际证监会组织（IOSCO）和国际保险监督员协会（IAIS）从国际层面协调保险和证券监管机构，然而这种协调对各国的约束力甚至更小。

华盛顿G20峰会提出了"实施改革金融市场原则的行动计划"（G20 2008），之后的两年内，这种情况发生了根本性的变化。[3]20世纪90年代，拉丁美洲和亚洲经济危机爆发后成立了金融稳定论坛，后来改组为金融稳定委员会，并扩大了其成员范围。金融稳定委员会被赋予更大的权力，以协调各国和相关国际机构（包括巴塞尔银行监管委员会、国际证监会组织和国际保险监督员协会）。它发起了根本性的变革，包括对跨境机构的监督和危机管理、薪酬制度和公司治理安排，以及顺周期性的监管方法。[4]金融稳定委员会还促使人们采取行动，在银行资本和流动性、会计标准、信用评级机构的监管以及衍生品交易的市场基础设施等方面设立规则。

随着时间的推移，这些举措已经发展成为金融监管和监督的国际规则和规范框架，世界各地所有主要金融中心都广泛遵循这一框架。这些规则并不具有严格的法律约束力，但同业压力在鼓励成员国实施金融稳定委员会的集体协议方面发挥了强大的作用。此外，各成员国进行同行评议，国际货币基金组织对各国遵守金融法规和标准的情况进行外部审查，这些都有助于确保各国合乎规范。[5]

欧洲经济危机的影响也促使欧盟彻底更新了金融监管与监督安排。但为了与欧盟的法律基础保持一致，这对于成员国执行各种指令和法规更具规约性和约束力。首先，欧盟开始制定适用于在欧盟国家运营的所有金融机构的单一规则手册。三个欧盟级别的机构负责监管——欧洲银行业管理局（EBA）、欧洲证券及市场管理局（ESMA）以及欧洲保险和职业养老金管理局（EIOPA）。金融监管是由合格多数投票（QMV）作出决定，因此这三个机构的决定可以凌驾于成员国的意见之上。

欧元区成员国也采取了进一步行动，同意对银行实施共同监管，并建立一个集中的、共同融资的体系来处理破产机构。西班牙、爱尔兰和塞浦路斯等一些欧洲国家面临着严重的经济问题，由此引起欧元区采取了这些措施。银行破产和高额的不良贷款迫使政府出资救助破产的金融机构。这反过来又导致了主权债务问题，从而让人怀疑（至少从市场角度来看）这些国家是否能够继续留在单一货币区。

2012 年发起的银行业联盟倡议旨在从整体上回应这些问题。[6]银行业联盟有三个主要的组成部分：基于欧洲央行的单一监督机制（SSM）、单一清算机制（SRM）以及共同的储蓄担保方案。所有欧元区国家都必须加入银行业联盟，但银行业联盟也对其他欧盟成员国开放。

单一监督机制是银行业联盟中最先进的组成部分。在欧洲央行全面评估银行的贷款账簿和资产组合的质量后，现在由一个单一的监管机构负责监管所有欧元区运营的大型银行。银行业联盟也已经建立单一清算机制，其董事会自 2016 年初开始全面运作。单一清算机制最终将拥有自己的清算基金，金额相当于欧元区存款基数的 1%，用于支付银行纾困费用。该基金来源于向银行业征税，但要到 2023 年才能达到欧元区存款基数的 1%。在此之前，它不得不利用成员国捐款以纾困银行。

这些国际和欧洲各项举措的最终效果是，如今金融监管和监督在所有司法管辖区都更加严格、更加一致。因此，世界不太可能重蹈 2008 年经济危机的覆辙。当然，没有任何监管体系是完全安全的（全世界的监管机构都在担忧，他们是否在确保监管体系安全和鼓励金融公司创新之间取得了适当的平衡）。但总体而言，近年来为改善金融稳定所做的合作努力较为成功。

## 宏观经济和结构性政策

相比之下，近年来国际上协调经济政策作出的努力毁誉参半。

随着金融危机演变成经济危机，决策者的短期优先任务变成避免重蹈 20 世纪 30 年代的覆辙。2008 年 11 月在华盛顿召开的二十国集团峰会关注的重点是金融稳定，然而 2009 年 4 月在伦敦召开的下一届峰会则关注避免再次出现经济大萧条（参见图 15.3）。

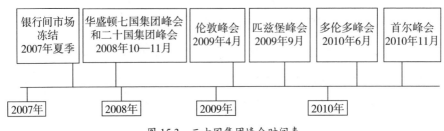

图 15.3　二十国集团峰会时间表

中央银行在经济危机初期就开始协调其货币政策行动。美联储和欧洲央行迅速作出反应，应对正在萌生的系统性的流动性短缺问题。其他七国集团国家的央行也很快加入其中，并协调 2007 年末和 2008 年初的降息，以最大限度地发挥其影响力。

七国集团和二十国集团的财长和行长也致力于减少金融市场动荡所带来的影响。2008 年 10 月，在雷曼公司破产后首次召开的七国集团财长和央行行长会议上，他们承诺"支持具有系统重要性的金融机构并防止其倒闭"，"采取一切必要措施解冻信贷和货币市场"，并"确保银行能够从公共和私人渠道募集资金"（G7 2008）。这种措辞可能夸大了政府和央行采取行动的意愿，但在许多方面，这种级别的国际政策合作史无前例。

随着经济危机加深，各国的货币政策响应开始出现分歧。美联储已经将利率降至极低的水平，并在其主席本·伯南克的领导下，于 2008 年 11 月开始实施"量化宽松"（QE）政策，该政策成为美联储的主要货币政策工具。日本银行和英格兰银行也在 2009 年初开始实施本国化的量化宽松政策。然而，欧洲央行极度不愿走这条"非常规"路线（除小规模购买资产担保债券的计划外）。在欧洲央行拥有巨大影响力的德国央行以及欧洲央行行长让·克洛德·特里谢对此表示反对。直至 2015 年欧元区面临生死存亡的危机时，欧洲央行（现在由下一任行长马里奥德·拉吉领导）才最终走上了这条道路。

美联储转向量化宽松政策也在更广泛的二十国集团内部引发了分歧。几乎从一开始，新兴市场就对美联储的政策变化持批评态度。最直言不讳的批评者之一是巴西财长吉多·曼特加，他在 2010 年指责美国发动了"货币战争"。他认为印制美元的过程助长了短期资本流向新兴市场，从而推高了新兴国家的汇率，使新兴国家更加难以控制国内信贷增长。

量化宽松政策的溢出效应给新兴市场带来的影响一直备受争议。许多新兴市场经济学家支持"货币战争"的说法，认为这导致了国内信贷驱动暴增、汇率高估和金融不稳定。美国经济学家倾向认为，总体而言，全球经济（尤其是新兴市场）受益于需求扩张，如果没有需求扩张，全球经济衰退会更严重。美联储最初辩称，它本身并无职责考虑其政策对其他国家产生的影响——它的职权范围只是针对美国的通胀和就业。美联储后来对这一立场进行了细微的调整，但在更广泛的量化宽松溢出效应问题上仍未达成共识（Fischer 2014）。

在财政政策方面，最初在国际协调方面也作出了类似的努力。2009 年的头几个月，经济危机对许多发达经济体的实体活动造成了显而易见的影响，国际货币基金组织呼吁二十国集团国家在 2009 年实施一揽子财政刺激措施，其总额占全球国内生产总值的 2%。尽管有些国家仍有疑虑，尤其是德国深感忧虑，但在伦敦二十国集团峰会准备阶段，各方就国际货币基金组织的计划达成了共识。峰会召开前，许多国家都宣布了各自的财政扩张计划，但伦敦公报确定了这一点，宣称二十国集团的成员国正在"进行一场前所未有、齐心协力的财政扩张计划，……到明年底……产量将提高 4%"（G20 2009）。

伦敦峰会标志着财政政策合作（以及更广泛的政策合作）达到一

个高潮。伦敦峰会还同意二十国集团不会引入新的贸易保护政策。总体而言，这一承诺得到了遵守，而且可以说消除了最大风险之一，那就是各国可能再次采取"以邻为壑"的政策，重蹈经济大萧条的覆辙。然而，从那时起，二十国集团的贸易议程就变得相当被动：多哈回合谈判在世界贸易组织陷入僵局，而"超大区域"自由贸易协定——《跨太平洋伙伴关系协定》和《跨大西洋贸易与投资伙伴关系协定》——可能导致全球贸易体系进一步分裂。

2009年9月，在匹兹堡举行的下一届二十国集团峰会上，奥巴马政府提出了一个更加雄心勃勃的目标，以促进经济增长。各国同意启动"强劲、可持续和平衡增长框架"。近期目标是解决全球失衡问题，这一问题曾被视为经济危机的起因之一。尤其是德国和中国的国际收支出现大额顺差，它们认为没有必要刺激内需；而美国和其他发达经济体则存在巨大的对外赤字以及财政赤字，这限制了它们利用政策来刺激需求。匹兹堡框架（参见图15.4）旨在鼓励顺差国家进行结构性改革，实现从出口到国内需求的再平衡。逆差国家将进行财政整顿，并引入促进增长的供给侧政策。

| | 顺差国家 | 逆差国家 |
|---|---|---|
| 发达经济体 | 产品和劳动力市场改革 | 可靠的财政整顿 |
| 新兴经济体 | 转向内需的再平衡 | 促进增长和就业的供给政策 |

图15.4　二十国集团框架

二十国集团对此框架达成一致，并建立了实施这一框架的机制。与之前解决全球经济失衡问题所作出的举措不同，二十国集团大力推动此进程的发展，并借鉴了国际货币基金组织和其他国际组织的技术专长。[7]尽管有更高级别的国际监管，但实施该计划所需的政策行动仍是各国义不容辞的责任。成员驱动型进程的优势可见一斑：成员国感到对该进程拥有更高程度的自主权，因此更有可能共享信息并采取行动履行承诺；来自其他国家的同行压力将比国际货币基金组织的外部建议更有效；二十国集团不会采用"以邻为壑"政策的承诺得到了更坚实的保障；通过共同合作，各国都有希望扩大本国行动的影响力。

但这一框架也存在弊端。该框架仅适用于二十国集团成员国。这就引发了一个有关合法性的问题：非成员国认为，大多数国家并未参与决策，但二十国集团作出的决定却会对所有国家造成影响。一些国家甚至试图阻止国际货币基金组织为二十国集团起草报告。正如后文将会讨论到的，更广泛的合法性和治理问题贯穿了历届二十国集团会议。

尽管2009年的两次峰会代表了国家间在财政政策方面令人印象深刻的合作水平，但这种合作持续时间不长。加拿大在2010年6月多伦多峰会前夕接任二十国集团主席国，担心财政刺激措施对赤字及公债水平带来影响。多年来，加拿大已经形成了一个共识，即随着时间的推移国家应该避免出现赤字，而且金融部门纾困成本不断增加和逆周期财政措施都是有风险的。其他二十国集团国家也有类似的担忧，《多伦多公报》强调了"可持续公共财政的重要性"以及"各国需要制定可靠、阶段性且有利于增长的计划以实现财政可持续性"（G20 2010）。

事实上，这标志着国际财政政策协调试验遭到了严重挫折，迄今仍未恢复元气。随后的峰会继续推进"增长框架"相关工作，各方商定了信息交流和政策同行评议程序。然而，各方在2014年布里斯班二十国集团峰会上才达成了下一项重大集体行动协议，并且关注重心落在结构性政策，而非宏观经济政策上。二十国集团成员国承诺采取措施促进投资和就业，并在五年内将产出水平提高2%。但五年过去了，我们很难判断峰会上承诺的行动是否切实地改善了全球宏观经济表现。

在欧洲，与政策协调相关的辩论仍在继续。欧元区内部的问题愈演愈烈，欧盟未能妥善帮助问题最严峻的国家（尤其是希腊），市场将这一失败视为单一货币存在设计上的缺陷。特别要注意的是，欧元区国家无法协调其财政政策，这被视为对需求管理的货币政策施加了过度压力。

在一系列危机峰会上，欧元区国家同意逐步更严格地限制国家在财政政策制定方面的自由裁量权（Pickford et al. 2014）。起初，改革集中于加强对国家财政政策的监督，包括实施"预防性"举措（《稳定与增长公约》）和"纠正性"举措（超额赤字程序）。此外，欧元区成员国也进行了同步国家预算流程的改革（"欧洲学期"）。

这些改革代表了欧元区成员国对主权已作出相当大的放弃（或集中）。但是，有一种观点已获得了广泛支持，即改革的最终结果无非成立一个单一的欧元区预算财政部，尤其是在欧元区最终要为纾困某成员国或救助一家濒临倒闭的系统性跨境银行而拨款时，该部门便于各成员国分担成本。[8]

## 支持深陷危机的国家

在危机爆发之初，陷入危机的国家绝不仅限于欧洲。直至2009年头几个月，越来越多的国家表示需要国际货币基金组织提供援助，也有越来越多的国家担心本国可能受危机波及。伦敦峰会认识到为深陷危机的国家和有波及风险的国家（"无辜旁观者"）加强防御的重要性。但人们认为，国际货币基金组织自身的财力不足以应对由资本流动而引发的全球危机中的潜在需求，而且其工具也不适用于保护那些政策基本健全、但被卷入危机的国家。

国际货币基金组织作为受困国家的第一道防线，必须设计新工具以满足这些需求，特别是可以在短时间内提供大量资金的贷款工具。针对面临国际收支压力时表现最佳的国家，国际货币基金组织为其提供灵活信贷额度。经济基本面强劲、政策稳健有效的国家若达到事先确定的资格标准，则可按需获得信贷额度，且贷款限额在个案基础上决定，不受正常贷款限额限制。针对表现较疲软的国家，国际货币基金组织又推出了另一项工具——预防性和流动性额度。这些国家同样可以通过达到事先确定的资格标准以获得预防性和流动性额度安排，但存在附带条件，即如果该国提取信贷，则需符合某些政策条件，且信贷额度也有上限。与国际货币基金组织的标准项目相比，这两种安排都是获得国际货币基金组织融资更具吸引力的方式。

然而，各国仍然担忧申请灵活信贷额度或预防性和流动性额度的举动将可能释放出何种信号，那些表示可能在某个时候需要国际货币基金组织提供资金援助的国家是否会受到污名化。事实上，上述工具的使用率极低——仅三个国家（哥伦比亚、墨西哥和波兰）使用了灵活信贷额度，仅两个国家（前南斯拉夫的马其顿共和国和摩洛哥）使用了预防性和流动性额度。在这些国家中，仅有前南斯拉夫的马其顿共和国提取了信贷额度，但对于国际货币基金组织而言，这类贷款需要远多于其标准项目的财力资源。尽管这些预防性项目的使用率较低，但自 2008 年以来，又有 27 个国家使用了国际货币基金组织的常规项目，这也要求该组织不断提升贷款能力。

伦敦峰会为应对问题提供了解决方案。按照传统，七国集团和其他发达国家已做好准备，通过提供信贷额度（借款总安排和新借款安排）[9] 为国际货币基金组织提供支援。但全球危机的潜在问题规模巨大，要求新兴市场也参与其中。尤其是中国积累了大量外汇储备，可用于上述目的，但中国最初不愿承诺提供融资，除非国际货币基金组织承诺进一步改革其治理模式——新兴市场对此积怨已久（见下文）。

最终，所有二十国集团成员国均同意在伦敦峰会上签署协议，大幅增加向国际货币基金组织（以及其他国际机构）提供的财力资源。二十国集团成员国（包括中国）向国际货币基金组织延长的借款总安排和新借款安排信贷额度和双边贷款额度总计 5 000 亿美元，还同意将特别提款权增加 2 500 亿美元，这使得国际货币基金组织的可支配资源增加了两倍。此外，其他款项也指定用于贸易信贷以及世界银行和其他多边银行向发展中国家提供的贷款。

起初，这意味着国际社会可用来向处于危机中的国家提供的短期融资"专用款项"大幅增加。贷款对象包括遭受资本外流和市场准入中断的国家、出口受到全球经济衰退影响的国家，以及需要对国内银行进行资本重组的国家。2008 年至 2013 年间，国际货币基金组织批准了总额为 4 200 亿特别提款权（约合 6 500 亿美元）的计划，并支付了近 1 200 亿特别提款权（约合 1 850 亿美元）（IMF 2015）。

危机蔓延到新兴市场的危险开始消退，然而欧洲出现的问题越来越多。爱尔兰和葡萄牙从一开始就存在问题，面临着纾困金融业的巨大成本、资产负债表的脆弱性和经常账户赤字。由于两国所面临的问题是众所周知的，最终通过国际货币基金组织、欧盟委员会和欧洲央行等机构相当传统的援助项目得到了解决。尤其是爱尔兰在努力实施政策改革方面堪称典范。

随着时间的推移，欧洲机构希望提出一种更"欧洲化"的解决方案，欧洲融资机制可以充当"防火墙"，防止危机蔓延到其他欧元区国家，然而建立该机制需要花费相当长的时间以达成政策共识。在 2010 年 5 月出现第一次希腊债务危机期间，欧元区领导人同意成立临时的欧洲金融稳定基金，可为危机国家提供高达 5 000 亿欧元的融资。六个月后，欧洲稳定机制宣布成立，永久性地替代了欧洲金融稳定基金。

然而，尽管建立了欧洲融资机制，但就项目设计而言，希腊和塞浦路斯的问题比爱尔兰和葡萄牙更严重。前者面临的问题更加难以妥协，所需调整的规模令人望而生畏，尤其是对希腊而言。尽管欧盟提供了联合融资支持，但针对欧元区国家的纾困项目仍是国际货币基金组织历史上规模最大的纾困项目之一，这反映了欧元区国家经济和金融问题规模之巨大，以及单一货币成员国身份所施加的限制，单一货币需要欧元区内部大幅贬值。

处理危机的方式使问题愈发复杂。其中有两个问题尤为突出：首先，保护欧元区结构的需求影响了项目设计方案，导致与国际货币基金组织产生分歧，各国需要进行更大范围的政策调整，并引发更大的融资需求。其次，欧元区大成员国需要保护各自的国家利益，这使得成员国很难减记债务水平，以实现债务可持续性。最终，塞浦路斯通过延长债务期限实现了债务重组，而希腊的债务面值也有所降低。但是"三驾马车"（国际货币基金组织、欧盟委员会和欧洲央行）之间产生了这些分歧，这凸显了国际货币基金组织和区域融资安排（如欧洲稳定机制）很难就联合融资项目达成一致。二十国集团在 2011 年就国际货币基金组织与区域融资安排之间的合作达成了一套原则以帮助解决这些协调问题。但这些原则所发挥的作用也仅限于此，严重的政策分歧最终导致国际货币基金组织与希腊纾困项目保持距离。

## 治理改革

在危机爆发初期，应对措施主要由发达国家主导，因其面临的困难最为严峻。新兴市场起初并未受到影响，但随着危机不断蔓延至全球各地，这些新兴国家必须成为解决方案的一部分。在政府首脑层面重启二十国集团论坛，这本身就是世界秩序正在发生变化的一个迹象。七国集团财长和央行行长并未选择私下举行会议，而是邀请大型新兴市场国家以平等地位参加领导人级别的峰会。

长期以来，新兴市场一直抱怨发达国家在国际经济事务中占据主导地位。尤其是，在改变布雷顿森林机构的治理结构以反映新兴市场在全球经济中日益增长的重要性方面进展缓慢。多年来，新兴国家一直在国际会议上呼吁提高其在国际货币基金组织和世界银行的投票权份额、增加董事会席位，以及结束美欧对最高职位的垄断。2008 年举办的第一届二十国集团峰会被视为最终在这些问题上取得进展的一个机会。

尽管华盛顿峰会和伦敦峰会的主要议题仍然是应对危机的政策问题，但在 2009 年 9 月的匹兹堡峰会上，世界银行的投票结构问题终于有所突破。作为达成增长框架协议的一部分，美国支持新兴市场在世界银行进行投票权改革。公报明确表示，在下一次审查投票权份额时，发展中国家和转型国家的份额将至少增加 3%，并承诺随着时间的推移将份额提升至发达国家同等水平。

曾在金融监管改革中发挥关键作用的巴塞尔银行监管委员会和金融稳定理事会均扩大了规模，以囊括所有二十国集团国家。金融稳定理事会的前身是金融稳定论坛，曾拥有来自七国集团国家的财政部、央行和监管机构的代表，以及其他几个具有系统重要性的金融中心的代表；而巴塞尔银行监管委员会最初由十国集团的央行和监管机构组成。起初，这两个机构不愿纳入所有新兴市场国家，担忧机构会因此变得更难管理、效率更低。最终，各方达成一致，两个机构将纳入所有二十国集团成员国，并设立委员会架构来管理各自的业务。

国际货币基金组织的治理结构改革花费了更长的时间才取得进展。尽管二十国集团在 2010 年就修订后的份额分配达成了广泛协议，以期增加新兴市场的代表性（见表 15.1），但由于美国国会拒绝批准这些改革，该协议的实施受到了阻碍。由于美国持有国际货币基金组织超过 15% 的投票权，除非美国国会同意，否则无法实施改革。

新兴市场对改革进展缓慢表示不满，这促使新兴市场主导的新机构应运而生，这些新机构将可能挑战全球性机构的地位。在发展领域，金砖国家于 2013 年达成一致决定成立自己的银行（新开发银行）；中国还牵头成立了总部设在北京的亚洲基础设施开发银行，为该地区的投资提供资金。为了向危机中的国家提供援助（这是国际货币基金组织的传统职能)，亚洲国家大力支持《清迈倡议》(该倡议是在 20 世纪 90 年代末亚洲金融危机后提出的)，此外，金砖国家同意成立应急储备安排。截至目前，上述平行机构尚未对世界银行和国际货币基金组织发起挑战，但其具有充分的潜力。

表 15.1 2010 年份额改革前后国际货币基金组织十大股东对比

| 2010 年前份额 | | 2010 年后份额 | |
|---|---|---|---|
| 美国 | 17.67 | 美国 | 17.61 |
| 日本 | 6.56 | 日本 | 6.54 |
| 德国 | 6.11 | 中国 | 6.47 |
| 英国 | 4.50 | 德国 | 5.65 |
| 法国 | 4.50 | 英国 | 4.28 |
| 中国 | 4.00 | 法国 | 4.28 |
| 意大利 | 3.31 | 意大利 | 3.20 |
| 沙特阿拉伯 | 2.93 | 印度 | 2.78 |
| 加拿大 | 2.67 | 俄罗斯 | 2.74 |
| 俄罗斯 | 2.49 | 巴西 | 2.34 |

来源：国际货币基金组织概况，《国际货币基金组织成员国的份额和投票权》，2016 年 4 月 21 日，http://www.imf.org/external/np/sec/memdir/members.aspx#top。

连续数届二十国集团峰会在增加新兴市场话语权和代表性的问题上措辞越来越强硬。2015 年安塔利亚峰会记录了二十国集团国家（包括美国）"深感失望，2010 年达成的国际货币基金组织份额和治理改革措施一直拖延实施"，并敦促美国"尽快批准这些改革"（G20 2015）。第一套改革措施最终于 2015 年 12 月由美国国会通过，并于 2016 年 1 月生效。但这一问题将持续引起争议，因为未来的改革仍需美国国会批准。

二十国集团与布雷顿森林机构之间的紧张关系同样值得注意。国际货币基金组织和世界银行拥有广泛的成员和选区结构，可确保所有成员在决策委员会中都有代表。对新兴市场而言，成员国的广泛性使其在作出影响所有国家的决定时具有更大的合法性。具有讽刺意味的是，如果二十国集团（其成员国数量有限）没有带头推动改革，这些机构的治理改革可能就不会实施。这一点再次强调了一种观点，即二十国集团作为"国际经济合作主要论坛"的地位已经从根本上改变了国际经济事务中的权力平衡（G20 2009a）。

## 危机后的合作

这场危机从根本上改变了国际经济格局，因为世界各地的政策制定者意识到，本国与其他国家的联系和依赖程度已十分紧密。这场危机十分严峻，需要达成非同寻常的国际经济政策合作。为了实现这种合作，新架构已经就位。

其中部分架构之前就已存在，现在已成为国际格局的永久组成部分。金融稳定委员会已经成为金融监管改革的主要推动者。二十国集团同行评议机制在敦促各国履行承诺方面发挥了重要作用。为落实匹兹堡增长框架而建立的相互评估进程为各国相互挑战提供了一个论坛，而布里斯班增长承诺为这一进程增添了另一层内容。此外，二十国集团的"无贸易保护"协议基本上得到了遵守。

这场危机还促进了更深层次的国际关系，加强了国家集团之间的合作。在欧盟，经济危机让人们意识到，若要使单一货币继续运行，欧元区国家需要在经济政策上达成更广泛的一体化（这反过来又向更大范围的政治一体化施加压力）。金砖国家集团开始共同行动，与传统的发达国家论坛（七国/八国/十国集团）形成抗衡，并取得了一些成功（例如，终于在2015年获得了国际货币基金组织的份额改革批准），并且建立了新机构（金砖国家银行和应急储备安排）。但是，由于成员国的利益不尽相同，金砖国家集团很少能成功地形成一个有凝聚力的阵线。

危机最为严重的时候形成了国际合作，但其中一些较困难的方面也开始迅速瓦解。2009 年二十国集团峰会达成的财政共识到 2010 年中已经瓦解。各国央行之间的货币政策合作也开始出现摩擦。央行之间的货币互换额度已失效；非常规国家政策（尤其是量化宽松政策）起初作为对危机的积极回应而受到追捧，但后来被批评为"货币战争"。此外，国际货币基金组织与希腊的联合纾困计划保持距离，由此，国际货币基金组织与欧盟机构在欧洲纾困项目上的合作变得更加紧张。

## 结论及对未来的影响

这场危机带来的第一个教训是，所有国家都有可能受到其他国家政策的影响。这是对国家行动将产生的国际影响（无论是好是坏）给出非常鲜明的提醒。全球互联程度意味着国家间的政策溢出效应将对国家决策产生重要影响和制约因素。

国际货币基金组织（以及许多其他机构）的监督在很大程度上未能识别出世界经济中不断累积的国际风险。近年来，监督工作已经发生了重大变化，重点关注风险和漏洞，并试图优化整合不同的分析链。直到最近，"双边"监督（主要通过对个别国家的第四条报告进行）和"多边"监督（例如《世界经济展望》报告）之间还存在明显区别。2012 年，国际货币基金组织发布了第一份综合报告，汇集了其对全球问题的总体建议。[10] 该组织现在还定期进行外部收支评估、溢出效应报告和压力测试，以监测这些溢出效应。

这场危机带来的第二个教训是，危机强调了在为国际流动性行业制定全球规范和标准方面进行高度合作的必要性。金融行业是最佳例子，该行业资本高度流动，交易集中在少数国际金融中心。公司和高价值个人能够将其资产在国家之间进行转移，以最大限度地减少或逃避税收，这导致了经合组织和二十国集团在税收问题上达成更大程度的合作。[11]

贸易谈判越来越少地涉及关税和贸易限制等"传统"领域，而是更多地关注协调监管结构、相互认证标准、监管等效性等。与货物贸易相比，服务贸易的重要性日益凸显，因此相关议程必将具有更大的意义。正在谈判的"超级"自由贸易协议（《跨太平洋伙伴关系协定》和《跨大西洋贸易与投资伙伴关系协定》）就是这一趋势的最佳证明。

第三个教训是，在国家利益和责任至关重要的政策领域，只有当国家认为不合作的代价高昂时，强有力的国际合作才可能奏效。财政政策和结构性改革往往属于这一类，各国政府不愿将国际协调凌驾于自身利益之上，即使这可能符合本国更长期的利益。这些政策领域一般被视为国内政治进程的重要组成部分。

然而，本次危机却是这一规则的例外情况。有一段时间，共同行动的需求压倒了这些国家利益和关切。但随着危机的消退，协调政策的压力也随之减弱。另一个例外是欧元区。这场冲击欧元的濒临生死存亡的危机表明，进一步紧密融合一系列经济政策（而不仅仅是货币政策）对欧元区的稳定至关重要。为加强金融监管和稳定并整合财政政策而建立的结构，如今已被载入具有法律约束力的协议，将很难摆脱。

最后，这场危机还表明，不同的问题最好由对应的国际合作和金融外交结构来处理（Raman et al. 2016）。参与国的特点和所涉问题的性质是决定如何最好地进行协调的关键。基于规则的协调进程往往最适合处理相对具体和技术性的问题，特别是当相关国家具有类似观点，且经济和法律结构相似时。金融管制往往技术性很强，并且主要的金融中心均有类似的机构设置。相比之下，在技术性较低、政治性较强的问题上，通常最可能采取较为松散的协调形式，财政政策即属于这一类。

各国可以选择通过预先对国际协议作出承诺以超越这些政治限

制。一种模式是国际货币基金组织，这是一个基于条约的组织，根据多数票作出决定，这些决定对所有成员国都具有约束力。在这种情况下，该组织的成员国已经决定，加入一个为国际货币体系制定规则的机构最符合本国利益。另一种模式是欧盟，这是一个超国家实体，可以制定对所有成员国都具有约束力的法律。但归根结底，国家享有主权，因此必须说服各国相信，与其他国家合作符合本国的短期或长期利益。这场危机凸显了在极端情况下不合作的代价，并建立了促进一系列更加技术性领域合作的结构。但在其他涉及重大国家利益和敏感问题的领域，国际金融外交仍将发挥重要作用。

## 注释：

1. 冰岛、爱尔兰和英国是第一批救助濒临破产的金融机构的国家，其中包括北岩银行（北岩银行是英国150年来第一家遭遇"银行挤兑"的零售银行）。

2. 十国集团由七国集团加上比利时、荷兰、瑞典和瑞士组成。

3. 如需更全面地了解这些新结构，请参阅 Green 2016。

4. 一段时间以来，监管机构一直担忧，由于经济周期加剧了信贷周期和金融风险，机构将需要"逆风而行"，采取行动对抗这些周期性影响。西班牙被视为成功实施了反周期政策的国家，尽管这未能阻止西班牙银行陷入危机。

5. 国际货币基金组织通过金融部门评估规划和第四条国家年度审查对各国金融体系进行审查。

6. 详见 European Commission 2015。

7. 例如，国际货币基金组织在2006—2007年间倡导了"全球失衡多边磋商"进程。

8. 例如，参见前欧洲理事会主席赫尔曼·范龙佩（Herman van Rompuy 2012）提出的"迈向真正的经济与货币联盟"计划及其在霍德森（Hodson 2015, 189）书中的评论。

9. 借款总协议（GAB）和新借款协议（NAB）是由38个国家提供的长期信贷额度，在国际货币基金组织需要补充其配额资源以为其项目贷款提供资金时，可为该组织提供贷款。

10. 这就是现在的全球政策议程——参见 IMF 2016。

11. 这包括经合组织为二十国集团开展的关于跨国公司通过税基侵蚀和利润转移避税的工作——见网址 http://www.oecd.org/ctp/BEPS.htm。

## 参考文献：

European Commission 2015. *Factsheet "Understanding Banking Union"*. Available at: http://ec.europa.eu/information_society/newsroom/cf/fisma/item-detail.cfm?item_id=20758&newsletter_id=166&lang=en.

Fischer, S. 2014. *The Federal Reserve and the Global Economy*. Per Jacobsson Foundation Lecture, October. Available at: http://www.federalreserve.gov/newsevents/speech/fischer20141011a.htm.

G7 2008. *Communiqué*, 10 October. Available at: http://www.g8.utoronto.ca/finance/fm081010.htm.

G20 2008. *Washington G20 Summit Communiqué*. Available at: http://www.g20.utoronto. ca/summits/2008washington.html.

G20 2009. *London G20 Summit Communiqué*, April. Available at: http://www.g20.utoronto. ca/summits/2009london.html.

G20 2009a. *Pittsburgh G20 Summit Communiqué*, September. Available at: http://www.g20.utoronto.ca/summits/2009pittsburgh.html.

G20 2010. *Toronto G20 Summit Communiqué*. Available at: http://www.g20.utoronto.ca/summits/2010toronto.html.

G20 2015. *Antalya G20 Summit Communiqué*. Available at: http://www.g20.utoronto.ca/summits/2015antalya.html.

Green, D. 2016. Regulation and International Standards, in *Managing Complexity: Economic Policy Cooperation after the Crisis*, edited by T. Bayoumi, S. Pickford and P. Subacchi. Washington, DC: Brookings Institution Press, pp. 299–326.

Hodson, D. 2015. Policy-Making under Economic and Monetary Union: Crisis, Change and Continuity, in *Policy-Making in the European Union*, edited by H. Wallace, M.A. Pollack and R.A. Young, 7th edition. Oxford: Oxford University Press.

IMF 2011. *Analytics of Systemic Crises and the Role of Global Financial Safety Nets*. Available at: http://www.imf.org.

IMF 2015. *Crisis Program Review*. Available at: http://www.imf.org.

IMF 2016. *The Managing Director's Global Policy Agenda*. Available at: http://www.imf.org/external/np/pp/eng/2016/041416.pdf.

Pickford, S., Steinberg, F. and Otero-Iglesias, M. 2014. How to Fix the Euro: Strengthening Economic Governance in Europe, Report by Chatham House, Elcano and AREL. Available at: http://www.chathamhouse.org/publications/papers/view/198575.

Raman, N, Liu, L.Q. and Das, S. 2016. International Policy Coordination: Why, When, and How, in *Managing Complexity: Economic Policy Cooperation after the Crisis*, edited by T. Bayoumi, S.

Pickford and P. Subacchi. Washington, DC: Brookings Institution Press, pp. 353–383.

Van Rompuy, H. 2012. *Towards a Genuine Economic and Monetary Union*. Brussels: European Council, 26 June, Presse 296.

## 有用的网站：

Chatham House: www.chathamhouse.org.

Financial Stability Board www.financialstabilityboard.org.

G20 Research Group www.g20.utoronto.ca.

International Monetary Fund www.imf.org.

# 第十六章 气候变化谈判：将外交推向极限

乔安娜·德普莱奇

2015 年巴黎气候变化会议，正式名称是《联合国气候变化框架公约》（UNFCCC）第 21 届缔约方会议（COP21），不仅对气候谈判，而且对更广泛的全球外交而言，这是一次非同寻常的盛会。[1] 约有 28 000 人步入会议中心，有史以来最大规模的国家元首在大会首日在同一地点举行会晤（Kinley 2016）。由此，《巴黎协定》在全场起立鼓掌和（几乎）一致好评中获得通过。虽然有反对声音（McKibben 2015；Monbiot 2015）指出了该协议的不足之处，但对谈判过程本身，尤其是法国东道主的外交手段，则不吝赞美之词（BBC online 2015；NYT 2015）。

巴黎会议和更广泛的气候谈判确实为学习全球谈判和外交的国家提供了范例。然而，学习这些经验并不简单。一方面，巴黎会议无疑是一个教科书式的范例，说明娴熟的外交手段可以引导争吵各方达成共识。另一方面，巴黎会议与这种外交局限性形成鲜明对比。虽然各国的确达成了共识，但该共识充满矛盾，并不能确保避免发生危险的气候变化。这引发了一些重要问题。如果顶尖外交无法产生符合科学要求的有效结果，那么解决气候变化问题是否已将全球外交推向了极限？如果真是这样，那么我们是否需要重新思考外交工具，或者启用全新工具？本章在这些问题的框架内探讨气候变化谈判，重点关注最近的巴黎会议。

## "超级棘手"的气候变化问题

气候变化是一个"棘手"的政策问题。[2] 其原因众所周知，包括分散、多重和全球范围的原因和责任；时间跨度长；温室气体排放在现代繁荣概念中的中心地位，以及减排（人们认为会产生）的经济成本；内在的科学不确定性；复杂的伦理和道德维度；以及转型变革所需的规模和速度。当然，其中许多特征中对于其他政策问题也是常见的，但在气候变化的情况下尤为突出，或者说"超级棘手"（Levin et al. 2012）。

有效应对气候变化需要国际协调，因为这是一个集体行动问题，或者是全球性的"公地悲剧"（Hardin 1968）；单个政府几乎没有动力单方面限制其化石燃料的消耗或土地开发，以免其他国家"搭便车"或获得竞争力。然而，后果是耗尽大气和海洋的承载能力——碳预算，对所有国家都造成了损害，尽管有些国家比其他国家造成更严重的损害。大气是公共物品，没有全球权威机构规定如何分配碳预算。因此，根据国际关系理论，推动气候变化谈判的方法是运用外交工具：建立一个可以在政府间谈判和执行此类规则的全球机制，希望借此有效地"治理公地"（Ostrom 2015）。这就是 1990 年启动的气候变化谈判背后的基本原理，与其他环境制度背后的基本原理相同，例如臭氧消耗，甚至更广泛的提供公共产品的项目，例如安全或金融稳定性（参见 Barnett and Sikkink 2008；Koskenniemi 2011；Terhalle 2015）。气候变化的所有这些方面给气候谈判带来了深刻的挑战，并且如下文所讨论的，需要一种与众不同的气候外交。

# 气候外交的挑战

## 复杂性

气候谈判的决定性特征是复杂性，它源于其分散、多重和全球范围的原因，而这种复杂性又会产生多个参与者、利益和问题。没有其他持续的谈判过程涉及如此多的政府代表团（该公约的缔约方有 197 个国家），这些政府代表团由来自很多不同部门的个人所代表。这些政府代表团反过来形成了由不同力量、利益和成员流动性的多个联盟（Blaxekjaer and Nielsen 2014），所有这些势力都在谈判桌上占有一席之地。气候变化的政治格局是高度多样化的，其立场和结盟基于特定气候利益与关注点（例如排放概况、森林覆盖率、脆弱性）建立在更广泛和更普遍的身份上（例如发展阶段、更广泛的地缘政治联盟）。尽管气候变化政治一直建立在南北政治之间长期存在的分歧之上，但这些历史上对忠诚的呼吁越来越多地与其他更具体的利益和集团产生竞争。

然而，政府代表团只是气候变化谈判的一部分。气候会议的大多数参与者来自非政府部门，即使不是真正的谈判代表。同样，没有任何其他谈判能够在其官方支持者中拥有如此广泛的利益相关方——工会、不同性别、农民、青年、原住民、地方政府、企业和环保团体。唯一类似的过程是 1992 年里约热内卢地球峰会的主要环境峰会及随之而来的后续行动，它的产物是 2015 年可持续发展峰会通过了可持续发展目标。然而，这些会议并不负责谈判复杂的、具有法律约束力的条约文本。在气候会议上，起草法律文本的严肃工作是在类似于全球狂欢节的活动中穿插进行的。这在很大程度上反映了国际舞台上更广泛的趋势，即跨国参与者和市民社会在所谓的"全球治理"或更具体的"全球环境治理"中参与度更高，影响力更大（参见 Biermann and Pattberg 2008；Terhalle 2015）。就气候变化而言，民族国家以外的参与者实际上对谈判中问题的成因具有重大控制权：大企业和地方政府可能比小国家对排放更多温室气体承担责任。

任何气候外交的成功尝试都一定能够应对这种复杂性。除了政治层面外，确保每个人在正确的地点、正确的时间、以正确的语言提供正确的文件并专注于正确的议程项目，这样的后勤工作都令人不知所措。人们不难发现，气候谈判的复杂性曾两度将一场重要的气候会议推向谈崩的边缘，或者使天平严重失衡濒于崩溃：2000 年第 6 次缔约方会议在海牙举行谈判，2009 年第 15 次缔约方会议在哥本哈根举行谈判（下文将讨论），这些谈判本应商定《京都议定书》的实施细节（Depledge 2000）。

**调和科学与政治**

气候外交的一项关键挑战是需要游走在科学要求和政治之间。气候变化既是一个基本的科学问题，也是一个基本的政治问题：它是一个科学问题，因为这个问题是由大气中化学物质在物理定律的调节下产生复杂的相互作用而引起的。它又是一个政治问题，因为应对气候变化涉及资源分配和社会对风险的认识。将这两种观点结合可能非常困难。例如，什么能够决定印度对全球减排的贡献：印度是世界第三大排放国（科学的角度）；或者印度的人均排放量仍然很小，远低于全球平均水平（公平的角度）？在气候变化的讨论中，各国的观点各不相同。例如 2009 年，印度总理曼莫汉·辛格表示"我们承认科学的必要性，但科学绝不能凌驾于公平之上"（Singh 2009）。在很大程度上辛格是正确的，因为谈判已经优先考虑政治因素，并将"公平"简单地解释为"宽容"，而不是对科学警告作出更忠实的回应。

**超人外交**

基于这一科学维度，气候变化外交与大多数其他形式外交之间的最大区别在于，气候变化外交的任务不亚于拯救现代人类文明的长期生存能力。这绝不是夸张的说法。正如政府间气候变化专门委

345

员会（IPCC）的评估报告中提出，主流科学预测气温比工业化前水平高出 2 度，则会产生严重影响，随着变暖水平上升，后果会越来越严重（IPCC 2014）。从人类时间长河看，气候变化在很大程度上是不可逆的，而非线性或灾难性的变化可能是由突破人类知之甚少的"临界点"（例如西伯利亚永久冻土融化，墨西哥湾暖流逆转）而引发。然而，要想将全球气温升幅控制在 2 度以内，排放量必须在 20 年内达到峰值并开始下降，远早于 2100 年达到净零（United Nations Environment Programme；UNEP 2015）。尽管全球排放量增长出现停滞迹象，而且一些地区（例如欧盟）的排放量正在下降（Olivier et al. 2015），但需要大幅加速排放量下降的趋势。

因此，在很大程度上，气候外交是"超人外交"；外交任务紧迫且关键。毫无疑问，所有问题的谈判者都认为他们的任务紧迫且关键，但同样他们也会承认，例如，贸易或投资协议的谈判可能延迟几年也不会造成灾难性的全球后果。就气候变化而言，如果人们承认国际谈判是低碳转型的关键驱动力，那么拖延可能意味着，除非有意想不到的好运，否则就会丧失将温度上升控制在 2 度以内的机会。至少，延迟行动可能需要在未来实施更深入、成本更高的减排方案，这只能通过和平时期没有历史先例的、剧烈的经济转变来实现。

然而，尽管在气候谈判的演讲中充斥着紧迫感，但外交官们并没有做好"超人外交"的准备。外交是在对立观点之间达成共识，发现共同点，找到可接受的妥协方法，起草有效的措辞，用建设性的模糊语言掩盖悬而未决的分歧。外交更多的是关于制定协议，而不是协议本身的内容。全球谈判，尤其是像气候变化这样的全球谈判，其共识是默认的决策规则，努力达成最小公分母的成果，或者至少会淡化强势文本的措辞，以吸引所有国家参与谈判。[3] 外交官是"政治产物"，因此不可避免地要寻求政治性协议，以科学上付出更强大的结果为代价也在所不惜。

"超人外交"的挑战可能更为根本，因为它们与人类的心理倾向密切相关，即低估未来（即担心今天的问题多于十年后的问题）、淡化生存威胁、不信任权威、自我辩护高碳行为和其他"不作为之恶"（Gifford 2011）。这些趋势有据可查（Swim et al. 2009），没有理由认为外交官不会受到这些趋势的影响。在这方面，谈判和外交似乎很难有效应对气候变化，应对气候变化需要变革性的决策，而不仅仅是渐进式变化。

与此同时，将气候变化定位为环境问题意味着气候变化仍然被过多地视为一个"软性"问题，与安全、金融和贸易相比，它的优先级较低，因此，政府的关注度忽高忽低，并出现了相互矛盾的政策（例如关于化石燃料补贴，参见 Edenhofer 2015）。如果要有效解决气候变化问题，就迫切需要进行大规模、快速、深刻的经济变革。而目前政府的态度却与此格格不入。因此，气候外交是在有些矛盾的基础上运作的——这个问题在很大程度上是作为环境问题来架构和谈判的，而它本应处于经济、能源也可以说是安全政策的中心。

因此，气候变化对旨在应对气候变化的全球外交工作构成了特殊的，甚至是独一无二的挑战。与此同时，气候变化谈判针对国际体系的基本结构展开，特别是持久且至高无上的国家主权、国际组织发源地的联合国，以及影响国际关系的更深层次的地缘政治和经济动态。我们现在使用上面的分析来探讨产生《巴黎协定》的谈判，并考虑这些可能告诉我们什么是气候变化外交。

## 气候变化谈判的历史

### 《联合国气候变化框架公约》和《京都议定书》："强有力但有限"

1992 年通过的《联合国气候变化框架公约》是气候制度的奠基石。它确立了"最终目标"，即"避免气候系统受到危险的人为干扰"，并确立了要求更先进的工业化国家以公平为基础、按照各自的能力"带头"应对气候变化，并承担"共同但有区别的责任"
（UNFCCC 1992）。这些国家按国名列在公约附件一中。作为第一步，
附件一缔约方有义务争取在 2000 年前将其集体排放量恢复到 1990 年
的水平（他们实现了这个目标）。这一领导原则随后延续至 1997 年
《京都议定书》（UNFCCC/KP 1997）。在《京都议定书》中，附件一缔
约方根据共同的基线（1990 年）和目标期（2008—2012 年）谈判达
成了各自具有法律约束力的排放目标，采用相同的计算方法并得到合
规机制的支持。合规机制相当孱弱，因为没有国家准备接受经济制裁
的可能性，但仍然建立了包括公开谴责在内的执行机制。发展中国家
（称为非附件一缔约方）不受具体目标的约束，但根据《联合国气候
变化框架公约》和《京都议定书》，发展中国家作出了应对气候变化
并报告其排放和行动情况的一般承诺，也有资格获得经济援助。

值得注意的是，《京都议定书》是在谈判主席阿根廷的劳尔·埃
斯特拉达-奥尤埃拉巧妙掌控下，经过极其艰难的谈判后才通过的，
这反映了上面讨论的所有挑战。一些评论员（Oberthür and Ott 1999）
指出，如果没有他特殊的强硬外交手段，不可能通过议定书，除了其
他政治紧张局势外，他必须克服化石燃料利益集团的阻挠，包括代表
团和强大的非政府游说团体。

气候变化制度的初始架构是"强有力但有限"的，仅少数国家作
出了强有力的承诺。附件一国家和非附件一国家的承诺之间存在明显
的差异，尽管一些子类别的国家享有更多的灵活性。[4]这反映了 20 世
纪 90 年代世界的政治和经济状况，当时较贫穷的发展中国家和工业
化经济体之间的界限比今天更清晰；例如，1990 年中国的排放量是美
国的一半（Olivier et al. 2015）。这种"强有力但有限"的方法有一个
基本假设，即随着发展中国家经济和排放量的增长，以及附件一缔约
方履行了领导义务，发展中国家最终会跟随附件一缔约方的步伐，作
出更强有力的承诺（可能从不同类型的目标开始）。《京都议定书》将

在 2012 年以后继续采用五年滚动承诺期的结构，参与排放交易的前景是一块吸铁石，逐渐吸引越来越多的国家承担减排目标。[5]

这种情况没有发生的主要原因是，美国在乔治·W. 布什总统任期内于 2001 年拒绝接受《京都议定书》( Lisowski 2002 )。尽管这并不意外，但事实证明这是气候变化过程中的决定性时刻。其他附件一缔约方不顾一切继续批准《京都议定书》，并于 2005 年生效。然而，由于美国没有迹象表明将通过有意义的国内气候立法，欧盟以外的附件一缔约方逐渐放弃支持该议定书。气候变化的集体行动性质引起了人们对"搭便车"和竞争力的担忧，它所产生的影响成为了焦点。到了谈判《京都议定书》第二承诺期，也就是在 2012 年第 18 届缔约方大会上通过《多哈修正案》的时候，即使是欧盟也不愿在没有美国参与的情况下继续推进。美国的缺席产生了进一步的负面影响，因为发展中国家将此解读为发达国家领导力乏善可陈的证据。这延缓了让发展中国家（包括中国等大型新兴排放国）参与讨论对减排作出更强有力承诺的进展。鉴于美国对《京都议定书》的主要不满之一恰恰是中国没有作出承诺，由此产生的恶性循环确实具有破坏性。

《京都议定书》并不像一些评论员所说的那样失败（例如 Victor 2006 )。所有缔约方都遵守了各自的目标（ Shishlov and Morel 2016 )。该议定书加速了其缔约方之间的国内气候行动，特别是英国的《2008 年气候变化法案》，以及启动了《欧盟排放交易计划》，尽管该计划存在种种缺陷，但在测试究竟什么是排放交易开了先河，并成为其他司法管辖区可以参考的典范。清洁发展机制（CDM）尽管存在诸多缺点，但在向发展中国家（包括中国，该机制在当地蓬勃发展）展示低碳发展可能性方面发挥了关键作用。在《联合国气候变化框架公约》的基础上，《京都议定书》强有力的报告条款也催生了国家数据的严格审查程序，这是强大、透明的气候行动的重要基础（Depledge and Yamin 2009 )。也许最重要的是，《京都议定书》表明（大多数）附件一缔约方按照公约要求"带头"，这是发展中国家最终加强自身承诺的重要政治前提（Grubb 2016）。

**转变成"广泛但脆弱"：2005—2011 年**

面对美国的顽固反对，《京都议定书》无法成为持续有效的气候制度的基础。除了让美国重新参与进来外，另一项紧迫的任务是解决发展中国家不断增加的排放问题。到 2007 年，中国已经超过美国成为世界上最大的绝对排放国，尽管其人均排放量徘徊在全球平均水平，但仍是美国的一半（Olivier et al. 2015）。现在前二十个排放国还包括印度、伊朗、韩国、巴西、沙特阿拉伯、墨西哥、印度尼西亚和南非。这两项任务交织在一起：如果没有大型新兴排放国（比如中国）参与，美国不会签署新的国际框架，而如果没有美国的领导，发展中国家不愿加强自身的承诺。另一个复杂的问题是，附件一国家和非附件一国家之间的区别变得越来越模糊，非附件一国家的经济和排放状况跨度越来越大，从人均排放非常高的国家，到最不发达国家中绝对微小的排放国。任何新安排都需要考虑到不同的国情。

2009 年第 15 届哥本哈根缔约方会议承担了起草下一阶段气候变化制度的艰巨任务。在许多方面，哥本哈根会议与巴黎会议完全相反。这是一场外交灾难，丹麦外交未能有效管理谈判的政治和后勤的复杂性，并面临缺乏透明度和公开性的指责。其他国家的外交判断力也非常糟糕。少数代表团——基础四国（巴西、南非、印度、中国）和美国——敲定了一项幕后交易，导致抗议缺乏透明度和合法性，使得由此产生的《哥本哈根协议》无法正式通过（仅引起了注意）。美国总统巴拉克·奥巴马在其他代表团还没有看到秘密协议前，就在电视直播中公之于众，是外交上的失误。

然而，尽管外交活动相当混乱，但在实质内容方面却取得了巨大进步：《巴黎协定》的几乎所有内容实际上都可以追溯到《哥本哈根协议》（Climate Strategies 2016）。特别是，该协议将该制度转向"更广泛但更脆弱"的结构，即所有各方都将作出到 2020 年的减排承诺（更广泛），但这些承诺不具有法律约束力，也不一定基于可比较的指标（义务较弱）。此外，《哥本哈根协议》确立了到 2020 年每年筹集 1 000 亿美元解决发展中国家需求的长期目标，并成立了一项新的绿色气候基金。[6] 该协议还首次提到，将全球变暖限制在 2 度以内是符合科学的目标，同时呼吁考虑将这一目标加强到 1.5 度的可能性（UNFCCC 2009）。

随后，2010 年在墨西哥坎昆举行的第 16 届缔约方会议上详细阐述了所有这些成就，并经过一些修正后正式通过成为《坎昆协议》（UNFCCC 2010）。然而，《坎昆协议》只是缔约方会议的决定，因此不具有与条约相同的法律权威。部分因为这一点，还因为哥本哈根会议产生的负面情绪，只有大约 90 个国家递交了减排承诺。这些已递交的所有承诺仅占将气温升幅控制在 2 度以内所需减排量的 60% 左右（UNFCCC 2016）。全球仍然需要一个新的气候变化制度综合框架：一个能让发展中国家（尤其是排放大国）参与、让美国重新加入并提高整体雄心的框架。考虑到这些目标，2011 年在德班举行的第 17 届缔约方会议上启动了新一轮谈判，并将第 21 届巴黎缔约方会议设定为最后期限。

## 巴黎会议

### 以巴黎为背景

诞生《巴黎协定》的谈判耗时四年，跨越了另外三届缔约方会议。谈判者面临着巨大的压力，必须取得成功。哥本哈根外交失败的记忆仍然在代表们的脑海中挥之不去，每个国家，尤其是东道主法国，试图不惜一切代价避免成为"另一个哥本哈根"。

进入巴黎的地缘政治环境在很大程度上是有利的。众所周知，美国总统奥巴马热衷达成一项国际协议。事实上，这是奥巴马在下届美国大选前参加的最后一次完整的缔约方会议，届时他将下台，而其继任者对气候变化的看法还未确定，这使得谈判更加紧迫。重要的是，在巴黎会议的前一年，即 2014 年 11 月，中国和美国签署了一项气候变化合作协议（China/US 2014）。随后在 2015 年 9 月又签署了第二份联合声明（China/US 2015），为在该问题上建立更具协作性而非竞争性的关系奠定了基础。这是外交难题的核心部分。在其他地方，澳大利亚和加拿大最近政府更迭，现在两国都对气候行动和国际社会对气候问题的参与更加积极。在全球层面，联合国可持续发展目标成功通过，以及根据《关于平流层臭氧层消耗的蒙特利尔议定书》就氢氯烃（HFC）限制进行谈判达成了协议，[7] 这些都增强了人们对国际谈判能够解决全球环境问题的信心。

悲催的是发生了一系列极端气候事件——包括印度钦奈的洪水、东非的干旱和东亚的台风——这引起了人们关注与危险的全球变暖相关的、迫在眉睫的威胁。更积极的是，低碳技术发展，特别是太阳能发电的普及和价格跳水，开始展示出将人类的愿望与环境目标结合的可能性。气候变化机制内的实施举措，如清洁发展机制、资助的缓解项目、技术转让和能力建设计划，也有助于改变观念，不再将气候缓解视为对发展的威胁，而是将其视为实现更清洁、更健康和更可持续增长的机会。印度总理纳伦德拉·莫迪宣布了计划在印度大力推广风能和太阳能。在中国，许多城市燃煤对当地民众的健康造成严重影响，这表明使用化石燃料不一定符合繁荣社会所期望的发展类型。

具有悲伤讽刺意味的是，在会议召开前两周发生的巴黎恐怖袭击事件也有助于激发人们支持会议成功。在这种情况下，政府领导人往往会表现出团结一心的精神，并寻求坚持多边主义作为解决问题的手段。以在气候领域制造麻烦而著称的代表团，例如俄罗斯和石油出口国，可能是在其首都的指示下支持法国外交的。在 2001 年 11 月的多哈世界贸易组织会议上，在 9 月 11 日世界贸易中心袭击事件发生后，国际社会也出现了类似的集会（Panagariya 2001）。

**外交在巴黎**

尽管背景有利，各种风险仍然存在，巴黎可能屈服于气候外交固有的复杂性和挑战性。毫无疑问，法国缔约方会议轮值主席国在外交部长洛朗·法比尤斯（Laurent Fabius）的领导下，制定了一项复杂且深思熟虑的外交战略，以在巴黎达成共识。在 2014 年和 2015 年期间举行了一系列部长级和工作层面的多边和双边会议，试图寻求支持并检验可能达成的妥协方案。为此，法比尤斯经常与上届在秘鲁首都利马举行的第 20 轮缔约方会议的秘鲁轮值主席联手（ENB 2015）。这从政治上讲是明智之举，因为来自发达国家的缔约方会议轮值主席常常发现很难与发展中国家建立信任，原因在于谈判中的南/北政治存在分歧。秘鲁缔约方会议轮值主席曼努埃尔·普尔加-维达尔很受欢迎，而法比尤斯与其结盟有助于建立起对谈判公正性的信心。在巴黎，法比尤斯也受到盛赞，他性格坦率，与大大小小的代表团举行多次会议，并且善于倾听（Kjellen 2016）。他谨慎行事，不介绍任何自发的谈判文本，这些文本可能暗示有秘密交易正在进行；这就是哥本哈根会议垮台的原因之一。即使遇到难对付的人，他也能妥善处理。例如，委托委内瑞拉代表（曾在哥本哈根痛斥丹麦总统而闻名遐迩）起草《巴黎协定》的序言，从而让她与最后成功的结果息息相关。

法比尤斯并不是唯一使用外交工具的人。联合国气候变化秘书处执行秘书长克里斯蒂娜·菲格雷斯为谈判奋力地摇旗呐喊，发挥了核心作用。对于代表、非政府组织和媒体（包括社交媒体）而言，她散发出的乐观情绪不可撼动，这有助于她以坚定不移的积极态度推动谈判并达成结果。"我们必须，我们可以，我们必将"是她的口号之一，协议获得通过后又加上了"今天我们可以说，我们做到了"。[8] 美国国务卿约翰·克里在外交提议中同样精力充沛，帮助其他国家了解美国签署协议之前需要克服的种种国内障碍，并激起他们的同理心（Clémençon 2016）。令许多人感到惊讶的是，美国甚至加入了"雄心联盟"，该联盟由大约 100 个国家组成，横跨发达国家和发展中国家（在气候背景下不同寻常），主张作出更雄心勃勃的承诺，包括气温升高控制在 1.5 度。南非 77 国主席也受到赞誉，因其采用明智的方式管理了一个目前看来非常松散的团体，并化解了潜在的冲突风险。拉丁美洲和加勒比独立协会（AILAC）是谈判中一个相对较新的联盟，确实起到调停作用。它帮助平息区域邻国组成的美洲玻利瓦尔联盟（ALBA）更激进的倾向，该联盟成员国曾是强烈反对《哥本哈根协议》的中坚力量。[9]

法国轮值主席国和联合国气候变化秘书处认识到市民社会有潜力可以坚持在巴黎达成强有力的协议，并有潜力确保未来落实此项协议，因此，煞费苦心地与市民社会开展外交。利益攸关者社区的能量就这样被有意地利用，并展示为支持成功且雄心勃勃的协议成果。例如，在利马举行的第 20 届缔约方会议上，启动了《巴黎-利马行动议程》，鼓励与利益攸关者建立伙伴关系。作为该议程的一部分，公司、城市、次国家区域和投资者作出了承诺，并网上登记在非国家行为体气候行动区（NAZCA）平台上。[10]雄心勃勃的支持者以此受到鼓励，并在很大程度上压过行动更迟缓的非政府组织（例如化石燃料游说团体），而且提高了可接受的行动标准。

重要的是，法比尤斯率领团队营造了一种公开、透明进行谈判的印象（ENB 2015）。客观地讲，巴黎谈判并不比气候机制下的其他主要谈判会议更透明。巴黎谈判的透明度肯定不如在公开全会上最后举行的《京都议定书》谈判，因为《巴黎协定》是闭门达成的。会议最后几分钟，法比尤斯一锤定音宣布通过《巴黎协定》之前，几乎没有抬头看代表们是否有异议。事实上，有一个代表团（尼加拉瓜），可能还有第二个代表团（土耳其）要求在作出决定之前发言，但他们后来拒绝公开提出反对意见。巴黎谈判并没有特别公开、透明，但法国轮值主席国娴熟地运用外交手腕确保巴黎谈判看起来公开、透明，这对于各国达成共识至关重要（Climate Strategies 2016）。《巴黎协定》通过充满了善意，最后一次全体会议上的欢呼和掌声让人以为在参加一场摇滚演唱会，而不是联合国会议。

因此，巴黎谈判大获成功营造了一种积极的氛围。《巴黎协定》的通过在《京都议定书》（仍然有效，但只是名义上）下划清界限，专家外交抹去了哥本哈根留下的不良记忆。如下所述，放弃附件一/非附件一的结构，也有助于将应对气候变化的斗争视为全球性的共同努力，从而取代（至少目前）对抗，对抗完全不符合气候变化问题的全球集体行动的性质。《巴黎协定》涵盖全球排放量99%的缔约方，其中97%现已提交气候政策承诺（称为NDC，见下文），这一事实证明该协议获得了支持。虽然围绕气候变化营造"暖光"可能会消除一些针对行动的政治障碍，但这只是向低碳经济和社会转型的必要条件，而非充分条件。正如我们现在分析其内容所揭示的那样，《巴黎协定》实际上能在多大程度上引发变革并不清楚。

## 巴黎协定

### 共同目标

《巴黎协定》（UNFCCC 2015）的一项关键成就是确立了强有力的、具体的全球集体行动目标，即将全球平均气温的上升幅度控制在比工业化前的水平"远低于"两度的目标。[11] 更进一步的目标是，各方还必须致力于"努力将气温涨幅限制在1.5摄氏度以内"，这是一个更加雄心勃勃的愿望，尽管措辞更模糊。这两个共同目标的基准——目标是涨幅在2摄氏度，愿望是1.5摄氏度——辅之以呼吁全球温室气体排放量"尽快""达到峰值"（即达到最大值）并"随后迅速减排"，以在温室气体排放量和清除量之间"取得平衡"。（这基本上意味着通过增加温室气体的吸收，如新植被的生长，将净排放量降至零）。这两个补充条款——达到峰值和平衡——是包含在正式气候变化决策中的全新概念。这些条款（至少在概念上）还回应了科学要求，因为尽早达到排放"峰值"并将其降至零对于实现 2 摄氏度目标（更不用说 1.5）是不可或缺的。

然而，全球目标的四个维度都没有用具有法律约束力的语言来表述，部分反映出不可能为集体行动追究法律责任。此外，所使用的语言可以有不同的解释，反映了艰难谈判的结果，最终通过妥协、淡化和创造性模糊的外交手段得到解决。例如，排放量和清除量的平衡将在"21 世纪下半叶"实现，即从 2051 年（非常具有挑战性）到 2100 年（仍然具有挑战性，但难度较小）之间的任何时间。关于全球达到峰值的时间使用"尽快"这一更加模糊的表述，而这可能就是寻求共识的外交官词典中最普遍的术语。

### 减排承诺和差异化

在减排承诺方面，《巴黎协定》摒弃了《联合国气候变化框架公约》和《京都议定书》中"强有力但有限"的做法，转而采用《哥本哈根协议》和《坎昆协议》中试行的"广泛但脆弱"的做法，包容性优先于承诺的力度。因此，该协议包括一项具有法律约束力的义务（使用"应该"），要求所有缔约方"准备、传达和保持连续的国家自主贡献"，换言之，作出气候政策承诺。这些国家自主贡献（NDC），主要针对 2025 年或 2030 年期间，必须随着时间的推移进行更新，以"代表比上一组作出进步"（即加强国家自主贡献的目标）。[12] 第一次更新将在 2020 年进行，此后每五年更新一次。从 2023 年开始的定期全球"盘点"将评估国家自主贡献在实现长期全球目标方面的集体进展。

《巴黎协定》在完全废除附件一和非附件一类别方面非常出色，这些类别在气候变化制度下已经形成二十多年的结构性承诺。相反，《巴黎协定》仅提及发达国家和发展中国家。[13] 发达国家和发展中国家对国家自主贡献的精确度和强度期望不同：前者有望"继续引领经济范围的绝对减排目标"。然而，后者只是"被鼓励随着时间的推移"朝着这些具体目标迈进。尽管如此，发达国家和发展中国家基本上都承诺每五年准备和报告一次国家自主贡献。

各方提出的国家自主贡献在强度、精确度和可比性方面存在巨大差异，考虑到各国的国情范围，这并不奇怪。不到三分之一的国家（包括所有发达国家）承诺减少绝对排放量的目标，但所涵盖的部门有所不同（例如如何计算土地使用）。发展中国家提出的目标与往常趋势相比，大多采用不同的方式表达，这些趋势通常是不确定的。一些国家自主贡献是基于每单位 GDP 的排放量或达到峰值的年份。有些包含部门目标，例如增加可再生能源的份额。大约五分之一的国家（不仅仅是小排放国）仅承诺一般性政策声明，而没有量化目标。

国家自主贡献本身不具有法律约束力。《巴黎协定》的缔约方在法律上有义务提交国家自主贡献方案，但实际上并不遵守规定。"强化的透明度框架"包括定期报告和对报告的"技术"审查，该框架将评估在满足国家自主贡献方面的进展，并建立了一个"合规机制"。然而，《巴黎协定》明确指出，所有这些要素本质上只是促进性的，不诉诸任何强制执行条款。虽然这对于较小、较贫穷的发展中国家来说似乎完全合适，因为它们才刚刚开始实施国家气候政策，而且通常处于非常具有挑战性的社会和经济环境中，但对于较大、较发达的排放国来说，此项政策又显得相当宽松。甚至不允许严肃地公开批评，至少气候制度的正式机构不能这么做。然而，正如下文进一步讨论的那样，这是市民社会可能有所发挥的地方。

《巴黎协定》最显著的特点之一是共同目标与国家减排承诺之间存在不一致。即使完全执行该协定，国家自主贡献目标也没有指明一条路径，可以将气温涨幅稳定地控制在"远低于"2 度；相反，国家自主贡献目标更符合到 2100 年将气温涨幅控制在 ≤ 3 度的目标

（Fawcett et al. 2015；UNEP 2015）。[14] 2030 年以后的下一轮国家自主贡献需要更大幅度的减排，以避免气温上升超过 2 度（UNFCCC Secretariat 2016）。2 摄氏度的门槛与国家承诺之间的这种"目标差距"正是《巴黎协定》应该弥合的。《巴黎协定》（UNFCCC 2015a）的随附决定本身"关切地指出"，"需要在减排方面付出比国家自主贡献规定的更大的减排努力"才能实现 2 摄氏度的限制。

**其他规定：适应、资金**

尽管注意力大多集中在减排领域，但《巴黎协定》的涵盖范围远不止于此。它包括设计经常被忽视的议题的文本，特别是适应议题，但也包括无法避免或适应气候变化造成的损失和损害；这些都是最脆弱国家主要关心的议题。发展中国家仍然有权获得财政支持，以实现国家自主贡献的目标；事实上，许多发展中国家的国家自主贡献方案中明确指出，具体实施将取决于所提供的资金和技术帮助。到 2020 年每年为发展中国家筹集 1 000 亿美元资金的承诺将持续到 2025 年，并作为该日期之后未来财务结算的底线。然而，作为对美国"红线"的回应，这一财务承诺并未在《巴黎协定》中得到确认，而是在其随附的决定中得到确认（UNFCCC 2015a）。总体而言，《巴黎协定》已将气候变化议程从主要关注减排和技术要素，转向更广泛地了解气候变化是人类发展的一个议题。例如，序言中提到了性别、健康、气候正义、原住民和残疾人的权利。

**最低公分母结果?**

《巴黎协定》尽管具有包容性方面的所有优点，但在很大程度上是一个最低公分母的结果。通过将实质性义务降低到最不热心的一方或执行强硬政策能力最弱的一方可以接受的水平，使得所有各方都能参与协定。每一方都能够接受《巴黎协定》，因为该协定的结构是基于自愿的国家承诺，没有执行机制，不会要求任何一方作超出国家政策的事情。在某些情况下，特别是对较小的发展中国家而言，巴黎会议的筹备工作促成了宝贵的国内气候变化决策过程，决策结果随后被载入国家自主贡献方案。然而，对于许多较大的排放国来说，国家自主贡献主要是重申现有政策，巴黎谈判似乎对国内行动影响不大（Morgan 2016）。

废除附件一/非附件一类别是一个典型例子，说明基于共识的外交进程产生了最低公分母的结果。人们认为这两个类别长期以来一直不能令人满意，并且已经提出了许多建议替代这种分类，以更好地反映内部情况的多样性，特别是发展中国家。然而，发展中国家里排放量较高的国家尤其反对新类别，因为这些分类不可避免地会让它们承担更大的减排责任。与此同时，美国决心只签署一份新协议，对美国及其发展中国家的竞争对手一视同仁。因此，为了使排放承诺更符合国情，外交解决方案不是创建新的分类层级，而是简单地删除所有类别。然而，这意味着淡化发达国家的义务，而对于发展中国家里的排放大国来说，这可能不失为一个非常慷慨的解决方案，它们并没有被要求做出超过最贫穷和最不发达国家的承诺。

1.5度的理想目标是一个例外，因为它无法被描述为最低公分母结果。相反，1.5摄氏度的目标太过雄心勃勃，几乎不可能实现，除非大力减排、利用负排放技术、外加一定的运气成分（Anderson 2015）。这在很大程度上是最脆弱国家展开强有力外交游说而带来的产物，对这些国家而言，即使是2摄氏度的目标也可能带来毁灭性的影响，同时还有环境组织的大力支持，尤其是来自气候正义运动的支持。然而，气温涨幅控制1.5度以内在科学领域太不可思议，主流科学模型几乎没有出现由此产生的影响（Hulme 2016）。科学家们现在正在努力追赶通过外交达成的这一政治目标。从我们对外交力量的分析来看，如何理解这一点？一种宽厚的解释是认为外交官领先于科学家。更冷静的解释会认为这是另一种外交策略。排放量较高的国家往往实力更强，准备同意1.5度的目标，前提是用模糊的、象征性的语言记录这个目标。他们可能认识到这是一个值得让步的谈判筹码，以安抚脆弱国家并回应他们的要求。包含 1.5 度目标以及关于损失和损害的条款，都有助于解释为什么这些国家允许较大的排放者规避更强的目标，而更强的目标与其对气候变化的实际贡献更相称。1.5 度的目标由此更加凸显外交让步和妥协的力量。令人遗憾的是，这一目标还揭示了较贫穷、较脆弱国家的政治弱点，这些国家作出妥协，对较高排放国应承担的义务表现得很宽容，换来本质上是象征性的目标和基于过程的损失和损害条款。

## 超越传统外交

上述对《巴黎协定》的分析揭示了外交的力量，也揭示了外交的局限性。就巴黎谈判而言，聪明的外交是有力的工具，可以达成共识结果并利用参与者之间急需的善意；但与此同时，共识成果《巴黎协定》实质上是薄弱的，其承诺与其自身的共同目标不一致。积极的解释是，在气候制度历史上的这个时刻，具有压倒性优先事项是扩大对所有国家的承诺范围。这样做的唯一方法是关注包容性；产生一种新的共同使命感，团结各国应对气候变化。这需要乐观的、基于共识的外交，而这正是巴黎谈判所提供的。这种积极的解释要求谈判现在进入一个新阶段，在实现包容性的同时，外交的重点转向大幅提高下一轮国家自主贡献的目标，甚至在此之前实现。

这很可能发生。然而，还有另一种并不相互排斥的解释。这一解释将声称，在基于国家的国际体系背景下，国家主权至高无上，经济增长作为国家目标仍然没有受到挑战，尽管气候变化会产生严重后果，但是气候变化仍被视为"软性"议题，《巴黎协定》是所能达到的最高境界。大多数主要排放国的参与都是至关重要的——美国、中国、印度、俄罗斯、沙特阿拉伯——这些国家永远不会同意具有法律约束力的目标、强有力的执行机制或通过客观标准"自上而下"确定的承诺，这种承诺将不可避免会更严格。这种解释对未来变得不那么乐观，这表明外交现在已经达到了极限，并且发现不可能说服大多数国家明显加强其应对气候变化的行动。在很大程度上，这是因为说服是唯一可以使用的外交工具。在安全、金融或贸易背景下，制裁或经济措施可能适用于顽固的行为执行者。然而，尽管已经讨论了气候变化的"安全化"（Gemenne 2014；Oels 2012），以及出于气候原因实施贸易措施（McKibbin et al. 2008），但这些选择远非主流辩论的议题，而是需要对议题进行彻底的重构。人们越来越了解气候变化是人类发展问题，而不仅仅是环境问题，但这仍然是一个软性框架，不能证明激进的、自上而下的干预是合理的。

无论哪种解释，如果要让排放路径符合科学要求，气候谈判后巴黎阶段将需要新的外交形式。追求共识外交是不够的。在这方面可以部署的一个重要外交工具是同行压力和"榜样外交"。无论出于何种原因，那些雄心勃勃、在脱碳道路上走得更快的国家，都需要积极主动地分享经验，并说服其他类似情况的国家可以复制这些经验。受人尊敬的气候行动追踪组织将少数几个国家的国家自主贡献评为"足够"，包括摩洛哥（世界上最大的集中式太阳能发电厂所在地）、埃塞俄比亚和哥斯达黎加。[15] 谈判领导人，例如未来的缔约方会议主席国，以及那些主持"全球盘点"和其他审查的国家可能需要在外交上采取更强硬的态度，以促使政策薄弱的国家改善其表现，采用批评和鼓励相结合的方式。

如果这种新的外交形式与国家以外的行为体密切接触，将会更加有效。在全球化的资本主义世界中，摆脱高碳发展形式的力量越来越多地掌握在企业、城市和地区手中，而非国家政府。其中更有雄心的主体可以再次被招募展示"榜样外交"，目的是传播和复制积极的经验。市民社会的压力将成为说服较高排放者—— 至少是易受这种压力的民主国家——从根本上加强其气候目标的主要工具之一，方法是表明选民支持采取影响深远的行动（如果确实是这样）。非政府组织也正在成为强有力的绩效监督者，负责核对数据并评估各个国家的目标和实施情况，而且不受正式国际程序的外交限制。市民社会在追究国家责任方面的行动恰好可以弥补正式合规机制毫无权威的本质。

领导力——超越"榜样外交"和民族国家——将是至关重要的。可以想象最雄心勃勃的行动者——民族国家、城市、企业，甚至慈善家——共同加入俱乐部或雄心勃勃的联盟，以实现比《巴黎协定》或国家法律要求的更快、更深入的低碳转型。因此，《巴黎协定》将成为最低标准，成为加速行动的起点，甚至超越授权审查。

这将我们带向外交之外的其他力量，这些力量可以提高低碳转型的规模和速度。市场将发挥核心作用。太阳能行业已经急剧扩张，虽然只是间接因为明确的气候变化问题引起的。2015 年，可再生能源的新增装机容量超过了其他所有技术，而可再生能源的财政投资是煤炭和天然气的 2 倍（Frankfurt School UNEP Centre 2016）。低油价似乎并未影响对可再生能源的投资（Frankfurt School UNEP Centre 2016），但正在阻碍该行业进一步向污染更严重的非常规领域发展，如焦油砂。低油价还开始促使石油生产国（例如阿拉伯联合酋长国，甚至是气候谈判的长期阻挠者沙特阿拉伯）更加认真地考虑多元化和经济重组，包括开采其国内可再生资源（Ball 2015；Climate Home 2016）。燃煤的健康成本正在增加来自裂化天然气（实际上是廉价石油）的竞争压力，因此这种碳密集度最高的能源正在逐步退出市场（IEA 2015）。公众舆论和公民社会的行动很可能在这里与市场作用产生交互。撤资行动——敦促大型金融投资者退出化石燃料利益——正变得越来越活跃（Ayling and Gunningham 2015），尽管仍然只在全球北部和西部；中国或俄罗斯几乎没有出现撤资行动。总体而言，市场动态——以及影响市场动态的因素的平衡——正趋向于脱碳；脱碳确实是未来。

另一种为了气候利益可能使用的工具是国内法和国际法。尽管

《巴黎协定》中的许多内容是用模糊的法律语言表述的，但仍然具有道德和政治权威。我们完全可以想象，针对未能实施国家自主贡献目标的国家，或国家自主贡献过少以至于表明它们没有积极努力实现各种全球基准的国家，将遭到法律诉讼。此类法律案件并不那么清晰，但已有先例出现。2015 年，海牙地区议会支持一个名为"乌尔根达"的非政府组织，该组织以其目标过低为由对荷兰政府提起诉讼（Schiermeier 2015）。在撰写本章时，美国一家地方法院裁定允许一个青年团体起诉政府气候变化行动不力（Our Children's Trust 2016）。

## 结 论

因此，如何有效应对人为引起的气候变化这个难题正在考验外交，也许已经触及外交的极限。这也部分反映了问题"超级棘手"所带来的内在挑战，包括其共同行动维度。科学要求在紧要关头还需要一种特殊类型的超人外交，其使命将不同于外交和谈判的传统目标，即确保达成共识、产生妥协的结果，即使这意味着会出现较弱的、最小公分母。在国家主权以及仅仅将气候变化视为"软性"议题的情况下，想要部署超人外交尤其困难。鉴于过去 25 年以来保持一致的科学警告，后者令人费解，但或许反映了人类心理的更深层特征，即倾向无所作为。气候变化谈判的案例，特别是最近在哥本哈根和巴黎举行的具有里程碑意义的会议，说明了外交的优劣势。有趣的是，哥本哈根谈判在外交上是灾难性的，但又确实带来了重大突破。相比之下，巴黎会议是一次外交上的胜利，尽管《巴黎协定》几乎没有什么实质的新内容，而且在许多方面仍然存在不足。各国的共同目标和国家承诺之间存在脱节，这意味着只有大幅扩大这些国家承诺才能避免危险的气候变化，这需要立即进行规划和投资（UNEP 2015）。哥本哈根和巴黎会议的结合可能为有效应对气候变化做好了准备。这项任务并不容易，需要出现新的外交和国际合作形式：榜样外交、更强硬

的外交、领导力、市场、法律——需要整个工具箱，以及非政府利益
相关者的积极参与。传统的、寻求共识的外交可能已经达到了极限：
我们现在正在进入未知领域。

注释：

1. 它还作为《京都议定书》缔约方会议第十一届会议召开。

2. 最初由里特尔和韦伯（Rittel and Webber 1973）创造了该术语。

3. 气候变化谈判从未商定过投票规则，这就意味着几乎所有实质性决定都
必须以协商一致的方式才能作出。

4. 例如，东欧和苏联的转型经济体没有义务向发展中国家提供资金，因为
它们自身的经济环境更加困难。最不发达国家也获得了特别援助和更宽松的报
告时间表。

5. 哈萨克斯坦作为非附件一缔约方，已采取措施成为附件一缔约方，并且
一旦生效，将在议定书的第二个承诺期内设定目标。与其他后苏联经济体一样，
哈萨克斯坦的排放量在 20 世纪 90 年代初期急剧下降，根据协议出售排放碳信
用额度的前景吸引了哈萨克斯坦，该信用额度在它为自己提出的相对宽松的目
标下不断增加。

6. 请参阅本书第五章，了解如何得出 1 000 亿美元这个数字。

7. 氢氯烃是强大的温室气体，可用作消耗臭氧层物质的替代品。

8. 查看克里斯蒂娜·菲格雷斯的推特账户 @cfigueres。

9. 这在 J. 沃茨的《气候变化：联合国气候谈判和拉丁美洲身份》中有所介
绍。本科毕业论文，剑桥大学，2016 年；作者存档。

10. 参见 http://newsroom.unfccc.int/lpaa/nazca/。

11.《巴黎协定》的所有引文均可在《联合国气候变化框架公约》（2015 年）
中找到。

12. 作为巴黎谈判的部分而提交的承诺被称为"国家自主贡献预期"
（INDCs）。各国批准《巴黎协定》时，他们将被要求确认"国家自主贡献预期"，
然后就不再使用"预期"，而成为"国家自主贡献"（NDC）。为避免混淆，本章

仅使用"国家自主贡献"。

13. 它还在某些地方提到最不发达国家和小岛屿国家。

14. 计算国家自主贡献的总体影响具有挑战性，因为它们并非基于共同的假设或指标。计算还取决于所使用的假设，例如未来人口和经济增长，以及更基本的因素，例如气候对排放的敏感性。

15. www.climateactiontracker.org.

## 参考文献：

Anderson, K. 2015. Talks in the City of Light Generate More Heat. *Nature*, 528(7583), 437.

Ayling, J. and Gunningham, N. 2015. Non-State Governance and Climate Policy: The Fossil Fuel Divestment Movement. *Climate Policy*, DOI: 10.1080/14693062.2015.1094729.

Ball, J. 2015. Why the Saudis Are Going Solar. *The Atlantic*. July/August. Available at: http://www.theatlantic.com/magazine/archive/2015/07/saudi-solar-energy/395315.

Barnett, M. and Sikkink, K. 2008. From International Relations to Global Society, in *The Oxford Handbook of International Relations*, edited by C. Reus Smit and D. Snidal. New York: Oxford University Press, 62–83.

BBC Online. 2015. *COP21 Climate Change Summit Reaches Deal in Paris*, 13 December. Available at: www.bbc.co.uk.

Biermann, F. and Pattberg, P. 2008. Global Environmental Governance: Taking Stock, Moving Forward. *Annual Review of Environment and Resources*, 33, 277–294.

Blaxekjaer, L. and Nielsen, T.D. 2014. Mapping the Narrative Positions of New Political Groups under the UNFCCC. *Climate Policy*, 15(6), 751–766.

China/US. 2014. *U.S.-China Joint Announcement on Climate Change*. 12 November 2014. Available at: https://www.whitehouse.gov/the-press-office/2014/11/11/us-china-joint-announcement-climate-change.

China/US. 2015. *The United States and China Issue Joint Presidential Statement on Climate Change with New Domestic Policy Commitments and a Common Vision for an Ambitious Global Climate Agreement in Paris*. Available at: https://www.whitehouse.gov/the-press-office/2015/09/25/fact-sheet-united-states-and-china-issue-joint-presidential-statement.

Clémençon, R. 2016. The Two Sides of the Paris Climate Agreement: Dismal Failure or Historic Breakthrough? *Journal of Environment & Development*, 25(1), 3–24.

Climate Home. 2016. *Sheikh Mohammed Eyes Oil-Free Future for UAE*. Available at: http://www.climatechangenews.com/2016/01/18/sheikh-mohammed-holds-ministerialon-uae-oil-free-future/.

Climate Strategies. 2016. *Paris Agreement: How It Happened, and What Next*. Available at: www.climatestrategies.org.

Depledge, J. 2000. Hubris in The Hague: The Collapse of the Climate Change Negotiations. *ECOS*, 21(3/4), 90–93.

Depledge, J. and Yamin, F. 2009. The Global Climate Change Regime: A Defence, in *The Economics and Politics of Climate Change*, edited by D. Helm and C. Hepburn. Oxford: Oxford University Press, 433–453.

Edenhofer, O. 2015. King Coal and the Queen of Subsidies. *Science*, 349(6254), 1286–1287.

ENB. 2015. Summary of the Paris Climate Change Conference: 29 November–13 December 2015. *Earth Negotiations Bulletin*, 12(663). Available at: www.iisd.ca.

Fawcett, A., Iyer, G.C., Clarke, L.E., Edmonds, J.A., Hultman, N.E., McJeon, H.C., Rogelj, J., Schuler, R., Alsalam, J., Asrar, G.R. and Cresson, J. 2015. Can Paris Pledges Avert Severe Climate Change? *Science*, 350(6265), 1168–1169.

Frankfurt School UNEP Centre. 2016. *Trends in Renewable Energy Investment 2016*. Available at: http://www.fs-unep-centre.org.

Gemenne, F., Barnett, J., Adger, W.N. and Dabelko, G.D. 2014. Climate and Security: Evidence, Emerging Risks, and a New Agenda. *Climatic Change*, 123(1), 1–9.

Gifford, R. 2011. The Dragons of Inaction: Psychological Barriers That Limit Climate Change Mitigation and Adaptation. *American Psychologist*, 66(4), 290–302.

Grubb, M. 2016. Full Legal Compliance with The Kyoto Protocol's First Commitment Period-Some Lessons. *Climate Policy*, 16(6), 673–681.

Hardin, G. 1968. The Tragedy of the Commons. *Science*, 162, 1243–1248, 13 December.

Hulme, M. 2016. 1.5 [degrees] C and Climate Research after the Paris Agreement. *Nature Climate Change*, 6(3), 222–224.

IEA. 2015. *Global Coal Demand Stalls after More Than a Decade of Relentless Growth*. Press Release. Available at: www.iea.org/.

IPCC. 2014. *Climate Change 2014 Synthesis Report*. Available at: www.ipcc.ch.

Kinley, R. 2016. Climate Change after Paris: From Turning Point to Transformation. *Climate Policy*. Available at: http://dx.doi.org/10.10800/14693062.2016.1191009.

Kjellen, B. 2016. Personal Reflections on the Paris Agreement: The Long-Term View. *Discussion Note 1, Oxford Capacity Building Initiative*. Available at: www.eurocapacity.org.

Koskenniemi, M. 2011. *The Politics of International Law*. Oxford: Oxford University Press.

Levin, K., Cashore, B., Bernstein, S. and Auld, G. 2012. Overcoming the Tragedy of Super-Wicked Problems: Constraining Our Future Selves to Ameliorate Global Climate Change. *Policy Sciences*, 45(2), 123–152.

Lisowski, M. 2002. Playing the Two-Level Game: US President Bush's Decision to Repudiate the Kyoto Protocol. *Environmental Politics*, 11(4), 101–119.

McKibben, B. 2015. Falling Short on Climate in Paris. *New York Times*, 13 December. Available at: http://www.nytimes.com/2015/12/14/opinion/falling-short-on-climatechange-in-paris.

McKibbin, W.J. et al. 2008. The Economic and Environmental Effects of Border Tax Adjustments for Climate Policy. *Brookings Trade Forum*, 1–34. Available at: http://www.jstor.org/stable/20799647.

Monbiot, G. 2015. Cop-Out. Available at: http://www.monbiot.com/2015/12/15/cop-out/.

Morgan, J. 2016. Power That Speaks the Truth? *Globalizations*, DOI: 10.1080/14747731.2016.1163863.

NYT. 2015. Nations Approve Landmark Climate Accord in Paris. *New York Times*, 12 December. Available at: http://www.nytimes.com/2015/12/13/world/europe/climate=change-accord-paris.

Oberthür, S. and Ott, H. 1999. *The Kyoto Protocol: International Climate Policy for the 21st Century*. Berlin: Springer Verlag.

Oels, A. 2012. From "Securitization" of Climate Change to "Climatization" of the Security Field: Comparing Three Theoretical Perspectives, in *Climate Change, Human Security and Violent Conflict: Challenges for Societal Stability*, Vol. 8, edited by J. Scheffran, M. Brzoska, H.G. Brauch, P.M. Link and J. Schilling. Berlin: Springer Verlag, 185–205.

Olivier, J.G.J., Janssens-Maenhout, G., Muntean, M. and Peters, J.A.H.W. 2015. *Trends in Global $CO_2$ Emissions; 2015 Report*. The Hague: PBL Netherlands Environmental Assessment Agency; Ispra: European Commission, Joint Research Centre (JRC).

Ostrom, E. 2015. *Governing the Commons: The Evolution of Institutions for Collective Action*. Cambridge: Cambridge University Press.

Our Children's Trust. 2016. *Federal Court Affirms Constitutional Rights of Kids and Denies Motions of Government and Fossil Fuel Industry in Youth's Landmark Climate Change Case*. Available at: http://www.ourchildrenstrust.org/event/740/breaking-victory-landmark-climate-case.

Panagariya, A. 2001. *Developing Countries at Doha: A Political Economy Analysis*. Policy paper, University of Maryland. Available at: http://www.columbia.edu/~ap2231/Policy%20Papers/Doha-WE-2.pdf.

Rittel, H.W.J. and Webber, M.M. 1973. Dilemmas in a General Theory of Planning. *Policy Sciences*, 4, 155–169.

Schiermeier, Q. 2015. Courts Weigh in on Climate Change. *Nature*, 523, 18–19.

Shishlov, I. and Morel, R. 2016. Compliance of Parties to the Kyoto Protocol in the First Commitment Period. *Climate Policy*, 16(6), 768–782.

Singh, M. 2009. Intervention by Prime Minister Manmohan Singh on Climate Change. Commonwealth Heads of Government Meeting (CHOGM) Summit, Port of Spain, Trinidad and Tobago. Available at: http://intellibriefs.blogspot.co.uk/2009/11/science-must-not-trump-equity.html.

Swim, J. et al. 2009. Psychology and Global Climate Change: Addressing a Multi-Faceted Phenomenon and Set of Challenges. *Report of the American Psychological Association Task Force on the Interface between Psychology and Global Climate Change*. Available at: http://www.apa.org/science/about/publications/climate-change.aspx.

Terhalle, M. 2015. *The Transition of Global Order: Legitimacy and Contestation*. Basingstoke: Palgrave Macmillan.

UNEP. 2015. *The Emissions Gap Report 2015: A UNEP Synthesis Report*. Nairobi: UNEP. Available at: http://uneplive.unep.org/media/docs/theme/13/EGR_2015_301115_lores.pdf.

UNFCCC. 1992. *The United Nations Framework Convention on Climate Change*. Available at: www.unfccc.int.

UNFCCC. 2009. The Copenhagen Accord: Addendum to Decision 2/CP.15. Report of the Conference of the Parties on Its Fifteenth Session, Held in Copenhagen, from 7 to 19 December 2009. FCCC/CP/2009/11/Add.1. Available at: www.unfccc.int.

UNFCCC. 2010. Decision 1/CP.16: The Cancun Agreements. Report of the Conference of the Parties on Its Sixteenth Session, Held in Cancun from 29 November to 10 December 2010. FCCC/CP/2010/7/Add.1. Available at: www.unfccc.int.

UNFCCC. 2015. *Paris Agreement*. Available at: www.unfccc.int.

UNFCCC. 2015a. Decision 1/CP.21: Adoption of the Paris Agreement. Report of the Conference of the Parties on Its Twenty-First Session, Held in Paris, from 30 November to 12 December 2016. FCCC/CP/2015/10/Add.1. Available at: www.unfccc.int.

UNFCCC. 2016. *The Emissions Gap: 40% Away from Safety*. Available at: http://unfccc.int/key_steps/ cancun_agreements/items/6132.php.

UNFCCC/KP. 1997. *Kyoto Protocol to the United Nations Framework Convention on Climate Change*. Available at: www.unfccc.int.

UNFCCC Secretariat. 2016. Aggregate Effect of the Intended Nationally Determined Contributions: An Update. Synthesis Report by the Secretariat. FCCC/CP/2016/2.Available at: www.unfccc.int.

Victor, D.G. 2006. *The Collapse of the Kyoto Protocol and the Struggle to Slow Global Warming*. Princeton, NJ: Princeton University Press.

## 有用的网站：

Climate Action Tracker www.climateactiontracker.org.

Intergovernmental Panel on Climate Change www.ipcc.ch.

UN Environment Programme www.unep.org.

UN Framework Convention on Climate Change www.unfccc.int.

# 第十七章　国际投资谈判：多层面经济外交案例

斯蒂芬·伍尔科克

如第三章所述，经济外交涉及国内层面和国际层面谈判之间的互动。但从本质上来说不仅仅是这两个层面。显然，对于研究贸易、投资或其他政策领域的任何人来说，国际谈判可以在不同层面（或论坛）进行。但任何谈判都必须在可供选择的不同层面／论坛以及这些备选方案存在相对吸引力的背景下进行。选择多边谈判还是特惠谈判是贸易辩论的核心，但这只是最普遍的情况，绝不是多层面经济外交的唯一情况。

本章首先简要讨论了各个层面，并展现了各层面之间的互动类型。在第三章中，区分了理性主义模式中的价值创造和价值主张，这一章区分了谈判者在选择不同层面时使用的类似策略。换句话说，就像议题联动可以用来寻求不同的策略一样，不同的层面也可以起到这个作用。各层面之间的这种互动可用于为各方创造价值，或作为价值主张战略的一部分。但不同层面之间的互动也可以采取认知学习的形式，也就是说，在一个层面上形成的想法或采用的方法可以应用于其他层面。在本章中，把这称为协同交互作用。

本章参照投资案例说明了这种多层面分析的重要性。为了帮助读者理解案例的主旨，将简述投资中的主要问题。本章随后比较了两个时期的不同观点，分别是 19 世纪到 20 世纪 80 年代这一时期和 20 世纪 90 年代到 21 世纪头十年这一时期，前者表明自由的、价值创造和协同互动相对更为重要，后者认为互动更具有价值主张或重商主义的特征。本章最后讨论了最近的发展，这些发展表明了进一步的转变。

## 不同层面

就本章而言，不同层面定义如下：

- **多边谈判**，即包括所有或几乎所有国家的谈判。因此，世界贸易组织内 164 个成员之间的谈判可视为多边谈判，联合国气候变化公约或国际货币基金组织内的谈判也是如此。

- **诸边谈判**是在更有限范围内，志同道合的国家自愿参与的谈判。诸边协定可能向新参与者开放，这些国家准备与现有参与者在同一承诺水平上进行谈判，诸边协定也可能具有排他性。下文讨论的经合组织关于投资的各种谈判就是一个诸边主义的例子。

- **区域谈判**可界定为毗邻国家或经济体之间的谈判。东盟或欧洲联盟等区域特惠协定就属于区域谈判。

- **双边谈判**即双方之间的谈判。其中包括最近谈成的许多特惠贸易协定和投资协定。

关于这些定义还存在疑问，此处不再深究。例如，许多自由贸易协定涉及不同大陆的国家时，也被称为区域贸易协定。《跨太平洋伙伴关系协定》实际上是诸边谈判，而《跨大西洋贸易与投资伙伴关系协定》却是一个双边谈判的主题，但这两者往往又被称为超级区域协定。另一个问题是，我们所说的谈判指的是就协定内容进行的谈判，还是更广泛谈判的组成部分。例如，任何多边谈判、诸边谈判或区域谈判都将涉及众多的双边谈判或集团内部的谈判。世界贸易组织两个成员国之间或其核心集团内部的双边谈判就是一个例证。

# 互动类型

考虑了互动的三大类型：[1]

• **价值创造型互动。** 当谈判一方出于达成互利的总体目标而"挑选法院"时，就出现了价值创造型互动。这类似于议题联动中采用的价值创造。例如，当一个论坛因为个别拥有否决权的参与方而谈判受阻时，就可能采取这种战略。当大多数谈判方可能获得正收益，而少数谈判方阻挠时，这种自由的方法就可以用来处理集体行动的问题。例如，如果一个更广泛多边协定对所有参与国都有绝对正收益，却遭到一个或多个谈判方阻挠，此时该协定的谈判就会转向诸边层面。之后，判定这种诸边协定是否自由的标准将取决于由此协定产生的利益是否在最惠国基础上扩大到所有国家。当然，这只是其中一种标准。

• **价值主张型互动**是指谈判的一方或多方转向另一个论坛，如诸边谈判或双边谈判，以提高其相对收益。在贸易的案例中，如果一方从多边谈判转向双边谈判，以提升其非对称议价能力的影响范围，就会出现这种情况。另一个判定标准是，由此产生的双边协定是否向其他谈判方提供最惠国待遇。

与议题联动方面的价值创造和价值主张的情况一样，经济外交一般包括价值创造和价值主张挑选法院这两个要素。因此，任何案例分析都与这两者的相对重要性有关。此外，谈判者往往将他们的建议说成是价值创造，而实际上他们只是价值主张，企图以此来拉拢其他谈判方。

• **协同型互动。** 在一个层面上如何处理问题的想法在其他层面或其他论坛竞相效仿时，就出现了协同型互动。之后，这些想法在新的层面上得到进一步发展，并在不同层面之间继续传播。换句话说，某一机构、某一认知或"最佳做法"都是通过一系列不同层面的谈判而形成的。例如，20 世纪 60 年代经合组织拟订了一项关于投资的案文草案（见下文），随后在许多双边投资协定中都予以采纳。

# 投资案例

国际投资协定为研究多层面经济外交提供了典型案例。通过谈判达成国际投资协议的行动可以追溯到至少一个世纪以前。这些行动是由不同层面的一系列举措及其相互作用形成的。20 世纪 20 年代，国际联盟的努力促使各国采用了"公平与公正待遇"和"迅速、公正"支付投资保护赔偿等概念。从那时起，这些概念就深深影响着投资保护标准。

20 世纪 40 年代末，《哈瓦那宪章》和国际贸易组织的谈判旨在建立一个涵盖贸易和投资的国际协定。当谈判失败时，全世界只剩下了《关税及贸易总协定》，但它并不涵盖投资。随后在《关税及贸易总协定》中就投资条款进行多边谈判，但只取得了部分成功。《关税及贸易总协定》的投资提案并未取得多大成功（Goldberg and Kindleberger 1970）。1994 年的《服务贸易总协定》涵盖了服务投资，其中的模式三对商业存在作出了承诺。1994 年的《与贸易有关的投资措施协定》涵盖了投资政策的某些方面，体现在这些措施禁止某些执行要求。

在诸边层面，经合组织在 20 世纪 60 年代作出了进一步努力（Snyder 1963）。多边谈判未能奏效时，经合组织成员国之间继续进行投资自由化的诸边谈判（OECD 1987），并通过双边投资协定以实现投资保护（Vandervelde 1998）。20 世纪 90 年代后期《多边投资协定》（MAI）的谈判形式在诸边层面更具争议性，因为该谈判实际上属于诸边谈判（Henderson 1999）。

自 20 世纪 50 年代末以来，双边层面的谈判在很大程度上决定了投资保护措施。最近，双边优惠谈判成为接纳全面投资条款的论坛，包括自由化、保护和争端解决。第一个吃螃蟹的是《加拿大-美国自由贸易协定》（CUSFTA）。后来，这种方法应用于《北美自由贸易协定》，该协定随后为一系列其他全面投资协定提供了一个可借鉴的模式，包括提议的《多边投资协定》。因此，最近的全面协定采取了双边协定的形式。

在区域层面，除了《北美自由贸易协定》之外没什么别的行动，而《北美自由贸易协定》即使采取双边谈判的形式，也可以界定为一个区域协定。直到 2009 年《欧盟运作条约》(《里斯本条约》) 将外商直接投资的专属权限扩大到欧盟范围之后，欧盟才有权进行全面投资协定的谈判。随后，在投资政策方面出现了强有力的欧盟区域层面的谈判。

## 谈判的实质

本节概述国际谈判中的问题，作为案例研究的背景。

对于协议覆盖范围来说，准确的**定义**很重要。投资可以仅包括外商直接投资，也可以包括组合投资，还可以扩大定义范围，例如包括知识产权。定义越广泛，协议就越全面，通常也就更自由化。

- **覆盖范围**通常由工作计划决定。工作计划可能是正面清单，只覆盖列明的行业，也可能是负面清单，覆盖除了列明行业以外的一切行业。负面清单往往更自由化。最近出现了一个由两个工作计划组成的制度，其中一个工作计划具有约束力，在这些列明的行业投资可能不会发生逆转或受到更严格的监管，而第二个工作计划则包含了未来可能会受到管控或限制的行业。

- **国民待遇**是决定自由化和投资保护的关键原则。如果赋予投资者**设立前**的准入权限，当本国投资者获准成立时，外国投资者也是如此，因为外国投资者与本国投资者享有同等待遇。如果赋予设立后权限，则保护投资不受歧视。

国际投资协定的**自由化**采用取消管制的形式，在工作计划中具体说明向外国投资者提供国民待遇的行业。自由化措施还可以采取资本自由转让或禁止执行要求的形式。后者是投资者必须满足某些条件的义务，比如在产出中计入规定比例的本地附加值。实施这些措施的目的是确保外商直接投资对东道国经济发展作出贡献。

● **透明度**条款要求东道国公布任何限制投资的措施。

● **投资保护**可以包括"传统征用"条款，规定在出于公共政策目的而征用的情况下，国家应该提供补偿。许多协议还规定，当东道国在设立后实施的监管措施降低了资产价值时，国家应该提供保护措施，以免发生"间接征用"（又称"监管征用"）。对于间接征用，关键问题是如何界定。投资保护的形式还包括东道国有义务遵守保护标准，比如，公平和公正待遇以及国民待遇。这些条款可能给出较宽泛的定义，仲裁庭享有解释这些定义的自由裁量权，也可能给出更严谨的定义。

● **争端解决**条款近年来已成为人们关注的焦点。与许多贸易协定一样，这些条款可以采取国家间争端解决的形式。但更有争议的是，这些条款不仅能采取投资者-东道国争端解决机制的形式，还可以利用国际投资争端解决中心（ICSID）或联合国国际贸易法委员会（UNCITRAL）下属的仲裁庭以评估每个具体案例。近年来谈判方面临的压力是国际社会要求将争端裁决权重新交还更正规的机构，并弱化私人律师的作用。

## 多边解决方案的早期行动：价值创造和协同

在讨论谈判一项多边投资协定之前，最好先回顾一下影响谈判的主要因素。这些因素一直是主要谈判方的稳定偏好。资本输出国（母国），特别是 20 世纪 40 年代以来的美国，赞成投资保护，而外商直接投资的接受国（东道国）则赞成政策自主和国内法优先于国际法。这些偏好体现在以 20 世纪 30 年代美国国务卿科德尔·赫尔命名的"赫尔主义"和以阿根廷前外交部长命名的"卡尔沃主义"（Vandevelde 2010）。作为在新兴市场的一种竞争手段，外国投资变得日益重要，因此，在资本相对充足的经济体内，政府赞成外商直接投资自由化。这就要求以本国经济为基础的跨国公司获得市场准入权。此类投资的东道国普遍担忧跨国公司对其当地新兴产业带来竞争压力，因而更倾向于采取防御性措施。

1948 年的国际贸易组织（ITO）《哈瓦那宪章》是第二次世界大战后达成的第一个涵盖贸易和投资的重要协议。美国赞成为贸易和投资制定多边规则，实现自由化。谈判达成的案文涵盖了投资，但为了达成一致，美国国务院（美国的代理人）在投资问题上做出了让步，允许各州限制对内投资，并对外商直接投资施加"合理要求"（Diebold 1952）。当时，美国国务院比如今的美国谈判代表更敷衍了事，尤其是未能得到美国商界的支持，随后在国会批准《国际贸易协定》时，美国商界也没有表示支持。这在很大程度上导致了《国际贸易协定》的失败，战后体系建立在 1947 年谈判达成的《关税及贸易总协定》的基础上，该协定对投资没有具体的规定。[2]

下一次尝试谈判国际投资协定是 20 世纪 60 年代初的经合组织。尽管经合组织的成员有限，但仍在努力缩小资本出口国和资本进口国之间的差距，并制定国际投资保护规则。与国际贸易组织一样，它也可以被视为一个价值创造的自由化项目。虽然经合组织起草了一份公约草案，但也遇到了与国际贸易组织类似的困难（OECD 1962）。这对东道国来说约束太多，对美国这样的国际投资国来说又限制太少。欧洲各国政府也采取防御措施，赞成对流入的外商直接投资保持一定的控制权。对自由投资政策缺乏支持的情况主要出现在欧洲的区域层面。尽管（建立欧洲经济共同体的）《罗马条约》第 56 条规定了建立共同市场所需的资本自由化，但成员国仍继续筛选和限制外商直接投资。

投资自由化措施在诸边层面发起的形式是 1964 年通过了《经合组织资本流动与无形交易自由化通则》（Snyder 1963）。因此，诸边行动涉及自由化的一个方面,即资本转让。随后,经合组织逐渐开始实行自由化,自由化的进程由各谈判方的单方面政策决定。但经合组织又提出了"棘轮机制"的概念,即自由化一旦发生,就不可逆转。这已成为《跨太平洋伙伴关系协定》等近期全面贸易和投资协定中的一种范式或方法,这也向我们展示了在某一论坛上提出的想法如何应用于其他论坛。

关于投资保护的国际谈判在双边层面进行。经合组织提出的想法再次构成了由此产生的双边投资协定(BITs)的基础。在这种情况下,正是 1962 年在诸边谈判中制定的经合组织公约草案(OECD 1962)为这一模式提供了参考。公约草案中的投资保护条款包括广义的投资定义、传统的征用条款以及国民待遇和公平与公正待遇的一般原则(即不严格界定的原则)。荷兰、德国(在某些情况下是回溯性的)以及后来的英国和其他欧洲国家在谈判双边投资协定时都采用了这种模式。

其他论坛的发展也影响着投资外交。在世界银行,《国际投资争端解决中心(ICSID)公约》于 1966 年生效(Parra 2012)。该公约是为了加强外商直接投资流入发展中国家,从而促进其发展。换言之,此公约被视为能够创造价值。《国际投资争端解决中心公约》是自愿的:参与国不受约束,除非各国批准该公约,并在进一步的条约(如双边投资协定)中同意投资者有权使用该公约制定的仲裁规则。此后,国际投资争端解决中心所提出的有关争端解决的条款被纳入双边投资协定(Woolcock et al. 2015)。联合国国际贸易法委员会进一步完善了此自愿规范,提供了一种基于不公开的仲裁庭、大同小异的争端解决替代方案。如下文所示,联合国国际贸易法委员会在 2008 年至 2015 年期间就《毛里求斯透明度公约》(投资仲裁部分)开展工作,并在当前阶段发挥了重要作用(Schill 2015)。

以美国为首的发达资本出口国选择了诸边层面的经合组织作为国

际投资谈判的论坛，而发展中国家则选择了联合国，它们不仅是联合国的正式成员国，而且在联合国大会中也占多数席位。国际经济新秩序（NIEO）聚焦重新平衡南北经济关系，以 77 国集团为代表的发展中国家对国际经济新秩序展开了更广泛的国际谈判，谈判常常带有对抗性，发展中国家敦促各国重申东道国对跨国公司投资的掌控力。这就是 1973 年联合国大会通过的《各国经济权利和义务宪章》（UN 1973）。经合组织国家对此的回应便是在 1976 年协商了《经合组织国际投资与跨国企业宣言》，包含一套不具约束力的跨国企业准则，以及同样不具约束力的国民待遇条款（OECD 1993）。

如果不强调单边政策决定的重要性，影响投资谈判水平的讨论就不完整。20 世纪 70 年代末，美国开始单方面允许投资自由化和放松投资管制。就经济外交而言，这可以视为国家政策利用市场内生性以影响结果的案例。在 20 世纪 70 年代末，以英国为首的其他国家纷纷效仿美国，各国为了吸引外商直接投资在自由化方面展开竞争（Büthe and Mattli 2011）。这种竞争性自由化在整个 20 世纪 80 年代势如破竹，最先出现在其他欧盟成员国中，随后蔓延到发展中国家和中等收入发展中国家。经合组织随后将这些单边措施编入法规，其中"棘轮"意味着投资者可以从确保的可预测性中获益。通过竞争获取外商直接投资被视为许多发展中国家签署双边投资协定的动机之一，尽管这些协定在吸引投资方面的有效性一直争论不休（Elkins et al. 2008）。

有关 20 世纪 40 年代至 80 年代的讨论清晰地展示了投资中经济外交的多层面性。这一时期得出的最突出的结论是，各个层面都发挥了重要作用。可以说，诸边层面的作用最为显著，反映了这一时期经济外交的整体趋势。但是，在诸边背景下致力于促进国际投资谈判也许仍可被视为价值创造，因为其目标是建立一个国际投资体制，大概率是最惠国待遇。另一个突出结论是，在一个层面制定的规范也适用于其他层面。因此，诸边经合组织公约草案拟定了双边投资协定中的投资保护条款，而多边的国际投资争端解决中心和联合国国际贸易法委员会的法律形成了它们的争端解决／仲裁条款。

## 20 世纪 80 年代—21 世纪头十年：<br>多层面外交更多地转向价值主张

20 世纪 80 年代，美国再次试图在多边层面上取得进展，并建议在 20 世纪 80 年代将投资纳入《关税及贸易总协定》的贸易议程。当这些提议议而未决时，时任美国贸易代表宣布，美国将与以色列和加拿大签订自由贸易协定，寻求其他途径以实现贸易和投资自由化（Crome 1999）。在投资方面，美国正着手开发一个综合双边投资协定模式，涵盖投资自由化和投资保护。该模式从广义上定义了投资，并将保护的内涵扩展到间接征收，超越了典型的欧洲双边投资协定中的传统征收。自由化则包括了准入和禁止执行要求清单。最后，该模式包括投资者-东道国争端解决机制（US Senate 1987）。至此，该模式成了一系列全面双边谈判的基础，包括 1988 年的《加拿大与美国自由贸易协定》（CUSFTA）。

这一时期的多边谈判以《关贸总协定》乌拉圭回合为中心。由于发展中国家作为一个整体持续反对就投资本身进行谈判，这些措施仅限于"与贸易有关的"措施。乌拉圭回合达成了《与贸易有关的投资措施协议》，该协议确认了《关贸总协定》的国民待遇条款禁止六项核心执行要求。《服务贸易总协定》也包括服务投资自由化，即基于所涵盖行业正面清单的模式三（商业存在）。由于《加拿大与美国自由贸易协定》既是为了促进《关贸总协定》的谈判，也是为了提供一种替代方法，此协定可以被视为自由使用各层面间互动的例证。然而到 20 世纪 90 年代初，很显然多边投资谈判产生的成果可能有限。巧合的是，在乌拉圭回合谈判的最后阶段，双边／区域和诸边层面都采取了新举措。在区域层面，《北美自由贸易协定》的缔结形式基本上遵循了美国的双边投资协定。20世纪80年代，欧盟转向自由投资政策，部分原因是竞争性的单边自由化所推动，这种转向促成了《1988年投资指令》的通过。这最终实现了单一市场内资本的全面自由化，并在普遍适用的基础上将自由化扩大到第三国。[3]

此外，经合组织还就强化其公文的作用进行了诸边谈判，以期使国民待遇条款具有约束力。这些谈判审查了1991年经合组织国民待遇的公文（OECD 1992）。但由于欧盟和美国在欧盟所寻求的国家级政策覆盖面存在分歧，在美国保留的自由化安全例外方面也存在分歧，这一努力没有取得多大进展。这些分歧始终存在并影响了后来在《跨大西洋贸易与投资伙伴关系协定》中的跨大西洋讨论。谈判结束时，双方达成共识，即继续讨论在经合组织内扩大投资公文的范围。这就是之后的"多边投资协定"提案。

乌拉圭回合谈判之后，许多经合组织的政策制定者似乎达成了共识，即仍有必要就投资问题进行协商并达成一项多边协议。但就论坛而言却有不同的路径。欧盟赞成将世界贸易组织的谈判列为"新加坡议题"之一，之所以称为"新加坡议题"是因为1996年在新加坡举行的世界贸易组织部长级会议将这些议题列入议程。美国则更倾向在经合组织进行谈判。欧盟认为，大多数壁垒都存在于发展中经济体，因此需要进行更广泛的国家参与谈判。[4]鉴于过去多边谈判中的经验，美国认为只有在经合组织才有可能协商制定一个高标准协定，且这一协定可以扩展为多边协定。最后，双方都各让一步，同意在两个层面上进行谈判，但世界贸易组织的发展中国家成员反对将投资纳入谈判，这意味着只能在经合组织中进行谈判。[5]但随着1998年的多边投资协定和1999年的西雅图世界贸易组织部长级会议无疾而终，世界贸易组织和经合组织的谈判最终宣告破产（Henderson 1999）。当下一轮的世界贸易组织谈判最终于在2001年在多哈启动时，各方再次尝试将投资纳入议程。但这种情况只持续到 2003 年，在 2003 年 9 月的坎昆部长级会议上，最终还是从多哈发展议程中删除了新加坡议题。

在这些诸边和多边共同努力的背景下，双边倡议以全面贸易和投资协定的形式蓬勃发展。这可以被视为能够挑选法院，更体现价值主张。事实上，双边全面协定的备选方案是影响多边谈判的一个因素，削弱了主要支持国对多边协议谈判的支持。在此期间，美国继续影响着国际投资政策的议程和性质。随后国际社会进行了一系列全面的自由贸易协定谈判，在关于投资的详细章节中采用了美国的双边投资协定模式。[6] 在 2004 年和 2012 年，美国更新了双边投资协定模式。除了极少数例外，这些协议中的投资条款都是基于《北美自由贸易协定》，也就是基于美国的双边投资协定模式。

区域谈判作为 2009 年《里斯本条约》的一部分介入了该进程，从欧盟与成员国共享的外商直接投资权限转变为欧盟专属的外商直接投资权限。在这一变化之前，欧盟与成员国之间的共享权限意味着欧盟无法独立谈判全面贸易和投资协定。然而，欧盟确实谈判了一些双边自由贸易协定，例如 2001 年的欧盟–智利谈判，其中包括投资自由化。与之前欧盟权限扩展的情况一样，欧盟还在谈判过程中制定政策，但没有商定的欧盟示范投资协议（European Parliament 2010）。由于欧盟成员国的双边投资协定最多，而且欧盟是对内和对外投资的主要参与者，预计该地区的发展将对全球发展产生重要影响。21 世纪的头十年发生了其他变化，这些变化将使主要国家的偏好发生变化。

因此，从 20 世纪 80 年代到 21 世纪初，各层面谈判之间互动的主要特征是主导模式应用于双边协议。此外，双边全面贸易和投资协定逐渐变得比经合组织和双边投资协定更重要。这些协议从《北美自由贸易协定》开始以全面的方式将投资自由化和投资保护相结合。从这个意义上而言，这种互动可以说比前一时期更体现价值主张。在前一时期很重要的协同作用也变得不那么普遍了。

# 最近的发展：变革的时代？

前文描绘了一幅国际投资政策图景，它由相对固定的偏好形成，主导国家率先通过多边层面谈判以寻求价值创造。但是，这些努力无法与主要发展中经济体找到足够的共同点而屡屡失败，此时发达经济体遵循谈判协议的最佳替代方案，通过谈判达成更体现价值主张的双边或特惠协定。这些协定对经合组织和其他国际机构制定的规范产生了强烈的路径依赖。

2010 年之后出现的一些发展很可能会改变这种格局。也许最重要的发展是国际投资模式的结构性转变，新兴经济体在对外直接投资中发挥更大作用。与贸易一样，新兴经济体之间存在着深刻的差异，比如，中国成为具有一定规模的净对外投资国。[7] 其他新兴市场作为对外直接投资的来源并不那么重要，但投资在其政策方面却很重要。印度和南非重新评估了各自的国际投资协定政策，要么暂停了任何新协定的谈判，要么拒绝了现有的双边投资协定。印度制定了自己的投资协定范本，南非制定了旨在取代双边投资协定的国内法。巴西虽然在20 世纪 90 年代谈判了双边投资协定，但是从未获得批准，目前巴西也采用了新的国内法以保护投资。相比之下，中国在现行模式的基础上谈判了更多的双边投资协定。换言之，主要新兴经济体的偏好正在发生变化。

诸边层面可以说已经制定出一些举措，旨在巩固经合组织的现行做法。至少自 2012 年以来，美国一直支持《跨太平洋伙伴关系协定》。[8]《跨太平洋伙伴关系协定》的一个明确目标是制定国际贸易和投资规则。但主要经合组织国家之间就全面贸易和投资协定进行谈判的战略对投资政策具有重要影响。2012 年 12 月，多哈发展议程中的多边方法无法取得进展，随后世界贸易组织部长级会议采取了该战略。主要经合组织参与国之间开始谈判特惠贸易协定，这种转变意

味着美国、欧盟和其他经合组织国家现在将具有东道国的某些特征
（Pohl et al. 2012；Poulsen 2015）。这些国家之间的外商直接投资水平
使投资者有权挑战美国和欧盟的监管政策。因此，经合组织国家也表
现出一些东道国的偏好，例如希望捍卫监管权以应对来自外国投资者
的挑战。将投资排除在"特大区域"特惠政策协定之外的替代方案，
与可追溯到过去 25 年的《北美自由贸易协定》的路径依赖背道而驰。

虽然双边特惠贸易协定的蓬勃发展是近期的主要特征，但欧盟的
发展对国际投资谈判产生了重要影响。向欧盟专属管辖权的转变对欧
盟的投资决策团体造成了外部冲击，该团体以前由成员国投资律师和
专业决策者组成（Shan and Zhang 2011）。2010 年以来，欧盟一直在
与所有欧盟机构合作，制定共同的国际投资政策。这与成为投资争端
东道国所暗含的偏好转变相结合，意味着市民社会团体担心丧失监管
权，将对欧盟委员会和欧洲议会进行大范围游说。成员国政府采取后
卫行动试图保持控制，这导致欧盟委员会以欧盟-新加坡自由贸易协
定案的形式将权限问题提交欧洲法院。[9] 因此，欧盟正在重新定义国
际投资政策。欧盟的共同偏好似乎与成员国双边投资条约中所体现的
不同，欧盟委员会的提案中表达了这种偏好，这些提案旨在重新平衡
现行规范，以支持东道国拥有更强的监管权（Calamita 2014）。还有
人提议建立一个投资法院系统，将投资协议的解释权置于谈判各方的
控制之下，而将仲裁置于类似于世界贸易组织的独立司法系统的控制
之下。这种方法已被纳入《欧盟-加拿大综合经济贸易协定》（CETA）。
欧盟委员会也在与美国进行《跨大西洋贸易与投资伙伴关系协定》
谈判时提出了类似的做法，并希望其成为全球规范（Hindelang and
Sassenrath 2015）。这是区域层面谈判的一个例子，此类谈判可能应用
到影响更广泛的国际投资政策的双边协议中。

在此背景下也进行了一些多边谈判。这些谈判已经在联合国国
际贸易法委员会进行，其中包括谈判《毛里求斯仲裁透明度公约》

（Johnson and Bernasconi-Osterwalder 2013）。这可以看作国际投资争端解决中心和联合国国际贸易法委员会早在 20 世纪 60 年代建立的现代化规范。联合国国际贸易法委员会的透明度规范目前正在应用于双边和诸边协定。此处证明多边和双边层面产生了协同作用。

## 结　论

本章说明了如何理解国际投资中的经济外交，即将它置于多层面（或多论坛）谈判不断互动的时间长河背景下。一个层面的发展可能对其他层面产生深远的影响。第三章中确定的因素仍然影响着谈判各方的偏好。有人提出了不同的互动类型，可以帮助分析这种互动的影响。互动类型包括：协同型、战略价值创造型和战略价值主张型互动。在协同型互动中，传播方法更具概念性，因为在一个层面上发展的想法或规范在其他层面的谈判中得到应用。战略价值创造型互动是指谈判的一方在不同层面或论坛之间切换，旨在促进达成互惠互利的协议。战略价值主张型互动是指切换旨在增加相对收益。

本章随后总结了国际投资谈判在较长时期内的演变，以说明国际投资谈判中的路径依赖。它进一步表明，在 20 世纪 60 年代至 80 年代期间，协同互动和创造价值的互动非常普遍。在随后的 20 世纪 90 年代和 21 世纪的头十年，战略价值主张相对更为重要。

最后，本章考虑了最近的发展，并认为影响投资协议内容的相当成熟的路径依赖正在发生一些重大变化。这可能恢复投资外交层面之间更多的协同作用。

注释：

1. 请参阅 Woolcock 2006，以获取更广泛的讨论和说明。

2. 在谈判条款中，《关贸总协定》向美国提供了可接受的谈判协议的最佳替代方案，因为它涵盖了商品的市场准入和贸易的多边原则。

3. 参见《资本自由化指令》，EEC 1988。在货币危机时期，资本管制在严格的条件下是可能的。

4. 委托代理理论也有助于解释欧盟的立场，欧盟委员会支持世界贸易组织，因为它是世界贸易组织谈判的代理人，而成员国与经合组织的委员会共享谈判桌。

5. 矛盾的是，这种反对意见出现在许多发展中国家与经合组织国家签署双边投资条约之时，这也许最好用东道国之间的竞争感予以解释。

6. 2001 年与约旦、2004 年与新加坡和智利、2005 年与澳大利亚、2006 年与摩洛哥和巴林签订了协议。2004 年还与哥伦比亚和秘鲁签署了协议，2005—2006 年与中美洲自由贸易区（CAFTA）/多米尼加共和国签署了协议，2007 年与韩国签署了协议；但这些协议经延迟批准。

7. 2016 年中国有望成为净对外投资国。

8. 除美国外，《跨太平洋伙伴关系协定》还包括日本、澳大利亚和新西兰；见本书第十一章。

9. 正如关于欧盟经济外交的第十章所讨论，欧盟成员国质疑《欧盟运作条约》（《里斯本条约》）中规定的欧盟专属投资权限的范围。作为回应，欧盟委员会已要求欧洲法院对欧盟-新加坡自由贸易协定案作出裁决。

## 参考文献：

Büthe, T. and Mattli, W. 2011. *The New Global Rulers: The Privatization of Regulation in the World Economy*. Princeton, NJ: Princeton University Press.

Calamita, N.J. 2014. Dispute Settlement Transparency in Europe's Evolving Investment Treaty Policy: Adopting the UNCITRAL Transparency Rules Approach. *The Journal of World Investment & Trade*, 15, 645–678.

Crome, L. 1999. *Reshaping the World Trading System: A History of the Uruguay Round*. 2nd edition. Geneva: World Trade Organization.

Diebold, W. 1952. *The End of the ITO*. Essays in International Finance No. 16. Princeton, NJ: Princeton University Press.

EEC 1988. Capital Liberalisation Directive: Council Directive 88/361/EEC June 24 for the implementation of Article 67 of the Treaty. *Official Journal of the European Communities*, 178(8).

Elkins, Z., Guzman, A.T. and Simmons, B. 2008. Competing for Capital: The Diffusion of Bilateral Investment Treaties 1960–2000. *Berkeley Law: Berkeley Law Scholarship Repository: 1–1–2008*. Available at: http://scholarship.law.berkeley.edu/facpubs.

European Parliament 2010. *The EU Approach to International Investment Policy after the Lisbon Treaty*. Paper for the INTA Committee submitted by the Directorate General for External Relations, October. Brussels.

Goldberg, P.M. and Kindleberger, C. 1970. Toward a GATT for Investment: A Proposal for Supervision of the International Corporation. *Law and Policy in International Business*, (2), Summer, 295–325.

Henderson, D. 1999. *The MAI: A Story and Its Lessons*. London: Royal Institute of International Affairs.

Hindelang, S. and Sassenrath, C.P. 2015. *The Investment Chapters of the EU's International Trade and Investment Agreements: A Comparative Perspective*. European Parliament Directorate-General for External Policies EP/EXPO/B/INTA/2015/01, Brussels.

Johnson, L. and Bernasconi-Osterwalder, N. 2013. *New UNCITRAL Arbitration Rules on Transparency: Application, Content and Next Steps*. Available at: http://www.iisd.org/pdf/2013/uncitral_rules_on_transparency_commentary.pdf.

OECD 1962. *Draft Convention on the Protection of Foreign Property*. No. 15637. Paris: Organisation for Economic Cooperation and Development.

OECD 1987. *Introduction to the OECD Codes of Liberalization*. Paris: Organisation for Economic Cooperation and Development.

OECD 1992. *The OECD Declaration and Decisions on International Investment and Multinational Enterprises*. 1991 Review. Paris: Organisation for Economic Cooperation and Development.

OECD 1993. *Foreign Direct Investment: Policies and Trends in the OECD Area During the 1980s*. Paris: Organisation for Economic Cooperation and Development.

Parra, A. 2012. *The ICSID Convention: A History*. Oxford: Oxford University Press.

Pohl, J., Mashigo, K. and Nohen, A. 2012. *Dispute Settlement Provisions in International Investment Agreements: A Large Sample Survey*. OECD Working Papers on International Investment. Paris: Organisation for Economic Cooperation and Development. Available at: http://dx.doi.org/10.1787/5k8xb71nf628-en.

Poulsen, L.N.S. 2015. *Bounded Rationality and Economic Diplomacy: The Politics of Investment Treaties in Developing Countries*. Cambridge: Cambridge University Press.

Schill, S. 2015. Editorial: The Mauritius Convention on Transparency. *The Journal of World Investment & Trade*, 16(2), 201–204.

Shan, W. and Zhang, S. 2011. The Treaty of Lisbon: Half Way toward a Common Investment Policy. *The European Journal of International Law*, 21(4), 1049–1073.

Snyder, E. 1963. Foreign Investment Protection: A Reasoned Approach. *Michigan Law Review*, 61(6), 1087–1124.

UN 1973. General Assembly Resolution 3082 (XXVIII) of 6 December. (Charter of Economic Rights and Duties of States). Available at: http://legal.un.org/avl/ha/cerds/cerds.html.

US Senate 1987. *US-Panama Bilateral Investment Treaty*. Senate Treaty Document 99–14, 99th Congress, 2nd Session, 27 October. Available at: http://www.state.gov/documents/organization/210527.pdf.

Vandervelde, K. 1998. The Political Economy of a Bilateral Investment Treaty. *American Journal of*

*International Law*, 92(40), 621–641.

Vandevelde, K. 2010. *Bilateral Investment Treaties: History, Policy and Interpretation*. Oxford: Oxford University Press.

Woolcock, S. 2006. *Trade and Investment Rulemaking: The Role of Regional and Bilateral Agreements*. Tokyo: UN University Press.

Woolcock, S., Garnizova, E. and St John, T. 2015. *Study on the Implications of International Economic and Financial Governance Agenda for EU Trade and Investment Policy*. European Parliament, INTA Committee Report.

# 第十八章　经济外交的未来

尼古拉斯·贝恩和斯蒂芬·伍尔科克

与前几版一样，本版最后一章也将总结全书所阐述的经济外交纪事，并展望未来。但本章并不会作出详细预测，因为经济外交以变幻莫测的方式不断演变。与其他人一样，我们也并未预见到始于 2007 年的那场 80 年来最为严重的金融和经济危机。那次危机让世界经济陷入了动荡期，这场动荡在十年后仍在持续。金融体系尚未恢复持久的均衡，因此在这种情况下预测将更危险。即便如此，我们仍希望选出过去二十年来在新经济外交中涌现并正在扎根的有利和不利的主要趋势。

本章将回顾前文提及的经济外交的诸多特征，并利用第一章提出的应对三种紧张关系的方法来构架内容。我们将应用第三章列出的分析工具及其组成理论，并评估第二章所阐释的战略。同时，我们还将在后续章节中交叉引用发现与案例研究。

正如上一版所述，2007—2009 年的危机使经济外交在历经低迷期后重登议程榜首。早在 2011 年，我们就注意到经济外交三种紧张关系之间的平衡发生了变化，协调经济与政治之间的第一种紧张关系和政府与其他势力之间的第三种紧张关系方面均取得了进展，尽管局势可能不会持续向好。只有协调国际和国内压力方面仍然存在问题。在金融危机爆发近十年后的今天，这一平衡再次发生了变化。上述三种紧张关系均在恶化，曾富有成效的经济外交前景黯淡。

总体而言，世界经济的表现令人大失所望，而经济外交必须围绕世界经济展开。国际货币基金组织总裁克里斯蒂娜·拉加德及其团队成员认为，全球国内生产总值增长前景"一般"（Jones and Donnan 2016）。此外，世界贸易的增长同样疲软。在危机之前，国际贸易的增长速度通常是国内生产总值的两倍，而现在以同样缓慢的速度增长（Donnan 2016a，2016b）。石油、天然气、金属和其他大宗商品的全球价格大幅下跌，下文将进一步阐释各种原因。在通常情况下，价格下跌对商品出口国造成了困难，但应该促进商品进口国的经济增长，因为进口国仅需支付较低的价格便可购得所需商品。但这种促进作用并未出现。部分人现在认为，长期的低增长无法避免（Blanchard 2016）。若事实如此，恰逢政治条件不断恶化，那么未来的经济外交将举步维艰，下一节将展开解释。

## 第一种紧张关系：经济与政治

协调国际经济与国际政治是经济外交的一个永恒目标。经济合作的国际激励措施常常因为国内经济和政治限制而受到约束。但在某些情况下，国际政治和经济的需求可以相互促进并取得进展。这种情况在金融危机刚刚结束后的一段时间内曾短暂出现过。但现在，由于经济和政治原因，这一势头受到了威胁。在第三章中，适用于这种紧张关系的关键因素是相对经济实力的变化以及国际机构和国际体制的变化。

### 金砖国家的崛起

国际经济与政治成功相互作用的经典例子出现在第二次世界大战后。美国作为占主导地位的"霸权"大国，通过向较弱小的发达经济体作出让步，领导建立了多边秩序。美国相对于西欧和日本的实力开始下降，随后出现了以经合组织和七国集团峰会为代表的"俱乐部模式"。冷战结束和全球化推进为 20 世纪 90 年代的经济合作激发了政治动力。自此，经济体系变得真正全球化，发展中国家和前共产主义国家在其中变得更加活跃。随后，经济外交取得了诸多显著成就，包括乌拉圭回合谈判结束、世界贸易组织成立，以及在里约热内卢举行的联合国环境与发展会议上达成多项环境协议。

西方工业国家仍希望主导国际机构。但从 2000 年开始，发展中国家明确表示希望自己的主张也能发挥作用。2001 年世界贸易组织达成多哈发展议程，其目的非常明确，旨在造福较为贫穷的国家。尽管西方政府率先推动全球环境问题的谈判，但发展中国家坚持要求成熟经济体作出更严格的承诺，因为环境问题主要是由发达国家早期的工业政策酿成的。随着 21 世纪头十年的到来，以中国、印度和巴西为首的新兴大国积累了强大的经济实力，以至于国际社会再也无法拒绝这些国家提出享受平等地位的要求。印度、巴西以及俄罗斯也取得了巨大进步。随后，这些国家开始组成集团（"金砖国家"）并召开会议，以协调其在国际经济问题上的主张。尽管南非经济规模较其他四国小得多，但仍在 2011 年正式加入该集团。如今，在有关金融、贸易和环境的谈判中，金砖国家成为至关重要的参与方。

2008 年金融和经济危机加剧时，金砖国家在世界经济中的分量展露无遗。大多数西方经济体由于草率的金融政策而走到了灾难的边缘，但是奉行更为谨慎政策的新兴大国基本上毫发无损。西方经济陷入了严重的衰退，其恢复过程也十分缓慢。而新兴国家只是经历了短暂的经济增长放缓，随后便恢复了像往常一样的快速增长。因此，西方工业国家不仅在经济上失去了阵地，在政治声望和声誉上也折戟沉沙。在经济外交领域，世界变得更加多极化，这个趋势早已显现，如今看来毋庸置疑。

### 二十国集团前景展望

二十国集团峰会的出现旨在让新兴大国平等地参与制定金融危机

后重振信心和恢复稳定的措施。[1]在危机的压力之下，该峰会的早期成就令人印象深刻。峰会同意采取宏观经济刺激措施以应对经济衰退，并为未来的政策协调建立了框架。峰会还指导金融稳定委员会和巴塞尔银行监管委员会准备详尽的监管改革，并进行机构改革和扩张，以避免未来发生金融危机。此外，峰会还极大地壮大了国际货币基金组织的财力，并改革了其治理结构，以提高新兴大国的话语权（参见斯蒂芬·皮克福德执笔的第十五章）。二十国集团峰会宣称其为"经济合作的主要论坛"（G20 2009），似乎已做好准备充分发挥这一作用。

然而，自2011年开始，二十国集团峰会日渐式微。美国将国际货币基金组织治理改革推迟到了2015年底。协调框架虽然确保了信息交流，但仅在2014年布里斯班峰会上促成了一次集体行动（Callaghan and Sainsbury 2015）。这种局面的关键原因之一在于各成员国"主人翁"意识水平不同，而主人翁意识的最好体现就是成为峰会主席国。截至2015年，峰会主席国不是七国集团成员国（前六次峰会中有五次皆由七国集团主办），就是经合组织或八国集团（即俄罗斯）成员国，这些国家熟悉此类政策协调。但二十国集团中的发展中大国（巴西、中国和印度）缺乏此类经验，从未担任过主席国。由于缺乏强烈的主人翁意识，这些国家对通过二十国集团承担新责任持谨慎态度。

现在，这种情况可能会改变。中国将在2016年担任峰会主席国，巴西和印度可能在2018年和2019年担任主席国（参见第十三章）。这三个国家可以联袂在二十国集团峰会上留下自己的印记，并在二十国集团峰会拥有完全同等的地位。[2]这可能会让七国集团国家感到惴惴不安，尤其是美国，因为美国已在这个体系中主导了那么长时间。但这一局面也创造了一个机会，让新兴大国参与价值创造的交流活动，所有国家都将从中受益，而不是陷入各唱各调的价值主张怪圈中。

二十国集团峰会迎来光明的前景并非臆想，但也不是板上钉钉。中国将于2016年担任二十国集团主席国，恰逢美国总统大选这一尴尬时期。巴西对2018年主席国的争夺可能将会受到阿根廷的挑战，阿根廷在新总统毛里西奥·马克里的领导下呈现复兴迹象。2019年，印度将与二十国集团唯一的非洲成员国南非展开竞争。除了机构方面的不确定性，经济与政治之间的紧张关系也日益恶化，目前的局势是金融危机以来最令人感到不安的。下一节将进一步讨论这些问题，并阐释其对经济外交中主要国家的影响。

**经济不确定性和政治威胁**

中国现在是世界上最大的经济体，已然成为一个大国（参见张晓通执笔的第八章），其经济在2016年初仍以6.7%的速度增长，远远快于除印度以外的所有其他大型经济体。然而，这一数字也反映了中国经济自2013年以来稳步放缓，至今仍未出现持平的迹象。中国政府已推出了各种形式的刺激措施，以稳定其增长模式。正如国际货币基金组织坚称的那样，中国的国内政策会对全球经济和金融产生重大影响。

结果之一是，中国对石油和天然气等能源产品、铁和铜等金属以及一般大宗商品的需求大幅下降。这严重影响了经济上依赖这些产品的国家，包括二十国集团的澳大利亚、巴西、加拿大、沙特阿拉伯和南非。与此同时，美国从页岩中开采石油和天然气，其供应量大幅提升。因此，油价在2014年从110美元/桶下跌至60美元/桶。过去，沙特阿拉伯会减少产量以稳定油价。然而，这次沙特拒绝这样做，并说服其他石油输出国组织成员国保持产量不变。沙特阿拉伯此举的动机考虑了经济和政治两方面的因素：沙特并未受美国的外交政策所迷惑，并相信美国页岩生产商无法承受如此低价。然而，美国油井继续生产，2016年初，油价一度跌破30美元，随后再次回升至40美元以上。沙特阿拉伯随后提议石油输出国组织与主要非石油输出国组织产油国一起冻结产量。然而，其地区竞争对手伊朗在摆脱西方制裁后不久便表示拒绝参与，因此沙特再次出于政治原因撤回了该提议。

与此同时，低迷的石油和大宗商品价格给那些既依赖它们获得出口收入，又依赖它们为预算融资的国家带来了巨大困难。金砖国家中的巴西和俄罗斯已陷入了经济深度衰退期。沙特阿拉伯正在迅速消耗其外汇储备，以填补不断扩大的预算赤字。尼日利亚、安哥拉（石油业）、南非（矿业）和许多其他非洲国家均遭受严重影响。因此，在连续 15 年平均增长率超过 5% 后，2015 年和 2016 年的非洲大陆增长率可能会萎缩至 3%（Pilling 2016）。不仅政府，石油、天然气和矿业公司也受到了严重影响。许多公司削减了投资计划，遭受了严重损失，甚至申请了银行破产，这为其债权银行带来了不利后果。此外，遭受影响的不止石油生产国，还有工业国家。尽管国际能源署预测油价将趋于稳定，但不太可能恢复到原有水平（Raval et al. 2016）。随着时间的推移，受影响的国家将不得不进行相应调整，但这个调整的过程对许多国家而言可能很痛苦。

俄罗斯之所以陷入衰退，不仅是因为油价，还因为经济制裁的影响。2014 年，在俄罗斯占领克里米亚并在乌克兰其他地区挑起内战后，七国集团成员国（包括所有欧盟成员国）对俄实施了经济制裁。俄罗斯无法接受乌克兰与欧盟签订经济联盟协议。[3] 乌克兰相关争端已导致七国集团暂停俄罗斯参与峰会，同时欧盟也减少了对俄能源供应的依赖。这种政治摩擦可能将继续阻碍今后的经济合作。

当金砖国家和其他新兴大国面临问题时，七国集团成员同样因受到阻碍而未能主动采取行动。"安倍经济学"尚未重振日本经济，而加拿大则被低油价拖累。欧盟成员国过于关注其内部问题，而未能充分参与更广泛的国际合作。欧元区经济低迷，国内生产总值在经历了"失去的十年"后，直至 2016 年初才恢复到危机前水平。希腊尚未摆脱困境，而意大利、葡萄牙和其他国家的银行也深陷泥潭。欧元区以外的经济情况虽较为乐观，但政治上的不满导致英国政府在2016年6月就其欧盟成员国身份举行了公投。这次意外的脱欧公投将损害并削弱英国和欧盟其他国家的实力。

金融危机后，美国经济的复苏情况优于七国集团其他国家。虽然缺乏理性的国会和分裂严重的总统竞选严重阻碍了即将离任的奥巴马政府开展工作，但该届政府仍然成功地完成了《跨太平洋伙伴关系协定》的谈判，并推进了与欧盟的《跨大西洋贸易与投资伙伴关系协定》。美国对华政策仍处于危险的矛盾状态。但是，两国在气候变化问题上达成了重要共识，这为2015年12月达成《巴黎协定》作出了重要贡献。然而，在贸易和金融问题上，美国采取了更具对抗性的立场。尽管美方否认，但《跨太平洋伙伴关系协定》显然意在排除或至少阻止中国参与，而美国政府也试图阻止英国和其他国家加入总部位于上海的亚洲基础设施投资银行。

简而言之，尽管国际社会采取了应对危机的举措，但是二十国集团的几乎所有主要成员国以及许多其他国家仍然面临着严重的经济困难。这些困难阻碍了国家采取主动行动，诸多摩擦也因政治紧张局势而不断加剧。这些摩擦包括：

- 沙特阿拉伯与美国、沙特阿拉伯与伊朗在油价问题上的摩擦；
- 欧盟成员国之间的摩擦；
- 俄罗斯和欧盟在乌克兰问题上的摩擦；
- 中美在某些问题上的摩擦。

上述任意摩擦均可能使二十国集团或其他国家的经济外交变得复杂。

## 第二种紧张关系：国际与国内压力

国际和国内压力的相互作用已成为经济外交的标准特征，在过

393

去 25 年里这种紧张关系不断加剧,并将一如既往。经济外交议程上的议题稳步增加,并逐渐渗透到国内政策中。国际贸易关系已扩展到服务、知识产权和投资领域。国际环境政策与经济管理和能源政策相互作用。越来越多的政府部门参与国际谈判,而独立的监管机构也开始参与经济外交。例如,央行和金融监管机构更深入地参与国际规则制定。这就要求在各国政府内部建立起行之有效的磋商程序,同时在各国之间搭建紧密的联系网络,以协调国内和国际压力之间的紧张关系。

第二章所述的经济外交新战略,就是明确为达到这一目的而设计的。该战略包含四个要素:第一个要素邀请部长们参与,第三个要素要求提高透明度,这两个要素旨在对国内压力做出更充分的回应。第四个要素是利用国际组织,这在接纳外部因素方面形成了一种平衡。(第二个要素是引入非国家行为体,双向发挥作用,将在本章的下一节中讨论。)在实行新经济外交的头十年——20 世纪 90 年代,国际规则制定取得了重大进展,实现了良好平衡。世界贸易组织使多边制度生效,该制度涵盖贸易所有方面——农业、制造业和服务业,覆盖几乎所有国家。各国还就全球环境问题达成了新的协议,特别值得关注的是 1992 年的《联合国气候变化框架公约》和 1997 年的《京都议定书》。十年后的亚洲金融危机引发国际货币基金组织进行了重大改革,被称为"新的国际金融架构"。[4]

但从 2000 年开始,反对这种国际进步的呼声愈演愈烈。环境问题具有全球性挑战的性质,也就是说国际规则必须更深入地渗透到国内安排中,摩擦由此产生。很明显,运行一个全球性、基于规则的体系远高于政府预期的要求。发达国家曾经简单地认为,新规则只是将其现有的国内机制扩展到国际层面而已。因此当欧盟或美国发现它们必须改变国内政策(比如食品安全政策或气候变化政策)时,便产生了抵制情绪。各国相互依存不断加深,全球化持续向前发展,这些都对国内政策偏好产生了影响，但各国政府也积极尝试协调国内偏好和国际规则。最近，基于规则的国际贸易和投资秩序的持久性受到民粹主义运动的挑战，这些运动将各种形式的全球化视为一种威胁。与此同时，发展中国家希望国际经济制度能朝着有利于它们的方向改变，但最终幻想破灭，因此同样不愿意改变国内政策。

多边规则制定不再受人追捧，至今仍未出现复苏的迹象，因而相关机构由此失势。相反，经济外交在诸边、区域或双边层面进行，并且经常在不同层面之间"挑选法院"。尽管各国之间仍然达成了基于条款的协议，特别是在贸易方面，但自愿合作取得了不俗的进展。值得关注的是，国际制度现在可以由一个共同框架下的单方面承诺组成，而非真正的集体协议，这有时被称为"集体单边主义"（Vines 2016）。本章的后续小节将依次分析每种将在未来几年持续下去的趋势，关键因素是国内利益和国际机构，理性主义和两级研究法是最适用的分析工具。

### 理性主义谈判：多边规则制定的式微

多边主义的式微在贸易领域最为明显。尽管世界贸易组织保留了多边主义的咨询职能和准司法职能，但其对集体贸易自由化的谈判能力已经有所弱化。2001 年启动的《多哈发展议程》在 2008 年陷入停滞；自那以后，在 2013 年和 2015 年分别取得了两个微弱的进展。《多哈发展议程》是专门为小国和穷国设计的，这些国家是多边贸易体系的最大受益者（参见特迪·索布拉马尼恩执笔的第十二章）。当然，规模小的发达国家也会受益，比如新西兰（参见范吉利斯·维塔利斯执笔的第十一章）。《多哈发展议程》有可能取得更多进展，但想要在"单一承诺"中达成一项重大的一揽子交易，目前看来遥不可及。一些工业国（如美国、欧盟和日本）和主要新兴国家之间僵持不下，尤其是世界贸易组织的二十国集团在农业方面存在分歧。任何一方都无法克服来自国内行业利益的抵制，无法提出可以确保达成协议的自由化提议。此外，谈判已分裂成一系列相互重叠的集团，这些集团按行业、地区或发展水平划分。这些集团帮助其成员捍卫自己的立场，但没有促成达成一致，因为它们很少弥合工业化国家和发展中国家之间的差距。如下文所述，多边层面没有进展，反倒推进了双边、区域和"特大区域"贸易安排的进程。除了巴西以外（参见布拉兹·巴拉库伊执笔的第九章），几乎没有主要的贸易大国优先考虑多边贸易体系。

国际货币基金组织与二十国集团峰会联系密切，因此，保持了更长时间的有效性（参见第十五章）。但是它的未来发展仍然受到两方面的威胁：第一，不公平的治理；第二，区域安排的挑战。长期以来，决定投票权的配额分配一直倾向于工业化经济体。这引起了新兴国家的极大不满，因为它们的经济增速比成熟经济体快得多。2010年，二十国集团峰会同意进行一项改革，改革内容为从高度发达国家转移6%的投票权到新兴发达国家。但这项仅作为第一步的改革被耽搁了五年才得以实施，在这五年间，投票权的不平衡进一步扩大，特别是对中国和印度而言。因此，进一步的机构改革早就箭在弦上，但以美国国会目前的状态来看，工业化国家仍可能会再次推迟改革的进程。

中国单独或与金砖国家合作采取开发独立区域金融工具的举措，其背后的一个因素就是国际货币基金组织一再推迟改革；这些举措包括应急储备安排、新开发银行和亚洲基础设施投资银行。迄今为止，这些机构还没能撼动国际货币基金组织或世界银行的地位。亚洲基础设施投资银行可能出于想平息美国的批评声音，已经采取行动与亚洲开发银行等类似机构建立联系（Mitchell and Farchy 2016）。然而，如果中国和其他金砖国家像二十国集团形成之前那样再次不信任国际货币基金组织和世界银行，那么这些国际机构将为中国和其他金砖国家提供替代方案。另一个区域性威胁来自欧洲（参见第四章）。欧元区当局决定请求国际货币基金组织参与对希腊、爱尔兰、葡萄牙和塞浦路斯的纾困行动。尽管他们欢迎国际货币基金组织的联合融资，但是仍然坚持自主决定政策条件，拒绝国际货币基金组织的意见和建议。这就导致了在第三次希腊纾困问题上产生了龃龉，欧洲债权国坚持要求国际货币基金组织支援，但又拒绝接受国际货币基金组织关于债务减免的观点。无论这一分歧如何解决，欧元区的僵化态度削弱了国际货币基金组织的权威性，并激怒了其非欧洲成员国。

在环境方面，特别是气候变化方面，多边体系遭遇了最初的挫折，当时美国拒绝将《京都议定书》提交美国国会批准。很快，中国和印度等发展中大国的温室气体排放量与工业化国家相当，但它们也抵制向国际社会做出减排的承诺。《联合国气候变化框架公约》缔约方委员会的谈判过程筚路蓝缕，实质上分裂了发展中国家和工业化国家，使谈判举步维艰。美国在奥巴马执政期开始采取更具建设性的方针，而新兴国家，尤其是中国，也开始采取措施限制温室气体排放，以维护自身利益。2009 年哥本哈根缔约方大会召开前，人们仍然对达成一项新的全面协议抱有希望，但最终还是沦为泡影。加拿大、日本和俄罗斯也相继退出《京都议定书》。

2015 年巴黎缔约方大会前期准备工作精细严密，此次会议的成功似乎是多边体系的逆势复兴（参见乔安娜·德普莱奇执笔的第十六章）。实际上，由于大会有意降低了预期，谈判才取得了成功。哥本哈根会议旨在集体承诺减少温室气体排放，所有缔约方都应遵守减排承诺。相比之下，巴黎会议汇集了缔约方的一系列单方面承诺。这是一项相当大的成就，因为现在所有国家都准备参与，今后将审查其单方面承诺，并检查其执行情况。巴黎会议在气候变化进程的其他方面也取得了进展，例如向发展中国家提供资金流。但各国政府只是作出了国家减排承诺，而不是作出多边背景下的国际承诺。这一过程的有效性仍有待检验。

### 多论坛外交的双层博弈

各国普遍不愿意接受多边层面的正式承诺，这种情况表明各国普遍偏离了 20 世纪 90 年代初取得的成就。尽管研究表明经济外交是在更受限或者单边层面上制定规则，但这些规则仍然具有国际影响力。自愿合作也依然活跃，特别是在诸边层面。多论坛外交意味着利用包括多边主义在内的所有国际层面，但最近的趋势表明，多边主义并不包含在内。当谈判在某一层面受阻时，政府会重启更简单、更低要求的程序，以克服本国和谈判伙伴的国内阻力。第十七章已阐释了投资领域的此类谈判。

诸边主义：专业贸易协议、峰会和自愿合作

在贸易方面，世界贸易组织的《政府采购协议》为特定国家在多边框架下达成类似的专业贸易协议提供了参考模式，其中包括 2015 年更新的《环境商品协定》和《信息技术协定》。世界贸易组织可能有更多类似的协议，如《服务贸易协定》，但是该协议没有承诺最惠国待遇，因而饱受争议。更普遍的情况是，工业化经合组织经济体之间谈判特惠协议的新举措，看起来像是退回到 20 世纪 70、80 年代经合组织俱乐部的诸边主义。

经济主题的峰会是过去 20 年的一个特色。这是部长参与的一种特殊变化，旨在通过将议题从官僚层面转移到政治层面以取得进展。当联合国提出可持续发展目标时，全球都会召开峰会；区域层面也举行峰会，例如亚太经合组织和非洲联盟；欧盟与美国及其他"战略伙伴"之间的双边层面也召开峰会。但是更多的高层会议并不总是带来更好的决策。诸边层面的八国集团峰会有时成功地达成了其他渠道未能达成的协议，例如在帮助非洲方面。二十国集团峰会的出现缩小了其经济举措的实施范围，但它与经合组织的合作成功推动了反对避税的国际准则，并在不与这些准则相冲突的情况下，为二十国集团的决策作出了贡献。在俄罗斯缺席的情况下，七国集团峰会可以在更大的经济自由度下继续有效发挥作用，尽管其作用有所减弱（参见第十三章）。

除了自身的活动之外，二十国集团峰会还促进了金融稳定委员会和巴塞尔银行监管委员会制定全面的金融监管新标准。尽管金融稳定委员会和巴塞尔银行监管委员为了与二十国集团成员国旗鼓相当，将规模扩大到与二十国集团成员数量相当，但它们都是诸边机构，只能开展自愿合作，即它们达成的任何协议都必须通过国家立法得以实施。经过八年的持续活动，这些总部位于巴塞尔的机构已接近议程的尾声；现在主要的行动取决于各国及欧洲监管机构。

双边、区域和超区域外交

在国际贸易中，特惠协定已成为双边或区域层面规则制定的首选（参见肯·海登执笔的第十四章）。当多边层面接受正式承诺面临困难时，各国政府自然转向以双边或区域为基础的谈判，这样更容易实现规则制定。

美国率先转向更重视全面双边协议（Heydon and Woolcock 2009）。21世纪头十年，美国在贸易和投资方面奉行多层次方针，直到这一方针再次遭遇国内决策的制约。欧盟在努力达成全面多边议程，然而屡屡受挫，也转而寻求与东盟、韩国、印度、加拿大和日本达成特惠贸易协定。东盟也试图与中国、印度、日本、韩国以及后来的澳大利亚和新西兰等邻国建立契约关系。正如第十一章所述，较小的国家也加入了这一进程，以免失去市场准入的机会。所有这些举措都是为了扩大贸易规则制定的权限。尤其是美国和欧盟希望达成超越世界贸易组织规则的协议，比如在投资领域的协议（参见第十七章）。

此后，美国将双边进程向前推进了一步，推动了所谓的超区域协定。2016年初，经过漫长的谈判，美国缔结了包括日本、加拿大、澳大利亚和墨西哥在内的12国《跨太平洋伙伴关系协定》。2013年，美国启动了与欧盟的《跨大西洋贸易与投资伙伴关系协定》的谈判。这两项协议都旨在关注监管壁垒和世界贸易组织未涵盖的其他领域，目的是制定标准，迫使中国等其他国家在压力下遵循这些标准。与此同时，在中国的推动下，东盟与其亚洲伙伴的双边特惠贸易协定正逐渐转变为《区域全面经济伙伴关系协定》。非洲已经开始关于非洲大陆自由贸易区的谈判，这将鼓励非洲内部贸易从目前非常低的水平逐步增长。

第十四章详细阐述了这些特惠协议带来的压力，但是前景如何仍是雾里看花。参与国的国内压力使谈判复杂化，并对谈判生效产生问题。英国公投退出欧盟，此结果也给英国与欧盟的贸易和投资关系的性质带来了不确定性，可能会使正在进行的特惠贸易和投资谈判进一步复杂化。欧盟-加拿大协议的谈判始于 2008 年，但至今仍未生效。尽管美国政府对《跨太平洋伙伴关系协定》拥有"贸易促进权"，因此国会不能对其作出修订，但美国面临的阻力有所增加，日本和加拿大在农业条款上也面临类似的阻力。同时，《跨大西洋贸易与投资伙伴协定》谈判引发了难以克服的难题。例如，欧盟公开抵制美国极力推崇的"投资者-东道国"争端解决机制的概念。即使这些协议已经达成并付诸实施，我们仍然不确定它们能在多大程度上重振危机以来陷入低迷的全球贸易。

偏好单边措施

除了谈判中的这些变化之外，许多国家现在更愿意完全基于国家利益作出经济决策。这种趋势释放了一个最强劲的信号，即经济外交正深入渗透到国内决策中，并引发防御性反应。

许多国家抵制作出国际承诺的压力，但仍然采取单方面的自由化措施，这样的例子俯首皆是。在《多哈发展议程》中，新兴市场国家抵制约束性的关税削减承诺；但它们单方面降低了适用关税。各国拒绝作出减少温室气体排放的国际承诺，但他们承诺尽最大努力实现国家减排目标。在金融监管方面，国家当局必须实施和执行巴塞尔银行监管委员会和金融稳定委员会商定的诸边规则。各国经常面临来自本国金融公司的压力，要求放宽新规则的要求。在宏观经济政策协调方面，二十国集团成员国愿意交换信息，但仍坚持单方面决定国内政策（参见第十五章）。

挑选法院和国家行动使经济外交四分五裂，这种做法显然更容易克服国内阻力，却削弱了国际社会有效应对全球化挑战的基础。基于单边措施的政策很容易发生逆转，因此，这些政策变得难以预测。特惠协议在多边层面受阻时，可以利用多层次外交中的自由挑选法院的权限取得进展。但是，如果没有多边框架，这些方法究竟能在多大程度上化解难题并解决所有国家都应该参与的"全球性共同的"问题，这不免让人心生疑虑。双边谈判也往往倾向实力较强的一方，因此美国、欧盟或中国可以与国家实力较弱的合作伙伴进行艰难的讨价还价。这样的做法促成了谈判中的价值主张策略，以获得相对于其他方的相对收益，而不是创造价值以扩大所有人的经济利益。因此，一些大国将已经处于边缘化危机中的穷国和弱国作为代价以获取相对优势。

### 问责与效率

气候变化或金融稳定等全球性的挑战需要更有效的国际机制，但建立国际机制却遭遇了限制，即经济外交的民主合法化仍然停留在国内层面和国家层面。

过去，政府普遍认为国际经济决策合法化是理所当然的。这放宽了谈判代表必须在其中发挥作用的国内限制，从而简化了达成国际协议的过程。政府官员可以处理无争议的议题，部长们则决定更敏感的议题，从而提供了政治合法性。与各国议会磋商往往只不过是部长们关于谈判过程的简要报告。当选代表发现很难有效审查谈判过程，因为谈判过程往往是按照相关规定严格执行的，并在不同的论坛进行。

美国总是一个例外，因为国会牢牢控制着政策决定过程。国会限制着政府谈判代表的自由裁量权，经常将贸易政策作为政治工具（参见克雷格·范格拉斯特克执笔的第七章）。在欧盟委员会内部，谈判代表主要受到部长理事会或专家委员会中各国政府的监督。欧洲国家的议会作用很小，创始条约也没有赋予欧洲议会弥补"民主赤字"的权力。日本和大多数发展中国家也是如此。因此，直到 20 世纪 90 年代，经济外交在很大程度上都是由各国高层领导谈判决定的，只有美国受其立法机构的制约。

然而，自 2000 年以来，立法机构面临着回应全球化关切的压力，而选民的考虑在经济外交中变得越来越有影响力。美国国会施加了越来越多的限制，在第二届布什政府和第一届奥巴马政府期间，阻止了所有美国贸易倡议，只有个别微不足道的倡议除外，尽管此后立场有所缓和。[5] 美国国会还拒绝制定任何限制美国温室气体排放的立法。在欧盟内部，2010 年生效的《欧盟运作条约》(《里斯本条约》) 赋予欧洲议会更多贸易和投资政策权力（参见第十章）。

金融危机和随之而来的经济危机使得国家立法机构对经济外交更加敏感。这种情况在欧元区更为明显，因为选举因素决定了债权国和债务国政府对金融纾困的态度。在 2016 年美国总统竞选中，民主党和共和党都对贸易协定持批评态度。经济动荡和"平庸"增长仍在持续，这种趋势似乎会加剧，同时在争取更大民主运动的支持下，这种趋势甚至可能会蔓延到发展中国家的部分地区。但经济外交受各国议会影响的情况可能会让国际协议的达成变得更加困难。为新经济外交制定的战略要素之一就是让部长和政府首脑更多地参与进来，他们的政治责任比官僚大得多。这些政治家应该在国家议会中提供更多的辩论机会，并在解释国际承诺的优势方面展现出领导力，以此对经济外交作出贡献。如果立法机关要在经济外交中发挥积极作用，它们必须能够在谈判的所有阶段作出贡献，而不仅仅是批准协议。如果政府不协助展开有效审查，国家议会可能会采取更消极的做法，最终可能否决谈判结果。

## 第三种紧张局势：政府和其他力量

问责制自然会导致政府和非国家行为体之间产生紧张关系。在过去二十年里，非国家行为体在经济外交中变得愈发活跃。公民社会非政府组织得益于通信技术，特别是社交媒体的进步，人们对这些组织的关注度日益提高。对企业而言，市场运作是关键因素，因此企业更喜欢在幕后行动。但金融危机让私人银行业受到广泛关注，导致企业与政府之间的关系发生了根本性变化。新经济外交战略制定的第二个因素——引入非国家行为体——是对这种紧张局势作出的回应。私人商业利益方和市民社会都通过新思想和新信仰产生影响力，因此建构主义理论适用这种情况。

### 私营企业和滥用市场

政府的自由化政策推动了全球化，私营企业的进取精神和创新能力也同样推动了全球化。20世纪80年代期间，有一种想法至少在美国和英国开始扎根，即认为企业做的都是对的，而政府做的都是错的。市场可以比公共干预更有效地适应任何潜在的失败，这已然成为公认的准则。政府将许多职能移交给私营部门，并且其保留的职能也都采取商业做法。随着政府的相对权力日渐式微，商业的影响力日益增大，而且不仅仅是在发达国家如此；基尚·S.拉纳（Kishan S. Rana）在第六章阐述了在印度也会出现这种情况。

公共当局仍然坚持保留他们在某些领域的监管权。然而，政府制定监管政策的一个主要制约因素是政府的决定对市场造成的影响（Odell 2000）。这尤其适用于资金流动和外国投资。因此，在拥有领先金融中心的国家，如纽约和伦敦，政府青睐能够吸引银行和其他运营商的监管制度，因为在这样的制度下更容易做生意。政府相信市场会提供完善的纪律，政府也欢迎金融创新，因为它们认为这样的创新会使金融系统更加安全。尽管这些新制度让银行家赚得盆满钵满，却对金融体系造成损害，并引发了 80 年来最严重的金融和经济危机。银行的错误被不顾情面地揭露出来，当然银行的声誉一落千丈。

为了防止金融系统全面崩溃，政府和监管机构必须重树权威（Bayne 2011）。它们向濒临破产的银行注入巨资，有时不得已成为其大股东。国际上达成了广泛的新监管协议，例如《巴塞尔协议 III》对资本比率提出了更高的要求，并且更严格地执行现有的监管制度。政府因此重新掌控了前几十年丢失的大部分权力。起初，这看起来不像是永久性的转变。各国政府仍然需要有效的金融市场来支持经济复苏，并消化为对抗经济衰退而累积的高额公共债务。银行似乎有可能很快就会重振雄风。

然而，这一切并没有发生。随着岁月的流逝，越来越多的证据表明银行和金融机构滥用职权，包括不法销售证券、洗钱、违反制裁以及操纵利率和外汇市场。到 2015 年中，美国和欧洲对违约银行处以的罚款总额高达 2 400 亿美元，而且罚款总额还在继续攀升。不当行为不仅限于金融领域。德国汽车巨头大众公司爆出多年来在柴油车排放测试中造假的丑闻，在美国遭遇了重大控诉。税收问题也恶化了企业和政府之间的关系。公共财政面临巨大压力，各国政府开始非常关注跨国公司和富人在银行的怂恿下作出避税和逃税的行为。在经合组织的广泛参与下，避税成为七国、八国和二十国集团峰会的一个主要议题。

所有这些问题导致人们普遍敌视商业的情绪愈演愈烈。欧盟和巴塞尔机构对广泛要求限制银行家奖金的压力作出了回应。在欧洲，尤其是德国，对《跨大西洋贸易与投资伙伴协议》中设想的"投资者-东道国"争端解决机制的抵触情绪有所增加，人们认为该概念就是允许美国公司凌驾于国家司法程序之上。这些趋势带来的总体影响是削弱了商业在经济外交中可能产生的积极影响。国际商业通常促进自由化和市场开放改革，以抵消国内抵制变革产生的压力。但是国际商业在公众舆论中的负面声誉使其影响力逐步减弱。

## 市民社会：说服技巧

从 20 世纪 90 年代初开始，公民社会非政府组织就一直积极参与新经济外交，当时与环境有关的非政府组织受到《北美自由贸易协定》谈判的警示，开始意识到贸易和投资规则可能会破坏环境保护。与此同时，正如邓肯·格林和塞琳·沙维利亚特在本书第五章中所解释的那样，与发展有关的非政府组织得出结论，国际政策框架不利于他们开展工作，破坏了他们在贫穷国家开展的基于项目的活动。有组织的劳工意识到国际化生产和使用外包削弱了他们的地位。非政府组织通常受益于人们普遍对全球化感到焦虑，全球化令人感到容易受到无法控制的力量的影响。

全球化和经济外交的普遍影响成为市民社会运动背后的驱动力（Green and Griffith 2002）。正式问责渠道是由部长向立法机构报告国际谈判情况，而人们认为这远远不够。因此，非政府组织自行开展运动，动员公众舆论从道德角度支持债务减免、公平贸易、消除贫困或保护地球。非政府组织作为政府的可靠替代知情意见来源，对立法机关、媒体和公众的影响越来越大。民众的支持巩固了非政府组织的道德立场，他们能够直接与政府官员接触以影响政策制定。他们还向私营企业施加压力，要求私营企业采用企业社会责任计划。

各国政府和国际机构往往想方设法利用非政府组织的研究能力、与广大公众的联结以及产生新创意的能力。这让非政府组织面临着一个微妙的选择。那些准备好与其他方开展合作的非政府组织发现，政府和企业都热衷利用其专业知识，同时非政府组织在提高国际机构透明度方面也产生了有益的影响。但是非政府组织不想放弃保持独立立场的能力，以维系与基层支持者的联结。

经济外交中最为活跃的非政府组织具有国际影响力。与政府相比，他们更容易组织跨国动员。这类非政府组织尤其热衷参加大型国际会议，因为他们既可以直接接触决策者，又可以吸引全世界观众的目光。这出现在关于气候变化谈判的第五章和第十六章，以及关于八国集团峰会债务减免处理的第四章中。大多数国际非政府组织始于西方工业化国家，也一直在发展中国家建立地方分会和联盟。与此同时，始于发展中国家的新非政府组织已经发展壮大，并在国际舞台上崭露头角。因此，非政府组织可以宣称自己是替代性国际意见的真正来源，是"全球市民社会"。

虽然总体上看来非政府组织的活动似乎必然会增长，但是这些非政府组织对经济外交的贡献可能会日趋式微，因为国内因素的增长以牺牲国际推动力为代价。如上所述，多边层面的经济外交正在失去优势——而这恰恰是国际非政府组织可以最大程度发挥影响的领域。从发展中国家成长起来的非政府组织将主要关注国内和当地问题，而较少关注更宽泛的议题。迄今为止，非政府组织常常对政府的政策持反对态度，他们倾向按照自己的方式促进达成国际协议。非政府组织未来的关注点可能会转向推进国内或更狭隘的利益，而不是外部利益。游说时必须专注于单一的简单信息，但并不总是有利于在公众充分知情的情况下展开辩论。

# 结　论

## 战略回顾

正如上文所述和第二章的记录，20 世纪 90 年代出现了一种新的经济外交战略，以应对推进全球化给政府带来的压力。新经济外交战略包含四个要素：邀请部长们参与；引入非国家行为体；提高透明度；利用国际组织。本节着眼于该战略的执行情况及其前景。

邀请部长们参与变得越来越普遍，而且势必会持续下去。从前官员之间举行的会议经常上升为部长级甚至首脑级会议，因为人们相信这将有助于达成协议。1990 年，没有任何国际经济组织的负责人曾经担任部长职务，而是因为技术知识或谈判技巧而被选中。二十年后，人们却认为这些国际组织的负责人当然应该是前部长，甚至是前总理，或者有过类似的经验。但总体而言，这一战略取得的成果令人失望。与官员相比，部长们对国内利益更敏感；与谈判协议相比，他们更能捍卫国内利益。部长们参与让经济外交更加靠得住，但在职政客更替速度之快，可能会导致难以建立信任，也无法制定更长期的战略。因此，部长或政府首脑的干预并不总能提升谈判效率。他们优先考虑国内利益，因而在达成国际协议方面不太成功。

在此期间，引入非国家行为体的做法一直存在，许多国家的预算压力也让其有可能继续发展下去。正如建构主义者指出的那样，企业和非政府组织可以为经济外交带来实用的新思路（提高效率）并让谈判成果更广为人知（增强问责制）。但政府必须保持警惕，因为无论是企业界还是市民社会并没有完全认同政府的目标；政府需要坚持自己的立场，而不是为任何非国家行为体的利益服务。如上所述，在不久的将来，非国家行为体在经济外交方面能够提供的帮助可能会减少。商业声誉在金融危机中遭受重创，至今仍未恢复。与具有国际视野的非政府组织相比，把国内利益放入优先事项的非政府组织可能会占得先机。

透明度方面也有进展。如果提高透明度使更准确的信息随时可用，那么这是有益的。如果要求所有谈判公开进行，那么可能会抑制各国缔结复杂的价值创造协议。然而，电子资源的可访问信息不断增加，人们对信息泄密的容忍度也越来越高，这就意味着透明度不断提高，经济外交官不得不作出妥协。如果参与谈判的各方都同样保持开放，那么没有任何一方会受到影响。但是，如果有谈判方隐瞒自己的立场，尽管其他谈判方不做隐瞒，谈判也可能会失衡。例如，二十国集团取得了持久的成功，要求中国的决策更加透明，并公开双层外交的范围。

与其他要素不同，利用国际组织已经严重失势。整个 20 世纪 90

年代，政府明显地利用国际组织以推进其国内目标，政府看到了双层博弈在此背景下的优势。但在 21 世纪头十年，更多国家选择放弃这一要素。世界贸易组织不得不降低目标，国际货币基金组织的权威受到挑战，二十国集团峰会未能延续辉煌的开局。2015 年，《联合国气候变化框架公约》参与度高，取得了可喜的成功，然而这是通过削弱承诺的力量才得以达成的。在其他地方，区域、双边协定或国际保护伞下的单边承诺被列入优先考虑范围。

**重振双层博弈理论**

与达成持久协议相比，新经济外交战略的前三个要素在加强经济外交的问责制方面更有效率。第四个要素逐渐式微，该要素本应用来调节发达国家与发展中国家的平衡。为了在未来取得更大的成功，经济外交需要找到方法改善达成国际协议的前景，尤其是创造价值的协议。

扭转这一趋势的最有效方法是各国政府及其谈判代表积极利用国际和国内层面之间的联动以促进各国达成协议，而不是将国内偏好视为既定事实。这涉及有意识或无意识地更广泛利用双层博弈理论。双层博弈隐喻的本质是国际和国内层面之间的动态互动促进改革国内政策和达成国际协议。没有哪个国家或社会是大一统的，谈判者应该在各自的谈判伙伴中寻找起作用的各股力量，并动员这些力量，以改变一方或双方的政策。这就是罗伯特·帕特南教授所说的"回应"或"重构"（Putnam 1988；Putnam and Henning 1989）。获得合作伙伴的情报需要投资，也需要时间。西方国家对经合组织的合作伙伴非常了解，但对二十国集团的其他成员知之甚少，很难深入了解其中一些国家，如中国和沙特阿拉伯。该战略提供了达成一揽子协议的最佳机会，这些协议可以创造价值，为各方提供好处。

**未雨绸缪**

未来几年的政治前景非常不确定，但某些经济问题已经初露端倪。这些将考验政府是否有能力克服国内发出的反对声音，以阻挠政府达成解决经济问题的国际协议。

"中庸的"全球增长一直持续，这可能会产生危机，而经济外交不得不对危机作出回应。国际社会不太可能完全重演 2007—2009 年的金融崩溃，但各地区的债务累积仍然是一个威胁。其他地方许多银行都背负着坏账，这些坏账到一定时候可能会危及它们的偿付能力，欧洲就是一个例子。政府坚持认为纳税人不应再救助这些银行，这让银行感到不安。即使是诸如印度这样最成功的新兴市场，也受到坏账的困扰，尽管银行会尽力隐瞒这些坏账。如果金融危机再次爆发，无论以何种形式，经济复苏都将是缓慢而痛苦的（Reinhart and Rogov 2009 ）。

2015 年，各国在巴黎气候变化大会上承诺的"国家贡献"的力度很快将接受考验。各国需要采取更严格的措施才能达成将升温幅度控制在 2 度以内的目标。同时，全球不断变暖将增加与气候有关的危机发生的可能性，例如干旱、洪水、饥荒和疾病。这类危机主要影响自身资源不足的贫穷国家，而这些贫穷国家将呼吁国外财政支持要远超目前承诺的金额。气候变化是影响全球的问题，因此，保持各国普遍参与在巴黎达成的气候变化行动是至关重要的。

气候变化与影响能源政策的问题密切相关。即使是现在，油价的波动仍会给政府和私营企业带来严重的经济问题，并加剧政治紧张局势。然而，随着时间的推移，国际社会要求减少温室气体排放势必会降低对碳氢化合物的需求，而这将会对那些依赖碳氢化合物盈利的国家和公司产生持久影响。能源处于一个机构不完善的领域，因此抑制了国际行动，但是有两个诸边组织，即针对石油生产国的石油输出国组织和主要针对能源进口国的国际能源署。然而，目前还没有一个活跃的多边论坛，能够涵盖能源供应和贸易并支持所有形式的能源，包括碳氢化合物、核能和可再生能源。[6]

许多主要产油国都是阿拉伯国家。作为一个群体的阿拉伯国家并没有从全球化中获得巨大收益，因此需要更好地融入国际体系。阿拉伯国家，无论是否是产油国，通常实行一种食利者经济模式，财富集中在少数精英手中，而其余人口则缺乏经济机会（Financial Times 2011；Economist 2016b）。该地区还要承受叙利亚、伊拉克和利比亚的内战和政治动荡，人民生活在水深火热之中，需要人道主义支持，并且该地区还对三大洲的邻国造成了更广泛的社会和经济影响。

国际贸易体系中不乏正在进行的谈判；但焦虑的根源在于世界贸易组织相对弱势。贸易量增长放缓，而《多哈发展议程》谈判又长期处于僵局状态。贸易结构正在发生变化，服务交换变得更频繁，公司间交易和业务以电子方式进行。虽然关税等传统贸易壁垒仍然存在，但监管壁垒现在变得愈发重要，而且更难通过谈判消除监管壁垒。也许贸易和投资面临的主要挑战是如何适应成为市场主体的新兴国家，这些国家的人均国内生产总值不高，维持发展中国家的地位仍然属于合情合理。过去，贸易体系某种程度上为发展中国家提供了便车，但成熟的发达经济体期望中国和印度等国家做出真正的承诺。而它们所使用的方法一直是谈判超大区域协议，但这些协议削弱了世界贸易组织的作用。因此，贸易和投资外交需要找到方法，更有效地区分处于不同发展水平的国家。

这些都是经济外交易于预见的问题。但最严重的很可能是那些尚未预见的问题。

### 最终呈现

经济外交如烹小鲜。国民经济布丁如果在国际蒸笼中放置时间过长，就会溶解成食之无味的糊糊。但是，如果不允许对其进行充分烹饪，那么无论在里面加入多少白兰地和葡萄干，这个糊糊都会变硬，变难吃；这就是目前的问题。技巧在于配料、时间和烹饪强度之间达到平衡。正如本书所示，经济外交中有许多不同类型的烹饪方法。例如，中国菜和印度菜现在就很受欢迎。撰写从业者章节的作者，就像执勺厨师一样，解释了如何准备不同的菜肴。但是布丁好吃与否需要品尝才能证明。

注释：

1. 自 1999 年以来，二十国集团财务部长分组开始工作。它提供了一个可供参考的模型，包含了所有必不可少的新兴力量，并在全球范围内合理传播，当然非洲的代表性不足。当二十国集团升级为峰会时，财务部长习惯于通力合作，确保了有效地准备了峰会。

2. 峰会是由上一届、本届和下一届主席国组成的"三驾马车"准备的。尽管德国在 2017 年担任主席国，但"三驾马车"的做法确保从 2016 年到 2020 年新兴国家持续参与峰会。

3. 该协议遭到质疑，至少临时性的遭人非议，因为荷兰 2016 年举行的全民公投予以否决。

4. 然而，有些人更喜欢将其视为"铺设管道"（Evans 2000）。

5. 美国／韩国特惠贸易协定最终于 2011 年获得批准，而奥巴马在 2015 年获得了"贸易促进权"。

6. 国际能源论坛设在利雅得，主要关注石油相关问题。

参考文献：

Bayne, N. 2011. The Diplomacy of the Financial Crisis in Context. *Hague Journal of Diplomacy*, 6 (1–2), 187–201.

Blanchard, O. 2016. Slow growth is a fact of life in the post-crisis world. *Financial Times*, 14 April, 11.

Callaghan, M. and Sainsbury, T. (eds). 2015. *The G20 and the Future of International Economic Governance*. Sydney, NSW: NewSouth Publishing.

Donnan, S. 2016a. Global trade set for fifth year of slow growth. *Financial Times*, 8 April, 8.

Donnan, S. 2016b. Trade: A structural shift? *Financial Times*, 3 March, 11.

*Economist* 2016. China's economy: Romance of the three quarters, 23 April, 63–64.

*Economist* 2016a. Big but brittle: Special report on finance in China, 7 May, 1–16.

*Economist* 2016b. Special report: The Arab world, 14 May, 3–16.

Evans, H. 2000. *Plumbers and Architects*. FSA Occasional Papers. London: Financial Services Authority.

*Financial Times* 2011. The economics of the Arab spring: Leader, 25 April, 10.

G20 2009. Pittsburgh G20 summit communiqué, September. Available at: http://www.g20.utoronto.ca/summits/2009pittsburgh.html.

Green, D. and Griffith, M. 2002. Globalisation and Its Discontents. *International Affairs*, 78 (1), 49–68.

Heydon, K. and Woolcock, S. 2009. *The Rise of Bilateralism: Comparing American, European and Asian Approaches to Preferential Trade Agreements*. Tokyo: UN University Press.

Jones, C. and Donnan, S. 2016. Lagarde urges reform to lift growth; (Leader) the high cost of settling for the 'new mediocre'. *Financial Times*, 6 April, 6, 12.

Magnus, G. 2016. China's debt reckoning cannot be deferred indefinitely. *Financial Times*, 30 April/1 May, 11.

Mitchell, T. and Farchy, J. 2016. China-led bank approves funds for projects along new Silk Road. *Financial Times*, 20 April, 8.

Odell, J.S. 2000. *Negotiating the World Economy*. Ithaca, NY: Cornell University Press.

Pilling, D. 2016. Africa: Between hope and despair. *Financial Times*, 25 April, 9.

Putnam, R.D. 1988. Diplomacy and Domestic Politics: The Logic of Two-Level Games. *International Organization*, 42 (4), 427–460, 9.

Putnam, R.D. and Henning, C.R. 1989. The Bonn Summit of 1978: A Case Study in Coordination, in *Can Nations Agree? Issues in International Economic Cooperation*, edited by R.N. Cooper and others. Washington, DC: Brookings, pp. 12–140.

Raval, A., Hume, N. and Sheppard, D. 2016. IEA sees "light at end of tunnel" for oil prices. *Financial Times*, 13 March, 21.

Reinhart, C.M. and Rogov, K.S. 2009. *This Time Is Different: Eight Centuries of Financial Folly*. Princeton, NJ: Princeton University Press.

Vines, D. 2016. On Concerted Unilateralism, in *Managing Complexity: Economic Policy Cooperation after the Crisis*, edited by T. Bayoumi, S. Pickford and P. Subacchi. Washington, DC: Brookings, pp. 17–47.

# 公共外交译丛